XIANDAI
BAOXIANXUE
LILUNHEYINGYONG

现代保险学

——理论和应用——

郝晋辉◎著

中国广播影视出版社

图书在版编目（CIP）数据

现代保险学理论和应用 / 郝晋辉著. -- 北京：中
国广播影视出版社，2021.1
　ISBN 978-7-5043-8524-6

　Ⅰ．①现… Ⅱ．①郝… Ⅲ．①保险学－高等学校－教
材 Ⅳ．①F840

中国版本图书馆CIP数据核字(2020)第215498号

现代保险学理论和应用
郝晋辉 著

责任编辑　王波
装帧设计　中北传媒

出版发行　中国广播影视出版社
电　　话　010-86093580　　010-86093583
社　　址　北京市西城区真武庙二条9号
邮政编码　100045
网　　址　www.crtp.com.cn
电子邮箱　crtp8@sina.com

经　　销　全国各地新华书店
印　　刷　天津雅泽印刷有限公司

开　　本　787毫米×1092毫米　　1/16
字　　数　520（千）字
印　　张　35.75
版　　次　2021年1月第1版　　2021年1月第1次印刷

书　　号　ISBN 978-7-5043-8524-6
定　　价　98.00元

自　序

本人是具有多年金融保险行业工作经验的高校老师，两年前开始教授保险学这门课时，发现国内的保险教科书的内容大多都跟实际的情况不相符，尤其是理论基础、科技方法等，还停在多年前的思维，并未更新，所以想写一本比较"接地气"的教材，来满足自己教学的需要。

在国内，保险学给人的观感不太好，最早意识到这件事，是发现教授保险学的老师、学习这门课的学生，有很大一部分都对保险行业抱有排斥的心态，总觉得保险是比较落后的，就是人情保，用关系拉保险，没有技术可言。很多人都把去银行上班为第一选择，证券其次，保险作为金融业最尾端排序，根本没人想去。

虽然这些描述可能不是很恰当，但个人的理解是金融业有进有退，就像勇士一样，手上握有尚方宝剑能杀敌，但通常也都会拥有神盾，来抵挡别人的攻击。保险业就像是勇士手中的盾牌，可以保护我们，先不受风险的攻击，保全自己的性命，等待时机成熟时，才能出奇制胜，成功达阵。也可以用美式橄榄球来形容，有人负责攻击，有人负责防守，不能只有攻击，没有防御，这样就不能组成一支坚强的队伍。所以在攻与守都是重点的情况下，不能只考虑银行作投资的金融，而放弃保险做风险管理。

从保险的历史演进上来看，保险是一门很古老的科学，最早运用大量的统计数学几率，更结合集资、法规、税务、投资……等各种学科，来管理与分配保险人的金钱。保险以传统的风险、金融、税法等当主要考虑因素，但近几年的计算机技术、通讯技术、移动技术、生物识别技术，大幅改变人类的生活，尤其改变人对于商业交易、医疗、交通……等的习惯。传统的保险业一直在考虑与思量这些科技，要如何运用这些科技来改善保险的效率、降低保险费用的成本、增加保险普及率。

2000 年后，普惠金融是联合国为消除贫穷，增加农民、中小微企业、低收入人口的收入、改善人类生活方式所提出的解决方案。普惠金融离不开保险，而保险又要便宜，又要广泛，就离不开保险科技，所以如何运用保险科技成为全世界金融领域里的热点。

学习是为了解决问题，保险科学也是为了解决人类金融风险问题而产生的，面对人寿保险、财产保险，我们会有什么问题呢？如何考虑它们？又如何购买？

为了说明我们了解保险，把"什么人需要保险"以及"如何购买保险"，这些比较实用的问题、解决问题的思考方式放在第一篇，让同学通过学习就能直接用到日常生活中，了解如何利用保险这个盾，保护自己、家庭、朋友等。

第二篇到第六篇主要是讲解保险的理论基础、适用的原则，以及各式各样的保险类型。按照传统，保险大致分为人寿保险、财产保险。本书把保险中的重点摘录出来，并分章节个别解释清楚。

第七篇的保险科技是本书的创新之处。相信里面很多想法会对学生很有帮助，开启新的认知与想法。在阅读的过程中，也可以搭配金融科技、监管科技的书籍一起学习。

这本书是初版，还有很多内容没被收录在里面，因为过多的资料会分散讨论的主题。而这本书是在边教边改的过程完成的，可能不是那么的完善。希望各位老师、同学如果有任何的疑问建议，都可以提出讨论，本书的目的是抛砖引玉，开个头，希望能够对保险的学习或理解有帮助，谢谢各位老师、同学！

漳州市闽南师范大学商学院金融系

郝晋辉

目　录

第一篇　如何应用保险来保障人的生命和财产

第一章　为什么要买保险?

保险是在风险分摊这一概念的基础上产生的，这意味着人们彼此分担各自面临的财务风险。

为什么保险如此重要？健康保险能够保护你和你的家人不会被巨额的医疗费用压垮，人寿保险能够在你去世后继续保护你的家人。如果计划不周全，你的死亡可能会让你的亲人在经济上陷入困境。财产保险则可以让你在财产遭遇不可避免的损失时为你弥补一部分，不至于导致资金周转不过来。

如何确定你是否要购买保险？购买人寿保险的目的是当你死亡时，保险公司能够向你的亲人提供经济帮助。如果你有亲人配偶等，那么你就有必要购买保险，而且如果你有重大疾病的话，你也需要购买保险。而如果你的财产有可能蒙受损失，或者保险能帮助你的财产更安全的话，你也需要购买保险。

购买保险一般是为了保障人的生命安全以及财产安全，所以保险一般分为人寿保险和财产保险。

人寿保险的目的是防止因被保险人死亡使其家人陷入财务困境，赚取家庭主要收入来源的被保险人死亡后，人寿保险支付的保险赔偿金能够对收入损失起到替代作用。保险的基础是风险分担原理。对于人寿保险而言，每个投保人都要按照死亡率的测算缴纳一定的保费分摊风险，于是没有人会遭受巨额损失。

判断你需要购买多大保额的人寿保险时，第一步是查看一下自己的净资产数额。净资产额越大，则用来支撑家人正常生活水平的经济实力就越强，因此你对人寿保险的需求程度也就越低。

收益倍数法用被保险人的年均收入乘以相应的倍数来估算适当的保额应当是多少。还有一种方法也可以用来估算客户对人寿保险的需求量，那就是需求法。

人寿保险产品可以分成两个基本类型：定期人寿保险和现金价值人寿保险。定期人寿保险就是单纯的保险产品，如果被保险人在保险期间死亡，则保险公司会按照保单的面值向受益人支付赔偿金。现金价值人寿保险是一种混合型的产品，不仅可以向受益人支付保险赔偿金，而且保单本身可以累积现金价值。

选择人寿保险产品时，要特别注意的一点是详细研究一下保单的附加条款。所谓附加条款指的是保单合同中额外添加的条款。一般来说，人寿保险支付的死亡赔偿金是免交所得税的。因此，如果是一次性支付死亡赔偿金，那么通常是全额免税的。

一旦你了解了自己对人寿保险的需求，接下来要做的就是挑选保险公司和保险经纪人，然后对不同寿险产品的成本进行比较分析。

和其他类型的保险一样，人寿保险的目的是保护被保险人及其家人不会因为被保险人的死亡而陷入财务困境。绝大多数健康保险计划能够同时提供住院保险、手术保险和内科保险，这三项保险通常捆绑在一起进行销售，被称为基本健康保险。大额医疗费用保险的目标是弥补超过基本健康保险承保范围以外的其他医疗费用。

案例一

拒绝购买健康险王先生今年 38 岁，为本市某机械厂的工程师，精通机械设备以及家用电器的维修。前几年，由于厂里生产的产品没有市场，经济效益每况愈下，最后不得不申请破产。王先生的"铁饭碗"也被摔得粉碎。幸好王先生懂技术，凭借自己的专业技能，常在外面揽点活，一家人生活倒也过得幸福快乐。

2015 年，某保险公司业务员登门陌生拜访，向王先生推荐健康险，理由是王先生的母亲因"脑出血"去世，姐姐因"白血病"去世，有患重大疾病的家族倾向，而且他本人又是家庭经济的主要来源，一旦出现意外或疾病，会让整个家庭陷入困境。

可王先生本人认为自己身体还非常健康，不需要保险，便委婉地拒绝了代理人的建议。几个月后的一天，王先生像往常一样去一单位做机械修理，刚到工厂门口便突感头痛、头晕、意识模糊，随即被厂保安送到医院，结果被诊断为"脑出血"。尽管经过一段时间的治疗，生命已无大碍，但半身不遂的后遗症至今未能恢复。

两年来，原单位每月支付他的 360 元的病休工资，妻子由于没有文化，每月只能通过外面接的一些小活来贴补家用，整个家庭经济因此而陷入了困境。

案例二

郭先生，某国有企业普通工人，2005 年与朋友创办了一家小食品店，自己做老板。由于是自谋职业，自己又是家庭支柱，考虑到一些疾病的防范，于 2008 年购买了某保险公司的住院医疗保险。保险代理人针对郭先生家庭的实际情况，认为郭先生如此单一的保险设计不能有效地避免风险，建议其再选择一些针对性比较强的健康保险时，"不买，我才 31 岁，能有什么事情？"郭先生一口拒绝了代理人的提议。

2014 年的元旦前夕，一向健康的郭先生突然感到腹部剧烈疼痛。在医院经过全面检查后被确诊为癌症晚期，伴全身广泛淋巴结及骨转移，原发部位不明。确诊后，一个严峻的问题摆在面前：治疗的话，需要昂贵的费用，而根据他的病情只能延长生命，治疗的可能性几乎为零；不治疗，只能存活 2 个月左右。郭先生的小店生意不好，勉强糊口，爱人又没有工作，家里积蓄不多，儿子还要结婚；而另一方面，郭先生当时购买的保险是津贴型的医疗保险，保障并不是很高，对于这样的疾病，并不能起到很好的帮助。面对这样残酷的现实，家人最后考虑再三决定放弃治疗。由于没有得到有效的控制，癌细胞在郭先生体内迅速蔓延，很快就不能进食，继而连坐在床上都无法办到，生活不能自理，生命完全依靠廉价的药物来维持。

2015 年 2 月 8 日，郭先生抛下了尚未成家立业的儿子，结束了平淡的一生。

以上两个案例都是关于百姓如何看待健康险的问题，前者王先生本人并没有意识到健康险的重要性，拒绝购买任何保险；后者郭先生尽管认识到了健康险在生活中的作用，但由于保险知识的匮乏，没有很好的依据实际情况进行合理的保险方案设计，最后的结果是两人都没有能够通过保险来规避损失。

随着医疗体制的改革，对健康险有需求的人越来越多，但是，由于保障和收入的差异，每个投保者的情况也有所不同，怎样才能选择最合适的保险呢？

参保者应买津贴险对参与社会医疗保险的职工来说，购买津贴型的商业保险最为合适，因为如果被保险人不幸患上重大疾病，保险公司不仅可以一次性赔付相应手术费用，还会每天向被保险人提供住院费用津贴，而这部分费用是社会医疗保险不能提供的。

买保险莫要"跟风"，一些百姓在选择购买保险的时候喜欢"跟风"，往往看身边的朋友在购买某一保险，就不加比较地一窝蜂地购买，认为这个保险才是最划算的，理由是大多数人的判断总是正常的。事实并非如此，保险公司产品的审批和费率都经过相关部门的批准，险种之间存在的差异主要体现在保障项目、范围和程度上，其保费标准也相应有所不同，不存在这个险种好、那个险种不好的区别。

因此，选择商业健康保险，关键应从自身的特点需要出发，弄清楚自己可能面临的风险来自哪里，是疾病住院风险大，还是意外住院风险多，然后才选择相应的险种加以保障，从而有效的避免盲目投保。

一、人身保险

（一）概念及特点

人身保险是以人的寿命和身体为保险标的的一种保险。

人身保险的投保人按照保单约定向保险人缴纳保险费，当被保险人在合同期限内发生死亡、伤残、疾病等保险事故或达到人身保险合同约定的年龄、期限等条件时，由保险人依照合同约定承担给付保险金的责任。

1.1 人身保险事故的特点

①人身保险保险事故的发生通常具有必然性。

②人身保险事故的发生具有分散性。

③人身保险中的死亡事故的发生概率随被保险人年龄的增长而增加，但具有相对稳定性。

1.2 人身保险产品的特点

①人身保险产品的需求面广，但需求弹性较大。

②人身保险的保险金额是依据多种因素来确定的。

③人身保险的保险金给付属于约定给付。

④人身保险的保险利益决定于投保人与被保险人之间的关系。

⑤人身保险的保险期限具有长期性的特点。

⑥寿险保单具有储蓄性。

1.3 人身保险业务的特点。

①人身保险通常按年度均衡费率计收保险费。

②人身保险的保险人对每份人身保险单逐年提取准备金。

③人身保险的保险人有更多资金用于投资。

④人身保险单的调整难度大。

⑤人身保险经营管理具有连续性。

死亡保险是以被保险人的死亡为保险事故，在保险事故发生时，由保险人给付一定保险金额的保险。

（二）死亡保险和终身死亡保险

按照保险期限的不同，死亡保险又可分为定期死亡保险和终身死亡保险。

2.1 定期死亡保险

定期死亡保险通常简称为定期寿险，是以被保险人在保险合同有效期间发生死亡事故而由保险人给付保险金的保险。

对于定期寿险通常有以下特点：

（1）其保险期限可以为 5 年、10 年、15 年、20 年或 25 年不等。

（2）定期寿险的保费低廉。

2.2 终身死亡保险

终身死亡保险又简称为终身寿险，是以被保险人的死亡为保险事故而由保险人给付保险金的保险。

终身寿险有以下特点：

①该险种没有确定保险期限。

②几乎所有的终身寿险所使用的生命表都假设 100 岁为人的生命极限。

③终身寿险的保险费中含有储蓄成分。

根据终身寿险在缴费方式、保单选择权及给付形式上的不同，可分为均衡缴费的普通终身寿险、限期缴费的终身寿险、保费不确定的终身寿险和利率敏感型终身寿险。

普通终身寿险以终身缴费为特征，但每年缴纳的保费相对较低。

限期缴费的终身寿险的缴费期为某一确定期间缴清全部保费。

保费不确定的终身寿险中保险人设定投保人缴纳保费的上限，根据保险人的业务经营状况调整投保人缴纳的保费。

利率敏感型终身寿险通过对当前的投资收益和死亡率的状况分析，调整投保人需缴纳的保费或死亡给付金额或保单的现金价值来体现利率的变化。

生存保险是以被保险人于保险期满或达到某一年龄时仍然生存为给付条件的一种人寿保险。

生存保险的保险目的与死亡保险的保险目的完全不同，或是为年老者提供养老保障，或是为子女的教育提供资金支持。

（三）生存保险和年金保险

生存保险又分为单纯的生存保险和年金保险两类。

3.1 单纯的生存保险

单纯的生存保险是以被保险人在保险期满或达到某一年龄时仍然生存为给付条件，并一次性给付保险金的保险。只要被保险人生存到约定的时间，保险人就给付保险金。若在此期间被保险人死亡，则不能得到保险金，且所缴保费不予退还。

3.2 年金保险

年金保险是指在被保险人生存期间，保险人按照合同约定的金额、方式，在约定的期限内，有规则地、定期地向被保险人给付保险金的保险。

年金保险具有生存保险的特点。只要被保险人生存，被保险人通过年金保险，就能在一定时期内定期领取一笔保险金，获得因长寿所带来的收入损失保障，达到年金保险养老的目的。因此，年金保险又称为养老金保险。

年金保险按不同方法分类如下：

（1）按缴费方法不同，分为趸缴年金与分期缴费年金。

（2）按年金给付开始时间不同，分为即期年金和延期年金。

（3）按被保险人不同，分为个人年金、联合及生存者年金和联合年金。

（4）按给付期限不同，分为定期年金、终身年金和最低保证年金。

（5）按保险年金给付额是否变动，分为定额年金与变额年金。

年金也可以团体方式购买，也就是团体年金。

团体年金主要用于退休后的生活补助，具有福利性质。主要有三种：

（1）团体延期缴清年金保险。

（2）预存管理年金保险。

（3）保证年金保险。

两全保险是指无论被保险人在保险期内死亡或保险期满时生存，都能获得保险人给付的保险金。

两全保险具有下列特点：

（1）两全保险是在人身保险中承保责任最全面的一个险种。

（2）两全保险的每张保单的保险金的给付是必然的。

（3）两全保险具有储蓄性。

两全保险的保险期限可以设定成一定年限，也可以约定以被保险人达到某一年龄时为限，且有多种形式。

二、寿险附加险

附加险又称为附加特约，在人身保险合同中以附加条款形式出现。

人寿保险常通过附加条款的形式扩展其对被保险人的保险保障。保单附加条款使被保险人无须签订新的合同就可得到附加的多重保障。

（一）保证可保性附加特约

保证可保性附加特约又称为保证可保选择权附加特约，即保单所有人或投保人无须提供新的可保性证明，就可以在规定时间内重新购买一份一定保额的与原来相同保险责任的保险。

（二）免缴保费特约

免缴保费特约通常规定，如果被保险人在规定的年龄之前，因遭受意外伤害或疾病而完全丧失工作能力，则投保人可以在此缴费期间免缴所有保险费，而保单继续有效。

（三）丧失工作能力收入补偿附加特约

该特约简称为收入补偿附加，是指如果被保险人完全丧失工作能力，将获得按期给付的每单位保额下一定金额的收入补偿保险金。

（四）意外死亡附加特约

意外死亡附加特约为被保险人由于意外而致死提供额外保障。该部分额外保障通常与主险的保额成比例增长，多数情况下与主险保额相等。

（五）配偶及子女保险附加特约

该特约通常可附加在终身寿险中，为配偶及子女提供寿险保障。但与主险不同的是，该附加特约往往为定期险，保险金额按基本单位计算，并受到保险公司规定限额的约束。

（六）生活费用调整附加特约

该条款规定，保单的保险金额可以随着消费价格指数的变化而自动调整。

创新型人寿保险又称非传统寿险或投资理财类保险等，是保险人为适应新的需求，增加产品竞争力而开发的一系列新型的保险产品。

在美国称其为变额寿险、万能寿险、变额万能寿险

在英国称其为单位基金连结保单（unit-linked policy）

在加拿大称其为权益连结保单（equity-link policy）

在新加坡、中国内地及中国香港均称其为投资连结保险（investment-linked life insurance）

这些产品与传统寿险产品的区别在于其具有投资功能，或保费、保额可变。

主要介绍美国的非传统型终身寿险：变额人寿保险、万能人寿保险和变额万能人寿保险等创新型产品。

变额人寿保险（variable life insurance）是一种终身寿险，简称变额寿险，其保险金额随其保费分立账户中投资基金的投资绩效不同而变化。

变额寿险产品与传统寿险产品相比较，具有以下特点：

①其保费的缴纳与传统寿险产品相同，是固定的，但保单的保险金额在保证一个最低限额的条件下，却是可以变动的。

②开设分立账户（分立账户是美国的叫法，在加拿大叫独立账户，而在中国叫投资账户）。

③变额寿险保单的现金价值随着所选择的投资组合中投资业绩的状况而变动，某一时刻保单的现金价值决定于该时刻其投资组合中分立账户资产的市场价值。

变额寿险产品的投资危险是由保单所有人承担的，保险人只是负责管理投资账户。

在中国平安保险公司的投资连结保险中，投保人缴纳的保险费被分配到两个账户，一个是投资账户，另一个是保障账户。但投保人无权选择投资组合，投资账户的资金由保险公司负责管理，由保险公司按国家有关规定来决定投资项目。投资盈亏风险均由被保险人承担。

变额寿险可以是非分红的，也可以是分红的。

万能人寿保险（universal life insurance）简称万能寿险，是一种缴费灵活、保险金额可调整的寿险。

投保人在缴纳首期保费后可选择在任何时候缴纳任何数量的保费，只要保单的现金价值足以支付保单的相关费用，有时可以不用缴纳保费。投保人还可以在具有可保性的前提下，提高保额或降低保额。

通常情况下，保险人规定的首期保费较高，一方面是为了支付足够的费用和死亡给付；另一方面也为了避免保单因对保费缴纳没有严格的限制而导致过早终止。

万能寿险保单的现金价值为保费扣除各种费用及死亡给付分摊额后的累积价值。

万能寿险具有很大的灵活性，不仅表现在保费的缴纳方式上，还表现在可以在一定的限制范围内选择所需要的保额。万能寿险的死亡给付通常有两种方式可供选择：

A计划是一种死亡保险金不变，始终等于保单保险金额的万能寿险。

B计划是一种死亡保险金会不断变化的万能寿险，其保险金等于保单保额与现金价值之和。

A计划：

死亡保险金 = 保险金额

净危险额 = 死亡保险金 - 现金价值

B计划：

死亡保险金 = 保险金额 + 现金价值

净危险额 = 保险金额

变额万能人寿保险（universal variable life insurance）简称变额万能寿险，针对将寿险保单的现金价值视为投资的保单所有人设计。

变额万能寿险是一种终身寿险，其将万能寿险的缴费灵活性、死亡保险金的可变性和变额寿险的投资弹性相结合。

变额万能寿险遵循万能寿险的保费缴纳方式，保单持有人在规定限度内可自行决定每期保费支付金额，或在具备可保性及符合保单最低保额的条件下，任意选择降低或调高保额。

其资产由分立账户保存，其现金价值的变化与变额寿险相同，没有最低投资收益率和本金的保证。

三、人身意外伤害保险

人身意外伤害保险是指被保险人在保险有效期内，因遭受意外伤害而导致死亡或残疾时，保险人按照合同约定给付保险金的保险。

（一）对意外伤害有三重规定：

（1）必须有客观的意外事故的发生，并且事故的原因是意外的、外来的、偶然的、不可预见的。

（2）被保险人必须有客观事故造成人身死亡或残疾的结果。

（3）意外事故的发生和被保险人的人身伤亡的结果之间有内在的、必然的联系。

此类险种既具有人寿保险的给付性质，又具有财产保险的补偿性质。所以，在寿险公司和财险公司都可以有该类产品销售。

人身意外伤害保险的保险责任是指由保险人承担的被保险人因意外伤害所导致的死亡和残疾给付保险金的责任，而对由于疾病所导致的死亡和残疾不负责。

人身意外伤害保险的保险责任有三个构成要件：第一，被保险人在保险期限内遭受了意外伤害；第二，被保险人在责任期限内死亡或残疾；第三，被保险人所受的意外伤害是其死亡或残疾的直接原因或近因。

在意外伤害保险中，对于责任期限有特别的规定。被保险人遭受意外伤害的事件发生在保险期内，而其在遭受了意外伤害之后的一定时期内造成的死亡或残疾的后果，保险人就要承担保险责任。

（二）人身意外伤害保险的特点：

（1）被保险人遭受意外伤害的概率的决定因素是职业和所从事的活动。

（2）意外伤害保险承保的条件一般较宽。

（3）意外伤害保险的保险责任的特点和保险责任期限的特殊性。

（4）意外伤害保险的给付方式为定额给付与不定额给付相结合。

（5）意外伤害保险的死亡保险金数额与其他寿险产品相比，通常较高。

（三）人身意外伤害保险的分类：

（1）按保险责任分类，人身意外伤害保险可以分为意外伤害死亡残疾保险、意外伤害医疗保险、综合意外伤害保险和意外伤害收入保障保险。

（2）按承保危险分类，人身意外伤害保险分为普通意外伤害保险和特定意外伤害保险。

（3）按投保方式不同，可分为个人意外伤害保险和团体意外伤害保险。

（四）人身意外伤害保险与财产保险的相似性比较：

（1）在保险事故的发生方面类似。

（2）在保险责任方面类似。

（3）在保险合同的性质方面类似。

（4）在保险期限上类似。

（5）在保险费的缴纳与确定方面类似。

（6）在财务处理方面类似。

四、健康保险

健康保险是以人的身体为对象，以被保险人在保险期限内因患病、生育所致医疗费用支出和工作能力丧失、收入减少及因疾病、生育致残或死亡为保险事故的人身保险。

它是人身保险的一种，其保险责任是被保险人的医疗费支出、护理费支出、收入损失和因疾病、生育造成的事故或残疾等。

（一）健康保险所指的疾病需要满足以下条件：

（1）疾病是由于明显非外来原因所造成，由身体内在的生理原因所致。

（2）疾病是由非先天性的原因所致。

（3）疾病是由于非规律性的生理现象所致。

（二）健康保险的特点：

（1）健康保险具有综合保险的性质。

（2）健康保险的保险金既有定额给付的，也有补偿性的。

（3）健康保险是不定额保险与定额保险的结合。

（4）健康保险的保险人赔付具有变动性和不易预测性。

由于健康保险的赔付危险大，危险具有变动性和不易预测性等特点，因此，保险人对所承担的保险金给付责任往往带有许多特别规定，尽可能地减少事故损失和赔付。

（三）常见的条款有：

（1）免赔额条款。

（2）观望期条款。

（3）比例给付条款，又称为共保比例条款。

（4）给付限额条款。

（四）健康保险的种类：

（1）根据保险保障的内容不同，健康保险分为医疗保险、疾病保险、失能收入损失保险和护理保险。这是健康保险的主要种类。

（2）健康保险根据投保方式不同，又分为个人健康保险和团体健康保险。根据保险期限的不同，还可分为长期健康保险和短期健康保险。

五、医疗保险

（一）医疗保险

医疗保险按照保险金的给付性质分为费用补偿型医疗保险和定额给付型医疗保险。

定额给付型医疗保险是指按照约定的数额给付保险金的医疗保险，常见的如住院日额津贴保险。

费用补偿型医疗保险则保障的是被保险人因疾病或意外伤害需要治疗时支出的医疗费用的补偿。

（二）常见的医疗保险

常见的医疗保险有普通医疗保险、住院保险、综合医疗保险等等。

1.普通医疗保险。普通医疗保险给被保险人提供治疗疾病的一般医疗费用，主要包括门诊费用、医药费、检查费等。

2.住院医疗保险。住院保险的费用由住院的床位费、医疗费用、手术费用、药费等组成。

3.综合医疗保险。综合医疗保险是保险人为被保险人提供的一种全面的医疗费用保险，其费用范围包括了普通医疗保险和住院医疗保险的费用范围。

（三）疾病保险

疾病保险，是指以保险合同约定的疾病的发生为给付保险金条件的保险。

疾病保险主要包括重大疾病保险和特种疾病保险。

1.重大疾病保险是专门针对人们易发生的多种重大疾病而设计的，如癌症、心血管病、冠状动脉搭桥手术、脑中风、慢性肾衰竭、重大器官移植手术等。

2.特种疾病保险是专门为被保险人罹患特定疾病提供保险保障，主要包括眼科护理保险、牙科费用保险、生育保险等。

（四）失能收入损失保险

失能收入损失保险又称为残疾收入补偿保险、收入损失保险等，是对被保险人因疾病或意外而导致残疾后，不能正常工作而失去原来的工资收入的保险。

残疾通常可分为完全残疾和部分残疾。

完全残疾是指被保险人永久丧失全部劳动能力，不能参加工作以获得收入。完全残疾保险金通常为被保险人原先工资收入的一定比例。

部分残疾是指被保险人部分丧失劳动能力，只能进行原职业以外的其他职业，且新的职业可能会使收入减少。对于部分残疾给付金的计算方式为：

$$部分残疾给付金 = 完全残疾给付金 \times \frac{残疾前收入 - 残疾后收入}{残疾前收入}$$

另外，收入补偿的给付方式也有多种形式：

（1）按月或按周给付。

（2）按给付期限给付。

（3）按推迟期给付。

（五）护理保险

护理保险又称为长期护理保险，是指以因保险合同约定的日常生活能力障碍引发护理需要为给付保险金条件，为被保险人的护理支出提供保障的保险。

护理保险通常为那些因年老、重病或伤残的影响需要在家中或在设施齐全的护理院长期护理的被保险人提供医疗或其他服务费用给付。大多数保单提供从专业护理到日常护理等多项服务的保障。

不同保单之间的给付水平存在很大的差别，但多数有防范通货膨胀的条款，即当通货膨胀致使生活费用上涨时，保险金给付水平也相应增加。

而财产保险，与人寿保险要考虑的保险内容差不多，包括类型、条款、风险评估等。与人寿保险不同的是，一旦发生了损失，你应当立即向保险公司报告你的损失，做一些临时性的修补工作以保护自己的财物，准备一份详细的丢失或受损物品的清单，保管好保险理赔过程中每一张单据，确认保险赔偿评估人员对损失的估计值。

财险案例一：重庆市家财险投保率不到 1%，多数火灾自己买单。去年重庆市除夕夜到元宵节期间燃放烟花爆竹解禁，市民体验到放烟花带来快乐的同时，家庭财产和人身安全也受到一定程度的威胁。来自重庆市市 119 指挥中心的统计数据显示，2012 年 1 月 25 日零点至 1 月 31 日零点的 6 天时间里，主城区各消防中队共出火警 377 次，仅除夕夜傍晚 6 点至初一早上 3 点的 9 个小时内，主城区就发生火灾 191 起。但是从保险公司的理赔数据上看，重庆全市家财险投保率不到 1%。这就意味着，当这些家庭和个人财产因火灾遭受意外损失的时候，99%的居民只能自己承受损失。

财险案例二：从天而降的烟灰缸砸残路人谁买单？郝先生与朋友李先生在街上谈事情，被临路楼上坠落的烟灰缸砸中头部，当即倒地，被送至急救中心抢救。经治疗，伤情虽得到控制，但却留下了严重的后遗症：郝先生后被鉴定为智能障碍伤残、命名性失语伤残等。为此，他家花去了医疗费 9 万元。事后，其家人对抛掷烟灰缸的肇事者调查无果，且公安机关也无法确定烟灰缸所有人。在此情况下郝先生家人只有将位于出事地点的两幢居民楼的 25 户居民全部告上了法庭。法院经审理，最后判决，郝先生的医药费、误工费、护理费等共计 178，233元，由王先生等 20 户住户各赔偿 8，101．5 元，在判决生效后立即付清；案件受理费及其他诉讼费，也由 22 名"嫌疑"被告分担。

六、财产保险的概念与业务体系

（一）财产保险概念的界定

财产保险是指以各种财产物资和有关利益为保险标的，以补偿投保人或被保险人的经济损失为基本目的的一种社会化经济补偿制度。

对财产保险概念的界定，不同的学者有着不同的阐述，但概括起来，不外乎如下两种分类法：

（1）根据经营业务的范围，财产保险可以分为广义财产保险与狭义财产保险。

（2）根据承保标的的实虚，财产保险又可以分为有形财产保险和无形财产保险。

我国的《保险法》将保险业直接业务划分为财产保险与人身保险两大类。

（二）财产保险的业务体系

财产保险体系在第一层次的业务结构通常被划分为四大部分：

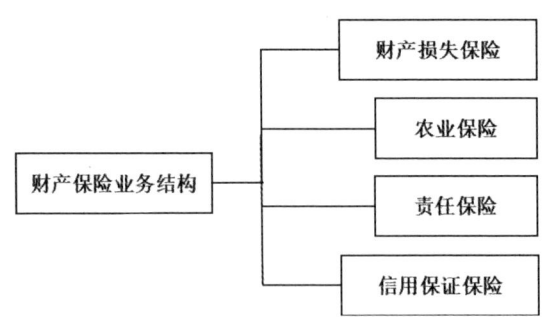

1.财产损失保险。财产损失保险是以承保保险客户的财产物资损失危险为内容的各种保险业务的统称，是财产保险传统的也是最广泛的业务来源。

2.责任保险。责任保险以保险客户的各种民事法律危险为承保标的，是一种随着法律制度的不断完善而逐步发展起来的保险业务。

　　3. 其他商业性财产保险。除财产损失保险与责任保险外，还有一些属于商业性财产保险的保险业务。

七、财产保险的特征

3.1 保险标的为各种财产物资及有关责任

　　财产保险业务的承保范围覆盖着除自然人的身体与生命之外的一切危险保险业务，它不仅包容着各种差异极大的财产物资，而且包容着各种民事法律危险和商业信用危险等。

3.2 保险业务的性质是组织经济补偿

　　保险人经营各种类别的财产保险业务，就意味着要承担起对保险客户保险利益损失的赔偿责任。

　　当保险事件发生以后，财产保险讲求损失补偿原则，它强调保险人必须按照保险合同规定履行赔偿义务，同时也不允许被保险人通过保险获得额外利益，从而不仅适用权益转让原则，而且还适用重复保险损失分摊和损余折抵赔款等原则。

3.3 经营内容具有复杂性

　　其复杂性的特征主要表现在：

　　（1）投保对象与承保标的复杂。

　　（2）承保过程与承保技术复杂。

　　（3）危险管理复杂。

（四）单个保险关系具有不等性

　　保险人在经营每一笔财产保险业务时，收取的保险费与支付的保险赔款事实上并非是等价的。

这种单个保险关系在经济价值支付上的不等性，构成了财产保险总量关系等价性的现实基础和前提条件。

火灾保险（FireInsurance），简称火灾险，是指以存放在固定场所并处于相对静止状态的财产物资为保险标的，由保险人承担保险财产遭受保险事故损失的经济赔偿责任的一种财产保险。

火灾保险是一种传统的保险业务，于其他保险业务相比，有如下独立的特征，无法用其他保险险种替代。保险标的存在于陆地，相对静止。保险标的存放地址不得随意变动，变动则影响保险合同效力。可保风险非常广泛，包括各种自然灾害和多种意外事故。存在多种附加险，如附加利润损失保险和附加盗窃风险保险等，覆盖了大部分可保风险。

从保险业务来源角度看，火灾保险是适用范围最广泛的一种保险业务，各种企业、团体及机关单位均可以投保团体火灾保险；所有的城乡居民家庭和个人均可投保家庭财产保险。

就保险标的范围而言，火灾保险的可保财产包括：房屋及其他建筑物和附属装修设备；各种机器设备，工具、仪器及生产用具；管理用具及低值易耗品、原材料、半成品、在产品、产成品或库存商品和特种储备商品；以及各种生活消费资料等。对于某些市场价格变化大、保险金额难以确定、风险较特别的财产物资，如古物、艺术品等，则需要经过特别约定的程序才能承保。

七、火灾保险概述

（一）火灾保险及其发展

需要指出的是，火灾保险是历史遗留下来的一种险别名称，它在产生之初因只承保陆上财产的火灾危险而得名，但后来却发展到了承保各种自然灾害与意外事故，因此，就保险责任而言，早已超出了当初火灾保险的范围，不过，保险界仍然保留着对此类业务的传统叫法。

火灾保险经过三百多年的历史发展，有了较大的变化。

1.1 保险标的扩展

最初的火灾保险只承保房屋，后来扩大到房屋内的家庭财产。发展到现在，火灾保险的标的不仅包括不动产和动产，还包括与不动产和动产相关的利益，如利润损失、营业中断期间支付的必要费用等。因此，火灾保险的保险标的已由房屋变为各种不动产、动产及与其有关的利益。

1.2 承保风险扩展

最初的火灾保险只承保单一的火灾风险，并只承保火灾所致的直接损失，不承保间接损失。后来逐步扩大到与火灾相关的雷击、爆炸等风险。时至今日，火灾保险的承保风险更扩大到包括各种列明的自然灾害、意外事故，可以直接承保或特约承保火灾、爆炸、雷击、暴风雨、雪灾、砍凌、泥石流、机器损坏，甚至盗窃、洪水、地震、战争等风险，既可承保直接损失，也可承保间接损失（如利润损失）。

1.3 保单格式走向规范化

开始的火灾保险没有标准的保单格式，世界各国的各家火灾保险公司各行其是，保单格式各不相同。美国的马萨诸塞州推出了第一份标准的火灾保险单，为火险保单的标准化做出了贡献。此后，各国纷纷比照实行火险的标准保单，从而大大减少了理赔纠纷和法院解释的困难。

1.4 承保能力大为增强

火灾保险发展的前期，保险公司的承保能力很低，保险金额较高的保险标的，往往需要几家保险公司联合共保才能确保赔付责任的履行。随着国际保险市场上再保险的产生和发展，保险人的承保能力大为增强，保额再高的标的，都可以由一家保险公司承保后再以分保方式分散保险人自身的风险。

1.5 保险费率厘定趋向科学

尽管 17 世纪末的火灾保险已开始按房屋的结构实行差别费率，但当时的火灾保险费率档次少，分类简单，总体费率水平较高。而现在的火灾保险在确定费率时考虑了更多的费率影响因素，采用更加科学的分类方法进行计算，从而使费率水平更加科学合理。

1.6 赔偿范围扩大

火灾保险的赔偿范围，已由最初只负责赔偿保险标的的损失，扩大到保险事故发生时为减少保险损失而支付的合理的整理、保护、施救费用。

（二）火灾保险的基本特点

1. 火灾保险的保险标的是陆上处于相对静止状态条件下的各种财产物资，动态条件下或处于运输中的财产物资不能作为火灾保险的投保标的投保。

2. 火灾保险承保财产的存放地址是固定的，被保险人不得随意变动，如果被保险人随意变动被保险财产的存放地址或处所，将直接损害保险合同的效力，保险人可以因此对保险损失拒绝赔偿。

3. 保险危险相当广泛，不仅包括各种自然灾害与多种意外事故，而且可以附加有关责任保险或信用保证保险，企业还可以投保附加利润损失保险，而家庭更是普遍需要投保或附加盗窃危险保险等。

（三）团体火灾保险

3.1 可保标的与不保标的

团体火灾保险的保险标的是各种财产物资，但也并非一切财产物资均可以成为团体火灾保险的保险标的。保险人的承保范围可以通过划分可保财产、特约可保财产和不保财产加以体现。

（1）可保财产：凡是为被保险人自有或与他人共有而由被保险人负责的财产，由被保险人经营管理或替他人保管的财产，以及具有其他法律上承认的与被保险人有经济利害关系的财产，而且是坐落、存放于保险单所载明地址的下列财产，都属可保财产。在企业财产保险中，可保财产是指既可以用会计科目来反映，如固定资产、流动资产、帐外财产等；也可以用企业财产项目类别来反映，如房屋、建筑物、机器设备、原材料、商品物资等。以上财产被保险人应对保险标的具有保险利益的关系。

（2）特约可保财产：特约可保财产是指必须经过保险双方的特别约定，并在保险单上载明才能成为保险标的的财产。这种特别约定包含两层含义：一是取消保险单中对该特约可保财产的除外不保；二是将该项目纳入可保财产范围。

特约可保财产可以分为三类：

（1）市场价格变化较大，保险金额难以确定的财产。如金银、珠宝、钻石、玉器、首饰、古币、古玩、古书、古画、邮票、艺术品、稀有金属等财产，投保时须经双方特别约定。但对经营上述财产为主业的团体，则只要保险双方协商投保，并就承保事宜签订正式保险合同即可，无须再行特约。

（2）价值高、风险较特别的财产。如堤堰、水闸、铁路、道路、涵洞、桥梁、码头等，这些标的价值较高，虽不易发生火灾，但有洪水、地震等风险。若投保人要求投保此类财产，保险人应对其安全状况实地查勘，一经同意承保，必须在保单上特别注明，并把保险金额逐项填写清楚。

（3）风险较大，需提高费率的财产。如矿井、矿坑内的设备和物资。承保此类财产，主要是为了满足某些行业的特殊需要。承保时，必须经保险双方特别约定，在保险单及明细表上载明，并视风险状况加收保费。

3.2 保险金额的确定

保险金额是保险人对被保险人的保险财产遭受损失时，负责赔偿的最高限额，也是投保人缴纳保费的依据。法人团体投保标的的保险金额，一般都以账面为基础确定，但因财产种类不同，其计算方式也有所不同。

（1）固定资产的保险金额。固定资产是法人单位尤其是企业生产经营的物质基础，从而是团体火灾保险中的主要内容。团体火灾保险中保险金额的确定可采取如下三种不同方式进行：

①按账面原值投保。

②按重置重建价值投保。

③按投保时实际价值协议投保。

（2）流动资产的保险金额。

保险人通常有两种保险金额的确定方式让被保险人选择。

①按被保险人物化流动资产最近 12 个月的平均账面余额投保。

②按被保险人物化流动资产最近账面余额投保。

（四）保险费率的厘定

团体火灾保险的费率，主要根据不同保险财产的种类、占用性质，按危险性的大小、损失率的高低和经营费用等因素制定。我国现行的团体火灾保险费率采用的是分类级差费率制，具体包括工业险费率、仓储险费率、普通险费率三大类。

4.1 工业险费率

工业险费率又根据工业企业的产品和所使用的原材料以及生产过程中工艺处理的危险程度划分为六级费率，即金属冶炼类、五金制造修配类、棉纺织轻工业类、麻丝油蜡加工类、一般危险品化合生产类和特别危险品化合生产类。凡从事制造、修配、加工生产的工厂，按工业险确定费率。

工业险费率分六级：

第一级为金属冶炼、铸造及各种重型机械制造，机器设备制造，钢铁制品，部分纯钢制品，以及耐火材料、水泥、砖石制品等工业。

第二级为一般机械零件制造、修配，以金属为主要原材料兼用少量塑料及非金属材料的机械零件制造、修配，以及兼有少量喷烘漆等工艺的五金零件或制造、修配等工业。

第三级为以部分金属或一般物资为主要原材料的棉纺织（麻织品除外）、食品及副食品、轻工、电讯、电器、电机、仪表、日常生活用品，以及生产过程比较安全、危险性较小的日用化学品等工业。

第四级为以竹、木、皮、毛或一般可燃物资为主要原材料或以一般危险品进行化合生产并在生产过程有一定危险性的工业，棉、棉麻、塑料及其制品，化纤、化学制品、医药等制造加工工业，以油脂为原料的轻工业，文具及纸制品等工业。

第五级为大量使用竹、木、稻草为主要原料的竹、木制品或草织品制造，油布、油纸制品，以一般危险品及部分特别危险品为主要原材料进行化合生产、制氧、挥发性化剂，以及生产塑料、染料等工业。

第六级为以特别危险品如赛璐珞、磷、醚及其他爆炸品为主要原材料进行化合生产的工业，以及染料工业等。现行一至六级工业险费率分别为：1%、1.5%、2%、3.5%、5% 和 7%。

4.2 仓储险费率

仓储险费率根据仓储的用途、储存的物资及可能遭受损失的危险大小确定，凡商业、物资、供销、公交系统的专业局、公司、采购供应运输、批发部门以及储运单位专门储存大宗商品、物资的仓库，露堆，罩棚，油槽，储气柜，地窖，囤船等，均按仓储险费率确定费率，并按其不同危险程度分为储存一般物资、储存危险品、特别危险品专储、金属材料专储、石油专储五个等级费率。我国现行的仓储险费率：

（1）除堆存一般物资即非危险品（不堆存危险品与特别危险品），1%。

（2）贮存危险品（不堆存特别危险品），2%。

（3）贮存特别品，4%。

（4）金属材料专储，5%。

（5）石油专储，3%。

4.3 普通险费率

普通险所承保的是不在上述范围内的其他法人团体的火灾保险业务，其费率按被保险财产所在建筑物的占用性质等分为五级，凡公园、医院、学校、商店、火车站、码头、农场等单位投保均适用于普通险费率。

（1）公园、动物园、办公室、学校、托儿所、图书馆、医院、银行、气象台、出版社（不附设印刷工场）、邮电局等。

（2）一般商店、饮食店、菜场、供销合作社门市部、综合修理门市部、旅馆、浴室、文化娱乐场所、展览馆、体育馆、电视台、广播电台、飞机场、火车站、轮船码头、农场、林场、牧场、养鸡场、汽车站、研究所、电脑室等。

（3）石油商店、化工原料商店、油漆商店、染料商店、化学试剂商店、电气焊门市部、轮胎修补门市部、胶鞋修补门市部、弹花网套门市部、废旧物资收购站、汽车加油站、液化石油气供应站、化验室、花炮（爆竹）商店。

（4）建筑工程——建筑工地上正在建筑的建筑物、材料、设备，以及工地上施工单位的财产及储备材料、设备。

（5）供电高压线路、输电设备及电信线路。

以上（1）至（5）项现行费率为：1%、2%、3%、2% 和 1%。

（五）保险责任范围的确定

在团体火灾保险经营实务中，不同险种的保险责任范围是不同的，如财产保险综合险承担的保险责任就较宽，财产保险基本险承担的保险责任范围较窄。但概括起来，团体火灾保险的可保责任仍可分为几大类：

（1）列明的自然灾害。

（2）列明的意外事故。

（3）特别损失承担责任。

（4）在发生保险事故时，为抢救财产或防止灾害蔓延，采取合理的、必要的措施而造成保险标的的损失。

（5）发生保险事故时，为了减少保险标的的损失，被保险人对于保险标的采取施救、保护、整理措施而支出的合理费用。

（六）团体火灾保险险种

团体火灾保险包括如下险种：

（1）财产保险基本险。

（2）财产保险综合险。

（3）财产保险一切险。

（4）机器损坏保险。

（5）附加险。

（七）家庭财产保险

家庭财产保险简称家财险，是个人和家庭投保的最主要险种。凡存放、坐落在保险单列明的地址，属于被保险人自有的家庭财产，都可以向保险人投保家庭财产保险。家庭财产保险的投保范围一般包括房屋及房屋装修，衣服、卧具，家具、燃气用具、厨具、乐器、体育器械，家用电器；附加险有盗窃、抢劫和金银首饰、钞票、债券保险以及第三者责任保险等。

7.1 家庭财产保险及其基本特征

家庭财产保险是以城乡居民为保险对象的一种火灾保险。由于其服务对象是千家万户，且完全属于私人自愿投保。

家庭财产保险作为与团体火灾保险相对应的另一类火灾保险业务，实际上由若干具体的险种构成，并在经营实践中呈现出如下特色：

（1）业务分散、潜力巨大。

（2）额小量大、成本偏高。

（3）风险结构有特色。

（4）风险管理有特色。

（5）赔偿方式有特色。

7.2 普通家庭财产保险

普通家庭财产保险是面向城乡居民家庭的基本险种，它承保城乡居民存放在固定地址范围且处于相对静止状态下的各种财产物资。

普通家庭财产保险的保险责任较为宽泛，包括火灾、爆炸、雷电、冰雹、雪灾、洪水、海啸、地震、地陷、崖崩、龙卷风、冰凌、泥石流、空中运行物体的坠落，以及外来建筑物和其他固定物体的倒塌，暴风或暴雨使房屋主要结构倒塌造成保险财产的实际损失，或者为防止灾害蔓延发生的施救、整理费用及其他合理费用，均由保险人负责赔偿。

普通家庭财产保险的保险金额，由被保险人根据保险财产的实际价值自行确定，并且按照保险单上规定的财产项目分别列明。

7.3 还本家庭财产保险

还本家庭财产保险是在普通家庭财产保险基础上衍生出来的一种火灾保险，它也是面向城乡居民的一个基本险种。还本型家庭财产保险具有灾害补偿和储蓄的双重性质。投保时，投保人交纳固定的保险储金，储金的利息转作保费，保险期满时，无论在保险期内是否发生赔付，保险储金均返还投保人。

还本家庭财产险在保险范围、保险责任、保险赔偿方式等方面均与普通家庭财产险相似，但又具有如下明显的特点：

（1）以保户储金所生利息抵充保险费。

（2）期满退回保险储金。

（3）保险责任期限较长。

7.4 其他家庭财产保险

除普通家庭财产保险与还本家庭财产保险外，保险人通常还根据城乡居民的需要开办其他专用险种。在这方面，主要有家用电器保险、房屋保险、非机动交通工具保险等。

7.5 附加盗窃险

盗窃是城乡居民面临的一项主要危险，但因其性质特殊，保险人一般不在基本险中承保，而是列为附加责任，由保险客户选择投保。所谓附加盗窃险是指在家财险主险的基础上专门以被保险人可能遇到的盗窃风险为承保责任并由保险人承担被盗财产损失的一个附加险种，它虽然不能作为独立业务承保，但因盗窃是家庭财产面临的主要风险，亦成为多数家庭投保时必然选择的保险。因此，附加盗窃险在家财险中有重要地位。

保险人在经营附加盗窃险业务时，需要把握如下事项：

（1）盗窃责任是指存放在保险地址室内的被保险财产，因遭受外来的、有明显痕迹的盗窃损失，包括被盗财产和被砸坏的财产等均由保险人负责。在此，存放于保险地址室内、院内及公共房屋的过道中的自行车遭到全车失窃或被盗损失，保险人亦给予赔偿。但对于顺手牵羊、窗外钩物等造成的损失，保险人不予负责。

（2）被保险人及其家庭成员、服务人员、寄居人员的盗窃或纵容他人盗窃所致的被保险财产损失，保险人不负责任。

（3）被保险人在遭受保险责任范围内的盗窃损失后，应当保护好现场，并及时向当地公安机关报案，在 24 小时内报告保险人。取得公安部门的证明且经过 3 个月等待期仍然未破案，是被保险人向保险人索赔被盗财产损失的重要条件。

（4）赔款后破案追回的被保险财产，应当归保险人所有。基于被保险人不能通过保险获得额外利益的保险赔偿原则和财产保险经营中的权益转让原则，被保险人在获得保险人的被盗财产损失赔款后，对公安机关破案追回的失窃财物应当交给保险人，以弥补保险人的保险损失。如果被保险人愿意收回失盗财产，应当退回其已经获得的保险赔款，保险人则对被追回的失窃财产的损毁部分按实际损失或维修费用负责赔偿。

八、运输保险概述

（一）运输业与运输保险

运输保险是随着运输业的不断发展而产生并不断发展起来的一种财产保险业务。

在国际上，最早的运输保险是海上保险，它也是整个保险业的真正起源。

中国的民族保险业也是从运输保险开始的，李鸿章创办的仁济和保险公司即以承保当时轮船招商局的船舶与货物为主要业务。

（二）运输保险的分类

2.1 机动车辆保险

是指对机动车辆由于自然灾害或意外事故所造成的人身伤亡或财产损失负赔偿责任的一种商业保险。它承保各种机动车辆在陆上营运中可能遭遇的自身损失危险及可能导致的第三者责任危险。其保险客户，主要是拥有各种机动交通工具的法人团体和个人；其保险标的，主要是各种类型的汽车，但也包括电车、电瓶车等专用车辆及摩托车等。

机动车保险是指机动车所有人通过合同，以支付保险费的方式，将自己可能遇到风险带来的损失转移给保险公司承担的行为。主要分为基本险和附加险两部分。基本险有机动车辆损失险和第三者责任险。车辆损失险是指由机动车辆保险条款规定的原因造成保险车辆损失，由保险公司负责赔偿的一种保险。

机动车辆损失险还可附带机动车盗抢险、玻璃单独破碎险、车身划痕损失险、车辆停驶损失险、车辆自燃损失险、不计免赔险等。

第三者责任险是指被保险人或其允许的驾驶人员在使用保险车辆过程中发生意外事故，致使第三者遭受人身伤亡或财产直接损毁，依法应当由被保险人承担的经济赔偿责任，转由保险公司依照保险合同的规定负责赔偿的一种保险。

2.2 船舶保险

它承保各种船舶在内河及海洋航行中可能遭遇的自身损失危险及其碰撞责任危险。它的保障内容有：

（1）保障船舶的物质方面的损失。

（2）保障船舶的有关利益。

（3）船舶对第三者的赔偿责任。

2.3 航空保险

航空保险是以航空飞机旅行为保险标的一种航空保险，是财产保险的一种（航空保险本身是财产保险的一类）。当承保的飞机由于自然灾害或意外事故而受损坏，致使第三者或机上旅客人身伤亡、财产损失时，由保险公司负责赔偿。它承保各种飞机在地面及空中运行过程中可能遭遇的自身损失危险及其他责任危险。航空保险最基本的类别有：

（1）机身险：机身及其附件遭受损失后得到赔偿的保险。

（2）航空运输险：空运的货物遭受损失后得到赔偿的保险。

（3）航空伤害险：飞机机组人员和旅客的人身受到意外伤害后得到赔偿的保险。通常是航空运输险和航空伤害险同时承保。

（4）航空责任险：与飞行无关的第三者因飞机事故遭受人身伤亡或财产损失得到赔偿的保险，又称第三者责任险。

（三）运输保险的基本特征

1.运输保险的最大特征是保险标的并非存放在固定处所而是处于运行状态，这一特征决定了运输保险的危险结构也是动态的和广泛而复杂的。

2.运输保险的第二个特征是保险标的的出险地点多在异地，从而相对增加了保险人的理赔难度。

3.运输保险的第三个特征是意外事故的发生通常与保险双方之外的第三方有

密切关系，如车辆、船舶受损大多是碰撞事故所致，碰撞方或被碰撞方即构成了保险双方之外的第三方；运输中的货物更是直接控制在承运人的手上，其在运输中遭受的损失大多与保险双方之外的承运人密切相关。

（四）机动车辆保险及其特点

机动车辆保险是以机动车辆本身及其第三者责任等为保险标的的一种运输工具保险，其保险客户主要是拥有各种机动交通工具的法人团体和个人，其保险标的主要是各种类型的汽车，但也包括电车、电瓶车等专用车辆及摩托车等。

4.1 机动车辆保险的特征主要体现在如下几个方面：

（1）保险标的出险概率较高。

（2）业务量大，普及率高。

（3）扩大保险利益。

（4）被保险人自负责任与无赔款优待。

4.2 车辆损失保险（简称车身保险）

在机动车辆保险中，车辆损失保险与第三者责任保险构成了其主干险种，并在若干附加险的配合下，共同为保险客户提供多方面的危险保障服务。

车辆损失险的保险标的是各种机动车辆的车身及其零部件、设备等。

车辆损失保险的保险责任包括碰撞责任与非碰撞责任，其中碰撞是指被保险车辆与外界物体的意外接触，如车辆与车辆、车辆与建筑物、车辆与电线杆或树木、车辆与行人、车辆与动物等碰撞，均属于碰撞责任范围之列；非碰撞责任则可以分为以下几类：

（1）保险单上列明的各种自然灾害。

（2）保险单上列明的各种意外事故。

（3）其他意外事故。

机动车辆损失保险的保险金额，采用不定值保险方式，保险金额按投保时被保险机动车的实际价值确定。

4.3 第三者责任保险

机动车辆第三者责任险是承保被保险人或其允许的合格驾驶人员在使用被保险车辆时因发生意外事故导致的第三者的损害索赔危险的一种保险。由于第三者责任保险的主要目的在于维护公众的安全与利益，在实践中通常作为法定保险并强制实施。

保险的责任核定应当注意两点：一是直接损毁，实际上是指现场财产损失和人身伤害，各种间接损失不在保险人负责的范围；二是被保险人依法应当支付的赔偿金额，保险人依照保险合同的规定进行补偿。

保险责任有：

（1）被保险人允许的合格驾驶员，这里有两层含义：

①被保险人允许的驾驶员，指持有驾驶执照的被保险人本人、配偶及他们的直系亲属或被保险人的雇员、或驾驶员使用保险车辆在执行被保险人委派的工作期间、或被保险人与使用保险车辆的驾驶员具有营业性的租赁关系。

②合格。指上述驾驶员必须持有效驾驶执照。

使用保险车辆过程：保险车辆作为一种工具被运用的整个过程，包括行驶和停放。例如，保险吊车固定车轮后进行吊卸作业，可称"使用保险车辆过程"。

（2）第三者：在保险合同中，保险人是第一方，也叫第一者；被保险人或致害人是第二方，也叫第二者；除保险人与被保险人之外的，因保险车辆的意外事故而遭受人身伤害或财产损失的受害人是第三方，也叫第三者。

（3）人身伤亡：人的身体受伤害或人的生命终止。

（4）直接损毁：保险车辆发生意外事故，直接造成事故现场他人现有财产的实际损毁。

（5）依法应当由被保险人支付的赔偿金额：依照道路交通事故处理规定和有关法律、法规，按被保险人或其允许的合格的驾驶员承担的事故责任所应当支付的赔偿金额。

4.4 附加保险

机动车辆的附加险是机动车辆保险的重要组成部分。从中国现行的机动车辆保险条款看，主要有附加自燃损失险、附加新增加设备损失险、附加不计免赔特约险、附加车身划痕损失险、附加发动机涉水损失险等，保险客户可根据自己的需要选择加保。

（五）船舶保险

船舶保险是以各种类型船舶为保险标的的保险。

5.1 船舶保险及其适用范围

船舶保险起源于海上保险，是以各类船舶及其附属设备为保险标的的运输工具保险，各种水上装置如海洋石油开发中的钻井平台等也可以作为船舶保险业务承保，但建造或修理中的船舶一般不在船舶保险中承保。

船舶保险的适用范围是所有船东，它承保的标的包括各类船舶及水上装置，其范围十分广泛。

需要指出的是，此处的船舶保险可以称为普通船舶保险，而建造或修理或拆除中的船舶、试航的船舶、石油钻探船、失去航行能力的船舶以及从事捕捞作业的渔船，均不在承保范围之内。

5.2 船舶保险的责任范围

船舶保险的责任范围较广，保险人承担的责任包括如下三类：

（1）船舶本身损失的赔偿责任。

（2）碰撞责任。

（3）有关费用。

保险人对由于下列原因造成的被保险船舶经济损失或赔偿责任，不负赔偿责任：战争、军事行动和政府征用导致的损失；不具备适航条件而航行导致的损失；被保险人及其代表的故意行为引起的损失；超载、浪损、搁浅引起的事故损失；船体和机件的正常维修费用和自然磨损、锈蚀、机器本身发生的故障，以及一切间接损失、清理航道和污染费用等，均不在船舶保险负责赔偿的范围。

5.3 保险金额与保险费率

船舶保险的保险金额的确定依据有如下三种：

（1）按照新船的市场价格或出厂价格确定保险金额。

（2）按照旧船的实际价值确定保险金额。

（3）保险双方协商确定保险金额。船舶保险费率的厘定原则与团体火灾保险有某些相似之处，即采用类别级差费率制。

5.4 船舶保险的赔偿

船舶保险的赔偿处理因通常可能涉及碰撞责任，需要以海损事故赔偿的基本原则作为基础。而在船舶海损事故处理中，其基本原则包括按过失责任赔偿、赔偿按货币结算和支付、赔偿只限于直接经济损失三项。

保险人的赔偿包括以下三项：

（1）船舶损失赔偿。

（2）费用损失赔偿。

（3）碰撞责任赔偿。

（六）航空保险

航空保险是赔偿由飞行事故造成经济损失的保险业务。经营航空运输或其他航空业务的企业或个人向保险公司支付一定数额的保险费，即可在保险期内发生飞行事故遭受损失时得到经济赔偿。机票中的保险是由保险公司赔付给航空公司，再由航空公司赔付给旅客。航意险则由旅客直接持保单到保险公司索赔。对每一位旅客来说，是否购买航意险完全是自愿。

6.1 航空保险及其特点

航空保险是以飞机及与其有关的法律责任危险等为保险标的的一种运输保险，它通常由若干可以独立承保的基本险和若干附加险构成。是财产保险的一种（航空保险本身是财产保险的一类），当承保的飞机由于自然灾害或意外事故而受损坏，致使第三者或机上旅客人身伤亡、财产损失时，由保险公司负责赔偿。

航空保险的特点如下：

（1）高价值、高风险，专业性、技术性较强。

（2）再保险和共保必不可少。

（3）险种都具有国际性。

（4）承保条件与国际市场同步。

（5）原保险人与再保险人共同处理赔案。

（6）自愿保险与强制保险相结合，以强制保险为主。

6.2 飞机机身险

飞机机身保险是航空保险领域的主要险种，它承保飞机本身在飞行或滑行及在地面时因意外事故造成的损失或损坏。如飞机的坠落、爆炸、失火、碰撞、失踪等造成飞机的全部或部分损失，此外，还负责因意外事故引起的飞机拆卸、重装和清除残骸的费用。国外飞机机身保险的保险条件大多为一切险。其所保危险范围为：

（1）包括飞机在地面及飞行时危险的一切险。

（2）不包括飞机飞行时危险的一切险。

（3）不包括飞机飞行及滑行时危险的一切险。

保险人在承保机身险时，对保险责任通常采用条款列举法列举。

在保险金额方面，机身险采用定值保险的方式。为控制危险，保险人在实务经营中往往采取两种办法：

一是采用分摊条款，对部分损失的赔偿加以限制，如损失外壳的赔偿不超过保额的 40% 等。

二是对费率进行调整。

6.3 第三者责任保险

飞机第三者责任险在性质上与机动车辆第三者责任保险是一致的，它主要承保飞机在营运中由于坠落或因机上坠人、坠物而造成第三者的人身伤亡或财产损失，应由被保险人承担的赔偿责任。在机动车辆第三者责任保险中，指被保险人或其允许的驾驶人员在使用保险车辆过程中发生意外事故，致使第三者遭受人身伤亡或财产直接损毁，依法应当由被保险人承担的经济责任，保险公司负责赔偿。同时，若经保险公司书面同意，被保险人因此发生仲裁或诉讼费用的，保险公司在责任限额以外赔偿，但最高不超过责任限额的 30%。

6.4 旅客责任保险

旅客责任保险是以航空旅客为保险对象的一种航空责任保险业务，凡航空公司在营运过程中造成乘客人身伤亡和行李损失且依法应负的经济赔偿责任，由承保人负责补偿。

按照保险区域划分，旅客责任保险分为境内的旅客责任保险和国际运输线上的旅客责任保险，前者由国家法律和保险合同规范，后者由国际公约或国家法律及保险合同规范。

境内旅客责任保险按照运输工具划分，可以分为飞机旅客责任保险、公路旅客责任保险、铁路旅客责任保险、船舶旅客责任保险、公共汽车及市内轮渡旅客责任保险、其他运输工具旅客责任保险。

国际运输线上的旅客责任保险，主要有飞机旅客法定责任保险和海运旅客责任保险。对于飞机旅客法定责任保险，保险人所负的责任限额由国家批准的有关国际公约或国内有关法律的规定办理。

（七）货物运输保险

货物运输保险，是指承保运输中货物因自然灾害或意外事故所致损失的保险。按货物运输方式可分为海上货物运输保险、陆上货物运输保险、航空运输货物保险、邮包保险以及联运保险。货物运输保险的期限多以一次航程或运程计算。凡在货物运输中具有保险利益的人均可投保，如货主、发货人、托运人、承运人等。货物运输保险承保的危险事故包括雷电、海啸、地震等自然灾害，船舶搁浅、触礁、沉没、失踪、碰撞等意外事故，火灾、偷窃、短量、破碎、船长船员恶意行为等外来危险等。承保保险事故造成的损失，从性质上分为单独海损与共同海损，从程度上分为全部损失与部分损失。所投保的险种不同，承保损失范围也不同，有的险种对单独海损不赔，有的险种对部分损失不赔，投保人须视需要选择投保的险种。此外，保险人除承担规定保险事故的损失外，还承担事故发生后对保险标的的施救与救助费用。在中国，按适用范围货物运输保险可分为涉外海洋货物运输保险与国内货物运输保险两大类。货物运输保险除设有基本险外，还有附加险、特别附加险、特殊附加险等多种。

7.1 货物运输保险及其特点

货物运输保险是以运输中的各种货物为保险标的的一种运输保险。

货物运输保险的特点主要表现在以下几个方面：

（1）承保标的具有流动性。

（2）保险合同可以背书转让。

（3）保险期限具有航程性。

此外，货物运输保险中承运人的影响大也是一个其他保险业务中所不具有的特征。

7.2 货物运输保险分类

对货物运输保险业务的分类可以有不同的依据，大体上包括如下几种：

（1）根据货物运输是否超越国境，分为国际或涉外货物运输保险和国内货物运输保险

（2）按照运输工具划分，可以分为航空货物运输保险、水路货物运输保险和陆上货物运输保险及联运险。

（3）按照保险承担责任的方式划分，可以分为货物运输基本险、货物运输综合险、货物运输一切险，以及附加险，其中基本险、综合险、一切险可以单独承保，而附加险则必须附加在基本险、综合险或一切险之上。

7.3 保险金额与保险费率

货物运输保险的保险金额，采取定值保险方式，并通常按如下三种价格标准择一确定：

（1）离岸价。即以起运地发票价加装船前的一切费用作为保险金额。

（2）成本加运费价。即以起运地货物本身的价格加运杂费作为保险金额。与离岸价相比增加了运费。

（3）到岸价格。即以起运地货物本身的价格加运杂费再加保险费作为保险金额。

在上述三种价格条件中，到岸价格是保障最充分的价格条件。

在厘定货物运输保险的保险费率时，保险人通常考虑下列因素：

（1）货物运输方式。

（2）选用的运输工具。

（3）货物的性质与包装。

7.4 保险责任范围

货物运输保险的责任范围比较复杂，但保险人承担责任的方式大体上可以概括为基本险、综合险、一切险和附加险四类。

工程保险是承保建筑安装工程期间一切意外物质损失和对第三人经济赔偿责任的保险。包括建筑工程一切险与安装工程一切险，属综合性保险。保险标的为工程项目主体、工程用的机械设备以及第三者责任，此外尚有些附带项目。保险责任为工程期间因洪水、暴雨、地震等自然灾害损失；火灾、爆炸、飞行物体坠落等意外事故损失；盗窃、恶意行为等人为损失；原材料缺陷、工艺缺陷等工程事故损失以及对第三人的赔偿责任。工程保险规定有免赔额与赔偿限额。

九、工程保险概述

工程保险是指以各种工程项目为主要承保标的的财产保险，是承保建筑安装工程期间一切意外物质损失和对第三人经济赔偿责任的保险。包括建筑工程一切险与安装工程一切险，属综合性保险。保险标的为工程项目主体、工程用的机械设备以及第三者责任，此外尚有些附带项目。保险责任为工程期间因洪水、暴雨、地震等自然灾害损失；火灾；爆炸、飞行物体坠落等意外事故损失；盗窃、恶意行为等人为损失；原材料缺陷、工艺缺陷等工程事故损失以及对第三人的赔偿责任。工程保险规定有免赔额与赔偿限额。

在保险业务经营中，工程保险的特点主要表现在以下几方面：

1. 承保范围宽。

2. 保险危险大。

3. 扩展了投保人或被保险人。

4. 不同工程保险的内容有交叉性。

5. 采用工期保险单或分阶段承保。

（一）建筑工程保险

1.1 建筑工程保险与交叉责任

建筑工程保险是指以各类民用、工业用和公用事业用的建筑工程项目为承保对象的工程保险，保险人承担着对被保险人在工程建筑过程中因自然灾害和意外事故引起的一切损失的经济赔偿责任。

建筑工程保险区别于其他保险的重要特点就是可以在一张保险单上对所有与保险项目有关的各方均给予所需的危险保障。

1.2 建筑工程保险的承保项目

建筑工程的主体无疑是建筑项目本身，但建筑工程保险的承保范围却往往涉及与工程项目本身有关的财产物资和利益。因此，建筑工程保险可承保的项目包括下列各项：

（1）建筑施工合同中规定的建筑工程，包括永久工程、临时工程以及工地上的物料。

（2）建筑用的机器设备。

（3）工地上原有的财产物资。

（4）安装工程项目，即建筑工程项目中需要进行机器设备或其他设施安装的项目。

（5）损害赔偿责任，即建筑过程中因意外事故导致他人损害并依法应承担的损害赔偿责任。

1.3 建筑工程保险的责任范围

建筑工程保险承保的责任范围相当广泛。概括起来，保险人承保的责任有以下几类：

（1）列明的自然灾害。

（2）列明的意外事故。

（3）盗窃及清理保险事故现场所需费用。

（4）第三者责任。

（5）在建筑工程一切险中，未列入除外责任且不在上述危险责任范围的其他危险责任。

1.4 责任限额与保险费率

建筑工程保险的责任限额是指保险人承保的危险损失补偿限额，包括以建筑工程中财产物资为保险标的而确定的保险金额、以第三者责任危险为保险标的的赔偿限额，以及根据保险双方协商确定的免赔额。

在保险金额方面，按不同的承保项目分项确定。

在赔偿限额方面，一般对第三者的财产损失和人身伤亡分项确定赔偿限额，并按每次事故、整个保险期间的危险情况确定累计赔偿限额。

建筑工程保险的保险费率通常要综合考虑保险责任的大小、保险标的本身的危险程度、承包人的技术水平和管理水平、承包人及工程其他关系方的资信情况、保险金额与赔偿限额及免赔额的高低等因素。

（二）安装工程保险

2.1 安装工程保险及其特点

安装工程保险是指以各种大型机器设备的安装工程项目为承保对象的工程保险，保险人承担着对被保险人在机器设备安装过程中及试车考核期间的一切意外损失的经济赔偿责任。

安装工程保险的特点主要体现在以下几个方面：

（1）以安装项目为主要承保对象，各种大型机器设备则是基本的保险标的。

（2）承保的危险主要是人为危险。

（3）安装工程在试车、考核和保证阶段危险最大。

2.2 安装工程保险的基本内容

安装工程保险的承保项目主要是指安装的机器设备及其安装费，凡属安装工程合同内要安装的机器、设备、装置、物料、基础工程（如地基、座基等）以及为安装工程所需的各种临时设施（如临时供水、电、通信设备等）均包括在内；此外，为完成安装工程而使用的机器、设备等，为工程服务的土木建筑工程以及工地上的其他财物、保险事故发生后的场地清理费等均可作为附加项目予以承保。

（三）科技工程保险

3.1 科技工程保险及危险控制

科技工程保险与建筑工程和安装工程保险有许多相似之处，但这类保险业务更具专业技术性和科技开拓的危险性，且与现代科学技术的研究和应用有直接关系，因此，它又不能被一般建筑工程和安装工程保险所包容。

在财产保险市场上，保险人承保的科技工程保险业务主要有海洋石油开发保险、航天工程保险、核能工程保险等，其共同特点就是高额投资，价值昂贵，且分阶段进行，保险人既可按工程的不同阶段承保，又可连续承保，与建筑工程和安装工程保险有许多相似之处。

3.2 海洋石油开发保险

海洋石油开发保险具有技术性强、条款复杂、险种繁多的特点，它要求承保人具有较高素质，既要有一定的石油开发危险管理知识，又要具有一定的法律常识；既要有比较扎实的海上保险经验，又要掌握非水险业务的专门技术。

海洋石油开发投保事宜，按国际惯例是由承包或租赁合同（如勘探合同、钻井合同、石油合同）规定的。

保险人在承保这类业务时，一般承担着财产、物资、责任、额外费用等各种损失补偿责任；同时，根据石油开发的不同阶段为投保人提供不同的保险服务，即承保具有阶段性。此外，海洋石油开发保险必须办理分保以分散危险，防止财务危机。

在海洋石油开发保险经营中，保险人一般是分阶段提供保险服务的。

4. 航天工程保险

航天工程保险是指为航天产品，包括卫星、航天飞机、运载火箭等在发射前的制造、运输、安装和发射时以及发射后的轨道运行、使用寿命提供保险保障的综合性财产保险业务。在国际保险市场上，亦被称为一揽子保险。按照保险期限的起讫时间，它分为以下三种（既可单独投保，又可一揽子投保）形式：

（1）发射前保险。

（2）发射保险。

（3）寿命保险。

航天工程保险的保险金额，一般分阶段确定：发射前保险以制装总成本为依据确定保险金额；发射保险以航天产品价值及发射费用为依据确定保险金额；寿命保险以工作效能为依据确定保险金额。

5. 核能工程保险

核能工程保险是指以核能工程项目为保险标的的科技工程保险，保险人承保核能工程中的各种核事故和核责任危险，它是随着现代原子能技术的发展和各国对原子能和平用途的研究和应用而逐渐发展起来的新型保险业务。

核能工程保险的特点在于，它承保的主要责任是核事故危险，而在其他各种财产、工程保险中则是把核事故危险列为常规除外责任，并且不允许扩展承保；同时，由丁核事故危险性质特殊、危险异常，使得核能工程保险具有政策保险的特色，因此，在商业保险中，核能工程险更讲求与政府法规配合并需要政府的支持。

核能工程保险的种类一般包括财产损毁保险、核能安装工程险、核原料运输险、核责任险，其中核能工程财损险和责任险是最主要的业务。

十、责任保险

责任保险，是指保险人在被保险人依法应对第三者负赔偿民事责任，并被提出赔偿要求时，承担赔偿责任的财产保险形式。责任保险以被保险人对他人依法应负的民事赔偿责任为保险标的，在合同中无保险金额，而规定赔偿限额。责任保险仅承保被保险人的过失侵权民事责任，对故意行为造成的损害不负责任，除特别约定外，通常不包括合同违约责任。责任保险的承保方式有两种。一种是作为其他保险的组成部分或附加部分承保，不作为主要险别单独承保，如汽车保险中的第三人责任险、船舶保险中的碰撞责任险等。另一种是作为主要险别单独承保。其形式有公众责任保险、产品责任保险、雇主责任保险、职业赔偿保险即职业责任保险等。责任保险作为一种保险形式发展较晚，19世纪后半叶始随近代社会为保障灾害事故受害人利益而确立。

（一）责任保险及其发展

责任保险是指以被保险人依法应负的民事损害赔偿责任或经过特别约定的合同责任作为承保责任的一类保险。

它属于广义财产保险范畴，与一般财产保险具有共同的性质即都属于赔偿性保险，从而适用于广义财产保险的一般经营理论；然而，责任保险承保的又是法律危险，且具有代替致害人赔偿受害人的特点，在实务经营中亦有自己的独特之处。

责任保险的产生与发展壮大，被西方国家保险界称为整个保险业发展的第三阶段，也是最后阶段。

1. 责任保险的险种发展

责任保险产生于19世纪的欧美国家，20世纪70年代以后在工业化国家获得迅速发展。最早出现的责任保险是雇主责任保险，1880年，英国颁布的雇主责任法规定，雇主经营业务中因过错致使雇员受到伤害时须负法律赔偿责任，当年即有专门的雇主责任保险公司成立。

西方国家的保险人对其他的各种责任保险也开始以附加责任的方式承保，并逐渐以新险种的形式出现和发展。如承包人责任保险始于 1886 年，制造业责任保险始于 1892 年，医生职业责任保险始于 1890—1900 年，航空责任保险始于 1919 年，会计师责任保险始于 1923 年，个人责任保险始于 1932 年。

目前绝大多数国家均采取强制手段并以法定方式承保的汽车责任保险始于 19 世纪末，并与工业保险一起成为近代保险与现代保险分界的重要标志。

2. 责任事故处理原则的发展

从各国对责任事故赔偿的法律处理来看，责任事故的法律处理原则大体上可以分为三个发展阶段：

一是契约责任阶段，它强调在处理责任事故时以受害方与致害方存在着直接的契约或合同关系为前提，并主要表现在雇主责任事故和早期的产品责任事故处理中；

二是过错责任阶段，它强调在责任事故中只有当致害人对受害人的伤害负有故意或过失责任时，才承担起法律规定的经济赔偿义务；

三是绝对或严格责任阶段，即只要受害人不是自己的故意行为所致的损害事实，均可以从实施行为的另一方获得经济上的赔偿。

（二）责任保险的基本内容

1. 责任保险的适用范围

责任保险适用于一切可能造成他人财产损失与人身伤亡的各种单位、家庭或个人。具体而言，责任保险的适用范围包括如下几部分：

（1）各种公众活动场所的所有者、经营管理者。

（2）各种产品的生产者、销售者、维修者。

（3）各种运输工具的所有者、经营管理者或驾驶员。

（4）各种需要雇用员工的单位或个人。

（5）各种提供职业技术服务的单位。

（6）城乡居民家庭或个人。

2. 保险责任范围

责任保险的保险责任一般包括以下两项内容：

（1）被保险人依法对造成他人财产损失或人身伤亡应承担的经济赔偿责任。

（2）因赔偿纠纷引起的由被保险人支付的诉讼、律师费用及其他事先经过保险人同意支付的费用。

保险人承担上述责任的前提条件是，责任事故的发生应符合保险条款的规定，包括事故原因、发生地点、损害范围等，均应审核清楚。

在承担前述赔偿责任的同时，保险人在责任保险合同中一般规定若干除外责任，尽管不同的责任保险合同中的除外责任可能有出入，但主要的除外责任有：

（1）被保险人故意行为所致的各种损害后果。

（2）战争、军事行动及罢工等政治事件造成的损害后果。

（3）核事故危险导致的损害后果（但核事故或核责任保险例外）。

（4）被保险人家属、雇员的人身伤害或财产损失。但雇主责任保险承保雇主对雇员的损害赔偿责任。

（5）被保险人所有、占有、使用或租赁的财产，或由被保险人照顾、看管或控制的财产损失。

（6）被保险人的合同责任（经过特别约定者除外）。

3. 赔偿限额与免赔额

责任保险承保的是被保险人的赔偿责任，而非有固定价值的标的，且赔偿责任因损害责任事故大小而异，很难准确预计。因此，不论何种责任保险，均无保险金额的规定，而是采用在承保时由保险双方约定赔偿限额的方式来确定保险人承担的责任限额，凡超过赔偿限额的索赔仍须由被保险人自行承担。

从责任保险的发展实践来看，赔偿限额作为保险人承担赔偿责任的最高限额，通常有以下几种类型：

（1）每次责任事故或同一原因引起的一系列责任事故的赔偿限额，又可以分为财产损失赔偿限额和人身伤亡赔偿限额两项。

（2）保险期内累计的赔偿限额，也可以分为累计的财产损失赔偿限额和累计的人身伤害赔偿限额。

（3）在某些情况下，保险人也将财产损失和人身伤亡两者合成一个限额，或者只规定每次事故和同一原因引起的一系列责任事故的赔偿限额，而不规定累计赔偿限额。

4. 责任保险的保险费率

责任保险费率的制定通常根据各种责任保险的危险大小及损失率的高低来确定。

不同的责任保险种类，制定费率时所考虑的因素亦存在着差异，但从总体上看，保险人在制定责任保险费率时，主要考虑的影响因素应当包括被保险人的业务性质及其产生意外损害赔偿责任可能性的大小、法律制度对损害赔偿的规定、赔偿限额的高低、承保区域的大小、每笔责任保险业务的量等因素；对于数量有限的出口产品责任保险业务，通常还有最低保险费的规定。

（三）责任保险的险别

1. 公众责任保险

公众责任保险又称普通责任保险或综合责任保险，它以被保险人的公众责任为承保对象，是责任保险中独立的、适用范围最为广泛的保险类别。在公众责任保险项下，它又可以分为：

（1）综合公共责任保险。该保险承保被保险人在任何地点因非故意行为或活动所造成的他人人身伤害或财产损失依法应负的经济赔偿责任。

（2）场所责任保险。它承保固定场所因存在着结构上的缺陷或管理不善，或被保险人在被保险场所进行生产经营活动时因疏忽发生意外事故，造成他人人身伤害或财产损失且依法应由被保险人承担的经济赔偿责任。

（3）承包人责任保险。它承保承包人的损害赔偿责任，主要适用于承包各种建筑工程、安装工程、修理工程施工任务的承包人。

（4）承运人责任保险。它承保承担各种客、货运输任务的部门或个人在运输过程中可能发生的损害赔偿责任，主要包括旅客责任保险、货物运输责任保险等险种。

2. 产品责任保险

产品责任保险承保的产品责任是以产品为具体指向物，以产品可能造成的对他人的财产损害或人身伤害为具体承保危险，以制造或能够影响产品责任事故发生的有关各方为被保险人的一种责任保险。

保险人承保的产品责任危险是承保产品造成的对消费者或用户及其他任何人的财产损失、人身伤亡所导致的经济赔偿责任，以及由此而导致的有关法律费用等。

产品责任保险费率的厘定，主要考虑如下因素：一是产品的特点和可能对人体或财产造成损害的危险大小；二是产品的数量和价格，它与保险费呈正相关关系，与保险费率呈负相关关系；三是承保的区域范围；四是产品制造者的技术水平和质量管理情况；五是赔偿限额的高低。

在产品责任保险的理赔过程中，保险人的责任通常以产品在保险期限内发生事故为基础，而不论产品是否在保险期内生产或销售。

3. 雇主责任保险

在许多国家，雇主责任保险都是一种普遍性的强制保险业务，普及程度极高。一般而言，雇主所承担的对雇员的责任，包括雇主自身的故意行为、过失行为乃至无过失行为所致的雇员人身伤害赔偿责任。

下列情况通常被视为雇主的过失或疏忽责任：

（1）雇主提供危险的工作地点、机器工具或工作程序。

（2）雇主提供的是不称职的管理人员。

（3）雇主本人直接的疏忽或过失行为，如对有害工种未提供相应的合格的劳动保护用品等即为过失。

雇主责任保险的保险责任，包括在雇主责任事故中雇主对雇员依法应负的经济赔偿责任和有关法律费用等，导致这种赔偿的原因主要是各种意外的工伤事故和职业病。

一般而言，雇主责任保险的保险费率有的是同一行业基本上采用同一费率，有的是对于有些工作性质比较复杂、工种较多的行业，还规定每一工种的适用费率。

雇主责任保险的费率制定必须以工种与行业为依据，同时还应当参考赔偿限额。雇主责任保险费的计算公式为

应收保险费 =[A 工种保险费 ×（年工资总额 × 适用费率）] ＋ [B 工种保险费 ×（年工资总额 × 适用费率）] ＋…年工资总额 ＝ 该工种人数 × 月平均工资收入 ×12

在一些国家的雇主责任保险业务中，保险人对雇员的死亡赔偿额度与永久完全残疾赔偿额度是有区别的，后者往往比前者的标准要高。但对于部分残疾或一般性伤害，则严格按照事先规定的赔偿额度表进行计算。其计算公式为

赔偿金额 ＝ 该雇员的赔偿限额 × 适用的赔偿额度比例

如果保险责任事故是第三者造成的，保险人在赔偿上仍然适用权益转让原则，即在赔偿后可以代位追偿。

4. 职业责任保险

职业责任保险在国外又被称为职业赔偿保险或业务过失责任保险，它是由提供各种专业技术服务的单位（如医院、会计师事务所等）投保的团体业务，个体职业技术工作的职业责任保险通常由专门的个人责任保险来承保。

职业责任保险所承保的职业责任危险，是从事各种专业技术工作的单位或个人因工作上的失误导致的损害赔偿责任危险。

职业责任保险的承保方式包括如下两种：

一是以索赔为基础的承保方式。

二是以事故发生为基础的承保方式。

在西方工业化国家，职业责任保险的险种多达 70 多种，但主要的职业责任保险业务则不外乎以下几种：

（1）医疗职业责任保险。

（2）律师责任保险。

（3）建筑工程设计责任保险。

（4）会计师责任保险。

第二章　如何购买保险？

不同面额的保单能为你带来不同金额的最终收益。你需要购买多大金额的人寿保险？有两种主要方法能帮你计算。

受益倍数法：用年均总收入乘以 5-15 的倍数，计算出来的结果就是你应选择的适当的人寿保险面额。使用收益倍数法可以精确地计算出人寿保险的面额，但这一方法没有考虑到个人的储蓄水平或财务状况。

需求法：需求法试图寻找出当作为家庭主要收入来源的成员去世后，为满足健在的家庭成员的生活要求所需要的资金是多少。你可以把收益倍数法看做是一种"普适性"的计算方法，而把需求法看做是定制化、个性化的计算方法。需求法考虑的有很多方面，比如退休后的收入，急需资金，家庭生活开销，债务偿还等。需求法更复杂，但相比起来更能让你选择更合适的保单面额。

财产保险的购买更为灵活，你需要考虑物品的重要性及需要购买多大面额的保险，而且一般财产保险的赔偿额不会超过你的保单面额。

在确定了保单面额之后，你需要考虑以下几个方面。

首先，你要针对自身情况做出决定。

你的身体健康情况，家人的身体健康情况，未来可能遇到的可预测的风险，财产可能遭遇的损失，这些都是你需要考虑的方面，而且不要对保险公司进行隐瞒，因为你的不诚实可能导致保单不能生效。

其次，你要认真观察保险的类型与条款。

不同类型的保险受益面和受益程度是不同的。例如你是一个健康的人，那么普通的农村或城镇医保完全可以满足你的需求，在你感冒或者患一些小病时为你提供保障。倘若你患有重大疾病，那么普通的医保显然满足不了你的需求，此时你需要购买保单面额更大的、更有针对性的保险，来保障你的日常生活开销，以免陷入困境。

保险的条款也很重要，事实上，几乎所有的保险合同中一般都列有以下十大条款：

（1）受益人条款；

（2）宽限期条款；

（3）贷款条款；

（4）不丧失权利条款；

（5）保单复原条款；

（6）保单变更条款；

（7）自杀条款；

（8）保费支付条款；

（9）不可抗辩条款；

（10）结算条款。

这些条款的内容一定要仔细分辨，这关系到你的保单能否正确生效，帮助你取得合法利益。以下是这些条款的具体内容：

受益人条款	受益人条款说明的是第一顺位受益人和可能受益人是谁。第一顺位受益人就是被指定在被保险人死亡以后接受死亡赔偿金的那个人。第一顺位受益人可以是个人、企业或者信托计划。只有当死亡赔偿金尚未支付，而第一顺位受益人已经死亡的情况下，保险公司才能将赔偿金支付给可能受益人。 很多投保人都把他们的配偶指定为第一顺位受益人，将孩子指定为可能受益人。于是，如果父母一同去世，则死亡赔偿金将会支付给孩子。这里唯一需要注意的是，保险公司不能直接将死亡赔偿金支付给年幼的孩子。因此，如果投保人的孩子年纪较小，那么投保人应当另外安排一个保险计划，以保证投保人意外死亡后，孩子的监护人可以获得这一保险计划的死亡赔偿金，以此支付抚养孩子的费用。不可撤销受益人指的是只有征得该受益人的同意，保单持有者才能变更受益人的受益人。
保险宽限期条款	保险宽限期指的是保费缴纳的自动延期，通常是保费缴纳日之后的 30 天或 31 天。在这段期间内及时缴纳保费则不会收到任何惩罚，保单仍然有效。这种宽限期与信用卡还款的宽限期十分相似：在这段时间内及时缴费可免于处罚。
贷款条款	现金价值寿险保单包含贷款条款，允许投保人可以先借保单累积的现金价值借款。这种贷款的利率水平化较优惠 . 不需要交纳任何管理费用，且贷款没有到期日。如果投保人死亡时仍有未偿还的此类贷款，则保险公司会直接在死亡赔偿金中扣除未偿还的部分。 一旦投保人申请了贷款，对应的死亡赔偿金就将减少相应的数额。如果购买保险的目的是为了提供基本的死亡保障，那么向保险公司申请贷款的做法就有悖于这一目标。
不丧失权力条款	不丧失权利条款允许保单持有人将保单累积的现金价值提取出来，同时放弃对死亡赔偿金的权利。根据不丧失权利条款，保单持有人可以在保单到期前提前终止保险，同时提取现金价值。具体的做法一般是提取了现金价值以后，用来购买其他面值较小、已缴足保费的保险，或者是用来购买已缴足保费的定期保险。
保险复原条款	保险复原条款规定的是在哪些情况或条件下，已经失效的保单能够重新生效。一般来说，复原条款允许投保人在保单终止后 3~5 年内恢复保单的效力。大多数保险公司要求被保人要通过体检，并缴清所有拖欠的保费、尚未偿还的保单贷款以及复计的利息之后，才允许保单复原。
保单变更条款	保单变更条款允许保单持有人改变保单的形式。比方说，投保人购买了一份终身缴费型终身寿险保单，现在想把它转换为限期缴费型的终身寿险，以便某一天能停止支付保费。根据保单变更条款的要求，投保人要事先通过体检，随后便可进行保单变更。
自杀条款	实际上，几乎所有保险公司拟定的保险合同中都有自杀条款，条款说明如果在保险合同购买后两年间被保险人自杀身亡，则保险公司将不予理赔。
保费支付条款	保费支付条款简要地说明了保单持有人可以选择的保费支付方式。一般来说，你可以选择每年、每半年、每季度，或者每个月缴纳保费。每年缴纳一次的费率最低。
不可抗辩条款	不可抗辩条款是指在保险合同生效一段时间以后，通常是两年，保险公司不得以任何借口取消保险合同或质疑保险合同的合法性。事实上，这类似于一种短期的限制令。这一条款至关重要，它有效地保护了受益人的权益不会因被保险人起初在购买保险合同时的无心之过导致保单取消而被剥夺。实际操作中，即使被保险人最初购买保险时故意提供了虚假的信息，只要这种行为没有达到触犯法律、不能容忍的地步——比方说在有意谋害被保险人的同时购买保险这一条款仍能保护受益人的权益不被取消。
保单结算方式的选择	结算方式指的是当被保险人死亡后，受益人可以选择的获得死亡赔偿金的不同方式。最常见的结算方式包括：（1）一次性结算，（2）仅结算利息，（3）分期支付式结算，（4）生命年金法。

最后，你也需要考虑附加条款。附加条款是指保单上增加的特殊条款，用来提供额外的保险金或者是在某些情况下对保险公司应承担的责任进行限制。

常见的附加条款包括：

保费豁免／伤残权益条款；

倍数赔偿金或事故死亡赔偿金条款；

保证续保条款；

生存成本调整条款；

生存福利。

一、人身保险合同中的常见条款

（一）不可抗辩条款

不可抗辩条款又称为不可争议条款

其内容是：在被保险人生存期间，从保险合同订立之日起满两年后，除非投保人停止缴纳续期保险费，保险人将不得以投保人在投保时的误告、漏告和隐瞒事实等为由，主张合同无效或拒绝给付保险金。合同订立的前两年为可抗辩期。

（二）年龄误告条款

该条款规定，投保人在投保时误告被保险人的年龄，致使投保人支付的保险费少于或多于应付保险费的，保险人有权更正并要求投保人补缴保险费或向投保人退还多缴保费，或者根据投保时被保险人的真实年龄予以调整保险金额。

如果发现投保时被保险人的真实年龄已超过可以承保的年龄限度，保险人可以解除合同，并按照合同约定退还保险单的现金价值，但是自合同成立之日起逾两年后发现的除外。

当发生保险事故时，保险人给付保险金时发现误报年龄，保险金额应自动按真实年龄调整。其调整公式为：

调整后的保险金额＝实缴保险费应缴保险费 × 原保险金额

对于投保人在投保时误告被保险人的年龄，保险人调整保险金额或要求投保人补缴保险费的，不受不可抗辩条款的约束。

（三）宽限期条款

宽限期条款是对没有按时缴纳续期保费的投保人给予一定的时间宽限去缴纳续期保费。在宽限期内，即使未缴保险费，合同仍然具有效力；超过宽限期，保险合同失效。

宽限期条款的规定是为了防止投保人因疏忽、外出、经济变化等原因，不能及时缴纳保费而造成保险合同效力停止。

（四）保费自动垫缴条款

该条款通常规定，投保人按期缴纳保费满一定时期以后，因故未能在宽限期内缴付保险费时，保险人可以用保单的现金价值自动垫缴投保人所欠保费，使保单继续有效。其前提是，保单具有的现金价值足够缴付所欠保费，而且，投保人没有反对的声明。

保费自动垫缴条款的规定是为了避免非故意的保单失效。

（五）复效条款

复效是指保单因投保人欠缴保费而失效后，投保人可以在一定时期内申请恢复原保险合同的效力。复效条款通常规定，保单因投保人欠缴保费而失效后，投保人可以保留一定时间的申请复效权。在此期间，投保人有权申请复效。

复效的合同和原有合同具有相同的效力，保险责任、保险期限、保险金额等都相同。如果被保险人年龄已超过投保年龄限制，则只有要求原保险合同恢复效力，才有可能继续享受保险保障，而不能重新投保。

申请复效通常要求具有下列条件：

（1）复效申请不能超过规定期限。

（2）被保险人要符合可保条件。

（3）投保人提出复效申请时须补缴失效期间未缴的保险费及利息。

（六）所有权条款

所有权条款规定保单的所有权归属、保单所有人的权利等。保单所有人又称保单持有人，拥有保单的各种权利。

（七）不丧失价值条款

该条款通常规定，保单所有人享有保单现金价值的权利，不因保单效力的变化而丧失。保险合同解约或终止时，保单的现金价值依然存在，并且，保单所有人有权选择有利于自己的方式来处理保单所具有的现金价值。

现金价值的处理可以有下列方式：

（1）保单所有人退保，保险人退还现金价值。

（2）将原有保单变更为减额缴清保险。

（3）将保单变更为展期保险。

（八）保单贷款条款

该条款通常规定：投保人在缴纳保费一定年限后，如有临时性的经济上的需要，可以将保单作为质押向保险人申请贷款；贷款金额以不超过保单所具有的现金价值的一定比例为限。

（九）保单转让条款

一般认为，只要不是出于不道德或非法的考虑，在不侵犯受益人权利的情况下，保单可以转让。对于不可变更的受益人，未经受益人同意保单不能转让。

将保单所有权完全转让给一个新的所有人的转让方式称为绝对转让。

质押转让是另一种转让类型，是把一份具有现金价值的保单作为被保险人的信用担保或贷款的质押品，受让人得到保单的部分权利。

（十）受益人条款

受益人条款一般包括两方面的内容：一是明确规定受益人；二是明确规定受益人是否可以更换。

投保人或被保险人在订立合同时约定的受益人为原始受益人，当被保险人死亡时，其有权领取保险金。

除指定受益人外，保单所有人或被保险人有变更受益人的权利。

（十一）红利任选条款

在分红保险中，保单所有人可以享受到红利。红利的领取方式在红利任选条款中规定。红利来源于利差益、费差益和死差益。红利的领取方式有多种，如领取现款、抵充保费、存储生息、缴清增额保险等。

（十二）保险金给付任选条款

保险金的给付是在保险事故发生时，保险人向受益人的给付。保单通常有可供投保人自由选择的给付方式，由投保人根据需要选择。通常有以下几种：

（1）一次性给付现金方式。

（2）利息收入方式。

（3）定期收入方式。

（4）定额收入方式。

（5）终身收入方式。

保险金的给付是在保险事故发生时，保险人向受益人的给付。保单通常有可供投保人自由选择的给付方式，由投保人根据需要选择。通常有以下几种：

（1）一次性给付现金方式。

（2）利息收入方式。

（3）定期收入方式。

（4）定额收入方式。

（5）终身收入方式。

（十三）自杀条款

在以死亡为给付保险金条件的保险合同中，都有属于保险人免责条款的自杀条款。

其通常规定：在保险合同成立之日起及复效后的一段时间内，被保险人自杀的，保险人不承担给付保险金的责任，但对投保人已支付的保险费，保险人按照保险单退还其现金价值或所缴保费；而超过这段时间之后，如果被保险人自杀，保险人可以按照合同给付保险金。

做到以上步骤以后，你也基本可以正确购买合适的保险了。

案例一：人寿保险公司重大疾病终生保险合同

第一条　保险合同构成

本保险合同（以下简称本合同）由保险单及所附条款、声明、批注，以及与本合同有关的投保单、批单、复效申请书、健康声明书和其他书面协议共同构成。

第二条　投保范围

凡七十周岁以下、身体健康者均可作为被保险人，由本人或对其具有保险利益的人作为投保人向 ____ 人寿保险公司（以下简称本公司）投保本保险。

第三条　保险责任开始

本公司所承担的保险责任自本公司同意承保、收取首期保险费并签发保险单的次日开始。除另有约定外。保险责任开始的日期为本合同的生效日，生效日每年（或半年）的对应日为本合同每年（或半年）的生效对应日。

第四条　保险责任

在本合同有效期内，本公司负下列保险责任：

（1）被保险人在本合同生效（或复效）之日起一百八十日后初次发生、并经本公司指定或认可的医疗机构确诊患重大疾病（无论一种或多种）时，本公司按基本保额的二倍给付重大疾病保险金，本合同的重大疾病保险金给付责任即行终止。

若重大疾病保险金的给付发生于父费期内，从给付之日起，免交以后各期保险费，本合同继续有效。

（2）被保险人身故，本公司按基本保额的三倍给付身故保险金，但应扣除给付的重大疾病保险金，本合同终止。

（3）被保险人身体高度残疾，本公司按基本保额的三倍给付高度残疾保险金，但应扣除给付的重大疾病保险金，本合同终止。

第五条　责任免除

因下列情形之一导致被保险人身故、身体高度残疾或患重大疾病，本公司不负保险责任：

（1）投保人、受益人对被保险人的故意行为；

（2）被保险人故意犯罪、拒捕、自伤身体；

（3）被保险人服用、吸食或注射毒品；

（4）被保险人在本合同生效（或复效）之日起二年内自杀；

（5）被保险人酒后驾驶、无自效驾驶执照驾驶，或驾驶无有效行驶证的机动交通工具

（6）被保险人感染艾滋病病毒（hiv 呈阳性）或患艾滋病（aids）期间，或因先天性疾病身故；

（7）被保险人在本合同生效（或复效）之日起 180 日内患重大疾病、或因疾病而身故或造成身体高度残疾；

（8）战争、军事行动、暴乱或武装叛乱；

（9）核爆炸、核辐射或核污染及由此引起的疾病。

上述各款情形发生时，本合同终止。投保人已交足二年以上保险费的，本公司退还保险单现金价值；投保人未交足二年保险费的，本公司在扣除手续费后，退还保险费。

第六条　保险费

保险费交付方式分为是月交、年交、半年交，分期交付保险费的交费期间又分为 10 年和 20 年，由投保人在投保时选择。

第七条　首期后保险费的交付、宽限期间、保险费自动垫交及合同效力中止

分期交付保险费的，首期后的保险费应按照如下规定向本公司交付：

（1）年交保险费的交付日期为本合同每年的生效对应日。

（2）半年交保险费的交付日期为本合同每半年的生效对应日。

如未按上述规定日期交付保险费的，白次日起 60 日为宽限期间。宽限期间内发生保险事故，本公司仍负保险责任道宽限期间仍未交付保险费的，如本合同当时具有现金价值，且现金价值扣除欠交保险费及利息、借款及利息后的余额足以垫交到期应交保险费时，本公司将自动垫交该项欠交保险费，使本合同继续有效；当本合同当时的现金价值余额不足以垫交到期应交的保险费时，或前项垫交的保险费及利息达到本合同现金价值时，本合同效力中止。

第八条　合同效力恢复

在本合同效力中止之日起二年内，投保人可填写复效申请书，并提供被保险人的健康声明书或本公司指定或认可的医疗机构出具的体检报告书，中请恢复合同效力，经本公司审核同意，自投保人补交所欠的保险费及利息的次日起，本合同效力恢复。

自本合同效力中止之日起二年内双方未达成协议的，本公司有权解除本合同。

第九条　减额交清保险的选择

在本合同具有现金价值的情况下，投保人可以按本合同当时的现金价值在扣除欠交的保险费及利息借款及利息后的余额，作为一次交清的全部保险费，以相同的合同减少保险金额，本合同继续有效。此项选择不适用于次标准体的保险合同。

第十条　如实告知

订立本合同时，本公司应投保人明确说明本合同的条款内容，特别是责任免除条款，并可以就投保人、保险人的有关情况提出书面询问，投保人、被保险人应当如实告知，

投保人故意隐瞒事实，不履行如实告知义务的，或因过失未履行如实告知义务，足以影响本公司决定是否同意承保或者提高保险费率的，本公司有权解除本合同。

投保人故意不履行如实告知义务的，本公司对本合同解除前发生的保险事故，不承担给付保险金的责任，并不退还保险费。投保人因过失未履行如实告知义务，对保险事故的发生有严重影响的，本公司对本合同解除前发生的保险事故，不承担给付保险金的责任，但可以退还保险费。

（1）保险合同及最近一次保险费的交费凭证；

（2）受益人的户籍证明与身份证件；

（3）公安部门或县级以上（含县级）医院出具的被保险人死亡证明书；

（4）被保险人的户籍注销证明；

（5）本公司要求提供的与确认保险事故的性质、原因等相关的证明、资料。

在本合同有效期内被保险人身体高度残疾，由被保险人或被保险人委托的代理人作为申请人，填写保险金给付申请书，并提交下列证明、资料：

（1）保险合同及最近一次保险费的交费凭证；

（2）被保险人的户籍证明与身份证件；

（3）本公司指定或认可的医疗机构出具的被保险人身体残疾程度鉴定书；

（4）如为代理人，应提供授权委托书、身份证明等相关资料；

（5）本公司要求提供的与确认保险事故的性质、原因等相关的证明、资料。

本公司收到申请人的保险金给付申请书及上述证明、资料后，对核定属于保险责任的，本公司在与申请人达成有关给付保险金协议后十日内，履行给付保险金的义务不属于保险责任的，本公司向申请人发出拒绝给付保险金通知书。

被保险人或受益人对本公司请求给付保险金的权利自其知道保险事故发生之日起五年不行使而消失。

第十一条　受益人的指定和变更

被保险人或投保人可指定一人或数人为受益人。受益人为数人的，可以确定受益顺序和受益份额；未确定受益份额的，受益人按照相等份额享有受益权。被保险人或投保人可以变更受益人，但需书面通知本公司，经本公司在保险单上批注后方能生效。投保人指定或变更受益人时须经被保险人书面同意。被保险人无民事行为能力人或者限制民事行为能力人的，其由监护人指定受益人。重大疾病保险金和高度残疾保险金的受益人为被保险人本人，本公司不受理其他指定和变更。

第十二条　身体高度残疾鉴定

被保险人因意外伤害或疾病造成身体高度残疾，应在治疗结束后，出本公司指定或认可的医疗机构进行鉴定。如果自被保险人遭受意外伤害或患病之日起一百八十日内治疗仍未结束，按一百八十日的身体情况进行鉴定。

第十三条　条保险事故通知

投保人、被保险人或受益人应于知悉保险事故发生之日起十日内以书面形式通知本公司，否则，投保人、保险人或受益人应承担由于通知迟延致使本公司增加的查勘、调查费用，但因不可抗力导致迟延的除外。

第十四条　保险金申请

1.在本合同有效期内被保险人患重大疾病的，由被保险人或被保险人委托的代理人作为申请人，填写保险金给付申请书，并提交下列证明、资料：

（1）保险合同及最近一次保险费的交费凭证；

（2）被保险人的户籍证明与身份证件；

（3）附有本公司指定或认可的医疗机构出具的病理显微镜检查、血液检验及其他科学方法检验报告的疾病诊断证明书；如有必要，本公司有权检查被保险人的身体，费用由本公司负担；

（4）如为代理人，应提供授权委托书、身份证明等相关资料。

2. 在本合同有效期内被保险人身故的，身故保险金受益人作为申请人，填写保险金给付申请书，并提交下列证明、资料：

（1）保险合同及最近一次保险费的交费凭证；

（2）受益人的户籍证明与身份证件；

（3）公安部门门或县级以上（含县级）医院出具的被保险人死亡证明书；

（4）被保险人的户籍注销证明；

（5）本公司要求提供的与确认保险事故的性质、原因等相关的证明、资料。

3. 在本合同有效期内被保险人身体高度残疾，由被保险人或被保险人委托的代理人作为申请人，填写保险金给付申请书，并提交下列证明、资料：

（1）保险合同及最近一次保险费的交费凭证；

（2）被保险人的户籍证明与身份证件；

（3）本公司指定或认可的医疗机构出具的被保险人身体残疾程度鉴定书；

（4）如为代理人，应提供授权委托书、身份证明等相关资料；

（5）本公司要求提供的与确认保险事故的性质、原因等相关的证明、资料。

4. 本公司收到申请人的保险金给付申请书及上述证明、资料后，对核定属于保险责任的，本公司在与申请人达成有关给付保险金协议后十日内，履行给付保险金的义务不属于保险责任的，本公司向申请人发出拒绝给付保险金通知书。

5. 被保险人或受益人对本公司请求给付保险金的权利自其知道保险事故发生之日起五年不行使而消失。

第十五条　借款

在本合同有效期内，如果本合同当时已经具有现金价值，投保人可以书面形式向本公司申请借款，最高借款金额不得超过本合同当时的现金价值在扣除欠交保险费及利息、借款及利息后余额的百分之七十，每次借款时间不得超过六个月。

借款利息应在借款期满日偿还。未能及时偿还的，则所有利息将被并入原借款金额中，视同重新借款。

当本合同当时的现金价值不足以抵偿欠交的保险费及利息、借款及利息时，本合同效力中止。

第十六条　欠款扣除

本公司在给付保险金、退还本合同现金价值或保险费时，如投保人有欠交保险费或保本公司在给付保险金、退还本合同现金价值或保险费时，如投保人有欠交保险费或保单借款未还清者，本公司须先扣除欠款及其应付利息。

第十七条　可转换权益

在本合同有效期间内，投保人可于本合同生效满二年后任一年的生效对应日将本合同转换为本公司当时认可的终身保险、两全保险或养老保险合同而无需核保，且其保险金额最高不超过本合同的保险金额，但被保险人年满四十五周岁的生效对应日以后不再享有此项权益。转换后的新合同将于转换日开始生效，本公司将按本合同原核保等级、转换之日被保险人的年龄及新合同的费率计算保险费。

第十八条　合同内容变更

在本合同有效期内，投保人可填写变更申请书变更本合同的有关内容，经本公司审核同意，并由本公司在原保险单上批注、或出具批单、或与投保人订立书面变更协议。

第十九条　住所或地址变更

投保人的住所或通讯地址变更时，应及时以书面形式通知本公司。投保人未以书面形式通知的，本公司按所知最后的住所或通讯地址发送有关通知。

第二十条　年龄计算及年龄、性别错误处理

被保险人的投保年龄按周岁计算。投保人应在投保本保险时将被保险人的真实年龄、性别在投保单上填明，如果发生错误，本公司按照下列规定办理：

1.投保人申报的被保险人年龄不真实，并且其真实年龄不符合本合同约定的年龄限制的，本公司可以解除本合同，并在扣除手续费后向投保人退还保险费，但是自本合同生效之日起逾二年的除外。

2.投保人申报的被保险人年龄、性别不真实，致使投保人实付保险费少于应付保险费的，本公司有权更正并要求投保人补交保险费及利息，或在给付保险金时按照实付保险费与应付保险费的比例给付。

3.投保人申报的被保险人年龄、性别不真实，致使投保人实付保险费多于应付保险费的，本公司应将多收的保险费无息退还投保人。

第二十一条　投保人解除合同的处理

本合同成立后，投保人可以书面要求解除本合同，并提交保险合同、最近一次保险费交费凭证和投保人的户籍证明与身份证件。但本公司已给付重大疾病保险金的，投保人不得解除本合同。本合同的保险责任自本公司接到解除合司申请书之日起终止。投保人于签收保险单后十日内要求解除合同的，本公司退还已收全部保险费，但如经本公司体检的，则应扣除体检费。投保人已交足二年以上保险费的，本公司退还保险单现金价值；投保人未交足二年保险费的，本公司在扣除手续费后，退还保险费。

第二十二条　争议处理

因履行本合同发生的争议，由当事人协商解决，协商不成的，当事人可依达成的仲裁协议通过仲裁解决。无仲裁协议或者仲裁协议无效的，可依法向人民法院提起诉讼。

第二十三条　释义

本条款有关名词释义如下：

基本保额：是指保险单所载明的保险金额。

意外伤害：是指外来的、突发的、非本意的、非疾病的使身体受到伤害的客观事件。

艾滋病：是指获得性免疫缺陷综合征（aids）。

艾滋病病毒：是指人类免疫缺陷病毒（hiv）。获得性免疫缺陷综合征的定义应按世界卫生组织制定的定义为准，如在血清学检验中hiv抗体呈阳性，则可认定为感染艾滋病病毒或患艾滋病。

先天性疾病：指被保险人一出生时就具有的疾病（病症或体征）。这些疾病是指因人的遗传物质（包括染色体以及位于其中的基因）发生了对人体有害的改变而引|起的，或因母亲怀孕期间受到内外环境中某些物理、化学和生物等因素的作用，使胎儿局部体细胞发育不正常，导致婴儿出生时有关器官、系统在形态或功能上呈现异常。

不可抗力：指不能预见、不能避免并不能克服的客观情况。

利息：是指补（或垫）欠交保险费、借款的利息，按补（或垫）欠交保险费、借款的数额，经过天数和利率依复利方式计算。利率由本公司每年度公布一次。

手续费：是指每张保险单平均承担的营业费用、佣金以及本公司对该保险单已承担的保险责任所收取的费用总和。

重大疾病：是指下列疾病或手术之一：

（1）心脏病（心肌梗塞）;（注1）

（2）冠状动脉旁路手术;（注2）

（3）脑中风;（注3）

（4）慢性肾衰竭（尿毒症）;（注4）

（5）癌症;（注5）

（6）瘫痪;（注6）

（7）重大器官移植手术;（注7）

（8）严重烧伤;（注8）

（9）暴发性肝炎；（注9）

（10）主动脉手术。（注10）

身体高度残疾：是指下列情形之一：

（1）双目永久完全失明的；（注11）

（2）两上肢腕关节以上或两下肢踝关节以上缺失的；

（3）一上肢腕关节以上及一下肢踝关节以上缺失的；

（4）一目永久完全失明及一上肢腕关节以上缺失的；

（5）一目永久完全失明及一下肢踝关节以上缺失的；

（6）四肢关节机能永久完全丧失的；（注12）

（7）咀嚼、吞咽机能永久宗全丧失的；（注13）

（8）中枢神经系统机能或胸、腹部脏器机能极度障碍，终身不能从事任何工作，为维持生命必要的日常生活活动，全需他人扶助的。（注14）。

注释：

1.心脏病（心肌梗塞）指因冠状动脉阳基而导致部分心肌坏外，其诊断必须向时其备下列三个条件：

①新近显示心肌梗塞变异的心电图。

②血液内心脏酶素含量异常增加。

③典型的胸痛病状。

但心绞痛不在本合同的保障范围之内。

2.冠状动脉旁路手术指为治疗冠状动脉疾病的血管旁路手术，须经心脏内心科心导管检查，患者有持续性心肌缺氧造成心绞痛并证实冠状动脉有狭窄或阻塞情形，必须接受冠状动脉旁路手术。其他手术不包括在内。

3.脑中风指因脑血管的突发病变导致脑血管出血，栓塞、梗塞致永久性神经机能障碍者。所谓永久性神经机能障碍，是指事故发生六个月后，经脑神经专科医生认定仍遗留下

列残障之一者：

①植物人状态。

②一肢以上机能完全丧失。

③两肢以上运动或感觉障碍而无法自理日常生活者。

所谓无法自理日常生活，是指食物摄取、大小便始末、穿脱衣服、起居、步行、入浴等，皆不能自己为之，经常需要他人加以扶助之状态。

④丧失言语或咀嚼机能。

言语机能的丧失是指因脑部言语中枢神经的损伤而患失语症。

咀嚼机能的丧失是指由于牙齿以外的原因所引|起的机能障碍，以致不能做咀嚼运动，除流质食物以外不能摄取食物之状态。

4.慢性肾衰竭（尿毒症）指两个肾脏慢性且不可复原的衰竭而必须接受定期透析治疗。

5.癌症指组织细胞异常增生且有转移特性的恶性肿瘤或恶性白血球过多症，经病理检验确定符合国家卫生部"国际疾病伤害及死因分类标准"归属于恶性肿瘤的疾病，但下列除外：

①第一期何杰金氏病。

①第一期何杰金氏病。

②慢性淋巴性白血病，

③原位癌。

④恶性黑色素瘤以外的皮肤癌。

6.瘫痪指肢体机能永久完全丧失，包括两上肢、或两下肢、或一上肢、及一下肢，各有三大关节中的两关节以上机能永久完全丧失。

所谓机能永久完全丧失，指经六个月以后其机能仍完全丧失。关节机能的机能丧失指永久完全僵硬或关节不能随意识活动超过八个月以上。

上肢三大关节包括肩、肘、腕关节，下肢三大关节包括股、膝、踝关节。

7.重大器官移植手术：指接受心脏、肺脏、肝脏、胰脏、肾脏及骨髓移植。

8.严重烧伤：指全身皮肤 20%以上受到第三度烧伤。但若烧伤是被被保险人自发性或蓄意行为所致，不论当时清醒与否，皆不在本合同的保险范围之内。

9.暴发性肝炎：指肝炎病毒感染而导致大部分的肝脏坏死并失去功能，其诊断必须同时具备下列条件：

①肝脏急剧缩小；

②肝细胞严重损坏；

③肝功能急剧退化；

④肝性脑病。

10.主动脉手术指接受胸、腹主动脉手术，分割或切除主动脉瘤。但胸或腹主动脉的分支除外。

11.失明包括眼球缺失或摘除、或不能辨别明暗、或仅能辨别眼前者，最佳矫正视力低于国际标准视力表0.02，或视野半径小于5度，并由本公司指定有资格的眼科医师出具医疗诊断证明。

12.关节机能的丧失系指关节永久完全僵硬、或麻痹、或关节不能随意识活动。

13.咀嚼、吞咽机能的丧失系指由于牙齿以外的原因引起器质障碍或机能障碍，以致不能做咀嚼、吞咽运动，除流质食物外不能摄取或吞咽的状态。

14.为维持生命必要之日常生活活动，全需他人扶助系指食物摄取、大小便始末、穿脱衣服、起居、步行、入浴等，皆不能自己为之，需要他人帮助。

案例二：儿童保险合同

为了保障少年儿童健康成长，协助家长为其子女筹集教育、婚嫁资金，并在其子女遭受意外事故时，能得到一定的经济补偿，特举办本保险。

第一章　投保条件：

第一条　凡二十一周岁至五十周岁的家长（投保人），均可为其一周岁至十五周岁、身体健康的子女（被保险人）向保险公司（保险人）投保儿童保险。但对投保时，身体不健康，不能正常工作和劳动的投保人，不适用本条款第七条的规定。

投保人如发生变动时，应及时通知保险人，经保险人核准后，方可办理更改手续，否则，保险人不承担保险责任。

第二章　保险期限和保险责任

第二条　保险期限从被保险人起保时起至二十二周岁期满时止，分别为七至二十一年。

第三条　保险人对被保险人负有以下保险责任：

1．被保险人在保险有效期内因意外伤害事故而残废，保险人按意外伤害保险金额拨付全部或部分保险金（见附表一），但年度给付金额不得超过意外伤害保险金额。

2．被保险人在保险有效期内因意外伤害事故而死亡，保险人按意外伤害保险金额给付全部保险金，同时给付死亡退保金（见附表二），保险责任即告终止。

3．被保险人在保险有效期内因疾病死亡，保险人给付死亡退保金，保险责任即告终止。

4．被保险人在保险有效期内考取全日制高等院校的本科生和大专生时，保险人每年按注册证明给付约定的教育金，给付期限以被保险人年满二十二周岁为限。

5．被保险人生存至保险期满，保险人给付婚嫁保险金（见附表三），保险责任即告终止。

第三章　除外责任

第四条　保险人对下列情况不负给付保险金的责任。

1．投保人对投保条件有隐瞒、欺骗或违约行为。

2．由于投保人、被保险人的故意行为或犯罪行为造成被保险人死亡或残废。

3．由于被保险人打架、斗殴、酗酒自杀造成死亡或残废。

4．由于战争或敌对行为造成被保险人死亡或残废。

5．被保险人在中华人民共和国境外发生的死亡或残废。

6．因各种原因造成医疗费支出。

7．其他不属于保险责任范围内的事情。

第四章、保险费与保险金额

第五条　保险费每月分五元、十元、十五元、二十元四档，由投保人在投保时选定，按月缴付保险费，缴费期限与保险期限同样。

第六条　月交保险费五元、十元、十五元、二十元者，年度意外伤害保险金额分别为人民币一千元、二千元、三千元、四千元，年度教育金分别为一百元、二百元、三百元、四百元，被保险人参加本保险时的年龄超过十周岁（含十周岁者），教育金减半。

第七条　在保险期内投保人夫妇均因意外伤害事故身亡或自保险生效之日起二周年后因疾病死亡，可由被保险人或其监护人持保险证及必要证件向保险人申请，经保险人调查核实后，从次月起，可免交保险费全数，如果投保人夫妇之一发生上述事故时，可免交保险费半数。

第五章　生效、失效、复效、退保

第八条　保险单从起保当月的一日起期，但须在投保人交付第一期保险费后，保险单才开始生效。

第九条　投保人如未按规定交付保险费，并逾期一月未办补交手续的，保险单便自动失效，保险人不负给付保险金的责任，但可退还生存退保金（见附表四）。

第十条　在保险单失效后两年内，投保人可以提出复效申请，经保险人审核同意并由投保人补交失效期间的保险费及其利息后，保险单恢复效力。

第十一条　申请退保时，保险单必须期满二年且按规定交足保费，凡符合申请条件而要求退保者，保险人按规定退给其生存退保金。

第十二条　被保险人在保险有效期间发生保险责任范围内的死亡或残废时，投保人应持保险单及时向保险人提出保险金给付申请，并提供下列证明：

1．被保险人死亡时应提供死亡证明书。

2．被保险人因意外伤害者造成残废时，应提供县级以上医院出具的残废程度证明。

保险人在接到申请后，经过调查核实，按规定给付保险金，如果从伤亡事故发生日起经过二周年不提出申请，即作为自动放弃权益。

第十三条　被保险人生存至保险期满，投保人或被投保人可持保险单及本人身份证明向保险人申请领取婚嫁金，保险责任自期满之日起终止。

案例三：个人人身意外伤害保险合同

第一章　保险对象：

第一条　凡机关团体企业事业单位的在职人员，身体健康，能正常工作或正常劳动的，可以作为被保险人，由其所在单位向保险公司集体办理投保手续（个人也可以投保）。

第二章　保险期限：

第二条　保险期限为一年，自起保日的零时起到期满日的二十四时止。期满时，另办续保手续。

第三章　保险金额：

第三条　保险金额最低为壹仟元，最高为壹万元。在此限度内，一个单位选定一个保险金额。保险金额一经确定，中途不得变更。

第四章　保险责任：

第四条　本保险为定期意外伤害保险。被保险人在保险单有效期间，因意外伤害事故以致死亡或残废的，保险公司按下列各款规定给付全部或部分保险金额。

1．因意外伤害事故以致死亡的，给付保险金额全数。

2．因意外伤害事故以致双目永久完全失明或两肢永久完全残废，或一目永久完全失明同时一肢永久完全残废的，给付保险金额全数。

3．因意外伤害事故以致一目永久完全失明或一肢永久完全残废的，给付保险金额半数。

4.因意外伤害事故造成本条二、三两款以外的伤害以致永久完全丧失劳动能力、身体机能，或永久丧失部分劳动能力、身体机能的按照丧失程度给付全部或部分保险金额。

第五条　被保险人在保险单有效期间，不论由于一次或连续发生意外伤害事故，保险公司均按第四条的规定给付保险金。但给付的累计总数不能超过保险金额全数。给付金额累计总数达到保险金额全数时，保险效力即行终止。

第五章　除外责任：

第六条　由于下列原因所致被保险人的死亡或残废，保险公司不负给付保险金的责任：

1.被保险人的自杀或犯罪行为；

2.被保险人或其受益人的故意或诈骗行为；

3.战争或军事行动；

4.被保险人因疾病死亡或残废。

第七条　被保险人因意外伤残所支出的医疗和医药等项费用，保险公司不负给付责任。

第六章　保险费率：

第八条　保险费率根据行业（工种）或工作性质分别订定。

第七章　保险手续和保险费的缴付：

第九条　投保时，投保单位应填写投保单一份和全体被保险人名单一式三份，经保险公司核定承保后签发保险单。

第十条　被保险人在投保时，可以指定受益人，如果没有指定受益人，以法定继承人为受益人。

第十一条　在保险单有效期间，投保单位如因人员变动，需要加保或退保，或因被保险人要求变更受益人，应填写变动通知单一式三份，送交保险公司据以签发批单，作为保险单的附件。

被保险人中途离职，不论是否办理批改手续，均自离职之日起丧失保险效力，保险公司应退还已缴的未到期保险费。

第十二条　投保单位应在保险起保日一次缴清保险费，有特别约定的可分期缴费。保险公司于收到保险费后，保险单开始生效。

分期缴费的，如在约定期限内不能交付时，保险单即行失效。

第八章　保险金的申请和给付：

第十三条　被保险人在保险单有效期间，发生保险责任范围内的死亡或残废时，被保险人或其受益人应通过投保单位向保险公司申请给付保险金，并提供下列单证：

1.保险单证及投保单位的证明；

2.被保险人死亡时，应提供死亡证明书；

3.被保险人因意外伤害事故造成残废时，应提供治疗医院出具的残废程度证明。保险公司接到申请后，经过调查核实，按规定给付保险金。如果从伤亡事故发生日起经过足二年不提出申请，即作为自动放弃权益。

案例四：普通型家庭财产综合保险条款范本

保险标的范围

第一条　凡是被保险人自有的，坐落于本保险单所载明地址内的下列家庭财产，在保险标的范围以内。

（1）房屋及其室内附属设备（如固定装置的水暖、气暖、卫生、供水、管道煤气及供电设备、厨房配套的设备等）；

（2）室内装潢；

（3）室内财产：

①家用电器和文体娱乐用品；

②衣物和床上用品；

③家具及其他生活用具。

被保险人可自由选择投保。

第二条　下列财产经被保险人与保险人特别约定，并在保险单上载明，可在保险标的范围以内。

（1）属于被保险人代他人保管或者与他人共有而由被保险人负责的第一条载明的财产；

（2）存放于院内、室内的非机动农机具、农用工具及存放于室内的粮食及农副产品；

（3）经保险人同意的其他财产。

第三条　下列家庭财产不在保险标的范围以内：

（1）金银、珠宝、钻石及制品，玉器、首饰、古币、古玩、字画、邮票、艺术品、稀有金属等珍贵财物；

（2）货币、票证、有价证券、文件、书籍、账册、图表、技术资料、电脑软件及资料、以及无法鉴定价值的财产；

（3）日用消耗品、各种交通工具、养殖及种植物；

（4）于从事工商业生产、经营活动的财产和出租用作工商业的房屋；

（5）无线通讯工具、笔、打火机、手表，各种磁带、磁盘、影音激光盘；

（6）用芦席、稻草、油毛毡、麦秆、芦苇、竹竿、帆布、塑料布、纸板等为外墙、屋顶的简陋屋棚及柴房、禽畜棚、与保险房屋不成一体的厕所、围墙、无人居住的房屋以及存放在里面的财产；

（7）政府有关部门征用、占用的房屋，违章建筑、危险建筑、非法占用的财产、处于危险状态下的财产；

（8）其他不属于第一条、第二条所列明的家庭财产。

保险责任：

第四条　由于下列原因造成保险标的的损失，保险人依照本条款约定负责赔偿：

（1）火灾、爆炸；

（2）雷击、台风、龙卷风、暴风、暴雨、洪水、雪灾、雹灾、冰凌、泥石流、崖崩、突发性滑坡、地面突然下陷；

（3）飞行物体及其他空中运行物体坠落，外来不属于被保险人所有或使用的建筑物和其他固定物体的倒塌。

第五条　下列损失和费用，保险人也负责赔偿：

（1）在发生保险事故时，为抢救保险标的或防止灾害蔓延，采取合理的、必要的措施而造成保险标的的损失。

（2）保险事故发生后，被保险人为防止或者减少保险标的的损失所支付的必要的、合理的费用，由保险人承担。

责任免除

第六条　由于下列原因造成保险标的的损失，保险人不负责赔偿：

（1）战争、敌对行为、军事行动、武装冲突、罢工、暴动、盗抢；

（2）核反应、核子辐射和放射性污染；

（3）被保险人及其家庭成员、寄居人、雇佣人员的违法、犯罪或故意行为。

（4）因计算机 2000 年问题造成的直接或间接损失。

第七条　保险人对下列损失和费用也不负责赔偿：

（1）保险标的遭受保险事故引起的各种间接损失；

（2）地震及其次生灾害所造成的一切损失；

（3）家用电器因使用过度、超电压、短路、断路、漏电、自身发热、烘烤等原因所造成本身的损毁；

（4）坐落在蓄洪区、行洪区，或在江河岸边、低洼地区以及防洪堤以外当地常年警戒水位线以下的家庭财产，由于洪水所造成的一切损失；

（5）保险标的本身缺陷、保管不善导致的损毁；保险标的的变质、霉烂、受潮、虫咬、自然磨损、自然损耗、自燃、烘焙所造成本身的损失；

（6）行政、执法行为引起的损失和费用；

（7）其他不属于保险责任范围内的损失和费用。

保险金额与保险价值

第八条、房屋及室内附属设备、室内装潢的保险金额由被保险人根据购置价或市场价自行确定。房屋及室内附属设备、室内装潢的保险价值为出险时的重置价值。

室内财产的保险金额由被保险人根据当时实际价值分项目自行确定。

不分项目的：按各大类财产在保险金额中所占比例确定，即室内财产中的家用电器及文体娱乐用品占40%（农村30%），衣物及床上用品占30%（农村15%），家具及其他生活用具占30%，农村农机具等占25%.特约财产的保险金额由被保险人和保险人双方约定。

保险期限和保险费

第九条　保险期限分别为一年、三年、五年。均自保险单约定起保日零时起至期满日二十四时止。保险期满，保险责任自行终止。期满续保，另办手续。

第十条　被保险人根据下列规定交纳保险费：

（1）保险费：基本险费率、附加险费率按费率表规定执行。

（2）中途退保，按日平均费率计算应收保险费。

赔偿处理

第十一条　保险事故发生后，保险人按照下列方式计算赔偿：

（1）房屋及室内附属设备、室内装潢：

①全部损失保险金额等于或高于保险价值时，其赔偿金额以不超过保险价值为限；保险金额低于保险价值时，按保险金额赔偿。

②部分损失保险金额等于或高于保险价值时，按实际损失计算赔偿金额；保险金额低于保险价值时，应根据实际损失或恢复原状所需修复费用乘以保险金额与保险价值的比例计算赔偿金额。

（2）室内财产的赔偿计算：全部损失和部分损失，在分项目保险金额内，按实际损失赔付。

（3）特约承保财产的赔偿计算：参照本条第一、二款执行。

（4）被保险人所支付的必要、合理的施救费用，按实际支出另行计算，最高不超过受损标的的保险金额。若该保险标的按比例赔偿时，则该项费用也按相同的比例赔偿。

第十二条　保险标的遭受损失后的残余部分，协议作价折归被保险人，并在赔款中扣除。

第十三条　被保险人向保险人申请赔偿时，应当提供保险单、财产损失清单、发票、费用单据和有关部门的证明，各项单证、证明必须真实、可靠，不得有任何欺诈。

第十四条　保险标的发生保险责任范围内的损失应由第三者负责赔偿的，被保险人应当先向第三者索赔。如果第三者不予赔偿，被保险人应提起诉讼。保险人可根据被保险人提出的书面赔偿请求，按照保险合同予以赔偿，但被保险人必须将向第三者追偿的权利转让给保险人，并协助保险人向第三者追偿。

第十五条　保险标的在一个保险年度内遭受部分损失经保险人赔偿后，保险金额应相应减少，其有效保险金额应当是原分项保险金额减去分项保险标的的损失赔偿金额后的余额；如被保险人需恢复保险金额时，应补交相应的保险费，由保险人出具批单批注。投保三年、五年期的，下一保险年度，则自动恢复原保险金额。

第十六条　若本保险单所保财产存在重复保险时，本保险人仅负按照比例分摊损失的责任。

第十七条　被保险人自其知道或应当知道保险事故发生之日起，两年内不行使向保险人请求赔偿的权利，即作为自动放弃而失效。

被保险人义务

第十八条　投保人应当在保险合同生效前一次性交清保险费。保险合同在投保人一次性交清保险费后生效。

第十九条　被保险人应当就保险标的或者被保险人的有关情况履行如实告知义务。

第二十条 被保险人应当遵照国家有关消防、安全方面的规定，维护保险标的的安全。

第二十一条 在保险合同有效期内，如被保险人的地址发生变更或保险标的的所有权发生转移，应当及时通知保险人，并根据保险人的有关规定办理批改手续。

第二十二条 保险标的遭受损失时，被保险人应当积极抢救，使损失减少至最低程度，同时保护现场，并立即通知保险人，协助查勘。

第二十三条 被保险人如果不履行第十八条至第二十二条约定的义务，保险人有权拒绝赔偿，或解除保险合同。

其他事项

第二十四条 被保险人与保险人之间因本保险事宜发生争议，可通过协商解决；协商达不成协议的，可提起诉讼。

第二十五条 凡涉及本保险的约定均采用书面形式。

案例五：航空旅客意外伤害保险合同

第一条 保险合同的构成

航空旅客意外伤害保险合同（以下简称本合同）由保险单或者其他保险凭证及所附条款、批注、附贴批单、投保单以及有关的投保文件、声明、其他书面协议构成。

第二条 投保范围

（1）凡持有效机票乘坐客运航班班机的旅客，可作为被保险人参加本保险。

（2）具有完全民事行为能力的被保险人本人或者对被保险人有保险利益的其他人可作为投保人。

第三条 保险责任

在本合同保险期间内，被保险人遭受意外伤害，本公司依下列约定给付保险金：

（1）被保险人自意外伤害发生之日起一百八十日内因同一原因身故的，本公司按保险金额给付身故保险金。

（2）被保险人因意外事故下落不明，经人民法院宣告死亡的，本公司按保险金额给付身故保险金。

（3）被保险人自意外伤害发生之日起一百八十日内因同一原因身体残疾的，本公司根据《人身保险残疾程度与保险金给付比例表》（见附表）的规定，按保险金额及该项残疾所对应的给付比例给付残疾保险金。如治疗仍未结束的，按第一百八十日的身体情况进行残疾鉴定，并据此给付残疾保险金。被保险人因同一意外伤害造成一项以上身体残疾时，本公司给付对应项残疾保险金之和。但不同残疾项目属于同一手或者同一足时，本公司仅给付其中一项残疾保险金；如残疾项目所对应的给付比例不同时，仅给付其中比例较高一项的残疾保险金。

（4）被保险人因遭受意外伤害在本公司指定或者认可的医院住院治疗所支出的、符合被保险人住所地社会医疗保险主管部门规定可报销的医疗费用，本公司在保险金额的10%的限额内，按其实际支出的医疗费用给付医疗保险金。

（5）本公司所负给付保险金的责任以保险金额为限，对被保险人一次或者累计给付的保险金达到其保险金额时，本合同对该被保险人的保险责任终止。

第四条　责任免除

因下列情形之一，造成被保险人身故、残疾或支出医疗费用的，本公司不负给付保险金的责任：

（1）投保人、受益人对被保险人的故意杀害、伤害；

（2）被保险人故意犯罪或拒捕；

（3）被保险人殴斗、醉酒、自杀、故意自伤及服用、吸食、注射毒品；

（4）被保险人受酒精、毒品、管制药物的影响而导致的意外；

（5）战争、军事冲突、暴乱或武装叛乱；

（6）核爆炸、核辐射或核污染；

（7）被保险人乘坐非本合同约定的航班班机遭受意外伤害；

（8）被保险人通过安全检查后又离开机场遭受意外伤害。

第五条　保险期间

（1）本合同保险期间自被保险人持本合同约定航班班机的有效机票到达机场通过安全检查时始，至被保险人抵达目的港走出所乘航班班机的舱门时止。

（2）被保险人改乘等效航班，本合同继续有效，保险期间自被保险人乘等效航班班机通过安全检查时始，至被保险人抵达目的港走出所乘等效航班班机的舱门时止。

第六条　保险金额和保险费

（1）保险金额按份计算，每份保险金额为人民币400,000元。同一被保险人最高保险金额为人民币2,000,000元。

（2）保险费由投保人在订立本合同时一次交清，每份保险费为人民币20元。

第七条　受益人的指定和变更

（1）被保险人或者投保人可以指定一人或者数人为身故保险金受益人。受益人为数人的，被保险人或者投保人可以确定受益顺序和受益份额；未确定受益份额的，受益人按照相等份额享有受益权。

（2）被保险人或者投保人可以变更身故保险金受益人，但需书面通知本公司，由本公司在保险单上批注。

（3）投保人指定或者变更身故保险金受益人时，须经被保险人或者其监护人书面同意。

（4）残疾保险金、医疗保险金的受益人为被保险人本人，本公司不受理其他指定或者变更。

第八条　保险事故的通知

投保人、被保险人或者受益人应于知道或者应当知道保险事故发生之日起五日内通知本公司。否则，投保人、被保险人或者受益人应承担由于通知迟延致使本公司增加的勘查、检验等项费用。但因不可抗力导致的迟延除外。

第九条　保险金的申请

（1）被保险人身故，由身故保险金受益人作为申请人，填写保险金给付申请书，并凭下列证明和资料向本公司申请给付保险金：

①保险单或其他保险凭证；

②受益人户籍证明或身份证明；

③公安部门或本公司认可的医疗机构出具的被保险人身故证明书；

④如被保险人因意外事故下落不明被宣告死亡，受益人须提供人民法院出具的宣告死亡证明文件；

⑤由承运人出具的意外事故证明；

⑥被保险人户籍注销证明；

⑦受益人所能提供的与确认保险事故的性质、原因等有关的其他证明和资料。（2）被保险人残疾，由被保险人作为申请人，填写保险金给付申请书，并凭下列证明和资料向本公司申请给付保险金：

①保险单或其他保险凭证；

②被保险人户籍证明或身份证明；

③由本公司认可的医疗机构或医师出具的被保险人残疾程度鉴定书；

④由承运人出具的意外事故证明；

⑤被保险人所能提供的与确认保险事故的性质、原因、伤害程度等有关的其他证明和资料。

（3）被保险人支出医疗费用的，由被保险人作为申请人，填写保险金给付申请书，并凭下列证明和资料向本公司申请给付保险金：

①保险单或其他保险凭证；

②被保险人户籍证明或身份证明；

③本公司认可的医疗机构出具的诊断证明和医疗费用原始收据；

④被保险人所能提供的与确认保险事故的性质、原因等有关的其他证明和资料。

（4）本公司收到申请人的保险金给付申请书及本条第一、第二或者第三款所列证明和资料后，对确定属于保险责任的，在与申请人达成有关给付保险金数额的协议后十日内，履行给付保险金义务；对不属于保险责任的，向申请人发出拒绝给付保险金通知书。

（5）本公司收到申请人的保险金给付申请书及本条第一、第二或者第三款所列证明和资料之日起六十日内，对属于保险责任而给付保险金的数额不能确定的，根据已有证明和资料可以确定的最低数额先予以支付，本公司最终确定给付保险金的数额后，给付相应的差额。

（6）如被保险人在被宣告死亡后生还的，受益人应于知道或者应当知道被保险人生还后三十日内退还本公司已支付的保险金。

（7）被保险人或者受益人对本公司请求给付保险金的权利，自其知道或者应当知道保险事故发生之日起二年不行使而消灭。

第十条　投保人解除合同的处理

（1）本合同成立后，投保人可以在本合同约定的航班班机起飞前申请要求解除本合同。但在本合同约定的航班班机起飞后，或被保险人因故未乘坐本合同约定的航班班机，在该航班起飞三十日以后，投保人不得要求解除本合同。

（2）投保人要求解除本合同时，应提出解除合同申请，并提供下列证明和资料：

①保险单或其他保险凭证；

②投保人户籍证明或身份证明；

③被保险人未乘坐本合同约定的航班班机的有效证明（若被保险人因故未乘坐本合同约定的航班班机）。

（3）解除合同时，本公司在扣除所交保险费10%的手续费后退还所交的保险费。

第十一条　争议处理

本合同争议的解决方式，由当事人在合同中约定从下列两种方式中选择一种：（1）因履行本合同发生的争议，由当事人协商解决，协商不成的，提交仲裁委员会仲裁；

（2）因履行本合同发生的争议，由当事人协商解决，协商不成的，依法向保险单签发地有管辖权的人民法院提起诉讼。

第十二条　释义

不可抗力：是指不能预见、不能避免并不能克服的客观情况。

意外伤害：是指外来的、突发的、非本意的、非疾病的使身体受到伤害的客观事件。

等效航班：是指由于各种原因由航空公司为约定航班所有旅客调整的班机或被保险人经航空公司同意对约定航班改签并且起始港和目的港与原约定航班相同的班机。

战争：是指国家与国家、民族与民族、政治集团与政治集团之间为了一定的政治、经济目的而进行的武装斗争，以政府宣布为准。

军事冲突：是指国家或民族之间在一定范围内的武装对抗，以政府宣布为准。
暴乱：是指破坏社会秩序的武装骚动，以政府宣布为准。

案例六：中国人民保险公司海洋运输货物保险条款

一、责任范围

本保险分为平安险、水渍险及一切险三种。被保险货物遭受损失时，本保险按照保险单上订明承保险别的条款规定，负赔偿责任。

（一）平安险

本保险负责赔偿：

1. 被保险货物在运输途中由于恶劣气候，雷电、海啸、地震、洪水自然灾害造成整批货物的全部损失或推定全损。当被保险人要求赔付推定全损时，须将受损货物及其权利委付给保险公司。被保险货物用驳船运往或运离海轮的，每一驳船所装的货物可视作一个整批。

推定全损是指被保险货物的实际全损已经不可避免，或者恢复、修复受损货物以及运送货物到原定目的地的费用超过该目的地的货物价值。

2．由于运输工具遭受搁浅、触礁、沉没、互撞、与流冰或其他物体碰撞以及失火、爆炸意外事故造成货物的全部或部分损失。

3．在运输工具已经发生搁浅、触礁、沉没、焚毁意外事故的情况下，货物在此前后又在海上遭受恶劣气候、雷电、海啸等自然灾害所造成的部分损失。

4．在装卸或转运时由于一件或数件整件货物落海造成的全部或部分损失。

5．被保险人对遭受承保责任内危险的货物采取抢救、防止或减少货损的措施而支付的合理费用，但以不超过该批被救货物的保险金额为限。

6．运输工具遭遇海难后，在避难港由于卸货所引起的损失以及在中途港、避难港由于卸货、存仓以及运送货物所产生的特别费用。

7．共同海损的牺牲、分摊和救助费用。

8．运输契约订有"船舶互撞责任"条款，根据该条款规定应由货方偿还船方的损失。

（二）水渍险

除包括上列平安险的各项责任外，本保险还负责被保险货物由于恶劣气候、雷电、海啸、地震、洪水自然灾害所造成的部分损失。

（三）一切险

除包括上列平安险和水渍险的各项责任外，本保险还负责被保险货物在运输途中由于外来原因所致的全部或部分损失。

二、除外责任

本保险对下列损失不负赔偿责任：

（一）被保险人的故意行为或过失所造成的损失。

（二）属于发货人责任所引起的损失。

（三）在保险责任开始前，被保险货物已存在的品质不良或数量短差所造成的损失。

（四）被保险货物的自然损耗、本质缺陷、特性以及市价跌落、运输延迟所引起的损失或费用。

（五）本公司海洋运输货物战争险条款和货物运输罢工险条款规定的责任范围和除外责任。

三、责任起讫

（一）本保险负"仓至仓"责任，自被保险货物运离保险单所载明的起运地仓库或储存处所开始运输时生效，包括正常运输过程中的海上、陆上、内河和驳船运输在内，直至该项货物到达保险单所载明目的地收货人的最后仓库或储存处所或被保险人用作分配、分派或非正常运输的其他储存处所为止。如未抵达上述仓库或储存处所，则以被保险货物在最后卸载港全部卸离海轮后满六十天为止。如在上述六十天内被保险货物需转运到非保险单所载明的目的地时，则以该项货物开始转运时终止。

（二）由于被保险人无法控制的运输延迟、绕道、被迫卸货、重行装载、转载或承运人运用运输契约赋予的权限所作的任何航海上的变更或终止运输契约，致使被保险货物运到非保险单位所载明的目的地时，在被保险人及时将获知的情况通知保险人，并在必要时加缴保险费的情况下，本保险仍继续有效，保险责任按下列规定终止。

1. 被保险货物如在非保险单所载明的目的地出售，保险责任至交货时为止，但不论任何情况，均以被保险货物在卸载港全部卸离海轮后满六十天为止。

2. 被保险货物如在上述六十天期限内继续运往保险单所载原目的地或其他目的地时，保险责任仍按上述第（一）款的规定终止。

四、被保险人的义务

被保险人应按照以下规定的应尽义务办理有关事项，如因未履行规定的义务而影响保险人利益时，本公司对有关损失，有权拒绝赔偿。

（一）当被保险货物运抵保险单所载明的目的港（地）以后被保险人应及时提货，当发现被保险货物遭受任何损失，应即向保险单上所载明的检验、理赔代理人申请检验，如发现被保险货物整件短少或有明显残损痕迹应即向承运人、受托人或有关当局（海关、港务当局等）索取货损货差证明。如果货损货差是由于承运人、受托人或其他有关方面的责任所造成，并应以书面方式向他们提出索赔，必要时还须取得延长时效的认证。

（二）对遭受承保责任内危险的货物。被保险人和本公司都可迅速采取合理的抢救措施，防止或减少货物的损失，被保险人采取此项措施，不应视为放弃委付的表示，本公司采取此项措施，也不得视为接受委付的表示。

（三）如遇航程变更或发现保险单所载明的货物、船名或航程有遗漏或错误时、被保险人应在获悉后立即通知保险人并在必要时加缴保险费，本保险才继续有效。

（四）在向保险人索赔时，必须提供下列单证：

保险单正本、提单、发票、装箱单、磅码单、货损货差证明、检验报告及索赔清单。如涉及第三者责任，还须提供向责任方追偿的有关函电及其他必要单证或文件。

（五）在获悉有关运输契约中"船舶互撞责任"条款的实际责任后，应及时通知保险人。

五、索赔期限

本保险索赔时效，从被保险货物在最后卸载港全部卸离海轮后起算，最多不超过两年。

案例七：安装工程一切险条款

一、第一部分物质损失

（一）责任范围

1.在本保险期限内，若本保险单明细表中分项列明的保险财产在列明的工地范围内，因本保险单除外责任以外的任何自然灾害或意外事故造成的物质损坏或灭失（以下简称"损失"），本公司按本保险单的规定负责赔偿。

2.对经本保险单列明的因发生上述损失所产生的有关费用，本公司亦可负责赔偿。

3.本公司对每一保险项目的赔偿责任均不得超过本保险单明细表中对应列明的分项保险金额以及本保险单特别条款或批单中规定的其他适用的赔偿限额。但在任何情况下，本公司在本保险单项下承担的对物质损失的最高赔偿责任不得超过本保险单中列明的总保险金额。

定义：自然灾害：指地震、海啸、雷电、飓风、台风、龙卷风、风暴、暴雨、洪水、水灾、冰雹、地崩、山崩、火山爆发、地面下陷下沉及其他人力不可抗拒的破坏力强大的自然现象。

（二）除外责任

本公司对下列各项不负责赔偿：

1.因设计错误、铸造或原材料缺陷或工艺不善引起的保险财产本身的损失以及为换置、修理或矫正这些缺点错误所支付的费用；

2.由于超负荷、超电压、碰线、电弧、漏电、短路、大气放电及其他电气原因造成电气设备或电气用具本身的损失；

3.施工用机具、设备、机械装置失灵造成的本身损失；

4.自然磨损、内在或潜在缺陷、物质本身变化、自燃、自热、氧化、锈蚀、渗漏、鼠咬、虫蛀、大气（气候或气温）变化、正常水位变化或其他渐变原因造成的保险财产自身的损失和费用；

5.维修保养或正常检修的费用；

6.档案、文件、账簿、票据、现金、各种有价证券、图表资料及包装物料的损失；

7.盘点时发现的短缺；

8.领有公共运输行驶执照的，或已由其他保险予以保障的车辆、船舶和飞机的损失；

9.除非另有约定，在保险工程开始以前已经存在或形成的位于工地范围内或其周围的属于被保险人的财产的损失；

10.除非另有约定，在本保险单保险期限终止以前，保险财产中已由工程所有人签发完工验收证书或验收合格或实际占有或使用或接收的部分。

二、第二部分第三者责任险

（一）责任范围

1.在本保险期限内，因发生与本保险单所承保工程直接相关的意外事故引起工地内及邻近区域的第三者人身伤亡、疾病或财产损失，依法应由被保险人承担的经济赔偿责任，本公司按下列条款的规定负责赔偿。

2.对被保险人因上述原因而支付的诉讼费用以及事先经本公司书面同意而支付的其他费用，本公司亦负责赔偿。

3.本公司对每次事故引起的赔偿金额以法院或政府有关部门根据现行法律裁定的应由被保险人偿付的金额为准。但在任何情况下，均不得超过本保险单明细表中对应列明的每次事故赔偿限额。在本保险期限内，本公司在本保险单项下对上述经济赔偿的最高赔偿责任不得超过本保险单明细表中列明的累计赔偿限额。

（二）除外责任

本公司对下列各项不负责赔偿：

1.本保险单物质损失项下或本应在该项下予以负责的损失及各种费用；

2.工程所有人、承包人或其他关系方或他们所雇用的在工地现场从事与工程有关工作的职员、工人以及他们的家庭成员的人身伤亡或疾病；

3.工程所有人、承包人或其他关系方或他们所雇用的职员、工人所有的或由其照管、控制的财产发生的损失；

4.领有公共运输行驶执照的车辆、船舶、飞机造成的事故；

5.被保险人与他人的协议应支付的赔偿或其他款项，但即使没有这种协议，被保险人仍应承担的责任不在此限。

三、总除外责任

（一）在本保险单项下，本公司对下列各项不负责赔偿：

1.战争、类似战争行为、敌对行为、武装冲突、恐怖活动、谋反、政变引起的任何损失、费用和责任；

2. 政府命令或任何公共当局的没收、征用、销毁或毁坏；

3. 罢工暴动、民众骚乱引起的任何损失、费用和责任；

（二）被保险人及其代表的故意行为或重大过失引起的任何损失、费用和责任；

（三）核裂变、核聚变、核武器、核材料、核辐射及放射性污染引起的任何损失、费用和责任；

（四）大气、土地、水污染及其他各种污染引起的任何损失、费用和责任；

（五）工程部分停工或全部停工引起的任何损失、费用和责任；

（六）罚金、延误、丧失合同及其他后果损失；

（七）保险单明细表或有关条款中规定的应由被保险人自行负担的免赔额。

四、保险金额

（一）本保险单明细表中列明的保险金额应不低于：

1. 安装工程保险工程安装完成时的总价值，包括设备费用、原材料费用、安装费、建造费、运输费和保险费、关税、其他税项和费用，以及由工程所有人提供的原材料和设备的费用；

2. 施工用机器、装置和机械设备重置同型号、同负载的新机器、装置和机械设备所需的费用；

3. 其他保险项目由被保险人与本公司商定的金额。

（二）若被保险人是以保险工程合同规定的工程概算总造价投保，被保险人应：

1. 在本保险项下工程造价中包括的各项费用因涨价或升值原因而超出原保险工程造价时，必须尽快以书面通知本公司，本公司据此调整保险金额；

2. 在保险期限内对相应的工程细节做出精确记录，并允许本公司在合理的对该项记录进行查验；

3. 若保险工程安装期超过 3 年，必须从本保险单生效日起每隔 12 个月向本公司申报当时的工程实际投入金额及调整后的工程总造价，本公司将据此调整保险费；

4. 在本保险单列明的保险期限届满后 3 个月内向本公司申报最终的工程总价值，本公司据此以多退少补的方式对预收保险费进行调整。

否则，针对以上各条，本公司将视为保险金额不足，一旦发生本保险责任范围内的损失时，本公司将根据本保险单总则中第（六）款的规定对各种损失按比例赔偿。

五、保险期限

（一）安装期物质损失及第三者责任保险：

1. 本公司的保险责任自保险工程在工地动工或用于保险工程的材料、设备运抵工地之时始，至工程所有人对部分或全部工程签发完工验收证书或验收合格，或工程所有人实际占有或使用或接收该部分或全部工程之时终止，以先发生者为准。但在任何情况下，安装期保险期限的起始或终止不得超出本保险单明细表中列明的安装期保险生效日或终止日。

2. 不论安装的保险设备的有关合同中对试车和考核期如何规定，本公司仅在本保险单明细表中列明的试车和考核期限内对试车和考核所引发的损失、费用和责任负责赔偿；若保险设备本身是在本次安装前已被使用过的设备或转手设备，则自其试车之时起，本公司对该项设备的保险责任即行终止。

3. 上述保险期限的展延，须事先获得本公司的书面同意，否则，从本保险单明细表中列明的安装期保险期限终止日起至保证期终止日止期间内发生的任何损失、费用和责任，本公司不负责赔偿。

（二）保证期物质损失保险：

保证期的保险期限与工程合同中规定的保证期一致，从工程所有人对部分或全部工程签发完工验收证书或验收合格，或工程所有人实际占有或使用接收该部分或全部工程时起算，以先发生者为准。但在任何情况下，保证期的保险期限不得超出本保险单明细表中列明的保证期。

六、赔偿处理

（一）对保险财产遭受的损失，本公司可选择以支付赔款或以修复、重置受损项目的方式予以赔偿，但对保险财产在修复或重置过程中发生的任何变更、性能增加或改进所产生的额外费用，本公司不负责赔偿。

（二）在发生本保险单物质损失项下的损失后，本公司按下列方式确定赔偿金额：

1. 可以修复的部分损失以将保险财产修复至其基本恢复受损前状态的费用扣除残值后的金额为准。但若修复费用等于或超过保险财产损失前的价值时，则按下列第 2 项的规定处理；

2. 全部损失或推定全损以保险财产损失前的实际价值扣除残值后的金额为准，但本公司有权不接受被保险人对受损财产的委付；

3. 任何属于成对或成套的设备项目，若发生损失，本公司的赔偿责任不超过该受损项目在所属整对或整套设备项目的保险金额中所占的比例；

4、发生损失后，被保险人为减少损失而采取必要措施所产生的合理费用，本公司可予以赔偿。但本项费用以保险财产的保险金额为限。

（三）本公司赔偿损失后，由本公司出具批单将保险金额从损失发生之日起相应减少，并且不退还保险金额减少部分的保险费。如被保险人要求恢复至原保险金额，应按约定的保险费率加缴恢复部分从损失发生之日起至保险期限终止之日止按日比例计算的保险费。

（四）在发生本保险单第三者责任项下的索赔时：

1. 未经本公司书面同意，被保险人或其代表对索赔方不得做出任何责任承诺或拒绝、出价、约定、付款或赔偿。在必要时，本公司有权以被保险人的名义接办对任何诉讼的抗辩或索赔的处理；

2. 本公司有权以被保险人的名义，为本公司的利益自付费用向任何责任方提出索赔的要求。未经本公司书面同意，被保险人不得接受责任方就有关损失做出付款或赔偿安排或放弃对责任方的索赔权利，否则，由此引起的后果将由被保人承担；

3.在诉讼或处理索赔过程中，本公司有权自行处理任何诉讼或解决任何索赔案件，被保险人有义务向本公司提供一切所需的资料和协助。

（五）被保险人的索赔期限，从损失发生之日起，不得超过2年。

七、被保险人的义务

被保险人及其代表应严格履行下列义务：

（一）在投保时，被保险人及其代表应对投保申请书中列明的事项以及本公司提出的其他事项做出真实、详尽的说明或描述；

（二）被保险人或其代表应根据本保险单明细表和批单中的规定按期缴付保险费；

（三）在本保险期限内，被保险人应采取一切合理的预防措施，包括认真考虑并付诸实施本公司代表提出的合理的防损建议，谨慎选用施工人员，遵守一切与施工有关的法规和安全操作规程，由此产生的一切费用，均由被保险人承担；

（四）在发生引起或可能引起本保险单项下索赔的事故时，被保险人或其代表应：

1.立即通知本公司，并在7天或经本公司书面同意延长的期限内以书面报告提供事故发生的经过、原因和损失程度；

2.采取一切必要措施防止损失进一步扩大并将损失减少到最低程度；

3.在本公司的代表或检验师进行勘查之前，保留事故现场及有关实物证据；

4.在保险财产遭受盗窃或恶意破坏时，立即向公安部门报案；

5.在预知可能引起诉讼时，立即以书面形式通知本公司，并在接到法院传票或其他法律文件后，立即将其送交本公司；

6.根据本公司的要求提供作为索赔依据的所有证明文件、资料和单据。

（五）若在某一保险财产中发现的缺陷表明或预示类似缺陷亦存在于其他保险财产中时，被保险人应立即自付费用进行调查并纠正该缺陷。否则，由类似缺陷造成的一切损失应由被保险人自行承担。

八、总则

（一）保单效力

被保险人严格地遵守和履行本保险单的各项规定，是本公司在本保险单项下承担赔偿责任的先决条件。

（二）保单无效

如果被保险人或其代表漏报、错报、虚报或隐瞒有关本保险的实质性内容，则本保险单无效。

（三）保单终止

除非经本公司书面同意，本保险单将在下列情况下自动终止：

1. 被保险人丧失保险利益；

2. 承保风险扩大。

本保险单终止后，本公司将按日比例退还被保险人本保险单项下未到期部分的保险费。

（四）权益丧失

如果任何索赔含有虚假成分，或被保险人或其代表在索赔时采取欺诈手段企图在本保险单项下获取利益，或任何损失是由被保险人或其代表的故意行为或纵容所致，被保险人将丧失其在本保险单项下所有权益，以由此产生的包括本公司已支付的赔款在内的一切损失，应由被保险人负责赔偿。

（五）合理查验

本公司的代表有权在任何适当的时候对保险财产的风险情况进行现场查验。被保险人应提供一切便利及本公司要求的用以评估有关风险的详情和资料。但上述查验并不构成本公司对被保险人的任何承诺。

（六）比例赔偿

在发生本保险物质项下的损失时，若受损保险财产的分项或总保险金额低于对应的应保险金额（见四、保险金额），其差额部分视为被保险人自保，本公司则按本保险单明细表中列明的保险金额与应保险金额的比例负责赔偿。

（七）重复保险

本保险单负责赔偿损失、费用或责任，若另有其他保障相同的保险存在，不论是否由被保险人或他人以其名义投保，也不论该保险赔偿与否，本公司仅负责按此例分摊赔偿的责任。

（八）权益转让

若本保险单项下负责的损失涉及其他责任方时，不论本公司是否已赔偿被保险人，被保险人应立即采取一切必要的措施行使或保留向该责任方索赔的权利。在本公司支付赔偿款后，被保险人应将向该责任方追偿的权利转让给本公司，移交一切必要的单证，并协助本公司向责任方追偿。

（九）争议处理

被保险人与本公司之间的一切有关本保险的争议应通过友好协商。如果协商不成，按 _____ 项办法解决：

（1）申请仲裁机关仲裁；

（2）向法院提出诉讼。

九、特别条款

下列特别条款适用于本保险单的各个部分，若其与本保险单的其他规定相冲突，则以下列特别条款为准。

保险是以小博大，转嫁风险的有效手段。不过，买保险可不是买衣服，凭感觉喜欢哪个买哪个。而是要认真选择，如果你不知道该买什么保险，接着看下去，理赔数据会告诉你最该买哪些保险。

1. 重疾险

从理赔数据上来看，80% 左右的重疾理赔是恶性肿瘤，其次是心脏类疾病、脑血管疾病。此外，平均出险年龄较低，确诊重大疾病的平均年龄不到45岁，男女几无差别。

在选择重疾险时，保多少种病其实没那么重要。因为保监会有规定，所有重疾险中必须包含25种重疾，基本覆盖了大多数高发疾病。

选择产品时，尽量选择疾病不分组的产品，如果看中的恰好是疾病分组，要注意看分组是否合理；另外，对于多次赔付的重疾险，还要特别注意两次患病之间的间隔，以癌症为例，如果一年内复发，不赔；同一位置复发，不赔，这种产品就显得诚意不足。

2. 医疗险

医疗险中，约 79% 是疾病类出险，21% 是意外类出险。

在疾病类出现中，30 岁以下的年轻人，尤其是 12 岁以下的儿童多是以呼吸道疾病为主；31 岁之后，患癌症、心血管疾病比例开始增多，意外险出险中意外摔倒的比例也在增加，尤其是 50 岁以上的老人。

年轻人在买医疗险时，应选择免赔额较低的产品，如悦享守护百万医疗，免赔额可选 5 千 /1 万两档。

中年人买医疗险时，应注意是否对癌症友好，如癌症零免赔，医院外购靶向药等。推荐安心 1 号百万医疗险（药神版），一般医疗保险金 300 万，恶性肿瘤保险金 300 万，院外靶向药 30 万；恶性肿瘤零免赔；另有恶性肿瘤国内就医绿色通道，恶性肿瘤住院直付等服务。50 岁以上人群买医疗险时，应选择附有意外保障的产品，如臻爱医疗 2018 款感恩版。也可以分开配置意外险＋医疗险。

3. 寿险、意外险

根据数据显示，身故赔付中，疾病身故占 76% 左右，恶性肿瘤是头号杀手，其次是猝死，所以，配置寿险是十分有必要的。配置寿险时，应选择含有全残责任的产品，因为很多时候，全残给家庭带来的伤害不亚于身故。推荐爱心守护定寿，家庭顶梁柱必备。

意外身故占比 23% 左右，交通事故是头号杀手。配置意外险，应选择含有意外医疗责任的产品；如果是经常乘坐交通工具，还可单独配置交通意外险，推荐出行平安，每月只需 4 元，保障 30 多种交通工具。

二、如何买保险

那如何买保险？如何避开保险的"坑"？如何看保险条款？如何理赔？

（一）买保险的预算是多少？

网上说，合理的保费（买保险的钱）预算，是年收入的10%，我觉得这个只能作为参考，不能生搬硬套，要结合自身收入情况来定。首先，每年的保费，除以12个月，算出每个月要交多少钱，压力大不大，是否影响基本生活质量（注意，是基本生活质量，不是花钱大手大脚的生活质量），这笔账一定要算，不要为了买保险，每个月省吃俭用，搞的跟苦行僧一样，那就没意义了。买保险，其实就是散户和保险公司之间"以小博大"的对赌游戏，目的是为了对冲风险。就算我不买保险，我自己也会存钱，为以后看病做准备，这个道理大家都懂。

对于大多数上班族来说，每年拿出收入的10%-15%来买保险，是比较合理的，少买几件奢侈品，少去几次夜店酒吧，这钱就出来了。如果你说，不买奢侈品包包不去夜店酒吧，我活着还有啥意思，那么就当我没说，祝你一路走好。

知识点普及：

保费——买保险要花的钱

保额——保险公司赔的钱

投保人——花钱买保险的人（可以给自己买，也可以给别人买）

被保险人——得到保险公司赔款的那个人（除非死亡，是受益人得到赔款）

保险人——保险公司

受益人——被保险人去世后，继承赔款的那个人（父母、子女、配偶）

举例：我花钱给母亲买保险，投保人是我，被保险人是我母亲，受益人是我母亲的第一顺位继承人（父母、子女、配偶）

（二）我应该买什么保险？怎么配置？

这是很多人都关注的问题，结合这段时间的研究，我直接给答案。

【标配】：意外险 100 万（含意外医疗、交通出行保障）

标配适合所有人购买，是最低保障，一年也就几百元，下面是可添加选项，往下看：

1.经常熬夜者：【标配】＋一年期百万医疗险（必买）＋猝死保障意外（必买）＋定期寿险（预算充足可买）。

PS:猝死分 6 小时、12 小时内、24 小时内、48 小时内、72 小时内，选时间长的。

家庭经济支柱（一人赚钱养全家）：【标配】＋一年期百万医疗险（必买）＋定期寿险（必买）＋定期重疾险（预算充足可买）。

2.有负债者（房贷、车贷、乱七八糟贷）：【标配】＋一年期百万医疗险（必买）＋定期寿险（必买，房贷还多久，寿险就买多久，避免身故后将债务留给家人）。

3.经常出差的：【标配】＋交通意外险（必买，含航空、火车、汽车的额外叠加赔付）＋境外紧急医疗救援（必买，必须包含遗体遣返等一系列境外保障，遗体遣返要花几十万！）。

4.无社保者：【标配】＋一年期小额住院医疗险（必买，5000 元—1 万保额）＋一年期百万医疗险（必买）。

5.家里有多套房产者：【标配】＋家财险（必买，受益人提前写好，免得死后有纷争）。

6.居住在老旧破房子：【标配】＋防火灾爆炸险，水管爆裂险，入室盗窃险（必买）。

7.住在加油站附近：【标配】＋家财险（含爆炸保障，必买）。

8.独生子女：【标配】＋一年期百万医疗险（必买）＋定期寿险（必买，别让父母成为失独老人）。

身体状况不符合医疗险条款的（包括百万医疗和小额医疗），除了可以买意外险，尝试一下防癌险，碰碰运气。

以上搭配组合，都是纯消费型保险，不带任何分红返还性质的，性价比是最高的，基本能满足大部分人的需求。

知识点普及：

（1）重疾险——得了国家规定的常见重疾的其中一个，并且达到条款中的"患病严重程度"或"患病时间"，同时还要满足"首次确诊"和"无家族遗传史"，最后还要符合保险条款中所列出的"治疗要求"，才"有可能"赔你钱，（条款很复杂，涉及到很多医学知识，信息不对称，坑也是最多的，纠纷也多）。

（2）住院医疗险——只要你住院（本人住院满24小时以上，挂床不算），并满足"首次确诊"，才能给你报销"条款范围内"的医药费（凭医药费单据报销，必须满足"合理的"、"必要的"治疗方案，一切以医生的治疗方案为主，病人不能从中"加戏"）。

（3）意外险——突发情况导致伤残或死亡，不可抗力，飞来横祸，非主观能控制的，才赔钱（个别意外险高空坠落不赔，猝死不赔，战争恐怖暴乱不赔，以条款为主）。

（4）寿险——不管是怎么死，只要死亡和全残，都赔钱（自杀有时间限制，以合同条款为主）。

PS：最复杂，坑最多的，最容易起纠纷的，就是重疾险，因为牵扯很多医学术语和治疗方法，只有全科医生才能看懂，对于老百姓来说，我们真看不懂，信息太不对等了，这就好比打麻将，你能看到我的牌，我却看不到你的牌。这个就叫"利用信息不对等合理赚取利润"。

举个例子："心脏瓣膜开胸手术"，按理说重疾险能赔你钱，但是医生水平高，通过微创手术帮你治好，比开胸的创伤小很多，你当时一定会欣然同意！但是对不起，保险公司一分钱不赔，为什么？因为你没开胸，没开胸，没开胸！！！

总结：重疾险，就是当你得了符合条款中的病，符合条款中的治疗要求，保险公司给你一笔钱而已，怎么用随便你。而医疗住院险，才是给你报销看病救命的钱。

（三）重疾险30万够么？买终身型还是定期型？

以 30 岁男性为例：

一年期重疾险：就目前而言，30 万基本够用，每过 5 年加 5 万，以此类推。

定期重疾险（保障到你退休）：保额 30 万起步，每 5 年加 5-10 万，退休之前（能赚钱能自理的年龄段）不怕生重病。至于 70 岁之后怎么办，用医保，用自己的积蓄看病。

终身型重疾险：不推荐购买，理由如下：

（1）如果重疾险买终身，每年的保费会很贵，现在的年轻人普遍有房贷和车贷，已经不堪重负了，还要承担如此高的保费？人生最痛苦的事莫过于：人还在，钱没了。当然了，土豪除外。

（2）重疾险的保额，会随着时间而贬值，现在的 30 万看病够用，等你 60 岁看病 30 万就不够了，自己视情况逐步增加保额。

（3）切记："不要过多透支年轻时的金钱，去为一个未知的、不确定的未来而提前买单"，换句话说就是，你想一步到位追求完美，可是未来的诸多变化，无法让你"一步到位"，因为计划赶不上变化。

PS：重疾险的意义，而是在你拼事业赚钱养家的时候，能帮你抵御一些突发重病和飞来横祸的风险，相当于失业补助金（术后康复金），以免让你陷入财务危机。真的等你退休了，重疾险的意义也就不大了。保险是一种风险转嫁的工具，不是发财的工具，不要有投机的念头。

（四）重疾险和寿险分开买，还是买一款含寿险的重疾险？

纯重疾险：保重病，不保死，含寿险的重疾险：只保一个，看谁先发生。

重疾险和寿险分开买：先重病后死亡，两个都保，赔 2 份的钱，除此之外，只保一个

PS：买寿险 = 抵债、资本传承、阶级稳固。买重疾险 = 劳动力失能补贴。

重疾险和寿险分开买划算，保障充足，尽量避开二合一的保险组合，保费贵

（五）找代理人经纪人买，还是网上买？哪个好？

网上买：便宜，方便，核保条件比较严格，必须完全符合健康告知条款，需

要自己花时间和精力去研究条款，只要你用心，就能买到性价比高的良心产品。

找代理人经纪人买：有风险，要看他的"良知"，此话怎讲？有良知的代理人经纪人，会推荐适合你的产品（赚良心钱）；没有良知的，会推荐佣金提成高的产品（赚黑心钱），容易被忽悠。当今世道，只要有钱赚，良知靠边站，这就是人性。再补充一点，（某些）保险公司，都会让（某些）代理人发展自己的亲戚朋友（增员），不惜用"夺命电话、拜访、送礼"的方式死缠烂打，还拍着胸脯承诺一定会负责到底。保险行业人员流动那么大，天天都有人离职跳槽，我觉得还是靠自己。

有人会说，大的保险公司服务好，门店多。各位请记住，保险这个产品，拼的是出事了能不能赔，而不是服务好不好。服务再好，不能赔，也是白搭，难道要比较一下哪家保险公司客服接电话速度快么？那些门店多，知名度大的公司，他们会把门店经营成本和品牌溢价全部加在你的保费中，羊毛出在羊身上，这和AJ的鞋为啥比别家贵是一个道理。少一点"虚的服务"，多一些"实的保障"，这才是良心产品。

买保险步骤：

（1）了解自身家庭情况，所在城市，个人预算，投保年龄和需求，健康状况，病史。

（2）先筛选出自己能买的产品（符合投保须知、健康告知、年龄、保障需求），再比较哪款性价比高，不是所有的产品你都能买，这个道理要搞清楚，你的选择范围，没你想象中那么大。

（3）看清投保须知、健康告知、免责条款，一个字都不能放过！不要偷懒！

（4）在你所在城市开设分公司的保险产品，优先考虑（理赔相对方便，节省时间）

（5）告诉父母和子女，让他们知道你买了什么保险，怎么去理赔。

（6）理赔，归根结底是跟保险公司的理赔专员打交道甚至打官司，而不是和卖保险的打交道。

（保险条款很复杂，可以委托身边的亲戚朋友帮你看，最好是律师、语文老师、文案编辑等精通文字的人，不要嫌麻烦，因为中国的文字"博大精深"）

（六）怎么样才算符合健康告知（核保）？

这个问题我研究的时间最长，花的精力最多，因为这个直接关系到保险公司会不会顺利赔钱给你，很多人都死在健康告知上，怎么死都不知道，所以我非常重视。决定买保险，无论是网上购买，还是找保险代理人买，都会有健康告知，应该怎么告知？哪些应该告知？哪些不应该告知？告知到什么程度？往下看。

《保险法》第十六条规定：订立保险合同，保险人就保险标的或者被保险人的有关情况提出询问的，投保人应当如实告知。

《保险法司法解释（二）》第六条规定：投保人的告知义务限于保险人询问的范围和内容。当事人对询问范围及内容有争议的，保险人负举证责任。

上面的解释，翻译成大白话就是：健康告知中，没有问到的内容，我可以不说，保险公司想扯皮要赖，请拿出证据。

我国普遍采用"询问告知"，法律认为"无限告知"是无效的条款，懂了不？

举例1：你是否曾经患有以下疾病和症状——乙肝、肿瘤、甲状腺结节、白血病。

解答：只要没得过这四个病，就符合如实告知，如果你得了其他病（比如肾结石），只要健康告知没问到，不用告知，可以正常投保。

举例2：在1年内，你是否接受过住院或手术治疗？

解答：人家问的是"1年内"，也就是说，"1年以外"你的住院或手术，都符合要求。

举例3：你是否因上述告知情况以外的疾病住院或手术治疗？

解答：条款中没有提到任何具体疾病名称，只要你没有住院或手术，都算符合要求。

举例4：你的直系亲属是否得过癌症、白血病、艾滋病？

解答：直系亲属包含谁？直接电话给保险公司官方客服，问他直系亲属包含哪些人，如果包含兄弟姐妹，问他是亲兄妹，还是堂兄妹，还是表兄妹，还是远方兄妹，别忘了保留证据，买保险不是为了打官司，万一打官司，有证据，不怕。

举例5：您是否患有未明确性质的肿瘤？

解答：关键字"未明确性质"，如果已确诊为良性肿瘤，不属于未明确性质，是符合要求的。

有人会问，"老年斑"也是肿瘤的一种，算不算符合？那我问你，你去医院看过老年斑么？有没有留下任何看病记录？如果没有，就可以正常投保。

举例6：是否有上述条款未提到的既往病症？是否有足以影响保险公司判断风险的其它疾病？

解答：这个条款很模糊，属于一个概括性的条款，让很多人吃不准，根据保险法第17条的规定，该条款未作提示或明确说明，不产生法律效力，可以放心投保，打官司都不会输。

举例7：我不符合健康告知，但是保险法中有"两年不可抗辩"条款，拖过2年，肯定能理赔么？

《保险法》第16条：自保险人知道有解除事由之日起，自合同成立之日起超过二年的，被保险人不得解除合同；发生保险事故的，保险人应当承担赔偿或者给付保险金的责任。

投保人故意不履行如实告知义务的，保险人对于合同解除前发生的保险事故，不承担赔偿或者给付保险金的责任，并不退还保险费。

如果投保人故意隐瞒病情，一旦保险公司拿到证据，还是会拒赔，连保费都不还给你，两年不可抗辩条款也不会帮你，不要抱侥幸心理，还是要老老实实的交代健康告知中提到的病情，这才是最大的诚信，刁民，是不受法律保护的。保险只是保障工具，不是发财工具，想发财，去努力赚钱，不要有骗保的想法。

举例8：被保险人在投保前罹患的、投保时尚未治愈的疾病；被保险人在投

保时未如实

告知的既往疾病以及在本合同签发日前 24 个月内已经存在的疾病或症状

这是某网红医疗险中免责条款里的其中一条，意思就是，投保之前得的病、没治好的病，不赔。天哪，从小到大，得过的病多着呢，这个范围太大了吧。这时候该怎么做？

最高人民法院关于适用《中华人民共和国保险法》若干问题的解释：保险人以投保人违反了对投保单询问表中所列概括性条款的如实告知义务为由请求解除合同的，人民法院不予支持。但该概括性条款有具体内容的除外。

用大白话来解释上述条款：保险公司不能用概括性条款，法院认定该条款无效不予受理，必须列举出具体内容，如果保险公司扯皮耍赖，尽管起诉法院，不要怕麻烦。

保险合同是"最大诚信"合同，投保人要诚信，保险公司更应该诚信，条款中列出的疾病，如果有，不能隐瞒，一定要如实告知，如果没有，就不用告知。当然，每家保险公司的核保尺度不同，有的严格，有的很宽松，多比较几家，不要嫌麻烦。如果你不符合健康告知，但是又想买保险，怎么办？买线下的产品，人工核保，可能遇到的结果是：承保、加费、免责、延期、拒保

举例 9："被保险人未向其它保险公司申请投保意外伤害保险，或意外身故责任（包含驾乘）的累计保额未超过 100 万"

我来用白话文翻译一下：你买了我公司的 A 保险后，又买了其它公司的 B 保险，那么如果 B 保险的意外险的保额，超过 100 万，那对不起，A 保险不赔钱。

这个条款主要为了限制你买的其它保险的保额，担心你有骗保嫌疑，用来约束你。

随着保险业的发展，以后的健康告知，会越来越严格，趁着自己还年轻健康，尽早买。

（七）保险公司能查到我的病历吗？通过什么方法查？

保险公司的核赔方法：（个人猜测）

医保卡记录、居住地附近医院看病记录、各大体检机构查询、人脸识别配对、聘请第三方介入调查、人肉搜索、亲属走访调查。

（八）买保险怎么选公司？一定要选大公司吗？

小公司能买到性价比高的产品，保费会略便宜，核保也会相对宽松一些（为了吸引客户，会让利）。

大公司的保费会略贵一些，有品牌效应，分公司多，养的员工多，羊毛出在羊身上，市场保有量大，核保较严格（大公司客户多，不怕没客户）。

无论是大公司还是小公司，政府都会托底，充分保障广大投保人的利益，所以无需担心，可放心购买。

《保险法》九十二条：经营有人寿保险业务保险公司被依法撤销或者被依法宣告破产的，其持有的人寿保险合同及责任准备金，必须转让给其它经营有人寿保险业务保险公司；不能同其他保险公司达成转让协议的，由国务院保险监督管理机构指定经营有人寿保险业务的保险公司接受转让。

有的人说，大公司理赔快，这个不一定，理赔速度的快慢，不是看公司大不大，而是看你的情况是否符合理赔要求，保险公司如果找不到拒赔的证据，理赔都会很快，不愿打官司，怕影响声誉。如果保险公司敢扯皮耍赖拒赔，只要你有证据，一定要拿起法律的武器，不要软弱妥协。

（九）返还型、分红型、理财型的保险产品，好不好？

返还型、分红型适合的人群：

（1）有钱人，实现资产多元配置，保障身价，稳固阶级，传承后代，也可以"避税"。

（2）月光族，每个月存不下钱，还要透支信用卡，需要外力帮他强制储蓄。

除了以上两类人之外，其他人，建议买纯消费型。

保险就是用来保障的，不要有其它乱七八糟的附加条款，简单点，纯粹点比较好。

PS：我一直有个习惯，出去买东西，只要服务员强烈推荐某个产品，说它怎么怎么好，我都会产生怀疑态度，天下没有无缘无故的爱，其背后都有利益驱使。脑子是个好东西，看你会不会用。

（十）意外险怎么买？如何搭配比较合理？

如果你要买保额 100 万的意外险，我个人建议你买两个 50 万保额的意外险，为什么？

A 款 50 万意外险，包含猝死赔付，绿色就医通道

B 款 50 万意外险，包含网约车赔付，航空意外赔付

两款 50 万的意外险，不要重复，尽量能互补，这样保障范围就更广了

PS：经常出差人士，尽量要买包含飞机、火车、轮船事故的一年期意外险，如果你很少出去旅游，在旅游前几日买一个 10-20 天的短期交通意外险就可以了，没必要买一年期的，省钱。

（十一）重疾险里的"重症、轻症分组"是什么意思？

解答：举个例子，30 种轻症，分 5 组，分别是 A 组、B 组、C 组、D 组、E 组，每组包含 6 个轻症，且每组只赔一次，相当于，你得了 A 组的其中一个病，那么 A 组其余的病就不能赔付了，只能赔付其它组里的其中一个病，其它组也是同样的道理，听懂了不？如果你不幸得了 A 组中的 2 个病，只赔一个病的钱。

保险公司为了包装产品，喜欢堆病种数量，深知老白姓喜欢买病种数量越多越好的产品，所以弄出这么一个"分组"噱头，以此来降低风险，这个就是套路。所以，尽量买不分组的产品。

（十二）老年人怎么买保险？小孩子怎么买？

解答：老人因为年龄大了，身体或多或少都有一些疾病，可选择的保险产品不多了。

方案 A：意外险 100 万（必须含猝死和公共交通）＋一年期防癌险。

方案 B：意外险 100 万（必须含猝死和公共交通）＋重疾（10-20 万）＋防癌险（10-20 万）＋寿险（20-30 万）＋百万医疗住院险。

普通人选方案 A，不差钱选方案 B，前提是，一定要符合健康告知，一旦不

符合，别买。

小孩买保险，可参考下面：关键字：意外、重疾、学平。

小孩子的保险，无非就是防意外、防大病，不带任何返还和分红。保险是转嫁风险的工具，不是理财工具，和车险是一个道理。

（十三）如何制定养老计划？

13.1 确定退休目标

制定退休计划的第一个步骤就是想想看等到你退休时想实现什么目标。毫无疑问，你肯定希望在自己退休以后仍然可以自给自足，有能力支付所有的医疗费用。有时候医疗费用不太高，不过有时候也许这会是一笔巨额的开销。所以首先你要先问自己几个基本问题，你希望自己采用什么样的生活方式？这种生活方式的成本有多高？你是想过上国王般奢侈的生活，还是希望稍微节省一点。能达到小公爵或贵族的水平就可以了？目前你是否已经患上了某种疾病以至于未来将要负担高额的医疗费用？

一旦你回答了上述问题，那么基本上就已经明确了退休后想要自给自足和有能力支付医疗费用的具体目标是什么。接下来该要考虑其他目标了。你希望继续住在现在的房子里吗？你想住在退休人员公寓还是想拥有自己的住房？你想出去旅游吗？你想有能力买下一辆道奇车到处兜风吗？你想为家人多准备一些应急基金吗？等到你退休时再坐下来想要把这么多事情全部计划好是很难的，所以说现在制定目标时必须尽可能地考虑周全。

只有在制定目标时充分考虑了时间要素，即明确你希望什么时候能够实现这一目标，目标才能发挥全部效力。对于退休目标而言，你需要准确地估计自己计划的退休时间。一般的退休年龄是 65 岁，但是越来越多的人推迟退休，一直工作到 70 岁甚至更老。

实现退休目标的时间至关重要。例如，如果你打算 60 岁退休，那么就要存足够多的钱，因为退休后的时间比较漫长。如果你非常热爱你的工作，打算工作到 70 岁再退休，那么积累的储蓄额只要能满足 70 岁以后的生活需求就可以了，而且你还多出了 10 年的准备时间。

13.2 估计退休后所需要的资金额

一旦你确定了自己的退休目标，接下来就要考虑怎样实现这一目标。退休计划的第二个步骤能够帮助你根据退休目标确定为了维持退休后的生活需要事先准备多少钱。

当然，你的估计可能并不准确或可靠，但是我们只能做到这个程度。如果我们可以预测未来，当然结果会更好，若真能如此，我们也就不必依靠估计了。我们完全不知道未来会发生什么。不过事实上，对于未来我们只能猜测。如果你是个聪明人，相信能估计得比较准确，你应当先从现在的生活开销入手。之所以要从现在的生活开支入手，是因为你要根据目前的生活费用来估计将来退休以后维持生活需要多少收入。因为大多数老人一般已经还清了房屋贷款，而且花销要少于年轻人，所以很多理财规划师估计退休以后的生活开支大概只相当于退休前的70%—80%。

在制定理财计划时，你要计算出自己的生活成本是多少。比方说退休之前每年的生活费是 35，000 元。那么，退休之后你的基本生活费用大约为 28，000 元（35，000*0.8）。

当然，这 28，000 元只是冰山的一角。要记住，你要实现的其他目标也要花费成本。你还要估计一下按照现 在的物价水平每一个目标每年要花费的成本是多少元。将这些目标的年均成本加总，然后再加上基本的生活费，就可以计算出按照目前的物价水平退休以后每年地收入水平应当达到多少元才能实现所有的目标。

然而，这还不够。别忘了政府也会来插一脚。是的，你还要考虑到税收因素你需要做的是用前面计算得到的必要退休收入除以（1- 税率）。得到的结果可以准确地告诉你为实现退休目标，必须获得的税前收入是多少元。

13.3 估计退休以后的收入

你猜得不错，第二步计算出维持退休后生活开支的必要退休收入以后，按照逻辑顺序接下来要估计你退休后可以获得的收入是多少元。首先估计一下自己能领取多少社会保险金。社会保障管理局会向尚未领取社会保险金、年龄在 25 岁或以上的所有工人邮寄社保基金账户的年收益以及社会保险金账目表。账目表上会注明工人及其家人现在和未来可以获得的社保退休金、残疾保障金和幸存者保障金的额度。

13.4 计算经过通货膨胀调整的退休后收入缺口

现在我们要比较一下第二步和第三步计算得到的结果。对于绝大多数人来说，退休以后为维持一定的生活质量所需要的资金额与实际收入之间总是存在着较大的差距。随着养老金计划的逐步退出，社会保险金的前景也开始变得不太明朗，两者之间的差额将会变得越来越大。

13.5 计算为弥补该缺口所需要的资金额

到现在为止，你已经知道了自己每年退休收入的缺口有多大。也就是说，你已经算出了为了能在退休以后保证一定的生活质量还需要增加多少退休收入。于是，我们要解决的下一个问题是：为了弥补年收入的缺口，从现在开始一直到退休你必须坚持每年储蓄多少元？

13.6 计算从现在开始到退休每年你必须储蓄的金额

现在你已经知道了退休时你必须已经积累的存款额是多少元，不过你并不需要一次性实现这个存款目标。相反的，你应当一点点地累积，每年都向储蓄账户内存入一部分钱。 现在你需要了解的是每年应当储蓄多少元才能实现存款的总目标。

13.7 执行计划并开始储蓄

好了，现在你终于知道为了实现退休目标每年要储蓄多少钱了。接下来你要做的就是开始储蓄。这最后的一步是不是听起来最容易？你这么想就错了，实际上这是最难的一步。想为实现退休目标而进行储蓄确实有各种各样的方法，而从中挑选一个最适合自己的储蓄方式需要你先了解一下到底有哪些备选项。

接下来，我们会向你介绍各种各样的退休储蓄计划，还会帮助你选择一个最适合自己的退休储蓄计划。不管你最后决定怎么做，千万不要小看退休计划程序中的储蓄这一步。一定要做好最后一步因为这一步是最重要的。

通过以上七步，你就能大致确定你的未来养老计划并着手购买合适的养老保险。

总结：

1.买保险请看清：投保须知、健康告知、免责声明、合同条款，一个字都别放过，切记！最好在电脑上仔仔细细一个字一个字地看这些条款，不要在手机上看，因为看不清楚。买保险也需要仪式感，需要认真和严谨。如果是帮家属买，建议把他叫到电脑前，当他的面把条款一条一条读给他听，得到他亲口确认后再买。

2.先筛选你能买的保险产品（所在城市、是否符合健康告知、保障条款是否到位），再比较哪个产品性价比高，选出最适合你的哪一款，不用过分纠结价格，一分价钱一分货。

3.不要有骗保的心理，不要心存侥幸，否则就是自讨苦吃，不要低估保险公司的勘察能力。

4.保险不骗人，到底谁骗人？这是需要我们自己思考的。

5.保险讲究搭配组合，没有任何一款保险产品，能保障全部风险，不要太追求完美。另外，所有一年期的保险（比如意外险、百万医疗险等），都不保证续保，纯粹是买一年保一年，最终的结果是，要么续保涨价，要么产品停售，不给你续保，这个要做好心理准备。

4.趁年轻、健康、有钱，赶快买，等你生病了，对不起，你买不了，未来核保会更严格。

5.保险有价，健康无价，请爱惜自己的身体。

6.有亲戚朋友向你推销保险，一定要有自己的主见，不要为了人情而买，要对自己负责，必要时，可以和这个亲戚绝交。这类亲戚打着为你好的名义，利用亲属之间的信任而达到自己赚钱的目的，这类人不值得相信。

7. 买了保险后，请把保单、保险合同和理赔电话打印出来，告诉家人放在什么地方，怎么理赔。最好给每个保单写上英文字母，然后附加一张说明书：意外身故或残疾（A、B），自己生病死亡（C），48 小时内猝死（C、D），1 万以下住院报销（E），1 万以上住院报销（F）等。

8. "某款保险产品即将停售，再不买就买不到啦。"听到这句话，不要冲动购买，很有可能是保险代理人为了冲业绩，而忽悠你的，所有停售的产品，都会拿来炒作一番。

10. 以上内容只针对需要纯保障的人，不包含资产多元化配置的高端人群，有钱人买保险更多是为了资产安全和传承后代，不适用于我们普通人。

11. 建议买的保险（仅供参考）：包含意外（含所有交通工具、猝死）+ 一年期百万医疗险 +1 万元小额医疗险 + 定期重疾 + 定期寿险（保到 60 岁）+ 手机碎屏险 + 银行卡防盗险 + 家财火灾防盗险 + 地震海啸险（如果购有多套房产）。

12. 不管你有没有买保险，建议每年体检 1-2 次（建议在三甲医院体检，体检机构不一定靠谱），时刻了解自己的身体状况，及时预防，这才是世界上最好的保险，胜过一切重疾险。

13. 买保险是为了保障，不要指望靠保险发财，别指望占保险公司便宜，不要暴露你的智商。

总而言之，人没事时总是反感保险，出事时第一时间想到保险。保险业正在蓬勃快速发展，作为消费者的我们应该保持学习和接受的心态，正确地认识保险，让保险为我所用，买保险要根据个人的实际状况来选择，切勿盲目跟风。

第二篇　保险的基础知识

第一章　危险的意义

一、危险的定义

所谓危险，简单而言，就是偶然事件发生的可能性。不论其为自然的或者人为的，其发生与经济主体之人或经济客体的财产有直接关系。

（一）危险是纯粹风险，也是产生保险的前提和根源。

所谓"纯粹风险"，较为严格的定义，是"只有损失机会而没有获利可能的风险"。按照这个定义，纯粹风险的两种结果，一是没有损失，二是造成损失。例如自然灾害、人的生老病死等等，自然界的或者社会性的，都属于"纯粹风险"。

（二）纯粹风险具有不确定性。

这种不确定性主要表现在三个递进点：

（1）风险是否会发生；

（2）风险如果发生，何时会发生；

（3）风险如果发生，会造成多大的损失。

纯粹风险的发生，有重复性和一定的规律，所以其不确定性。已经有一定的统计学意义。

例如：

（1）自然灾害发生的概率和预估损失；

（2）各个不同地区人士的生命表。

纯粹风险不能被消除或完全回避，例如：

（1）各种自然灾害一定会发生，只是在不同地区有不同的几率，造成不同的损失；

（2）人一定会有生老病死。

所以，控制纯粹风险的最佳手段，即是"风险转移"，即是保险公司存在的主要目的。

由于纯粹风险有一定的统计学意义，大部分经过精算师的测量，都可以量化成为"可保风险"，例如人身保险及财产保险等。

另一方面，从心理学上面来说，对于纯粹风险，并不存在不同类型的人；所有人都是厌恶"纯粹风险"的。因为这种天灾人祸，甚至自然死亡，都会给人带来强烈的厌恶感。

（三）危险与风险是两个既有区别又有联系的概念。

如果我们用集合的观点来考察两者的关系，危险集合包含于风险集合之中，是风险集合的子集。

（四）危险是指损失发生及其程度的不确定性。

危险是客观存在的现象，不确定性是指损失是否发生的不确定性，损失发生的时间、地点、程度及其承担的主体是不确定的。损失的不确定性是危险固有的内在本质，危险损失的不确定性是其最为显著的特性，危险是存在于人们活动中的负面效应。

二、危险的特性

根据危险的内在本质和外在表现形态，可以概括出其具有如下特性：

（一）客观性

人们不可能消灭危险。同时，危险的客观性还表现在可以用客观尺度来测度，即可以根据概率论来度量危险发生的概率大小。

（二）损失性

危险的后果必然是造成人们的某种损失。

（三）不确定性

一是损失是否发生是不确定的；二是损失发生的时间是不确定的；三是损失发生的地点是不确定的；四是损失的大小是不确定的；五是损失的承担主体是不确定的，即由谁来承担损失是不确定的。

（四）普遍性

危险的普遍性表现在危险无处不在、无时不有。

（五）社会性

既然危险强调损失，则与人类社会的利益直接相关。

（六）可测性

可以在概率论和数理统计的基础上，利用损失分布的方法来计算危险损失发生的概率、损失的大小及损失的波动性。

（七）可变性

危险可变性是指危险的性质、量、发生与否等在一定条件下是变化的。

三、危险的构成

一般而言，构成危险的要素有危险因素、危险事故、危险损失和危险载体。

（一）危险因素

危险因素是指引起或促使危险事故发生、损失增加或扩大的原因和条件。

根据危险因素的性质，通常可以将其分为有形危险因素和无形危险因素。（1）有形危险因素也叫实质危险因素，是指能导致或增加某一危险事故发生机会或扩大损失程度的物质因素，或引起损失的机会和损失程度的客观条件。（2）无形危险因素也可以称为人为危险因素，它往往与人的心理或行为有关，通常包括道德危险因素和心理危险因素两种。

（二）危险事故

危险事故又被称为危险事件，是指引起损失或损失增加的直接的或外在的事件。没有危险事故就不可能有损失的发生，因此，危险事故是导致损失发生的媒介。

（三）危险损失

危险损失是偶然发生的、非预期的、非计划的经济价值的减少或灭失。由灾害事故导致的危险损失可以分为直接损失和间接损失。

（四）危险载体

危险的载体是指危险的直接承受体，即危险事故直接指向的对象。根据这一定义，危险载体可以分为人身载体和财产载体。

四、危险的种类

（一）自然危险与社会危险

根据危险的起因，危险可划分为自然危险与社会危险。（1）自然危险是指由于自然原因引起的危险，如地质运动引起地震、火山爆发、泥石流、山体滑坡等灾害，气候异常引起高温、低温灾害及洪涝灾害、台风灾害等。（2）社会危险是指由于人为原因引起的危险，这种危险的特性是与人类自身（包括自然人个人、法人乃至国家、社区等）行为密切相关，行为失常或出现不可预料的行为后果等均可以归入社会危险。

（二）静态危险与动态危险

这种划分是根据危险发生的形态来划分的，其依据则是社会经济是否正常。

（1）静态危险是在社会经济正常的情形下，由于自然力的不规则运动作用和人们的过错行为所造成的危险。（2）动态危险是指以社会经济政治的变动为直接原因的危险，即由于社会、政治及产业政策修改等导致的危险。

（三）基本危险与特殊危险

按照危险所涉及和影响的范围划分，危险可分为基本危险和特定危险。这种划分方法也是美国的分类方法之一。（1）基本危险是指特定的社会个体所不能控制或预防的危险，它是由非个人的或是个人不能阻止的因素所引起的危险，涉及范围通常较大。（2）特定危险是指与特定的社会个体有因果关系的危险，它通常由特定的因素引起，是由个人或家庭、企业来承担损失的危险。

（四）财产危险、人身危险、责任危险与信用危险

这种划分是以危险损失的后果为依据，即任何危险导致的危险损失均不外乎下述四种：（1）财产危险是指个人和家庭或企业所有的、使用的或保管的财产发生损害、灭失、贬值的危险。例如，建筑物遭受火灾、地震、暴雨的危险。（2）人身危险通常分为生命危险和健康危险，其中，生命危险是与人的生存与否有关的危险，而健康危险主要影响的是人们身体的健康程度。（3）责任危险是产生在法律基础上的损害赔偿责任，往往称为第三者责任危险，它是由于人们的过失或侵权行为导致他人的财产毁损和人身伤亡，在合同、道义、法律上负有经济赔偿责任的危险，它又可以分为对人的赔偿危险和对物的赔偿危险。（4）信用危险是指人们在经济交往过程中，权利人和义务人之间，由于一方违约或犯罪而导致对方经济损失的危险。

五、危险的分类

（一）投机危险

投机危险即有发生损失的可能性，亦有获利机会的危险。保险的目的在于填补或补偿因偶然事件的发生所导致的经济上的损失，因此，投机危险难以成为保险对象。

（二）纯粹危险

纯粹危险即仅有损失发生的可能性，而无获利机会的危险。通常成为保险对象的危险，即以纯粹危险为限，唯保险可保的危险又可分为三种：

①人身上的危险：指与个人的生命或者健康有关的一切危险，即不幸的偶然事件在人身上发生的可能性。

②财产上的危险：即针对财产发生各种直接的或者间接的损害的可能性。

③责任上的危险：即对他人的财产或身体造成危害，依法对他人负赔偿的可能性。此种危险一旦确定时，需对他人给付赔偿金。

六、危险存在的意义

危险是完全无效益的，它的存在可以让人们更加谨慎，避免做出无意义的举措。

危险对于保险具有深刻的影响：

首先，危险是保险产生和发展的前提；

其次，危险的发展是保险发展的客观依据。

第二章　危险的处理方法

一、危险处理

危险处理是针对经过危险识别和危险衡量后的危险问题采取对策并实施的过程，是危险管理的关键环节。

危险的管理过程通常包括危险管理目标的确定、危险识别、危险衡量、危险处理（危险对策选择和实施）和危险管理效果的评估等。

（一）危险管理目标的确定

损失发生前的危险管理目标是：减少或避免损失的发生，将损失发生的可能性和严重性降至最低；减轻和消除精神压力。

对于损失发生后的危险管理目标是：尽可能地减少直接和间接损失，使其尽快恢复到损失前的状况。在确定危险管理目标时应考虑以下一些情况：（1）目标的现实性；（2）目标的明确性；（3）目标的层次化；（4）目标的定量化。

（二）危险识别

危险识别一方面可以通过感性认识和历史经验来判断；另一方面可通过对各种客观的经营管理的资料和危险事故的记录来分析、归纳和整理，以及必要时的专家访问，从而找出各种明显和潜在的危险及其损失规律。

危险识别的方法有多种，有用于一般性危险识别的专家法、保险调查法等，也有针对经济单位内部特有状况而设计的财务报表分析法、流程图分析法、投入产出分析法等。

进行危险分析还可采用危险清单法、威胁分析法、事故分析法和危险因素预先分析法。

（三）危险衡量

危险衡量是对某种特定危险的损失概率和损失程度进行估算，用以评价危险对预定目标的不利影响及其程度，为选择危险处理方法和进行危险管理决策提供依据。有时又称为危险评价。

对于危险的衡量通常包括三个方面的内容：（1）损失概率又称为损失机会（chance of loss），是指危险损失在一定时间范围内实际发生损失或预期发生损失的数量与所有可能发生损失的数量的比值。（2）损失程度是指标的物发生一次危险事故时的平均损失额度。（3）损失的变异性，也称为损失的波动程度。通常这种变异程度通过损失变量的方差或标准差来度量。

（四）危险处理

危险处理是针对经过危险识别和危险衡量后的危险问题采取对策并实施的过程，是危险管理的关键环节。

（1）危险对策概述。危险对策一般分为两类：控制型危险对策和财务型危险对策。

（2）危险处理常见方法。危险处理的主要方法包括：危险回避、损失控制、危险转移、危险自留。

危险对策的选择既要针对危险的实际状况，又要根据经济单位的资源状况，综合考虑危险对策的可行性和效用。

在危险管理中，危险识别具有连续性特点，因此，危险识别、危险衡量和危险处理在时间上并不能截然分开。事实上，三个环节的工作有时是顺次进行的，有时是穿插进行的。

（五）危险管理评估

危险管理评估是对所采用的危险对策的适用性和效益性及实施情况进行分析、检查、修正和评估。

危险管理的效益就是获得的安全保障与成本的比值，即实施该危险对策可减少的危险损失与该危险对策实施费用和机会成本之和的比值，比值越大，效益越好，当效益比值大于 1 时，该危险对策可取。此外，在评估时，还应注重长期的效果。

二、危险处理的方法

（一）危险处理方法的分类（按方法分）

1.1 危险之避免

此为最简单的处理方式，对于某项危险直接设法避免，但对于企业活动而言，以避免来处理危险的可能性往往不可能。

1.2 危险的自行承担

即为企业自行承担可能发生的危险，即为采取危险的单纯自留或自己保险。

（1）危险的单纯自留：毫无计划的由自己承担危险所造成的损失。

（2）自己保险：根据企业过去之经验统计资料，拟定危险处理的财务计划书，按期拨款建立准备基金，以便在特定危险发生时，专供补偿或填补损失。要采取该方式，企业应当具备三个条件：

①本身须拥有雄厚的资金，以应损失之弥补；

②每年所累积之基金应能妥善运用；

③本身对危险单位尽量能获得分散

自我保险不视为保险，原因如下：

（1）其危险并未由该企业转移于他人，即危险由企业自己承担；

（2）并未订立任何保险契约，乃为企业的单独行为；

（3）依一般税务法规，企业为建立该基金而拨款，不得视为保险费之支出。

1.3 危险的防止与减轻

即采用有效的手段，以防止或减轻导致危险的因素。

1.4 危险的转移

即采用各种方式将危险转移给别人（例：将独资或合伙经营失业转为股票公司，并发行股票，将危险转移给股东）。

1.5 危险的分担

此为危险管理中最主要的危险处理方法，即依据所制订的保险计划，分别向保险业者购买保险，将自己可能遭遇损失之危险，转嫁于构成保险团体的多数经济单位共同分担。

1.6 回避风险

回避风险是指主动避开损失发生的可能性。它适用于对付那些损失发生概率高且损失程度大的风险，如考虑到游泳时有溺水的危险就不去游泳。虽然回避风险能从根本上消除隐患，但这种方法明显具有很大的局限性。其局限性表现在，并不是所有的风险都可以回避或应该进行回避。如人身意外伤害，无论如何小心翼翼，这类风险总是无法彻底消除。再如，因害怕出车祸就拒绝乘车，车祸这类风险虽可由此而完全避免，但将给日常生活带来极大的不便，实际上是不可行的。

1.7 预防风险

预防风险是指采取预防措施，以减少损失发生的可能性及损失程度。兴修水利、建造防护林就是典型的例子。预防风险涉及到一个现时成本与潜在损失比较的问题：若潜在损失远大于采取预防措施所支出的成本，就应采用预防风险手段。以兴修堤坝为例，虽然施工成本很高。但考虑到洪水泛滥将造成的巨大灾害，就极为必要了。

（二）危险处理方法的分类（按阶段分）

2.1 危险发生前的预防：预防主要是防范于未然。

2.2 危险发生后的抑制：抑制即镇压，主要是设法减轻损害发生的程度。

2.3 危险发生后的补救：补救就是对危险发生后的结果设法于事后完善谋求补救之策，属于经济方法，又称作经济准备法，经济准备法主要分三种：

（1）储蓄：储蓄为自力应付，即用自身所拥有的准备财产的形式，对危险所致经济不安定的结果，由过去的积聚金额作为弥补，借以减轻或消除损害。但储蓄所得是自身的储存和利息，必须要一定的时间等待，若危险发生在储蓄初期，即不能达到充分经济准备的目的。

（2）慈善：慈善为他力应付，即在危险发生导致经济生活不安定时，由他方给予应付方的并不基于一定的权利义务关系并且无合理的经济准备的一种无偿给予，但慈善并不是人人都可接受。

（3）保险：保险为自力与他力结合应付，即缴纳保险费为充分合理的经济准备，同保险公司建立一定的权利义务关系，在危险发生使得经济生活不安定时，借助根据危险分散的原则，将集中于少数人的危险，由大多数人分担其损失。

（三）保险的分类

1. 人寿保险：人寿保险一方面具有保险的保障性，另一方面具有储蓄性。

2. 社会保险：社会保险一方面具有保险的保障性，另一方面具有社会性。

3. 财产保险：财产保险仅有保险的保障性。

第三章 保险的历史（起源与发展）

一、海上保险

海上保险是保险人和被保险人通过协商，对船舶、货物及其它海上标的所可能遭遇的风险进行约定，被保险人在交纳约定的保险费后，保险人承诺一旦上述风险在约定的时间内发生并对被保险人造成损失，保险人将按约定给予被保险人经济补偿的商务活动。海上保险属于财产保险的范畴，是对由于海上自然灾害和意外事故给人们造成的财产损失给予经济补偿的一项法律制度。海上保险（marine insurance）是以海上财产，如船舶、货物以及与之有关的利益，如租金、运费等作为保险标的的保险。对自然灾害或其他意外事故造成海上运输损失的一种补偿方法。保险方与被保险方订立保险契约，根据契约被保险方应付一定费用给承保方，发生损失后则可得到承保方的补偿。

海上保险主要有五种。

船舶保险。以船舶为保险标的。当船舶在航行或其他作业中受到损失时，予以补偿。包括船舶定期保险、航程保险、费用保险、修船保险、造船保险、停航保险等。

运费保险。以运费为保险标的。只按航程保险，通常以全损为投保条件。海损后船舶所有人无法收回的运费由保险人补偿。

保障赔偿责任保险。船舶所有人之间相互保障的一种保险形式。主要承保保险单不予承保的责任险，对船舶所有人在营运过程中因各种事故引起的损失、费用、罚款等均予保险。

海洋运输货物保险。以海运货物为保险标的。主要有平安险，负责赔偿因自然灾害发生意外事故造成保险货物的全部损失；水渍险，除负责平安险的全部责任外，还负责因自然灾害发生意外事故所造成的部分损失；一切险，负责保险条件中规定的除外责任以外的一切外来原因所造成的意外损失。

石油开发保险。以承保海上石油开发全过程风险为标的。属于专业性的综合保险。此种保险的保险期很长，因开发周期的原因，可达十余年。

成立：海上保险的起源多数认为是源于中世纪地中海沿岸所盛行的冒险贷借制度。一般认为最早的海上保险单是 1384 年在意大利比萨地方做成。

英国的海上保险：美洲新大陆发现之后，英国的对外贸易获得了空前的发展，保险的中心转移到了英国。劳合社在海上保险的发展过程中占有重要地位。在英国海上贸易迅猛发展的同时，西班牙的对外贸易也进入了发展的黄金阶段。不断扩大的海上贸易带动了海上保险发展，政府也不断颁布法令加以规范。

随后，法国、荷兰、德国均颁布了有关海上保险的法令，进一步规范了海上保险，促进了海上贸易的发展，表明海上保险在走向成熟。以后海上保险就成为国际保险的主要内容，也是涉及国际法律和公约最多、技术含量最高的一种独立险种。

二、火灾保险

火灾保险（FireInsurance），简称火灾险，是指以存放在固定场所并处于相对静止状态的财产物资为保险标的，由保险人承担保险财产遭受保险事故损失的经济赔偿责任的一种财产保险。火灾保险是一种传统的保险业务，于其他保险业务相比，有如下独立的特征，无法用其他保险险种替代。保险标的存在于陆地，相对静止。保险标的存放地址不得随意变动，变动则影响保险合同效力。可保风险非常广泛，包括各种自然灾害和多种意外事故。存在多种附加险火灾保险起源于1118 年冰岛设立的 Hrepps 社。近代火灾保险的创始，若论公营，则德国最早；若论民营，则英国为开始。

德国公营火灾保险的开始：德国在 1951 年，有汉堡制造业者组成的火灾互助协会，1976 年在汉堡市由 46 个协会合并设立综合火灾金库。

英国火灾保险：1667 年，尼克拉斯巴蓬个人设局保险，为民营火灾保险的初始；1680 年巴蓬有集结同志，共同集资，设立火灾保险所，从此商业性及互助性的火灾保险机构陆续出现，但英国火灾保险的成长在 18 世及后半期，进一步发展在 19 世纪工业革命完成后。

火灾保险是继海上保险之后出现的又一种主要的传统保险业务，它将近代保险的业务范围由海上即水险业务扩展到陆地即非水险业务，从而开辟了保险业发展的广阔空间。

火灾保险的产生与发展，标志着近代保险业进入比较成熟的阶段，这一时代以海上保险与火灾保险的并存发展为主体内容。与财产保险的原始阶段相比，近代保险阶段不仅确立了财产保险的筹资和补偿原则，而且保险单走向格式化，并有专门的机构来经营财产保险业务，保险业自此日益走向规范化。

从保险业务来源角度看，火灾保险是适用范围最广泛的一种保险业务，各种企业、团体及机关单位均可以投保团体火灾保险；所有的城乡居民家庭和个人均可投保家庭财产保险。

主要险种

1.财产保险基本险

财产保险基本险，是以企事业单位、机关团体等的财产物资为保险标的，由保险人承担被保险人财产所面临的基本风险责任的财产保险，它是团体火灾保险的主要险种之一。根据我国财产保险基本险条款，该险种承担的保险责任包括：

①火灾；

②雷击；

③爆炸；

④飞行物体和空中运行物体的坠落；

⑤被保险人拥有财产所有权的自用的供电、供水、供气设备因保险事故遭受破坏，引起停电、停水、停气以及造成保险标的的直接损失，保险人亦予以负责；

⑥必要且合理的施救费用。

2.财产保险综合险

财产保险综合险也是团体火灾保险业务的主要险种之一，它在适用范围、保险对象、保险金额的确定和保险赔偿处理等内容上，与财产保险基本险相同，不同的只是保险责任较财产保险基本险有扩展。根据财产保险综合险条款规定，保险人承保该种业务时所承担的责任包括：

① 火灾、爆炸、雷击，② 暴雨；③ 洪水；④ 台风；⑤ 暴风；⑥ 龙卷风；⑦ 雪灾；⑧ 雹灾；⑨ 冰凌；⑩ 泥石流；⑪ 崖崩；⑫ 突发性滑坡；⑬ 地面突然塌陷；⑭ 飞行物体及其他空中运行物体坠落。

3.家庭财产保险

家庭财产保险是面向城乡居民家庭或个人的火灾保险。

家财险的特点在于投保人是以家庭或个人为单位，业务分散，额小量大，风险结构以火灾、盗窃等风险为主。

普通家庭财产保险

家庭财产两全保险

房屋及室内财产保险

安居类综合保险

投资保障型家庭财产保险

专项家庭财产保险

三、人寿保险的发展

1762 年，英国人辛普森和道森成立了世界上第一家人寿保险公司——人寿及遗嘱公平保险社，该社依据生命表收取保费，这标志着现代人寿保险的开始。

1774 年英国颁布了具有历史意义的人身保险法，要求投保人必须具有可保利益，以防止道德危险的产生，进一步促进了人身保险的健康发展。

1870 年英国又通过了人寿保险公司法，该项法律要求保险人实行账务公开，接受社会的监督，从而将保险人的经营引向正轨，标志着英国人身保险制度走向成熟。

美国的人身保险早期由于受英国保险人独占权的影响，起步很晚，但自美国独立后人身保险发展迅速。有的学者把美国人身保险发展史分为三个阶段：

第一阶段为 1943 年以前，这一时期的人寿保险仅仅满足少数人的需要，如商人和官员，其中 1809 年宾夕法尼亚人寿保险公司的成立标志着营利性人寿保险开始出现；

第二阶段是 1943—1945 年，这一时期中，美国经济发展迅速，美国逐渐成为世界经济中心，其人身保险也有了长足进展；

第三阶段是 1945 年至今，第二次世界大战结束后，美国人身保险有了进一步发展，险种增多，覆盖面扩大。

由于人身保险比其他保险更具有投资稳定与长期累积的特点，同时随着经济的发展和生活水平的提高，人身保障的要求与程度不断提高，战后的人身保险得以迅速发展。目前在世界保险业务中，人身保险业务占全部保险业务的 50% 以上，而在人身保险业务发达的日本该比例更是高达 70% 以上。

四、再保险的出现与发展

17 世纪中叶，英国的皇家交易保险公司和劳埃德咖啡馆就已经开始经营再保险业务。

早期直接保险业务的开展以单个保险人独立承保为主。共同保险带来了保险人之间的相互竞争，于是出现了临时再保险，即由一个保险人先承保全部业务，再将超过自身承保能力的部分以分保的形式分给其他保险人，而不再是由几个保险人共同直接承保。

18 世纪后期产业革命兴起，生产规模的扩大使保险标的的价值越来越大，保险人本身也越来越需要进行危险的分散，相应地对再保险业务提出更多的要求。

一种更有生命力的再保险形式——合同再保险出现了。合同再保险由分保双方当事人事先签订分保合同，商定业务范围、分保条件、分保额和费用。在合同期内，凡属约定的业务，原保险人必须分出，不得独占，分保人必须接受，不得拒绝。

五、责任保险、保证保险等新险种的出现

责任保险一般以被保险人的民事损害赔偿责任为标的，它的产生是社会文明进步尤其是法制完善的结果。

雇主保险是工业革命的产物，1880 年英国通过了雇主责任法，规定雇主经

营中因过错使工人受到伤害的，应负法律责任，同年就有雇主责任保险公司宣告成立。

19 世纪末，汽车出现后，汽车责任保险随之产生。信用与保证保险是随着商业信用的发展而产生的一种新兴保险业务。时代发展至今，责任保险与信用保险已经成为法治国家与市场经济国家必不可少的风险保障工具，并在许多发达国家的保险业中占有非常重要的地位。

六、人寿保险

（一）基尔特

原始的人寿保险，目的在于保护职业上的共同利益，对于其会员的死亡、疾病、失窃、火灾等灾害，共同出资，以行救济。后来基尔特的救济技能逐渐分化而专以保护为目的。它的产生进而形成各种接近原始保险的设备。

（二）公典

一种慈善性质的金融机构，实行于 15 世纪后半期意大利背部及中部各大城市。初始，其资金完全有各方捐赠而来，气候因资金发生供不应求，经营陷入困难，开始有计划吸收资金。

（三）年金

1689 年法国施行联合养老制，又称年金制，一种特殊的年金制度。路易十四时代，对法国贫穷的财政建设实行一种募集公债的方法；

18 世纪各国为增加财政收入起见，颇多采用；

1671 年，荷兰政治家维德倡导实行终身年金现价的计算；

1654 年，巴斯卡尔及费尔马等人创立人寿保险基础理论的确率论；

17 世纪末，英国知名天文学家赫里研究生死确率，做成死亡表，使年金的价额计算更为准确。

（四）近代保险的成立与发展

近代保险的成立与发展，均直接或间接受到工业革命的影响。

18 世纪，由于近代资本主义的成立以及随着科学技术的进步，初始基于合理计算基础；

19 世纪中叶以后，由于保险事业承受的危险巨大化，为使得危险分散，增加保险团体的安定性，再保险出现，近数十年间，保险在社会保险方面显著发展

1880 年代，德国在劳动保险的形式下，国家直接参与保险的组织和经管

1883 年创行疾病保险，1884 年增设灾害（伤害）保险，至 1889 年后创行残废及老年保险

1991 年，英国制立国民保险法，分别强制实施工业劳动者的健康保险及从事若干特定的劳动者事业保险

1935 年，美国施行社会安全制度，办理养老保险与事业保险

各种组合组织的兴起：第二次世界大战后，朝向以确保国民最低限度生活为目标的社会安全前进的动向，社会保险的单一化，一反过去观念，将社会保险与其他设备并立。

（五）我国保险的发展

1805 年，保险制度随各国通商传入我国，当时保险业务均由外商公司所把持，保险公司最早创立者，为在 1835 年成立的英商友宁保险公司及 1836 年成立的广东保险公司。

1885 年在，招商局在上海成立仁和及济和两家保险公司，后合并为仁济和保险公司，是为国人经营的第一家保险公司。

民国三十四年，台湾拥有产物保险五家，人寿保险三家；民国五十年保险业

相继开业。

1988 年第一家股份制保险公司平安保险在深圳成立。

1991 年太平洋保险公司在上海成立。

1996 年泰康、新华、华泰、天安等相继成立，同年中国人民保险公司一分为三。

2002 年，党的十六大召开，保险业进入我国加入世贸组织后对外开放的过渡期，国有保险公司改革全面展开，新修订的《保险法》开始实施（1995 年保险法才出台），我国保险业重新站在一个发展的历史起点上。这个阶段是行业面貌发生变化最大的时期。

小结：在停办 20 年后，1979 年我国才开始逐步恢复国内保险业务，所以保险真正在中国的发展也才 30 多年。值得一提的是 1992 年，友邦中国成立，到目前为止，它还是中国大陆唯一的一家外资独资寿险公司。友邦成立后，引入了寿险代理人机制（这里请特别记住这个代理人机制）。国内各保险公司纷纷效仿，寿险开始在中国快速发展。

第四章　保险的意义

保险的意义可从法律与经济两方面去观察

一、法律上的意义

狭义的保险，是指保险契约而言；广义的保险，则指保险的法律关系而言。

从法律角度看，保险是一种合同行为，是一方同意补偿另一方损失的一种合同。保险合同属于合同的一种，是投保人与保险人之间设立、变更、终止保险法律关系的协议。依照保险合同，投保人承担向保险人交纳保险费的义务，保险人对保险标的可能遭受的危险承担提供保障的义务。在保险事故发生后，保险人根据合同约定的范围向被保险人或受益人为保险给付，或者在合同约定期限届满时向投保人或受益人给付保险金。

（一）保险是一种法律关系

关系指人与人之间的牵连，其中受法律支配的牵连，即为法律关系。保险由双方当事人，而其彼此有发生权利义务的问题，受到法律的支配。此法律关系的成立出于当事人间的契约。

（二）保险是当事人一方支付保险费用的法律关系

保险必须有保险费的存在，保险费就是当事人之一方（要保人）支付他方（保险人）作为负担损失责任对价的金额。

（三）保险是当事人一方负担赔偿财物的法律关系

保险标的不外财物与人身，在财产损失造成经济上的损失或人的生老病死造成的经济损失，保险即为此等损失取得财物补偿，故保险一方负担赔偿财物的法律关系。

从保险关系的角度来看，第三者强制责任保险中保险关系包括这么几个方面：

保险法律关系的主体：

（1）投保人，按照原来《保险法》的规定，投保人又叫要保人，保单持有人，"是指与保险人订立保险合同，并负有交付保险费义务的人。投保人应当具备以两个要件：一是具有民事行为能力；二是对保险标的须具有保险利益。"具体来说就是指机动车所有人。它可以是机动车的所有人，也可以是机动车的驾驶者。但是在这里又有特殊，就是投保人在这里不是一个自愿选择的问题，投保已是他必须履行的一种义务。所以，从应然的角度来说，只要是机动车的所有者或管理者都应该是投保人，投保人没有选择的余地。

（2）保险人，指依据保险合同，有权收取保险费，在承保的危险事故发生时，依其承保的责任，负责赔偿的义务人。我国保险法里专指保险公司。但由于第三者强制责任保险具有的社会保险性质，国家法律也规定保险人经营这种保险业务是不能仅仅以营利为目的。

（3）被保险人，指受到保险合同保障，当保险事故发生时，遭受损害即享有保险金请求权的人。被保险人可以是投保人，也可以是投保人以外的第三人。但在第三者强制责任险中，被保险人专指该险种中的"第三者"，在没有发生交通事故时，它是没有特定的对象，但是在发生交通事故后，这里的"第三者"就是特指车祸中被撞的一方，即受害者，它不包括保险人、被保险车辆及其车上人员。此时的这个特定的第三者与保险公司之间就有了利害关系。受害人作为被保险人，与一般的财产保险里的被保险人不一样：在一般的财产保险中的被保险人一般都是财产所有人，但是这个第三者却不是保险标的的所有人，而是与保险标的有利害关系的人。因此，它在保险事故发生以前，即交通事故发生以前，是一个不确定的主体。在保险事故发生后，这个第三者就有了一个确定的主体，那就是本文中所指的交通事故中的受害人。

二、经济上的意义

保险者，乃为处理可能发生的特定偶然事件，透过多数经济单位之集合方式，并以合理的计算为基础，共享资金，公平负担，以确保经济生活之安定为目的的一种持续性经济制度，保险应具有以下五种要素：

（1）就经营对象而言：为处理可能发生的特定事件——危险。保险为自力与他力结合应付，即缴纳保险费为充分合理的经济准备，同保险公司建立一定的权利义务关系，在危险发生使得经济生活不安定时，借助根据危险分散的原则，将集中于少数人的危险，由大多数人分担其损失。就主要目的而言：为确保经济生活之安定——补偿或填补。一旦发生了损失，你应当立即向保险公司报告你的损失，做一些临时性的修补工作以保护自己的财物，准备一份详细的丢失或受损物品的清单，保管好保险理赔过程中每一张单据，确认保险赔偿评估人员对损失的估计值。

（2）就主要目的而言：为确保经济生活之安定——补偿或填补。一旦发生了损失，你应当立即向保险公司报告你的损失，做一些临时性的修补工作以保护自己的财物，准备一份详细的丢失或受损物品的清单，保管好保险理赔过程中每一张单据，确认保险赔偿评估人员对损失的估计值。

（3）就经营方式而言：为多数经济单位之集合——协力。多数经济单位的集合，通常有两种形态。其一是直接结合，即由预想可能发生风险的多数经济单位共同为达到保险的目的而构成团体。相互保险（Mutual insurance）组织就属于这种形态。所谓相互保险，是指民间为互助合作而举办的非盈利的任意保险，其组织有相互保险公司、相互保险社、保险合作社等。其二是间接结合，即以第三人为保险人，组织多数经济单位而构成保险团体，也就是以第三人为媒介而间接达成的结合。商业保险与公营保险等组织都属于这种形态。商业保险也称营利保险，是以营利为目的而经营的保险，如通常所说的保险公司就是。公营保险是指由国家依据有关立法而经营的保险，如社会保险就是。公营保险通常不以营利为目的，但有时也作为增加财政收入的手段。

（4）就经营基础而言：为基于合理计算二公平负担所必需之资金——保险费。保险是社会再生产过程中独立的单位或个人为应付意外事件的货币资金，在它们之间通融使用的一种货币资金运动的形式。毫无疑问，这种货币资金的运行方式是：社会上众多的被保险人将数量上相对较少的保险费交到保险人手里，在保险人那里，形成一笔数额巨大的货币资金。哪位被保险人发生了保险责任范围内的意外事件并导致经济损失，保险人就用这部分货币支付给发生损失的被保险人，今年可能付给你，明年可能付给他。所以，从本质上说，保险费就是被保险人用于应付意外事件的那部分货币资金。

（5）就社会全体而言：为持续性之经济制度——经济制度。保险以集合多数经济单位持续缴纳保险费为不可缺少的要素，这不仅是风险发生时所适用的一种善后方法，而且也是预想风险的发生及其后果处理的一种经济准备制度，因而具有相当的持续性。保险所集合的多数经济单位，除了社会保险等特殊情况外，都是由个别经济单位的自动参加所结合而成，因此对于这种集合的保险团体的管理和营运就显得十分必要，这就是所谓的保险经营。所谓保险经营，一方面就是收取保险费，形成共同的准备财产，并加以适当的管理运用；另一方面，当有保险加入者发生保险事故遭受损失时，支付保险金，以为补偿。这种过程，必须在一定的计划与程序之下才能进行。因此，保险是一种有持续性的制度，而不是一时性的合同行为。

第五章　保险的基本用语

（1）保险：以集中起来的保险费建立保险基金，用于补偿被保险人因自然灾害或意外事故所造成的损失，或对个人因死亡、伤残、疾病或者达到合同约定的年龄期限时，承担给付保险金责任的商业行为。保险的内容可从两个视角来揭示：从经济的角度上看，保险是分摊意外事故损失的一种财务安排，少数不幸成员的损失由包括受损者在内的所有成员分担；从法律角度来看，保险是保险人和投保人双方的合同安排，保险人同意赔偿损失或给付保险金给被保险人或收益人，投保人通过购买保险单位把风险转移给保险人。

（2）投保人：指与保险公司订立保险合同，并依照保险合同负有支付保险费任务的人。

（3）保险人：指与投保人订立保险合同，并承担赔偿或者给付保险金责任的保险公司。

（4）被保险人：指其身体或性命受保险合同保障，享有保险金恳求权的人。

（5）受益人：指人身保险合同中由被保险人或者投保人指定的享有保险金恳求权的人，被保险人和受益人一般情况是同一个人也可以是其他人，比如妻子给丈夫买了人寿保险并指定受益人是儿子，那么投保的保险公司就是保险人，妻子就是投保人，丈夫就是被保险人，儿子就是受益人。

（6）保险代理人：依据保险人的委托，向保险人收取代理手续费，并在保险人的授权范围内代为办理保险业务（如展业、承保、理赔）的单位和个人。保险代理人根据保险人的授权代为办理保险业务的行为，由保险人承担责任。按我国现行的保险代理人暂行规定，保险代理人又可分为专业代理人、兼业代理人和个人代理人。

（7）保险经纪人：指基于投保人的利益，为投保人与被保险人订立保险合同，提供中介服务并依法收取佣金的人。在再保险市场上则有再保险经纪人，即基于原保险人的利益，为原保险人安排分出、分入业务提供中介服务并依法收取佣金的人。保险经纪人必须具备一定的保险专业知识和技能，通晓保险市场规则、构成和行情，为投保人设计保险方案，代表投保人与保险公司商议达成保险协议。保险经纪人不保证保险公司的偿付能力，对给付赔款和退费也不负法律责任，对保险公司则负有交付保费的责任。因经纪人在办理保险业务中的过错给投保人、被保险人造成损失的，由保险经纪人承担赔偿责任，所以保险经纪人是投保人的代理人，但经纪人的活动客观上为保险公司招揽了业务，故其佣金由保险公司按保费的一定比例支付。

（8）保险公证人：又称"公估行""理算行"或"公证行"，受保险当事人委托，向委托人收取佣金，办理受损标的的查勘、检验、鉴定、估损与赔款理算并予以证明的保险中介机构。保险公证人在进行保险公证的过程中，不仅要具备专业知识与技术，更须坚持公平诚信的原则，站在客观公正的立场上，独立做出符合实际情况的判断或证明。保险标的受损后的理赔处理，专业技术性很强，且保险双方当事人因为利益不同，往往会对条款的理解、损失大小的确认产生分歧并各执一词，甚至形成纠纷。而委托保险公证人作为没有利害关系的第三者出面，做出权威性的判断和证明，就比较容易被双方当事人所接受。一般情况下，保险公证人如接受一方的委托出面公证其结果不具有法律效力，对双方当事人也没有约束力。只有公证结果为双方当事人都接受时，才能作为保险理赔的依据。海上保险中的共同海损，习惯上请海损理算师担任公证，所签署的理算书对共同海损各关系方均具有约束力。

（9）保险好处：又称可保好处，指投保人对保险标的具有法律上承认的好处。

（10）保险费：简称保费，指投保人交付给保险公司的钱。

（11）保险金额：简称保额，指保险公司承担赔偿或者给付保险金义务的最高限额。

（12）保险金：指保险事故产生后被保险人或受益人从保险公司领取的钱，保险金是保险公司赔偿或者给付的保险金额加上账户剩余价值的总和。

（13）保证续保：通常短期医疗险都是一年一保，如果保险期限中被保险人出险，保险公司赔付之后，下一年往往就无法续保。按照保险公司的说法，这是因为被保险人即使治愈了，重新患病的风险仍然很大，而且现在慢性病的发生率也较高，对保险公司来讲续保风险太大。

而保证续保，也就是到期保险公司必须无条件地给被保险人续保。保险公司对被保险人一旦承诺保证续保后，就失去了对被保险人进行核保的权利，不论被保险人新患何种疾病，保险公司都不得对其增加保费，更不能拒保。由于风险很大，通常保险公司对续保的条件做出不同的规定，有的公司规定投保人连续 5 年没有发生疾病赔付，才可以永久续保，有的公司是 3 年，有的公司是 1 年。

（14）保险条款：保险单上规定的有关保险人与被保险人的权利、义务及其他保险事项的条文。保险单.上都印有保险条款，其中事先印在保单上的条款称为"基本条款"，有些法律规定必须列入的内容，即"法定条款"也包含其中。此外，保险人根据业务需要载入保单的称"选择条款"；按照被保险人要求增加承保危险的称"附加条款"；被保险人为了享受合同权利而承诺应尽义务的约定称"保证条款"；对专门行业，保险人在保险保障等方面作专门规定的称"行业条款"。在国外，保险条款通常是由保险人或保险同业工会制定的，属保险人的单方法律行为。我国在《保险法》颁布之前，也遵循国际通行的做法，保险条款由单方面预先拟订，但现在情况已有所改变。现已颁布的《保险法》规定：商业保险主要险种的基本保险条款和保险费率，由金融监督管理部门制定。保险公司拟订的其他险种的保险条款和保险费率应当报金融监督管理部门备案。

（15）保险单：简称保单，指保险公司给投保人的凭证，证实保险合同的成立及内容。保单上载有加入保险的种类、具体条款、保险责任、保险金额、保险费、保险期限等保险合同的重要内容，保险单是一种具有法律效力的文件。

（16）保险责任：指保险公司承担赔偿或者给付保险金责任的条款和项目。

（17）除外责任：指保险公司不予理赔的项目，如违法行为或故意行动导致的事故，也叫免责条款。

（18）主险与附加险：主险指可以单独投保的保险险种，附加险指不能单独投保，只能附加于主险投保的保险险种，主险因失效、解约或满期等原因效率终止或中断时，附加险效率也随之终止或中断。

（19）保险基金：指为了补偿意外灾害事故造成的经济损失，或因人身伤亡、丧失工作能力等引起的经济需要而建立的专用基金。

（20）保险公司：指经政府有关当局批准，依照法律要求设立的从事经营商业保险业务的法人。通常意义上来讲，保险公司就是保险人或承保人。保险公司经营保险业务，与投保人订立保险合同，收取保险费，组织保险基金，并在保险事故发生或保险期限届满后，对被保险人赔偿损失或给付保险金。目前我国国内保险公司有两种组织形式，即股份有限、公司（含中外合资股份有限公司和国有独资公司）。

（21）保险标的：指保险合同载明的投保对象，或者是保险保障的对象。例如家庭财产险中的有关家庭财产，人寿险中的人的寿命等等。不同的保险标的，面临的危险种类、性质和程度是不同的，所适用的保险费率也有差别。许多险种就是按保险标的的不同划分而设计的。

（22）趸缴：是一种缴保费方法，指所有保费一次性缴清，现在趸缴保费的保险公司没有多少了，因为期交保费对保险公司长期发展有好处。

（23）年交：也是一种缴保费方式，指每年交一次，一般期间保费如有特殊情况可以缓缴，但是各个公司的时间规定不尽相同。

（24）现金价值：是指保户在退保时可取回的现金。由于长期寿险通常采取均衡保险费，投保人交费若干期后，将会形成必定的责任预备金，责任预备金是对被保险人的一种负债。因此，在解约退保时，退保人需将这部分"负债"返还给投保人。保单的现金价值正是以义务筹备金为基本盘算的。因投保初期投保人交费少，保单本钱摊销大，所以前期现金价值很低，所以一般购买保险不要轻易购买前期一定要考虑好，因为一旦退保很划不来。

（25）保险期间：依据寿险合同，寿险公司在商定时间内对约定的保险事故负保险义务，该商定的时间称为保险期间，也称保障期，各个不同的险种有不同的保险期间，如航空旅客人身意外损害保险，其保险期间仅为一个航程，假如是终生寿险，保险期间则指被保险人的有生之年。

（26）缴费期：又称供款期，即在寿险合同中预先商定的投保人支付保险费的期间，按缴费方法不同可分为一次性缴旨（趸缴），年缴等不同方法，年缴也有不同的缴费年限其实就向还房贷一个样，最短好像是 5 年，最长 30 年。

（27）等候期：又称察看期，或免责期，是指寿险合同在生效的指定时代内，即使产生保险事故，保险人也不能获得保险赔偿，这段时间称为等待期。等候期是为了防止投保人明知道将产生保险事故，而马上投保以获得的行动，也就是所说的逆选择。等待时间根据不同的保险公司和保险产品各不相同，但是一般为 1 个月最长不超过 3 个月。

（28）承保：指寿险公司接收保户的投保并签发保险单的行动。

（29）核保：指寿险公司对保险对象的风险进行评估，决议是否接收保户的投保以及以什么条件来接收投保的进程，也就是说保险公司会对前来投保的客户进行核查，看看是否可以承保，以何种价格承保的过程，对有些情况核保是会拒绝承保的，比如已经得了重大疾病了再来投保就不行了。

（30）什么是保险费主动垫交：分期交付保险费的保单，在超过宽限期仍未交付保险费的，如本保单当时具有现金价值，且现金价值扣除欠交保险费及利息，借款及利息后的余额足以垫交到期应交保险费时，本公司将主动垫交该项欠交保险费，使本合同持续有效，这就被称为"保险费主动垫交"。

（31）什么是减额交清：在保单具有现金价值的情形下，投保人可以按本保单当时的现金价值在扣除欠交的保险费及利息，借款及利息后的余额，作为一次交清的全体保险费，以雷同的合同条件减少保险金额，使本保单持续有效。

（32）什么是保单借款：在保单有效期内，假如本保单已具有现金价值，投保人可以书面形式向本公司申请借款，最高借款金额不得超过该保单当时的现金价值在扣除欠交保险费及利息，借款及利息后余额的百分之七十，每次借款时间不得超过 6 个月。

（33）什么是可转换权益：在保单有效期内，投保人可于该保单生效满二年后任一年的生效对应日将该保单转换为本公司当时认可的毕生保险，两全保险或养老保险而无需核保，但新保单的保险金额最高不超过原保单的保险金额，且被保险人年满 45 周岁的生效对应日以后不再享有此项权益，转换后的新保单将于转换日开端生效，并将按原保单核保等级，转换之日被保险人的年纪及新保单的费率盘算保险费。

第六章 保险的效用

保险的效用主要表现在防灾防损职能、损失补偿和投资职能。

一、保险的宏观作用

保险的宏观作用是指保险对全社会和整个国民经济产生的影响。主要体现在：

（一）有助于稳定社会再生产循环。

在现代经济社会中，各生产部门之间保持着精确合理的规模比例，各经济主体之间存在着千丝万缕的联系，一家企业能否稳定生产不仅对自身至关重要，而且对与之有密切经济联系的其他企业也有非常大的影响。整个经济是均衡的有机体，是一张错综复杂的网，任何一点受到震动都会波及其他点，产生类似于"多米诺骨牌"的效应，这种效应会将局部的动荡传递到经济的其他方面，将损失放大。一个比较明显的例子是东南亚金融危机和美国次贷危机，由于这种联动效应，金融危机演化成为经济危机，并波及全世界。随着生产力的发展，这种趋势会进一步加强，社会分工会越来越细化，各生产部的专业性越来越强，它们之间的协作要求越来越高，整体经济各部门之间的联系会越来越紧密，这张"网"会越织越密，"多米诺骨牌"效应会进一步加强。因此，如何把损失控制在一定范围内显得尤为重要，保险就提供了这样一种机制。保险最基本的职能是进行危险损失赔偿，当一家企业发生危险事故，生产受到影响时，通过保险可以及时获得经济补偿，以最快的速度恢复生产，从而把对别的企业的影响降到最低点。保险就相当于在"多米诺骨牌"中加了一道安全阀，尽量阻挡损失的扩散。

（二）有助于推动社会经济交往。

现代社会的经济交往主要表现为商品的买卖和资金的借贷，商品可分为有形商品和无形商品（如劳动力）。不论是商品买卖还是资金借贷，都涉及一个关键问题——信用。作为经济社会中的个体而言，企业或个人掌握的信息都是不完全的，不可能深入了解每一个与之有联系的经济主体，那么是否与其进行经济交往就决定于对方的信用，显然信用越好，交往的可能性就越大。保险作为对意外事故的经济补偿，在一定程度上消除了经济主体对信用的顾虑，客观上起到了提高信用的作用。经济主体在进行经济交往时参考信用保证保险，一旦对方失去信用给自己造成损失，保险公司会做出赔偿，换一个角度看实际上就是确保了对方的信用。比较典型的例子如出口信用保险，出口商如果因进口商违约而遭受损失，保险公司将负担债权损失的经济补偿责任。出口信用保险显然会极大地促进厂商的出口积极性。另一个例子是履约保证保险，资金借贷对信用的要求最为严格，该保险使债权人可以较为放心地把钱借给别人，因为他的利益已经得到保障。

此外，在现实生产生活中还存在其他一些不确定因素可能会阻碍经济交往的顺利进行。如商品在运输过程中会因交通事故而受损，这种损失会直接导致经济交往的中断，保险机制则可以将中断的经济交往再次衔接起来，保证商品流通畅通无阻。对一国而言，国内外的经济交往越顺利、越频繁，经济就越有活力，发展就越快，显然保险在这方面起了不小的作用。

（三）有助于扩大积累规模。

一定时期的国民收入经过分配和再分配形成积累基金、消费基金和后备基金三部分。积累基金被投入到社会再生产过程，消费基金被消费掉，后备基金用于弥补经济损失。保险基金作为后备基金的一部分，经过保险投资重新进入社会再生产过程，实际上增加了积累基金的规模。

（四）有助于推动科技发展。

如今科学技术对经济发展的促进作用体现得越来越明显，科技进步逐渐成为经济发展最主要的推动力。采用新技术可以提高企业的劳动生产率，使产品升级换代，扩大市场份额，企业发展的一个趋势就是把新产品的研发摆在最重要的位置上。但对新技术的开发，企业也不是没有顾虑，主要原因是开发新技术要面临风险，这一点从风险投资可以看得很清楚。面向高新技术的风险投资，其成功率约为1/3。保险会给企业带来保障，促使企业开发新技术、新产品，推动科技的发展。

（五）有助于增加外汇收入。

一方面，保险促进了国际贸易的发展（这在第二点中已经论述），尤其是出口贸易，增强了一国出口换汇的能力。另一方面，外汇保费收入正逐渐成为一项重要的非贸易外汇收入，各国在参与世界市场的再保险业务时，应在保持保险外汇收支平衡的基础上力争保险外汇顺差。

（六）可以在世界范围内分散危险。

当某项危险事故可能造成的损失非常巨大，超过单个保险公司的承受能力时，保险人就要将超过的部分通过再保险机制转移出去，当再保险行为跨越国界，涉及两国或两国以上的保险机构时，风险实际上是在国际范围内进行分散。另一种方式是外国的保险机构直接到本国从事保险业务，那么危险也就被直接转移到了国外。危险在世界范围内分散，相当于将世界范围内的保险基金联合成一个整体，共同应付危险。前面说过，保险的科学基础是大数法则，根据大数法则集合的标的物越多，保险的财务稳定性越好，因此这种保险基金的联合一定能够促进各国保险业的发展。保险对经济起到稳定作用，进而有助于社会的稳定。当经济中的不确定因素减少时，人人都能够安居乐业，社会的不安定因素自然也会减少。社会稳定更有利于政治的稳定。可见保险有利于社会的良性运转。

二、保险的微观作用

保险的微观作用指保险对作为经济个体的单位或个人产生的影响。主要体现在：

（一）有利于受灾企业及时恢复生产。

在社会生产过程中，危险事故一如自然灾害和意外事故一是客观存在和不可避免的，完全不受人的控制，极具不确定性。我们对危险事故什么时候发生，在什么地点发生，会造成多大损失等问题很难给出确定的答案。企业对危险往往是防不胜防，事故一旦发生会给企业造成巨大损失，单凭自身力量，企业很难在短时间内恢复到受灾前的生产水平。如果参加保险，企业就可以在最短时间内获得经济上的补偿，重新购买机器设备、原材料等，及时恢复生产能力，把因生产中断造成的损失降到最低。

（二）有助于安定人民生活。

家庭是社会的基本单位，家庭的稳定是人们安心从事社会生产的重要前提，对全社会的稳定具有重要意义。同企业一样，家庭也会面临自然灾害和意外事故的威胁，如洪水、火灾、家庭成员的生老病死等。而且家庭对危险的承受能力要比企业弱得多，所以在事故发生后，家庭对外来经济补偿的需求也要比企业迫切得多。人身保险和家庭财产保险等针对家庭的保险品种在这方面起到了积极作用，对人民生活起到了保障作用。

（三）有助于均衡个人财务收支。

这一点主要针对人身保险而言，与财产保险补偿经济损失的作用相比，人身保险更多地体现了储蓄的性质。将现在的财富积累下来以满足未来经济上的需要，实际上是让渡现在的消费权利，获得未来的消费权利。从人一生的角度来看，这种权利在时间上的转移是很合理的。一般而言，人的收入在其整个生命周期内波动幅度是比较大的。人在年轻的时候，精力最旺盛，为社会做出的贡献最多，收入也最高，而到了老年，收入会明显减少。但人的消费在其整个生命周期内波动幅度并不大，无论年轻还是年老，维持生活的基本消费都是必需的，而且如果没有特殊的经济方面的原因，人们倾向于保持原有的生活消费习惯。随着年龄的增长，一个人的收入和消费之间会出现不平衡。个人储蓄是解决问题的一种方法，但储蓄带有更多的随意性和目标不确定性，人们往往缺乏足够的毅力来一丝不苟地完成自己的储蓄计划，而且储蓄很容易被挪作他用，而人身保险弥补了这方面的不足。首先，如果一个人参加了人身保险，他必须按期缴纳保险费，由于有外部的压力，这种定期的"财富储备"比较容易坚持下来。其次，人身保险只有在特定的事件（如年老、伤残或疾病）发生后才给付保险金，被保险人不可能将这笔财富提前挪作他用，因此可以确保资金被用于预定目的。人身保险显然比储蓄能更好地解决收入与消费间的不平衡问题。

第七章　保险的分类

主要分为两大类保险：财产保险及人身保险（人寿保险）。

财产保险：俗称产物保险，以财产为保险标，指因财产的损毁、消灭为保险事故，以金钱实物填补，包括火灾保险、海上保险、陆空保险、责任保险、保证保险及经主管籍贯核准的其他保险。

人身保险：指承保人身危险的一切保险，包括人寿保险、伤害保险、健康保险及年金保险，主要为人寿保险。

一、按保险性质分类

按照保险性质不同，保险可以分为商业保险、社会保险和政策保险。

（一）商业保险（commercial insurance）是指通过订立保险合同运营，以营利为目的的保险形式，由专门的保险企业经营。商业保险关系是由当事人自愿缔结的合同关系，投保人根据合同约定，向保险公司支付保险费，保险公司根据合同约定的可能发生的事故因其发生所造成的财产损失承担赔偿保险金责任，或者当被保险人死亡、伤残、疾病或达到约定的年龄、期限时承担给付保险金责任。

商业保险是现代市场经济高度发展的大工业社会中的一种经济活动，经营商业保险业务的目的固然在于营利，不过从全社会的角度看，商业保险业务经营主体的社会职能是对减低风险进行组织、管理、计算、研究、赔付和监督的一种服务。由于保险业务直接经营着货币资本，所以它又是一种金融服务。

同时，保险业务涉及众多的投保人、被保险人和受益人的利益，如果商业保险业务经营主体经营不当，不能赔付应承担的保险金，不仅会使投保人、被保险人和受益人因保险事故的发生出现的损害得不到补偿，而且会引发社会矛盾和不安定，因此法律为保障社会公共利益，需要对商业保险业务经营主体的成立、管理、投资和终止经营等各个方面予以规范，以保障这种社会财富再分配的顺利进行。长期的保险活动实践也要求商业保险业务经营主体应当实行专业经营原则，也就是说商业保险业务只能由符合法律规定条件的特定商业组织进行经营。

保险公司应当采取下列组织形式：股份有限公司、国有独资公司。

商业保险的特征：（1）商业保险的经营主体是商业保险公司。（2）商业保险所反映的保险关系是通过保险合同体现的。（3）商业保险的对象可以是人和物（包括有形的和无形的），具体标的有人的生命和身体、财产以及与财产有关的利益、责任、信用等。（4）商业保险的经营要以盈利为目的，而且要获取最大限度的利润，以保障被保险人享受最大程度的经济保障。

（二）社会保险（Social Insurance）是指一种为丧失劳动能力、暂时失去劳动岗位或因健康原因造成损失的人口提供收入或补偿的一种社会和经济制度。社会保险计划由政府举办，强制某一群体将其收入的一部分作为社会保险税（费）形成社会保险基金，在满足一定条件的情况下，被保险人可从基金获得固定的收入或损失的补偿，它是一种再分配制度，它的目标是保证物质及劳动力的再生产和社会的稳定。

在中国，社会保险是社会保障体系的重要组成部分，其在整个社会保障体系中居于核心地位。另外，社会保险是一种缴费性的社会保障，资金主要是用人单位和劳动者本人缴纳，政府财政给予补贴并承担最终的责任。但是劳动者只有履行了法定的缴费义务，并在符合法定条件的情况下，才能享受相应的社会保险待遇。

社会保险不以营利为目的。分类：养老保险、医疗保险、工伤保险、失业保险、生育保险。

（三）政策保险，是指政府由于某项特定政策的目的以商业保险的一般做法而举办的保险。政策保险通常由国家设立专门机构或委托官方或半官方的保险公司具体承办。

政策保险的种类包括社会政策保险和经济政策保险两大类别，具体项目有社会保险、国民生活保险、农业保险、进出口信用保险等。

政策性保险一般具有非盈利性、政府提供补贴与免税以及立法保护等特征。

二、按保险标的分类

按保险标的分类，广义上，把商业保险分为财产保险和人身保险两大类；狭义上，细分为财产保险、人身保险、责任保险和信用保证保险。

（一）财产保险（Property Insurance）是指投保人根据合同约定，向保险人交付保险费，保险人按保险合同的约定对所承保的财产及其有关利益因自然灾害或意外事故造成的损失承担赔偿责任的保险。财产保险，包括财产保险、农业保险、责任保险、保证保险、信用保险等以财产或利益为保险标的的各种保险。

《中华人民共和国保险法》第九十五条规定，财产保险业务，包括财产损失保险、责任保险、信用保险、保证保险等保险业务。可保财产，包括物质形态和非物质形态的财产及其有关利益。以物质形态的财产及其相关利益作为保险标的的，通常称为财产损失保险。例如，飞机、卫星、电厂、大型工程、汽车、船舶、厂房、设备以及家庭财产保险等。以非物质形态的财产及其相关利益作为保险标的的，通常是指各种责任保险、信用保险等。例如，公众责任、产品责任、雇主责任、职业责任、出口信用保险、投资风险保险等。但是，并非所有的财产及其相关利益都可以作为财产保险的保险标的。只有根据法律规定，符合财产保险合同要求的财产及其相关利益，才能成为财产保险的保险标的。

（二）人身保险，是一种以人的生命或身体为保险标的，在被保险人的生命或身体发生保险事故或保险期满时，依照保险合同的规定，由保险人向被保险人或受益人给付保险金的保险形式。

人身保险特点：定额给付性质的保险合同、长期性保险合同、储蓄性保险、不存在超额投保、重复保险和代位求偿权问题。

人身保险包括人寿保险、伤害保险、健康保险三种。

2.1 人寿保险：简称寿险，是一种以人的生死为保险对象的保险，是被保险人在保险责任期内生存或死亡，由保险人根据契约规定给付保险金的一种保险。

2.2 健康保险：是以人的身体为保险标的，以被保险人因疾病或意外伤害而导致的伤、病风险为保险责任，使被保险人因伤、病发生的费用或损失得到补偿的保险。

2.3 人身意外伤害保险：是以人的身体为保险标的，以被保险人遭受意外伤害导致的残疾（或死亡）为给付条件的保险。

（三）责任保险，是指保险人在被保险人依法应对第三者负赔偿民事责任，并被提出赔偿要求时，承担赔偿责任的财产保险形式。责任保险以被保险人对他人依法应负的民事赔偿责任为保险标的，在合同中无保险金额，而规定赔偿限额。责任保险仅承保被保险人的过失侵权民事责任，对故意行为造成的损害不负责任。

责任保险的承保方式有两种。一种是作为其他保险的组成部分或附加部分承保，不作为主要险别单独承保，如汽车保险中的第三人责任险、船舶保险中的碰撞责任险等；另一种是作为主要险别单独承保，其形式有公众责任保险、产品责任保险、雇主责任保险、职业赔偿保险即职业责任保险等。

（四）信用保证保险（Credit guarantee insurance），是指权利人向保险人投保债务人的信用风险的一种保险，是一项企业用于风险管理的保险产品。其主要功能是保障企业应收账款的安全。其原理是把债务人的保证责任转移给保险人，当债务人不能履行其义务时，由保险人承担赔偿责任。

信用保证保险的主要险种有：雇员忠诚保证保险、履约保证保险、信用保险。

三、按危险转移层次分类

（一）原保险与再保险

原保险，是保险人与投保人之间直接签订保险合同而建立保险关系的一种保险。在原保险关系中，保险需求者将其风险转嫁给保险人，当保险标的遭受保险责任范围内的损失时，保险人直接对被保险人承担赔偿责任。

再保险（reinsurance）亦称"分保"。保险人在原保险合同的基础上，通过签订分保合同，将其所承保的部分风险和责任向其他保险人进行保险的行为。在再保险交易中，分出业务的公司称为原保险人（Original insurer）或分出公司（Ceding company），接受业务的公司称为再保险人（Reinsurer），或分保接受人或分入公司（Ceded company）。

再保险与原保险的关系：再保险的基础是原保险，再保险的产生，正是基于原保险人经营中分散风险的需要。因此，原保险和再保险是相辅相成的，它们都是对风险的承担与分散。再保险是保险的进一步延续，也是保险业务的组成部。

再保险与原保险的区别在于：主体不同、保险标的不同、合同性质不同。

（二）复合保险与重复保险

复合保险，是指投保人以保险利益的全部或部分，分别向数个保险人投保相同种类的保险，签订数个保险合同，其保险金额总和不超过保险价值的一种保险。

重复保险（double insurance）是指投保人对同一保险标的、同一保险利益、同一保险事故，在同一保险时期分别向两个或两个以上的保险人订立保险合同（实际上如上已经是重复保险），且保险金额总和超过保险价值的保险。

（三）共同保险

共同保险（Co-insurance）简称"共保"。指两个或两个以上保险人联合承保同一笔保险业务或共同分担同一笔损失的保险行为。共同保险总金额不超过保险标的的实际价值。若被保险人投保保险金额低于实际价值，其不足额部分应视作被保险人自保。共同保险的保险费率、保险期限、保险责任等都是由各保险人与投保人共同商订。若保险标的发生损失，各保险人按各自承保的比例分摊损失。

共同保险与再保险的关系：就分担风险而言，共同保险是风险的第一次分担，而再保险是风险的第二次分担。就投保人与保险人之间的关系而言，在共同保险中，投保人与保险人之间建立的保险关系是横向的，但投保人与每个保险人之间有直接的法律关系；而在再保险中，投保人与再保险人之间没有直接的法律关系，再保险人仅与原保险人之间有直接的法律关系，因此，投保人无权向再保险人提出索赔请求，而再保险人同样也无权请求投保人缴付保险费。

四、按实施方式分类

按照实施方式分类，保险可以分为强制保险和自愿保险。

1. 强制保险（compulsory insurance），又称为法定保险，是指根据国家颁布的有关法律和法规，凡是在规定范围内的单位或个人，不管愿意与否都必须参加的保险。由于强制保险某种意义上表现为国家对个人意愿的干预，所以强制保险的范围是受严格限制的。我国《保险法》规定，除法律、行政法规规定必须保险的以外，保险公司和其他任何单位不得强制他人订立保险合同。

比如，世界各国一般都将机动车第三者责任强制保险规定为强制保险的险种。

2. 自愿保险，是指投保人和保险公司在平等互利、等价有偿的原则基础上，通过协商一致，双方完全自愿订立保险合同，建立保险关系。投保人可以自行决定是否投保、向谁投保、中途退保等，也可以自由选择保障范围、保障程度和保险期限等。保险人也可以根据情况自愿决定是否承保、怎样承保，并且自由选择保险标的，选择设定投保条件等。

五、其他分类方式

（一）按是否以营利为目的分类：将保险分为营利保险和非营利保险

营利保险亦称"商业保险"。按商业原则经营、以追求利润为目的的保险形式。由专门的保险企业经营。在西方，营利保险在资本主义以前时期已经存在，主要由贸易商人经营，现今主要是由私人或股份有限公司经营。所谓商业原则，就是保险公司的经济补偿以投保人缴付保险费为前提，具有有偿性、公平性、自愿性，并力图在补充损失之后有一定的盈余供投资使用。营利保险的经营者在价值规律的作用和市场机制的制约下，力图通过提高服务质量、完善代理制度、创设新险种、降低费率、投资补亏等竞争途径来争取保户，以获取高额利润。

非营利保险（Non profit insurance），又称"非商业保险"，是指经营此保险的目的不是盈利，而一般是出于某种特定的目的，由政府资助营运，以保证经济的协调发展和安定社会秩序为目标而实施的保险保障计划，如社会保险，新农村合作医疗等。

（二）按经营主体分类：分为公营保险和私营保险

公营保险，是指由政府出面经营的保险，一般分为国家经营的保险和地方政府或自治团体经营的保险，包括国家强制设立的保险机关经营的保险或国家机关提供补助金的保险。公营保险的目的不外乎两种：一是营利，即将保险作为增加财政收入的手段；一是非营利，即作为实施某项政策的手段。

私营保险，是指由私人投资的经营保险的机构（包括保险公司）所经营的各种保险业务，私营保险受市场供求和价值规律的全面支配。私营保险的组织形态较多，按照是否以营利为目的可分为两大类：第一类是具有营利性质的保险，主要包括公司保险和个人保险；第二类是非营利性质的保险，主要包括合作保险和相互保险。

（三）按保险客户分类：分为个人保险和团体保险

个人保险和团体保险在承保对象和承保方式等等方面都是有区别的。个人保险是为满足个人和家庭需要，以个人作为承保单位的保险。团体保险一般用于人身保险，它是用一份总的保险合同，向一个团体中的众多成员提供人身保险保障的保险。在团体保险中，投保人是"团体组织"，如机关、社会团体、企事业单位等独立核算的单位组织，被保险人是团体中的在职人员。

（四）按承保的危险分类：分为单一危险保险、综合危险保险和一切险

单一危险保险，是指保险公司的合同中只规定对某一种危险所造成的损失给予经济补偿的保险。

综合危险保险，是指保险合同中规定对数种危险均承担赔偿责任的保险。

一切险（all risks），又称"综合险"，指不论全损或部分损失，除对某些运输途耗的货物，经保险公司与被保险人双方约定在保险单上载明的免赔率外，保险公司都给予赔偿。

（五）按保额确定方式分类：分为定值保险和不定值保险

定值保险，是指当事人在保险合同中事先约定保险标的固定价值作为保险金额的保险。在保险事故发生时，保险人按保险财产的约定价值，而不是实际价值，计算赔偿责任，全部损失时全额支付，部分损失时比例支付。通常船舶保险，货物运输保险，以及文物、古玩、字画等价值难以确定财产的保险，均采用定值保险形式。

不定值保险，是指双方当事人在订立合同时只列明保险金额，不预先确定保险标的的价值，须至危险事故发生后，再行估计其价值而确定其损失的保险合同。不定值保险合同中保险标的的损失额，以保险事故发生之时保险标的的实际价值为计算依据，通常的方法是以保险事故发生时，当地同类财产的市场价格来确定保险标的价值。

（六）按是否足额投保分类：分为足额保险、不足额保险、超额保险

足额保险，是指保险金额与保险价值相等的保险合同。在足额保险合同的场合，保险事故发生造成保险标的全部损失时，保险人应依保险价值全部赔偿。

不足额保险（Under-insurance），是指保险金额小于保险价值的保险。不足额保险或基于投保人主观意愿，仅以保险价值的一部分投保而产生，或是因为保险标的价值在合同订立后出现上涨，从而高于保险金额。对不足额保险合同，《保险法》第 55 条第 4 款规定："保险金额低于保险价值的，除合同另有约定外，保险人按照保险金额与保险价值的比例承担赔偿保险金的责任。"不足额保险的适用效果，我国保险法规定了比例赔偿方式。但是合同另外有规定之时，可以不采用上述比例赔偿方式。《保险法》第 40 条第 3 款规定："保险金额低于保险价值的，除合同另有约定外，保险人按照保险金额与保险价值的比例承担赔偿责任。"此处的"除合同另有规定外"不得违反禁止不当得利的原则。

超额保险，是指保险金额大于保险价值的保险。超额保险的产生，或是当事人因善意或恶意投保的保险金额高于保险价值，或是保险标的价值在订立合同后跌落，而使保险金额超过了保险价值。关于超额保险的法律后果《保险法》第 55 条第 3 款规定："保险金额不得超过保险价值。超过保险价值的，超过部分无效，保险人应当退还相应的保险费。"

第八章　保险的要素

保险要素指构成保险关系的主要因素。保险构成的要素包括：危险、补偿、协力、保险费。

一、危险

保险的对象即为危险，所以危险是保险的第一要素，也是保险契约成立要素之（一）危险应当具备的条件。

1. 危险发生须为不确定；

2. 危险发生须为偶然；

3. 危险的发生须为可能；

4. 危险发生须属于将来；

5. 危险的程度须能测定：非常危险及道德危险事件难成为保险事件；

6. 危险范围须经约定。

保险危险按其影响的对象，可分为财产危险、责任危险和人身危险；按其发生的原因，可分为自然危险、社会危险和经济危险。

二、补偿

保险加入者因为保险事件发生而致损失时，可以金钱或实物手段提供为补偿。

在保险事故发生时，保险人以保险合同约定的保险金额为限补偿被保险人所发生的实际损害的保险。补偿保险以填补被保险人实际损害为目的，被保险人若没有发生实际损害，保险人不承担给付保险金的责任。

补偿原则是指投保人与保险人订立保险合同，将特定的危险转移给保险人承担；当保险事故发生时，保险人给予被保险人的经济赔偿恰好填补被保险人遭受保险事故的经济损失。"填补损失"，在保险关系中称为"补偿"。

补偿的原则包括两层含义：

一是保险合同订立以后，保险标的遭受保险事故而产生损失，被保险人有权按合同的约定，获得全面、充分的补偿；

二是保险人对被保险人的赔偿恰好使保险标的恢复到未出险前的状况，即保险补偿以被保险人的实际损失为限，被保险人不能因保险赔偿而获得额外的经济利益。补偿原则除以受损失为限外，往往还受到保险合同中约定的其他一些限制，如以保险金额为限、按比例投保因而按比例赔偿的限制。另外还受赔偿方法的限制，如某些保险中规定了免赔额，或赔偿限额等。

遵循补偿原则的目的在于：真正发挥保险的经济补偿职能；避免将保险演变成赌博行为；防止诱发道德风险的发生。补偿原则的实现方式通常有现金赔付、修理、更换和重置。

三、协力

危险发生后产生的损失由分担危险的经济集合共同承担，这类集合在本质上对彼此有了解并须相互协力。保险为多数经济单位的集合，通常分为两种形态：

1. 多数经济单位直接集合：预想可能发生危险的多数经济单位共同为达到保险目的所构成的团体；

2. 多数经济单位的间接集合：由第三人为保险或透过第三人的媒介间接致多数经济单位构成的保险团体。

保险需要众人协力，而且投保者越多越好。但是，在结成互助关系的每一成员中，特别是间接互助关系的成员中，他们所面临的风险是不同的。风险不同，损失的分担即应缴的保险费就应该不同。如果风险不同而损失分担无异，必然会引发以下后果：一部分风险较小的成员因感吃亏而退出保险，剩下的那些风险较大的少数投保者也因无法负担巨额的保险费而坚持不下去，原来所形成的互助关系就会受到破坏。此外，作为"出售"保险的保险人，同样是有风险的，这种风险就是保险事故发生时所必须承担的赔偿责任。倘若保险人的风险大而赔付能力小，保险就难以为继。因此，保险要得以正常维持，一要使投保人有负担保险费的能力并乐于缴付保险费，以维持必要的互助关系；二要保证保险人的保险费收入与损失赔付总额大体相当，以保证保险人的赔付能力。为了这一目的能实现，就必须使保险的众人协力建立在科学方法的基础之上，即必须根据概率论的科学方法，合理地计算出各种保险的保险费率。合理的保险费率，使每个参加投保者的负担相对公平合理。合理的保险费率是维系保险的众人协力得以长久的关键。

四、保险费

保险费简称保费，即要保人交付给保险人，作为其负担保险责任对价的金额，通常由两部分组成，一部分纯保险费，一部分附加保险费、纯保险费是用作保险事故发生时给付保险金，根据危险率计算。附加保险费主要根据营业费用、投资利润率、预期利润率、安全费计算。

保险费的种类：

1. 以缴费方法分类：一次缴付保险费、分期缴付保险费。

2. 以缴费时期分类：初期付保险费、期末付保险费。

3. 以保险费的定额与否分类：定额保险费、赋课式保险费又称不定额保险费、部分期初付赋课保险费。

4. 以保险费是否按危险而累进分类为：自然保险费、平准保险费。

交纳保险费的四种方式：一次交纳、按年交纳、按季交纳、按月交纳。

保险费率是指按保险金额计算保险费的比例。以财产保险为例，它是根据保险标的的种类，危险可能性的大小，存放地点的好坏，可能造成损失的程度以及保险期限等条件来考虑的。计算保险费率的保险金额单位一般以每千元为单位，即每千元保险金额应交多少保险费，通常以‰来表示。保险费率由纯费率和附加费率两个部分组成。这两部分费率相加叫做毛费率，即为保险人向被保险人计收保险费的费率。

确定保险费率的方法：观察法、分类法和增减法。

观察法，又被称为个别法或判断法，它就某一被保危险单独厘定出费率，在厘定费率的过程中保险人主要依据自己的判断。之所以采用观察法，是因为保险标的的数量太少，无法获得充足的统计资料来确定费率。

分类法，是指将性质相同的风险，分别归类，而对同一类各风险单位，根据它们共同的损失概率，订出相同的保险费率。在分类时应注意每类中所有各单位的风险性质是否相同，以及在适当的长期中，其损失经验是否一致，以保证费率的精确度。分类费率确定之后，经过一定时期，如与实际经验有所出入，则应进行调整。其公式中，M—调整因素，即保险费应调整的百分比；A—实际损失比率；E—预期损失比率；C—信赖因素。对于许多具体业务来说，费率的调整比费率的计算更重要。采用上面的公式来决定费率调整的百分比，关键在于确定信赖因素C的大小。信赖因素的大小，表示经验期间所取得的数据的可信赖程度。客观地确定信赖因素的大小，也是非寿险精算的内容之一。

增减法，是指在同一费率类别中，根据投保人的或投保标的的情况给以变动的费率。其变动或基于在保险期间的实际损失经验，或基于其预想的损失经验，或同时以两者为基础。增减法在实施中又有表定法、经验法、追溯法、折扣法等多种形式。

第九章 保险契约的意义及性质

一、保险契约的基本概念

保险契约（保险合同）是平等主体的当事人为了实现一定的目的，以双方或多方意思表示一致设立、变更和终止权利义务关系的协议。《中华人民共和国保险法》第十条规定："保险合同是投保人与保险人约定保险权利义务关系的协议。"根据保险合同的约定，收取保险费是保险人的基本权利，赔偿或给付保险金是保险人的基本义务；与此相对应，交付保险费是投保人的基本义务，请求赔偿或给付保险金是被保险人的基本权利。

保险公司不同于传统的销售公司，它有属于自己的一种特殊的经营方式，保险产品也是一种无形的产品，所以投保人在投保之前见不到保单，对于自己所要购买的保险产品的了解主要来自于保险人和保险从业人员的宣传和介绍，投保人决定投保随即与保险人签订合同。

保险契约属于债法上契约的一种，但因保险契约所产生的债系特种之债，学理上称为"特种契约"，以示和一般契约的不同。故民法上有关债的一般规定亦适用于保险契约，如：行为能力、要约之拘束力、债的效力等。保险契约不得为保险人免费赠予之保险契约，但赠与人以自己为要保人，而以受赠人为被保险人，和保险人订立保险契约——为第三人利益保险，对危险共同团体而言并非无对价，该保险契约仍为有效。此外需要注意的是，保险虽然以其有偿为要件，但要保人所支付的对价并非须以保险费为名。

典型的投保人在投保之前没有见过保单，他们对于保单的了解来自于保险人的宣传和介绍。因此有的学者甚至将保险契约称为"超级附合合同"。表面上看，投保人处于交易劣势，无法与保险人抗衡，因此"只能或多或少地自愿屈从于由强者一方提出的合同条款和那些经常被人模糊理解的合同条款"。从上述说明中，我们可以清楚地知道保险合同是一种契约。保单一般分为续保保单和新契约保单。例如，你在2007年3月1日买了份保险，保险期限一年，到2008年3月1日到期，此时你再继续购买这张保单就叫做续保保单；如果你从前没买过该保险险种，保险公司没有你这个客户，那你购买保险时，对于保险公司来讲这份保单就是新契约保单。对于新契约保单，首先要核保，契约录入，才能最后承保，给你发送的保单就是购买保险的发票。

二、保险契约的历史

工业革命是从英国圈地运动开始，大批农民离开土地成为手工业者、大机器生产的产业工人。由于生产的集中，城市化日益严重，风险也集中了，于是过去用于航海和抵御火灾的保险，其品种越来越多，以应付日益增加的对各种风险管理的需求，于是保险业开始空前发达起来。在长期的工业发展过程中，劳动力在不断地迁徙，每到一个新的工作环境，人生地不熟，只有靠契约的方式来确定劳资关系，维护自己的权益。这种契约关系上百年地渗透在日常的工作与生活中，人们已经形成了观念和习惯；另外，工业生产从一个产品的研发到成型，从实验性生产到大规模生产，从销售到资金回笼，周期往往比较长，且周期之间有着很多关联，甚至是一个整体的系统，系统的运转时间很长，人们也习惯了与系统相关的长期契约的签署和长期投资运作的方式。

而在中国这个古老的农业社会里，祖祖辈辈在一个村庄里在一块土地上生活和耕耘着，处理事务，解决矛盾，凭的是血缘关系、邻居街坊关系。直到现在，即便在大都市，还是有很多人大脑深处存在着这种思维惯性而怀疑保险契约形式。保险是契约社会的产物，要想接受它，真正需要的是转变观念。可以这样说，当人们都接受了保险的时候，也就是中国契约社会真正成熟的时候，诚信理念到那个时候也会更加深入人心。

三、保险契约的学说

1. 广义的损害补偿契约说。财产保险契约与人身保险契约都是以损害补偿为目的。

2. 金钱给付契约说。保险契约一般的本质或者目的为金钱给付，但缺点是金钱给付只不过应是保险契约的结果而已，不应将其作为问题的核心。

3. 二元说（我国保险法之二元定义）。依据《中华人民共和国保险法》第2条："本法所称保险，是指投保人根据合同约定，向保险人支付保险费，保险人对于合同约定的可能发生的事故因其发生所造成的财产损失承担赔偿保险金责任，或者当被保险人死亡、伤残、疾病或者达到合同约定的年龄、期限等条件时承担给付保险金责任的商业保险行为。"

四、保险契约的意义

保险契约即是将不确定的风险转化为确定的支出。可以说，分散风险损失是投保人的交易动机，也是保险的客观作用。表面上看，投保人向保险人交纳一定数额的保费，一旦发生承保事故，保险人将予以赔偿，似乎由其承担全部风险。事实上，事故发生的风险依旧由投保人承担，只不过是通过保险赔偿机制，对损失进行了分摊，消除了对风险后果的忧虑即"有险而无忧"，实现风险损失在社会范围内的分散。

作为风险信息交换的载体，保险契约是迄今为止人类发明的规避风险的最佳方式。作为弥补灾害损失的有效工具，它有利于经济生活的安宁。随着社会的发展，保险品种日益增多，越来越多的风险被纳入保险框架内分散、吸收，这标志着人类对抗风险能力的提高和自由活动空间的扩大。保险制度的这种分散风险损失功能是由其制度特性——团体性和中介性决定的，是通过保险契约这一外在形式来实现的。保险契约是保险制度得以实现的载体。而保险契约的定型化是由保险的行业特性所决定的，具有历史的、经济的合理性，其实质与契约自由原则并不相违。投保人与保险人对风险信息占有的不对称会导致逆向选择、道德风险、委托-代理问题的出现，因此需要一定的制度（规则）来激励投保人和保险人进行真实的信息披露，以实现最优契约。

保险合同不同于其他契约，它关乎国计民生的大问题。保险制度确保各经济主体的经济生活及社会生活，已成为国民生活不可缺少的制度，且要求具有正当的管理、运营体制，世界各个国家都对保险经营做出了严格的规定，诚信是全球保险业公认的最大的根本原则。因此，有国家的《保险法》做后盾，为广大保险消费者解除了后患之忧，享受保险的利益。

因此，保险契约就是有显现契约主体当事人的一方，以保险契约客体的保险利益为前提，与他方地接保险契约，以达其确保经济生活安定的最终目的，保险契约作为一种特殊的民事合同，除了具有一般契约的法律特征之外，还具有一些特有的性质。

五、保险契约的精神

契约的原意是在商品交易中的"一种合意，依此合意，一人或数人对于其它一人或数人负担给付、作为或不作为的债务。"到了现代社会，契约内涵已被广义化。在经济层面，它是社会公认的让渡产权的方式，是创设权利义务关系的途径；在政治层面，它是联结政府与民众的纽带，是公共权力合法性的根源；在伦理层面，它是个人或团体信守承诺的道德体现。

在形形色色的契约后面，深藏着的是契约精神，它不但蕴含了现代商业法则和风险管理原则，而且也体现了平等、尚法、守信、公平、合理、承诺和执行等"底线伦理"。任何契约的达成之日，就是忠实地践行诺言之始；享受权利的同时，必须履行义务；收获利益的另一面，就是要承担风险；大家是一个社会共同体中的利益相关者，利益攸关者。这就是对契约精神最为通俗直白的解释。

一般说，实现契约有三个原则：订立时的自由与责任原则、执行中的诚信与无偿承诺义务原则、违约时的损害赔偿原则。由这三个原则可以看出，契约活动乃是一种自主自愿的活动。契约三原则，要求契约双方必须具备以下前提条件：契约双方身份地位是平等的，对契约的执行负有共同责任，没有那一方可以只享有权利而不用负担责任；契约关系是相互的，权利义务是捆绑在一起的；执行契约的义务在我，核查契约的权力在人；我的义务保障的是你的利益，你的义务保障的是我的利益。

从法律意义上说，保险正是一种契约行为，是一种契约法律关系，而使得这种关系能够正常维系的基础就是契约精神。契约精神是随着商品经济的发展而逐步发展起来的，契约精神已经成为西方文明社会的主流精神。而契约精神的本质就是自由、平等、守信的精神。培养契约精神，并不仅仅针对保险消费者而言。而对于保险产品的提供者——保险公司及其代理人，也同样应该具有契约精神，做到诚实守信。用保险合同一纸契约锁定未来可能需要的现金流，安全靠谱。

六、保险契约的性质

保险契约是民商事契约的一种，调整具有契约内容的民事法律关系，因此保险契约不仅适用《中华人民共和国保险法》，而且适用《中华人民共和国合同法》和《中华人民共和国民法通则》的有关规定。根据不同的情况，保险契约具有多种性质。

（一）保险契约是有偿契约

根据保险契约当事人双方的受益状况，契约被区分为有偿契约与无偿契约。前者是指当事人为享有契约的权利而必须偿付相应的代价；后者是指当事人享有契约的权利而不必偿付相应的代价。保险契约的有偿性，主要体现在投保人要取得契约的风险保障，必须支付相应的代价，即保险费；保险人要收取保险费，必须承诺承担保险保障责任，投保人和保险人之间是对价关系。简单来说，就是当事人约定互为给付而互有其对价。

（二）保险契约是保障契约

保险契约的保障性主要表现在：保险契约双方当事人，一经达成协议，保险契约从约定生效时起到终止时的整个期间，投保人的经济利益受到保险人的保障。这种保障包括有形和无形两种形式。有形保障体现在物质方面，即保险标的。一旦发生保险事故，保险人按照保险契约规定的责任范围给予一定金额的经济赔偿或给付；无形保障则体现在精神方面，即保险人对所有被保险人提供的心理上的安全感，使他们能够解除后顾之忧。

（三）保险契约是有条件的双务契约

当事人在契约关系发生时，互负给付义务的契约。在保险契约中，被保险人要得到保险人对其保险标的给予保障的权利，就必须向保险人交付保险费；而保险人收取保险费，就必须承担保险事故发生或合同届满时的赔付义务，双方的权利和义务是彼此关联的。但是，保险契约的双务性与一般双务契约并不完全相同，即保险人的赔付义务只有在约定的事故发生时才履行，因而是附有条件的双务契约。

（四）保险契约是附合契约

保险契约的内容一般不是由当事人双方共同协商拟定，通常有保险一方所制订，印好格式条款供另一方当事人选择，另一方当事人只能作取与舍、接受与否的决定，无权拟定契约的条文。投保人就保险契约的内容与保险人没有协商的余地，要么同意根据保险人作成的保险条款签订保险契约，要么放弃，亦不能提出自己所要的保单或修改条款。保险契约是典型的附合契约，因为保险契约的基本条款由保险人事先拟定并经监管部门审批。而投保人往往缺乏保险知识，不熟悉保险业务，很难对保险条款提出异议。所以，投保人购买保险就表示同意保险契约条款，即使需要变更契约的某项内容，也必须经保险人同意，办理变更手续，有时还需要增缴保费，契约方才有效。

（五）保险契约是射幸契约

在契约签订之时当事人的损益无法确定，仅要保人，预为保险费的给付，而保险人的保险金额是否给付取决于不确定的偶然事件。契约当事人一方并不必然履行给付义务，而只有当契约中约定的条件具备或契约约定的事件发生时才履行。保险契约是一种典型的射幸契约。投保人根据保险契约支付保险费的义务是确定的，而保险人仅在保险事故发生时承担赔偿或给付义务，即保险人的义务是否履行在保险契约订立时尚不确定，而是取决于偶然的、不确定的保险事故是否发生。但保险契约的射幸性是就单个保险合同而言，而且也是仅就有形保障而言的。保险契约的射幸契约性意义在于为了防止反道德、反社会性的行为发生，保险契约法中有许多其他种类契约所不具有的特殊法则，例如财产保险中利得禁止的原则等。

（六）保险契约是最大诚信契约

根据《中华人民共和国保险法》第五条规定："保险活动当事人行使权利、履行义务应当遵循诚实信用原则。"具体表现为投保人的告知义务、通知义务、财产保险中被保险人的损害防止义务等。保险金的给付由偶然发生的事实所决定，要求当事人双方具有最大的诚信或善意。由于保险当事人双方信息的不对称性，保险契约对诚信的要求远远高于其他契约。保险标的在投保前或投保后均在投保方的控制之下，而保险人通常是根据投保人的告知来决定是否承保以及承保的条件，投保人的道德因素和信用状况对保险经营来说关系极大。另外，保险经营的复杂性和技术性使得保险人在保险关系中处于有利地位，而投保人处于不利地位。因此，保险契约较一般合同更需要诚信，任何契约的订立，都应以契约当事人的诚信为基础。

（七）保险契约是非要式契约

根据《保险法》第 13 条："投保人提出保险要求，经保险人同意承保，保险合同成立。保险人应当及时向投保人签发保险单或者其他保险凭证。保险单或者其他保险凭证应当载明当事人双方约定的合同内容。当事人也可以约定采用其他书面形式载明合同内容。"要式契约即为保险契约成立必须具有一定的形式，有当事人同意签订，在法律上有效，而非要式则为法律、法规要求契约不一定具备特定形式才能成立、生效的契约，不需要采用特定的方式（包括法律规定或当事人约定的书面形式，有关机关核准登记、鉴证、公证或第三人证明等），即可成立的契约。这种合同签订程序简单，只要当事人双方依法就契约的主要条款协商一致，契约便告成立，即保险单或暂保单并非契约而是通过口头或书面接洽所缔结的一种证据文书。

（八）保险契约是诺成契约

根据《保险法》第 13 条："投保人提出保险要求，经保险人同意承保，保险合同成立。"保险契约属于诺成契约，这种观点也是被社会各界普遍接受的观点。保险契约的成立只需保险人与投保人的合意，保险费的给付等并不是契约的成立必要条件，而只是保险公司的责任开始要件。

（九）保险契约是继续契约

继续性依契约所生之债在时间上以有无继续性为标准，可将契约分为一时的契约和继续性契约。依据继续性的法律关系，其继续期间的长短，因保险种类的不同而异。

第十章　保险契约的种类

一、定值契约与不定值保险契约

在各类财产保险中，依据保险契约上的保险价额是否先予确定为表现，保险契约分为定值保险契约与不定值保险契约。

（一）定值保险契约

在订立保险契约时，投保人和保险人于订约是事先已经确定保险标的的保险价额而载明的财产保险契约。对保险物的价值已经确定，即为约定保险价额。定值保险契约成立后，一旦发生保险事故，保险契约当事人应以事先确定的保险价值作为保险人确定赔偿金数额的计算依据。如果保险事故造成保险标的的全部损失，无论该保险标的实际损失如何，保险人均应支付契约所约定的保险金额的全部，不必对保险标的重新估价；如果保险事故仅造成保险标的的部分损失，则只需要确定损失的比例。该比例与保险价值的乘积，即为保险人应支付的赔偿金额，同样无须重新对保险标的的实际损失的价值进行估量。在保险实务中，定值保险契约多适用于某些不易确定价值的财产，如农作物保险、货物运输保险以及以字画、古玩等为保险标的的财产保险合同。

（二）不定值保险契约

在契约签订时，不预先约定保险标的的保险价值，而在契约中载明须在危险发生后，按其发生时的实际价值估计，一定赔偿金额，其所估计的赔偿金额不得超过保险金额。在不定值保险契约条件下，一旦发生保险事故，保险契约当事人需确定保险价值，并以此作为保险人确定赔偿金数额的计算依据。通常情况下，受损保险标的的保险价值以保险事故发生时当地同类财产的市场价格来确定，但保险人对保险标的所遭受损失的赔偿不得超过契约所约定的保险金额。如果实际损失大于保险金额，保险人的赔偿责任仅以保险金额为限；如果实际损失小于保险金额，则保险人的赔偿不会超过实际损失。在实际情况中，大多数财产保险业务均采用不定值保险合同的形式。

二、全部、一部及超额保险契约

三者的区别是以保险价额与保险金额的关系为标准，保险金额就是约定于危险发生时应由保险人赔偿的数额。

（一）全部保险契约

全部保险契约使用于全部保险，即为保险金额等于保险价额的保险，即为在保险物全损时，保险人按照金额全部赔偿，如果部分损时，则采取实损填补原则。

（二）一部保险契约

一部保险契约运用于一部保险，又称低额保险，即保险金额小于保险价额的保险，一部保险的发生，有两种情形：一为保险契约签订时，要保人付出的保险金额不及保险价额，当发生全损时，其不足的部分，保险人不负责任；二为在保险价值签订后，因保险之标的物价值上涨，由全部保险变为一部保险，当发生全损时，按照支付金额赔偿。当发生分损时两种情形都运用比例分担原则，公式如下：

$$\frac{保险金额}{保险价值} \times 损失额 = 赔偿金额$$

（三）超过保险契约

其保险金额超过保险价额的契约，又称超额保险，一般出现两种情形，一是在订立保险契约时当事人的动机为善意，二是在保险契约存续期间，保险物价值跌落。

对于上述三种不同类型的保险契约，若一旦发生保险事故而需要进行保险理赔时，保险人通常采取的处理方式分别可简单归纳为：足额保险，十足赔偿；不足额保险，按照保险金额与保险价值的比例承担赔偿责任；超额保险，超过部分则无效。

三、补偿性保险契约与给付性保险契约

按照契约的性质分类，保险契约可以分为补偿性保险契约与给付性保险契约。

（一）补偿性保险合同

这是指保险人的责任，以补偿被保险人的经济损失为限，并不超过保险金额的契约。各类财产保险契约和人身保险中的医疗费用保险契约都属于补偿性保险契约。

（二）给付性保险契约

给付性保险契约是指保险金额由双方事先约定，在保险事件发生或约定的期限届满时，保险人按合同规定的标准金额给付的契约，各类寿险契约属于给付性保险契约。

四、个别风险契约、集合风险契约与总括保险契约

按照承担风险责任的方式分类，保险契约可分为个别风险契约、集合风险契约与总括保险契约。

（一）个别风险契约

又称单一保险契约，以特定的一人或一个财务为保险标的而签订的保险契约，只承担一种风险责任。例如：如农作物雹灾保险合同，只对于冰雹造成的农作物损失负责赔偿。

（二）集合风险契约

又称综合保险契约，以集合多数人或财务为保险标的订立的保险契约，承保两种以上的多种特定风险责任的保险契约。这种保险契约必须一一列明承保的各项风险责任，只要损失是由于所保风险造成，保险人就负责赔偿。

（三）总括保险契约

又称整批保险，所用的保险单为统保单，即无特定保险标的，仅在一定准备所限的范围内，泛指某类保险标的或某类保险利益而投保一定金额的保险契约。包括三种情形：一为具有总保险金额的流动下的货物，海上保险将此类保险契约根据情况分为预约保险单和流动保险单，二为用一个总保险金额承保一动或数动房屋以及其中的设备，三为大企业用一个总的保险金额承保所有财产。

五、财产保险契约与人身保险契约

按照保险标的分类，保险契约可分为财产保险契约与人身保险契约。

1.财产保险契约。财产保险契约是以财产及其有关的经济利益为保险标的的保险契约。财产保险契约通常又可分为财产损失保险契约、责任保险契约、信用保险契约等。

2.人身保险契约。人身保险契约是以人的寿命和身体为保险标的的保险契约。人身保险契约又可分为人寿保险契约、人身意外伤害保险契约、健康保险契约等。

六、原保险契约与再保险契约

按照保险承保方式分类，保险合同可分为原保险合同与再保险合同。

（一）原保险契约

原保险契约是指保险人与投保人直接订立的保险合同，合同保障的对象是被保险人，保险标如果损失，保险人直接负责。

（二）再保险契约

原保险人与再保险人签订的保险契约，保险人为了将其所承担的保险责任保险契约中载明的应由保险人赔偿损失或给付保险金的责任。转移给其他的保险人而订立的保险契约，契约直接保障的对象是原保险契约的保险人。

七、损失填补保险契约与定额给付保险契约

根据保险金确定的方式，保险契约可分为损失填补保险契约与定额给付保险契约。

（一）损失填补型保险契约

以补偿被保险人因保险事故发生所致实际经济损失为目标，保险金额的确定以可评价的客观经济利益为基础。

（二）定额给付保险契约

因保险事故发生即按约定给付固定金额，不以实际经济损失的数量确定保险

金给付。

八、单保险契约与复保险契约

依是否以同一保险标的、保险利益、保险事故，在同一保险期间，与两个以上的保险人分别订立保险金额总和超过保险价值的两个以上的保险契约为标准，保险合同可分为单保险契约与复保险合同。

（一）单保险契约。

是指投保人对某一保险标的，基于某一保险利益，就某一保险事故与某一保险人订立的保险契约。

（二）复保险契约

是指投保人对于同一保险标的，基于同一保险利益，以同一保险事故，在同一或重叠的保险期间内分别与两个以上的保险人订立保险金额总和超过保险价值的两个以上的保险契约。

九、为自己利益的保险契约与为他人利益的保险契约

以保险契约是否为自己利益而订立为标准，可将其分为自己利益的保险契约与为他人利益的保险契约。

1. 为自己利益的保险契约是指投保人以自己为给付保险金请求权人的保险契约。

2. 为他人利益的保险契约，是指投保人不享有保险金给付请求权的保险契约。

第十一章　保险契约的当事人和关系人

按照民法规定，保险合同主体是指拥有权利与承担义务的人。

保险合同的主体是指与保险合同发生直接、间接关系的人（含法人、自然人与其他组织），包括当事人、关系人和辅助人。

当事人是订立合同、规定合同中权利与义务的主体，是与保险合同的订立和履行有直接关系的人；

关系人是与保险合同有经济利益关系，而不一定直接参与保险合同的订立的人；

辅助人是协助保险合同的当事人签署合同、履行合同，并办理有关保险事项的人。

一、保险契约的当事人

保险合同的当事人是指直接参与建立保险合同法律关系、确定合同的权利与义务的行为人，即参与订立保险合同的主体，包括投保人和保险人。

（一）保险人

保险人又称承包人，保险人经营保险业务，保险契约当事人的一方，是经营保险单位各种组织，在承保危险发生时，承担其承保的责任，负担赔偿的义务。

2.1 保险资格：除公营者之外不论法人或自然人都具有资格，我国规定，保险业的组成以股份有限公司或合作社为限。

2.2 作为保险合同的当事人，保险人应具备下列条件：

（1）作为保险人，要具备法定资格。

（2）保险公司须以自己的名义订立保险合同。

2.3 保险人的权利与义务：保险人在保险契约上，有保险费的请求权即保险人根据保险合同，拥有向投保人收取保险费的权利，同时在承保危险事故发生或者约定的保险期限届满时，须依其所承保危险的责任，负担赔偿义务。

保险人的主要义务，就是在保险事故发生或规定的保险事件出现后，负责赔偿保险事故所造成的实际损失（包括施救费用，诉讼支出以及为确定保险责任范围内的损失所支付的受损标的的检验，估价、出售的合理费用）或约定的保险金。这既是保险人的义务，也是投保人或被保险人的权利。但是，对于任何一个具体的保险合同来说，其保险赔偿损失或给付保险金是有一定的责任界限的。根据我国法律规定，构成保险赔偿或给付责任要具备以下条件：

其一，就财产保险而言，受损的财产必须是保险财产。换言之，保险事故所造成的损失对象，必须是保险人承保并在保险合同中列明的财产。对于未保财产的损失，以及其他间接损失，如停工停产等，保险人不负赔偿责任，只能由被保险人自己承担。在人身保险中，规定的保险事件的出现，如遇到伤害、疾病、死亡或生存到约定的时间等，是保险人支付保险金的前提。但是，因伤、病、亡或生存到约定时间的人，必须是保险人承保并在保险合同中列明的人，否则，保险人没有支付保险金的义务。

其二，保险财产的损失，或被保险人遭受遇外伤害，必须是由保险危险引起。换言之，保险财产损失或被保险人伤害的原因，必须是保险合同中规定的危险因素所造成。对于某些损失，如投保人或被保人的故意行为，战争、暴力行为，核辐射等造成保险财产的损失，不能构成保险责任。同样，人身保险合同订立后，被保险人的伤害或死亡若系被保险人的故意行为或战争所致者，保险人没有支付保险金的义务。

其三，对于损失的赔偿或保险金的给付，只限于合同规定的保险金额。保险事故发生后，保险人承担赔偿金的内容，可以包括四个方面：

1. 保险财产的实际损失；

2. 施救费用，即在发生保险责任范围内的灾害或事故时，被保险人为了抢救以及保护、整理财产的合理费用；

3.投保人或被保险人的诉讼支出；

4.其他合理费用，如为了确定保险责任范围内的损失所支付的受损标的检验、估价、出售的合理费用等。但是，以上各项费用支出的最高额，以不超过保险金额为限。在人身保险中，各项支出以约定的保险金额为最高限额。

此外，保险财产的损失，必须是发生在保险合同订明的存放地域，必须是在保险期限内，保险人才负有赔偿的义务，否则，地城变动又未通知保险人，或者合同已经失效后所发生的损失，保险人均不予负责。

至于保险人履行赔付方式，无论是财产保险还是人身保险，原则上采用的是以现金形式，不负责以实物补偿或恢复原状。但也有例外情况，如财产保险中约定负责重建或修理：伤害或健康保险中的药定负责医疗：工程保险中约定" 重置受损项目或予以修理"等，其赔付方式就属非现金的。

（二）投保人

投保人又称要保人，又称保单持有人，保险合同的一方当事人。对保险标的具有保险利益，向保险人申请订立保险契约，并交付保险费义务的人。需要注意的是对无行为能力或限制行为能力的未成年人、心神丧失或精神耗弱之人所立契约无效。要保人签订保险协议的目的有为自己利益、为他人利益、兼为他人与自己利益。

投保人作为保险合同的当事人，必须具备以下条件：

1.完全的民事权利能力和行为能力。

2.投保人须对保险标的具有保险利益。

3.作为投保人必须与保险人订立保险合同，并按约定缴付保险费。

投保人的义务：

保险合同的种类较多。不同合同的投保人，尽管其应尽义务的具体内容有所不同，但概括地说，一般都包括以下几项：

其一，交纳保险费用。保险费是投保人向保险人支付的费用，是作为保险人根据保险合同的内容承担赔偿和给付责任的代价。《中华人民共和国财产保险合同条例》明确规定，"投保方应当按照约定的期限，交付保险费，如不按期交付保险费，保险方可以分别情况要求其交付保险费及利息或终止保险合同。保险方如果终止合同，对终止合同前投保方欠交的保险费及利息，仍有权要求投保方如数交足"。《简易人身保险条款》也规定，保险证从起保当月的一日起期，但需在被保险人交付第一次保险费后，保险才开始生效。以后各月的保险费都应在当月份内交付，保险公司没有催告义务"。可见，交付保险费是投保人的一项重要义务：投保人应该按照合同规定的时间，地点和数额履行这一义务。当然，保险费的交付方法，不同的保险合同要求可能不一样，有的可以分次交付、有的则必须一次付清。

其二，危险增加时须通知保险方。这是投保人负有的又一重要义务。所谓"危险增加"是指签订合同时当事人双方所未曾估计到的危险可能性的增加。其中，有的是投保人或被保险人的行为（如保险标的变更用途）所致，有的"危险增加"则与投保人或被保险人的行为无关（如保险标的意外引起物理、化学反应）。但无论是前者还是后者，各国保险立法一般都规定，投保人或被保险人都负有通知的义务。当危险程度已达到必须增如保险费的程度时，投保人还应按规定补交保险费。多数国家的保险立法还规定，投保人或被保险人履行"危险增加"的通知义务后，保险人可以采取两种作法，第一，终止合同关系；第二，要求增加保险费。对于后一种情况，如果投保人或被保险人不同意增加保险费，合同即自行终止。但投保人或被保险人履行"危险增加"的通知义务（或虽未道知但保险人已知道）后，保险人不作任何意思表示者，视为默认，过后不得主张解除合同或增加保险费。当然，如果投保人或被保险人应履行"危险增加"的通知义务而未履行者，事后发生保险事故并造成损失时，保险人不负有赔偿的义务。

其三，出险后及时通知保险人。保险合同订立后，如果发生危险事故，投保人或被保险人即负有及时通知（或立即通知）保险人的义务。法律规定投保人的该项义务目的有二。第一，这样规定，使保险公司在出险时能立即展开对损失的调查，不致因调查的迟延面丧失证据，影响责任的确定；第二，这样规定，还能使保险公司在出险后得以采取适当的方法，以防止损失的扩大或有时间抢救被保险的财产。如此，有的国家或地区规定，投保人或被保险人没有遵守立即通知条款，并在实质上影响保险人的地位者，保险人得以解除其赔偿损失的责任。

出险通知的义务，一般要涉及两个主要问题，一是通知的方式。保险事故发生后，投保人或被保险人履行通知的义务，可以书面方式进行，也可以口头方式进行，但合同规定以书面通知者，则必须用书面通知保险人或其代理人。书面方式中，又有邮寄和电报通知两种。电报通知，只有在合同中有明文规定时，投保人或被保险人才受其约束。二是通知的期限。这方面各国法律规定不尽相同，有的规定为知悉保险事故发生后的五天之内，有的规定为十天或两周之内。而且大多数国家对不同的险种要求也不同。我国法律规定，在发生保险事故后，投保人应"将事故发生的情况及时通知保险公司"。在这里，我国立法所用的字眼是"及时通知"，没有规定具体的界限。

通知延迟将产生什么法律后果？国际上通常的做法有两种：第一，出险后，即使投保人或被保险人通知延迟，保险人除只能拒绝赔偿因通知延迟而扩大的损失部分外，一般不得解除合同关系。第二，出险通知不在规定期限内进行者，保险人可以免负责任。我国法律尚没有这方面的规定。但是，中国人民保险公司制定的有关条款中却有具体规定。例如，《家庭财产保险附加盗窃险条款》规定，"被保险人在保险财产遭受保险责任范围内的查窃损失后应保存现场，向当地公安部门如实报案，并在24小时内通知保险人，否则，保险人有权不予赔偿"。

其四，出险后应尽力施救。出险后的施救行为，一般都被各国规定为投保人或被保险人的主要义务之一。我国《财产保险合同条例》第15条也规定，"在发生保险事故后，投保方有责任采取一切必要措施，避免扩大损失，如果投保方没有采取措施，保险方对由此而扩大的损失有权拒绝赔偿"。据此，当保险事故发生后，投保人或被保险人在向保险人通知的同时，应积极进行施救，对损后财产进行整理、修复，采取各种必要的措施，以减少物质损失。

此外，我国《财产保险合同条例》还规定，"投保方应当遵守国家有关部门制订的关于消防、安全、生产、操作和劳动保护等有关规定，维护劳动者和保险财产的安全"。保险方可以对保险财产的安全情况进行检查，如发现不安全因素，应及时向投保方提出消除不安全因素的合理建议，投保方应及时采取措施消除。否则，由此引起保险事故造成的损失，由投保方负责，保险方不负赔偿责任"。这就是说，在我国，防灾防损亦是投保人或被保险人的义务之一。也只有在我们这样的社会主义国家里，防灾防损才有可能被规定为投保人的一项义务。这一项义务的规定，意味着投保人或被保险人对保险财产应像未投保前一样谨慎管理、照料，不能认为已投保就掉以轻心，以致发生一些本来可以避免的事故。

二、保险契约的关系人

保险合同的关系人是指与保险合同有经济利益关系，而不一定直接参与保险合同订立的人。

保险关系人包括被保险人、受益人、保单所有人。

（一）被保险人

指在保险事故发生时遭受损害，享受赔偿请求权的人，即其财产或者人身受保险合同保障，享有保险金请求权的人。被保险人的财产、生命、身体、经济赔偿责任等是保险合同的保险标的，是保险事故发生的主体对象。

投保人与被保险人之间的关系有以下两种情形：

（1）要保人也可以是被保险人，投保人与被保险人是同一人时，保险契约由被保险人本人订立；

（2）投保人与被保险人不是同一人，此时投保人是保险合同当事人，被保险人是保险合同的关系人。以人身保险契约方面居多，其中有第三人订立人寿保险契约以及契约上权利的转移或处置时必须经过被保险人同意。

无论被保险人与投保人是否为同一人，被保险人的成立都应具备两个条件：

（1）被保险人必须是受财产或人身保险合同保障的人。

（2）被保险人必须享有保险金请求权。

保险合同的被保险人可以是一个，也可以为多个。

被保险人利益保障与信息权义配置：

投保方或被保险人信息义务负担的合理限定，保险人信息提供义务充分而适当地履行，对于被保险人合同利益的保障来说，都具有重要的意义。

1.1 告知与通知：保险交易固有逻辑与被保险人利益保障的紧张关系

在具体保险交易中，以固有的信息不对称为前提，以机会主义和自利动机为驱动，充斥着双方的信息博弈。从保险制度开始出现，投保方就被认为掌握个体标的风险的全部信息，在早期海上保险中表现更为明显。这促生了保险法上一种特殊制度，即投保方对于保险标的风险状况及变化情形的告知通知义务，这种义务的履行与保险合同的效力状态联系密切，影响被保险人合同利益的享有和实现，这正是保险交易的固有技术要求和特殊法律机制。

但是，随着技术进步和经验积累，保险人掌握整体风险状况和获得个体风险信息的能力越来越强，通过格式合同和专业技术措施也可以较好地防止契约风险，保险人在危险估计控制方面的能力日益强化。也就是说，保险人对于个体风险信息虽然依旧处于劣势，但是绝不再像早期那样明显而不可克服。另一方面，由于保险赔付具有射幸性，保险人往往会利用投保方对于告知等义务的违反，在事故发生时主张合同无效或解除合同，使被保险人合同利益落空。也就是说，告知义务违反成为保险人拒绝赔付的重要埋由，策略性主张告知义务未履行很可能成为保险人遂行机会主义的便利工具，合同基础条款与保险保证的滥用更使得告知义务规则被异化。

由于标的信息重要性和告知义务规则特殊性，告知义务违反影响的是保险合同效力，影响被保险人保障利益的有效获得和维持。以投保方义务的违反为由拒绝赔付，是如实告知等义务规范的逻辑必然，符合义务的应为性、拘束力和潜在责任意涵，尤其是在早期的海上保险中，颇具正当性根据与合理性基础。但是，通过历史考察会发现，严格的文务履行要求和严厉的义务违反后果，在司法实践和理论研究中也越来越受到批评和质疑。从整体上来看，伴随着保险人力量增强和保险交易消费化、格式化，告知义务规则也表现出从严格到宽松的演变趋势，投保方缔约信息义务以重要事项限定、告知排除规则、询问回答主义等措施进行限缩，从历史纵向发展和义务配置横向对比角度，体现了被保险人利益保障的信息义务基础和特殊法律机制。

1.2 保险人信息提供义务：被保险人利益保障的必备机制

整个保险交易由缔约与腹约过程构成，被保险人保险保障有效获得与维持，就是通过保险合同的有效成立和适当履行而实现。保险交易复杂技术性使得投保大众对于保险业务和条款内容难以理解，知识和经验的劣势构成投保方订约意图实现和被保险人保障利益有效获得的障碍。保险合同是一种继续性合同，保险人危险承担义务的履行是一个持续的过程，被保险人保障利益实现也需要许多先决条件，与合同履行情况及效力状态关系密切。由于保险业务和法律知识方面的信息劣势，投保方很可能因为无心之失或者轻微义务不履行，而意外影响其或丧失保险保障。

所以，在缔约过程中保险人向投保方履行必要的信息义务，使投保方能够获得充足信息而做出合适的判断，以确保被保险人合同保障利益有效获得。在合同履行过程中，保险人还要就合同履行情况和效力状态做必要的通报和提醒，督促投保方义务履行并告知义务违反法律效果，就重要的契约风险向投保方进行提示。被保险人合同保障利益的获得和维持，需要投保方、被保险人履行特定的义务作为前提和基础条件，他们只有清楚自己承担什么义务、应如何履行以及违反后果是什么，才能够有动力善尽义务，才能防止动辄得咎而痛失保障，避免保险赔付请求意外落空。同时，只有清楚地知道享有什么权利，他们才能真正地守护和行使这些权利，获得期待的利益。因投保大众处于保险业务和条款内容的信息劣势，由保险人承担必要的信息提供义务，就成为投保方缔约意志实现和被保险人合同利益获得的重要条件。

保险人信息提供义务规则的确立，以保险人对业务经营与交易内容的信息优势为事实基础，以诚信伦理与实质正义为理论依据，以交易公平与效率为价值追求。其直接规范目的就在于被保险人利益保障。从实际履行来看，保险人的这种信息提供义务主要是应积极主动地做出，而无需经相对方要求，询问才被动实施。保险人信息义务的履行，不仅要使相对方注意到事实情况的存在，还要使之了解信息的实际内容和法律意义，这尤以对责任免除条款、法律效果告知等重要事项的"明确说明"为典型因具有法定性和强制性，保险人信息提供义务也是一种具有责任性的义务。联系合同法一般理论与保险交易特性，保险人违反信息提供义务时，可以结合具体情况，考虑设置投保方撤权产生、保险人责任免除权丧失、被保险人赔付请求权成立等不同的法律后果。

1.3 限缩与扩展：被保险人利益保障机制的动态考察

保险交易顺利达成对于信息具有高度依赖性，而其中的信息不对称又表现出固有性和复杂性。因此，信息义务的合理设置，就成为平衡当事人利益与维护保险机制高效公正运行的基础。从自然状态来看，保险交易表现为双向信息不对称而互有弱势之态，并且贯穿了合同订立履行的整个交易过程，信息义务是保险交易固有的技术性要求，信息义务配置也因为全程性、双向性和多样性而成为保险合同过程和保险法律规范的基础。保险交易信息义务，已经获得技术必需、经济效率、诚信伦理及契约公平等方面的正当性论证与合理性基础，规范的逻辑性与可操作性也日益完善和增强。

从纵向历史发展来看，投保方之告知通知等信息义务逐渐被限制。合理减轻投保方信息义务负担，促使被保险人能高效、确定的获得和维持风险保障，是被保险人利益维护理念的体现，告知义务从严格到宽松的演进趋势其意义也正在于此。保险人信息提供义务则经历了一个逐渐丰富、加强并细化的过程，这是基于保险交易的专业性、消费化及格式化，为顺利达成投保方缔约目的并实现被保险人合同利益，而由学说、判例以及立法共同推进的过程。综观今日保险法制，投保方告知通知等信息义务范围大为限缩，由此等义务违反而导致的保险人解除权、抗辩权之成立与行使也受到种种限制。保险人信息义务，直接维护着投保方缔约意志达成与被保险人保障利益的实现。具体来讲，就是为保障投保方的"知情同意权"，为其做出决策和选择提供必要信息基础，为其适当履行义务和正确行使权利提供必要的帮助，既有助于投保方形成和实现真实明确的缔约意思，也有助于风险保障利益的有效获得和维持。

保险人信息提供义务表现出全程性、充分性以及实效性的特点，逻辑结构完整性与规范可操作性也日益强化。法律规则的行为模式清晰、法律后果明确，当事人对于行为效果与诉论结果的预期明朗并趋于一致，诉讼的数量就会减少。另一方面，对于义务主体来说，如果不履行义务的成本大于履行义务的成本，主动履行义务将是理性的选择。这一结论的启示是，保险人违反信息提供义务的法律后果必须明确、可预期。保险人信息提供义务是一个新的发展趋向，就是咨询建议义务规范的确立和完善。德国《2008年保险合同法》第6条的规定，即是其典范。保险人信息义务，已经开始从缔约阶段扩展到履约阶段、合同期间，突破一般条款规制之法理，这也正是源于保险合同的专业技术性与履约特殊性。

（二）受益人

受益人又叫保险金受领人，所谓受益人是保险契约中为被保险人或要保人所约定的，随保险事故发生时，享有保险金请求权的人，受益人并非保险契约当事人，只有保险金请求权，而不负肩负保险费的义务，同时，保险金请求权属于固有权。

（1）受益人的资格：受益人在法律上没有限制；

（2）受益人的人数：受益人的人数并不局限在一人，可以同时是多数人；

（3）受益人的产生方法：有三种即约定、指定、法定；

（4）受益人的权利：权利的取得须为原始取得，在除保险契约领有定例外，其他都在保险契约成立时即获得保险金请求权，收益权的转移和撤销，需要依照法定的手续；

受益人的变更分为两种情况：一为放弃处分权时，受益人经指定后，要保人对其保险利益曾声明放弃处分权，则其指定的受益人固定，不得变更；二为未放弃处分权时，受益人经指定后，要保人对其保险利益未放弃处分权时，则要保人依旧可以变更受益人，变更时需通知保险人。

（1）在财产保险合同中，并没有专门的受益人规定。这是因为财产保险的被保险人通常就是受益人。只有在某些特殊情况下，财产保险合同的当事人才约定由第三者享有优先受领保险赔偿的权利。

（2）在人身保险合同中，受益人是由被保险人或者投保人指定的享有保险金请求权的人，可以是一人，也可以是数人。投保人、被保险人都可以是受益人。

人身保险合同中的受益人应当具备下述两个条件：

①受益人必须由被保险人或投保人指定。

②受益人必须是享有保险金请求权的人。

作为受益人，在合同中有两种形式：一种是不可撤销的受益人；一种是可撤销的受益人。受益人的形式在保险合同签订过程中确定。

（三）保单所有人

保单所有人又称为保单持有人，是拥有保单各种权利的人。主要适用于人寿保险合同。

拥有人寿保单的保单所有人的权利通常有：变更受益人、领取退保金、领取保单红利、以保单作抵押借款、放弃或出售保单的一项或多项权利、指定新的所有人。

保单所有人是在投保人和保险人订立合同时产生的。它可以是一个人，也可以是组织，既可以与受益人是同一人，也可以是投保人等其他任何人。

三、保险契约的辅助人

保险合同的辅助人是指协助保险合同的当事人签署保险合同或履行保险合同，并办理有关保险事项的人，包括保险代理人、保险经纪人和保险公估人。

他们对保险合同既不享有直接权利，也不承担直接义务，但对保险合同的订立起着保险人或保险客户的代理人的作用。

由于保险合同的辅助人所担任的角色具有中介性质，因此，又被称为保险的中介人。

第十二章　保险契约的变更

保险契约的变更指在保险契约存续期间，以新记载变更原有记载，即其内容或主体的变更有所变更，即保险合同成立以后，但未履行完毕之前发生的投保人、被保险人的变更以及保险合同内容的修改和补充。

保险合同的变更有以下两部分内容：

一、主体的变更

主体的变更：保险契约主体的变更就是保险契约当事人的变更，分为两种方面的变更：

（一）形式上的变更：指示式的保险契约，以倍数的方式表更当事人一方的姓名记载。

（二）实质上的变更：无记名式的保险契约只用交付方法即可发生转让先例，虽契约在形式上并无变更，但实质上当事人的一方已经改变。

2.1 投保人、被保险人的变更

投保人、被保险人的变更，又称保险合同的转让或者保险单的转让，指投保人或被保险人在保险合同有效期限内将保险合同的利益转让给新的受让人。

各国保险法一般都允许保险合同的转让。我国保险法对此也作了明确规定。

在财产保险中，由于保险财产的买卖、转让、继承等法律行为而引起保险标的所有权转移，从而引起投保人或被保险人的变更。由于保险合同的主要形式是保险单，因此，投保人或被保险人的变更又会涉及到保险单的转让。

对此，有两种不同的做法：

一是允许保险单随保险标的所有权的转移而自动转让，因而投保人、被保险人也可随保险标的转让而自动变更，无须征得保险人的同意，保险合同继续有效。如货物运输保险合同，由于货物在运输过程中，不是由被保险人而是由承运人所保管，加之货物所有权随着货物运输过程中提单的转移屡次发生转移，因此，保险标的所面临的风险与被保险人没有直接的关系。所以，允许保险单随着货物所有权的转移而自动转让，无须征得保险人的同意。

二是保险单的转让要征得保险人的同意方为有效。对大多数财产保险合同而言，由于保险单不是保险标的的附属物，保险标的的所有权转移后，新的财产所有人是否符合保险人的承保条件，能否成为新的被保险人，需要进行考察，以决定保单能否转让给新的财产所有人。

所以，保险单不能随保险标的所有权的转移而自动转让，一般要由投保人或被保险人书面通知保险人，保险人经过判断，并在保险单上背书，转让才有效。因此，投保人或被保险人必须得到保险人同意后才可变更，保险合同才可继续有效。否则，保险合同将终止，保险人不再承担保险责任。值得注意的是，这里并不是指未经保险人同意保险标的不得转让，而仅指保险合同会因此而终止。

在人身保险中，因为被保险人本人的寿命或身体是保险标的，所以被保险人的变更可能导致保险合同终止，因此，人寿保险中，一般不允许变更被保险人。

人身保险合同主体变更主要涉及投保人与受益人的变更：

（1）投保人的变更。只要新的投保人对被保险人具有保险利益，而且愿意并能够交付保险费，即可转让人身保险合同，但必须告知保险人。但是，如果是以死亡为给付保险金条件的保险合同，必须经被保险人本人书面同意，才能变更投保人。

（2）受益人的变更。受益人是由被保险人指定的，或经被保险人同意由投保人指定的，其变更主要取决于被保险人的意志。被保险人或者投保人可以随时变更受益人，无须经保险人同意，但投保人变更受益人时须经被保险人同意。但无论如何，受益人的变更，要书面通知保险人，保险人收到变更受益人的书面通知后，应当在保险单上批注。

二、形式上的变更

形式上的变更：保险契约内容的变更，就是约定事项的变更，其内容要变更时需要双方的同意才可以，通常由要保人主动变更，在保险人受到变更通知十日内不拒绝即为同意。

保险合同内容的变更是指在保险合同的有效期以内发生的保险内容的修改和补充，表现为保险合同条款事项的变更，如保险标的、保险价值、危险程度、保险期限、保险费、保险金额等约定事项的变更。

保险合同内容的变更是在主体即投保人（或被保险人）不变的情况下发生的。

保险合同内容的变更是指保险合同主体享受的权利和承担的义务所发生的变更，表现为保险合同条款及事项的变更。

《中华人民共和国保险法》第二十条规定："投保人和保险人可以协商变更合同内容。变更保险合同的，应当由保险人在保险单或者其他保险凭证上批注或者附贴批单，或者由投保人和保险人订立变更的书面协议。"这说明投保人和保险人均有变更保险合同内容的权利。保险人变更保险合同内容主要是修订保险条款。

但是，由于保险合同的保障性和附合性的特征，在保险实践中，一般不允许保险人擅自对已经成立的保险合同条款作出修订，因而其修订后的条款只能约束新签单的投保人和被保险人，对修订前的保险合同的投保人和被保险人并不具有约束力。

保险合同内容的变更主要是由投保方引起的。具体包括：

（一）保险标的的数量、价值增减而引起的保险金额的增减。

（二）保险标的的种类、存放地点、占用性质、航程和航期等的变更引起风险程度的变化，从而导致保险费率的调整。

（三）保险期限的变更。

（四）人寿保险合同中被保险人职业、居住地点的变化等。

保险合同内容的变更，一种情况是投保人根据自己的实际需要提出变更合同内容；另一种情况是投保人必须进行的变更，如风险程度增加的变更。否则，投保人会因违背合同义务而承担法律后果。

三、保险合同变更的程序及方式（新增）

（一）通知变更

指保险合同变更依法不需征得保险人的同意，只要通知保险人即发生合同变更的效力，如运输货物保险合同的转让等。

（二）协议变更

指保险合同的变更须经投保人与保险人双方协商一致以后，才能发生合同变更的效力。其中，保险合同的转让，除运输货物保险合同外，其他保险合同均须征得保险人的同意。

无论是保险合同内容的变更还是主体变更，都要遵循法律、法规规定的程序，采取一定的形式完成。

（1）保险合同变更必须经过一定的程序才可完成。在原保险合同的基础上投保人及时提出变更保险合同事项的要求，保险人审核，并按规定增减保险费，最后签发书面单证，变更完成。

（2）保险合同变更必须采用书面形式，对原保单进行批注。对此一般要出具批单或者由投保人和保险人订立变更的书面协议，以注明保险单的变动事项。

四、保险合同变更的效力（新增）

保险合同变更生效后，即保险合同在保险单后得保险凭证上或符贴批单后，变更后的保险合同即对双方当事人产生法律约束力，任何一方违反变更后合同都构成违约。

在平时生活中，我们要时刻注意保险合同变更事项的发生，同时及时向保险公司申请协商变更保险合同，以维护保险合同的有效性，维护我们自己的合法权益，避免将来不必要的纠纷。

第十三章　保险契约的停止

保险契约的停止即在协议存续期间内，由于某种原因的发生，而使契约的效力暂时归于停止状态，但效力停止的保险契约在一定的程序内可以恢复其固有效力。

停止原因可能有：未能按时缴纳保险费、逾宽限日期未缴交保险费，复效于缴清欠缴保险费扣除停效期间的危险保险费后的余额，自翌日上午零时恢复效力。

一、保险契约中止

保险合同（契约）中止是指在保险合同存续期间，由于某种原因的发生而使保险合同的效力暂时失效。在合同中止期间发生的保险事故，保险人不承担赔偿或给付保险金的责任。

保险合同的中止，在人寿保险合同中最常见。人寿保险合同大多期限较长，由数年至数十年不等，故其保险费的交付大都是分期交纳。如果投保人在约定的保险费交付时间内没有按时交纳，且在宽限期内（一般为 60 天）仍未交纳，则保险合同中止。

各国保险法均规定，被中止的保险合同可以在合同中止后的 2 年内申请复效。满足复效条件复效后的合同与原合同具有同样的效力，可以继续履行。

当然，被中止的保险合同也可能因投保人不提出复效申请，或保险人不能接受已发生变化的保险标的（如被保险人在合同中止期间患有保险人不能按条件承保的疾病），或其他原因而被解除，而不再有效。

二、保险契约终止

保险契约的终止，即在契约存续期间中，给予一定事由的发生，而使其效力自终止时起消灭。

保险合同的终止是指保险合同成立后，因法定的或约定的事由发生，使合同确定的当事人之间的权利、义务关系不再继续，法律效力完全消灭的事实。终止是保险合同发展的最终结果。

（一）终止的原因

1.1 当然终止

保险契约因保险期间届满、因保险标的全部消灭、因保险人的破产、因偿付解约金而终止，无须由当事人的意思宝石，其效力当然归于终止。

1.2 任意终止

在因宽限期间届满、危险增加或减少，保险标的物部分损失、要保人破产、保险标的物失常状态而停止，由于当事人的意思消灭使契约效力终止。

1.3 自然终止

指因保险合同期限届满而终止。这是保险合同终止的最普遍、最基本的原因。凡保险合同订明的保险期限届满时，无论在保险期限内是否发生过保险事故以及是否得到过保险赔付，保险期限届满后保险合同按时终止。保险合同期满后，需要继续获得保险保障的，要重新签订保险合同，即续保。但是，这里所指的续保并不意味着保险期限的延长或是原保险合同的继续，而是另一个新的保险合同的签订。

1.4 因保险人完全履行赔偿或给付义务而终止

指保险人已经履行赔偿或给付全部保险金义务后，如无特别约定，保险合同即告终止，即使保险期限尚未届满，合同也告终止。

1.5 因合同主体行使合同终止权而终止

指合同主体在合同履行期间，遇有某种特定情况，行使终止合同的权利而使合同终止，而无须征得对方的同意。《中华人民共和国保险法》第五十八条规定，"保险标的发生部分损失的，自保险人赔偿之日起三十日内，投保人可以解除合同；除合同另有约定外，保险人也可以解除合同，但应当提前十五日通知投保人。合同解除的，保险人应当将保险标的未受损失部分的保险费，按照合同约定扣除自保险责任开始之日起至合同解除之日止应收的部分后，退还投保人。"这是因为财产保险中的保险标的发生部分损失后，保险标的本身的状态及面临的风险已经有所变化，允许双方当事人在法定期间内行使保险合同终止权。

1.6 因保险标的全部灭失而终止

指由于非保险事故发生，造成保险标的灭失，保险标的实际已不存在，保险合同自然终止。如人身意外伤害保险中，被保险人生病而死亡，就属于这种情况。

1.7 因解除而终止

指在保险合同有效期尚未届满前，合同一方当事人依照法律或约定解除原有的法律关系，提前终止保险合同效力的法律行为。保险合同的解除可以分为约定解除、协商解除、法定解除和裁决解除。

（1）约定解除。指合同当事人在订立保险合同时约定，在合同履行过程中，某种情形出现时，合同一方当事人可行使解除权，使合同的效力消灭。

（2）协商解除。指在保险合同履行过程中，某种在保险合同订立时未曾预料的情形出现，导致合同双方当事人无法履行各自的责任或合同履行的意义已丧失，于是通过友好协商，解除保险合同。

（3）法定解除。指在保险合同履行过程中，法律规定的解除情形出现时，合同一方当事人或者双方当事人都有权解除保险合同，终止合同效力。

（4）裁决解除。指产生解除保险合同纠纷，纠纷当事人根据合同约定或法律规定提请仲裁或向人民法院提起诉讼时，人民法院或仲裁机构裁决解除保险合同。

对于投保人来说，除《中华人民共和国保险法》另有规定或者保险合同另有约定外，保险合同成立后，投保人有权随时解除保险合同。但保险人不得解除保险合同，除非发现投保方有违法或违约行为。但是对于货物运输保险合同和运输工具航程保险合同，保险责任开始后，合同当事人都不得解除保险合同。

（二）终止的效果

终止的效果仅使其契约对于将来失去其效力，所以当事人双方皆不负责原来的义务。所以，终止前的保险费，并不由保险人返还，若终止后的保险费已给付者，要保人则要求返还或有保险人返还。

第十四章　保险契约的消除

在保险契约签订后，因违反法定事项或约定事项，其效力当然或任意归于消灭。其因一定事由当然归于现实活因为一定的事由，当事人一方向他方表示契约消灭。

一、保险契约的无效

保险契约的无效是指保险契约订立之后，违反法定或约定事项从而不产生效力。

（一）无效的原因

一为约定无效与法定无效，因为危险不存在、原保险有瑕疵、保证死亡保险中被保险人的生命安全而为失效；二是全部无效或一部无效：全部无效即保险契约全部不生效力，一部无效即保险契约仅一部分无效，余者皆有效。

（二）无效的效果

如为全部无效，其契约自开始即不成立，除特殊规定外，当事人之间所为之给付的，其受领人应负返还之责，如为一部无效，仅视有关该部分契约未成立的除去。

二、保险契约的解除

保险契约的解除是指当事人一方基于契约成立后所发生的事由，使其契约自开始无效而为之单独行为。

保险合同的解除是指依法提前终止合同关系。保险合同的解除有两种，即协议解除和法定解除。前者是指保险双方当事人协商一致解除保险合同关系，后者是指由于出现法律规定的原因，保险当事人依法行使解除权，消灭已生效的保险合同关系。

保险契约解除须由当事人一方由解除权时，才可以行使，且可因时效而消灭解除权。

（一）保险解除的原因

我国保险法对法定解除的条件作了明确的规定。《保险法》规定可行使法定解除的原因如下：

1.1 投保人违反如实告知义务

投保人故意隐瞒事实，不履行如实告知义务的，或者因过失未履行如实告知义务，足以影响保险人决定是否同意承保或提高保险费率的，保险人有权解除保险合同。

1.2 被保险人或者受益人的违法行为

《保险法》第 28 条第 1、2 款规定："被保险人或者受益人在未发生保险事故的情况下，谎称发生保险事故，向保险人提出赔偿或者给付保险金的请求的，保险人有权解除保险合同，并不退还保险费。投保人、被保险人或者受益人故意制造保险事故的，保险人有权解除合同，不承担赔偿或者给付保险金的责任，除本法第 65 条第 1 款另有规定外，也不退还保险费。"

1.3 投保人、被保险人未按照约定履行其对保险标的应尽的责任

根据合同约定，保险人可以对保险标的的安全状况进行检查，并及时向投保人、被保险人提出消除不安全因素和隐患的书面建议。投保人、被保险人未按照约定履行其对保险标的安全应尽的责任的，保险人有权要求增加保险费或者解除合同。

1.4 保险标的的危险程度增加

在合同有效期内，保险标的危险程度增加的，被保险人按照合同约定应当及时通知保险人，保险人有权要求增加保险费或者解除合同。

1.5 人身保险合同效力中止满 2 年

分期缴付保险费的，投保人缴付首期保险费后，如果超过合同规定的宽限期，或者在合同没有规定宽限期的情况下，投保人超过规定的 60 日未缴付当期保险费的，合同效力中止。合同效力中止后，经保险人与投保人协商并达成协议，在投保人补缴保险费后，合同效力恢复。但是，自合同效力中止之日起 2 年内双方未达成协议的，保险人有权解除合同。

（二）契约解除的效果

须因解除权的行使而开始，契约无线的先故，从确认契约就不生效力。

对于投保人来说，除《中华人民共和国保险法》另有规定或者保险合同另有约定外，保险合同成立后，投保人有权随时解除保险合同。但保险人不得解除保险合同，除非发现投保方有违法或违约行为。但是对于货物运输保险合同和运输工具航程保险合同，保险责任开始后，合同当事人都不得解除保险合同。

契约解除和契约撤销在性质上很相似，但实际上不同：

契约解除权由法定与约定之分：契约的撤销仅有法定撤销权。保险合同的解除权一般由投保人行使。根据《保险法》第十五条规定："除本法另有规定或者保险合同另有约定外，保险合同成立后，投保人可以解除保险合同，保险人不得解除合同。"通过此条规定可知，我国《保险法》赋予了投保人自由解除保险合同

的法定权利，即投保人可以无需任何理由就可解除成立并生效的保险合同，且无须经过保险人的同意。这在实践中称为"退保"。这种解除权是基于法律的直接规定而产生的，与普通合同的法定解除权不同的是，它可以称之为投保人的"法定任意解除权"，但该种解除权同样受到法定的限制。

保险合同解除时间为投保人解除保险合同通知到达保险公司之日的次日零时起计算。根据《合同法》第九十六条的规定："当事人一方依照本法第九十三条、第九十四条的规定主张解除合同的，应当通知对方。合同自通知到达对方时解除。"据此，因合同的解除权是一种形成权，对于保险合同而言，投保人在行使单方合同解除权时，如果投保人解除保险合同的意思通知到达保险公司时即能发生保险合同解除的法律效果，而无须合同相对方保险公司的同意。投保人当面向保险公司递交了"退保申请书"，双方签订的保险合同即已解除，直接产生的法律后果就是双方的权利义务关系即行终止。保险公司在接到投保人递交的"退保申请书"后所办理的退保手续的审核，本质上应属于保险公司的一种内部管理行为，是保险公司处理投保人退保的公司内部管理流程，该内部行为不产生对外效力。其应属于对投保人履行的后合同义务，如办理退回保险费的手续等。保险公司的内部审核行为无论何时结束，对外而言，保险公司对投保人履行的后合同义务均是从投保人解除保险合同通知到达保险公司之日的次日起计算。投保人交纳保险费的义务于投保人解除保险合同通知到达保险公司之日终止，与之对应的保险公司的保险责任也于同日终止。

（三）契约解除权的事由

不限于成立当时所存在者是指契约撤销所据以为原因的法定事由，是在契约成立当时的存在，而非契约成立与发生者。

（四）契约解除的原因

1.法定事项：因怠于通知而解除、因违反告知义务而解除、因违背特约条款而解除。

2. 约定事由：保险契约解除原因的约定事由，即当事人于契约中约定，由于一定的事由的发生，一方即得以之为理由，向对方主张解除契约。

（五）解除的效果

结束的效果，以民法的一般原则而言，其契约从开始无效，就是解除后已经受领的保险金，应当返还给保险人，除非法律规定或契约不用退还，亦应退还给要保人，且解除契约的一方，负有损害赔偿的义务。

（六）投保人单方解除合同的权利

6.1 投保人的任意解除权（无理由解除）

除《保险法》另有规定或者保险合同另有约定外，保险合同成立后，投保人可以解除合同，保险人不得解除合同。

6.2 后果

（1）在人身保险合同中，投保人解除合同的，保险人应当自收到解除通知之日起 30 日内，按照合同约定退还保险单的现金价值。

（2）在财产保险合同中，保险责任开始前，投保人要求解除合同的，应当按照合同约定向保险人支付手续费，保险人应当退还保险费；保险责任开始后，投保人要求解除合同的，保险人应当将已收取的保险费，按照合同约定扣除自保险责任开始之日起至合同解除之日止应收的部分后，退还投保人。

（七）保险人单方解除合同权——出现法定事由方可解除

1. 投保人故意或者因重大过失未履行如实告知义务，足以影响保险人决定是否同意承保或者提高保险费率的，保险人有权解除合同。

2. 投保人申报的被保险人年龄不真实，并且其真实年龄不符合合同约定的年龄限制的，保险人可以解除合同。

3. 骗保

（1）被保险人或者受益人未发生保险事故，谎称发生了保险事故，向保险人提出赔偿或者给付保险金请求的，保险人有权解除合同，并不退还保险费。

（2）投保人、被保险人故意制造保险事故的，保险人有权解除合同，不承担赔偿或者给付保险金的责任。

（3）投保人、被保险人未按照合同约定履行其对保险标的的安全应尽责任的，保险人有权解除合同。

（4）在合同有效期内，保险标的的危险程度显著增加，被保险人未按合同约定及时通知保险人的或者保险人要求增加保险费被拒绝的，保险人有权解除合同。

（5）人身保险合同效力中止后2年保险合同双方当事人未达成协议恢复合同效力的，保险人有权解除合同。

（八）投保人、保险人均可解除合同（针对财产保险合同）

8.1 可解除合同的情形

保险标的发生部分损失的，自保险人赔偿之日起30日内，投保人可以解除合同；除合同另有约定外，保险人也可以解除合同，但应当提前15日通知投保人。

8.2 解除合同的后果

合同解除的，保险人应将保险标的未受损失部分的保险费，按照合同约定扣除自保险责任开始之日起至合同解除之日止应收的部分后，退还投保人。

三、保险契约的失效

（一）失效的原因

要保人或被保险人，对于保险标的物五保险利益者，保险契约失其效力。

（二）失效的效果

保险契约失效，在自失效原因发生之时起，向将来丧失其效力，所以对于在失效原因发货之前的契约效力依然存在。

第三篇　保险公司

第一章　保险公司经营的特征

一、经营规模不断扩大

保险事业的经营必须有相当的规模，而此规模具有不断壮大的倾向

截至 2010 年底，我国共有 36 家中资、19 家外资财产保险公司。为了使实证检验既能反映国内保险业规模经济的整体状况，又能对各种类型的公司之间做比较，我们选择了 2005 年之前成立的 31 家财险公司作为样本公司。包括了大、中、小各种规模，中资、合资、外资各种产权形式，综合性、专业性等各种类型的财产保险公司。并且，样本公司的总保费占全国财产保险业务保费的 85% 以上。所以，这些样本可以全面地反映我国整个财险行业的经营状况。检验中涉及到的总资产、保费收入、赔款支出、营业总费用、固定资产五个变量数据均来自《中国保险年鉴》各期。需要指出的是，2006 年我国会计制度进行了改革，保险公司损益表当中涉及人力成本和管理成本的科目也发生了变化，2006 年及以前体现在手续费支出和营业费用支出当中，2007 年及以后体现在手续费支出和业务及管理费支出当中。所以本文的营业总费用变量所用的数据在 2006 年及以前为手续费支出和营业费用支出的总和，2007 年及以后为手续费支出和业务及管理费支

出的总和。为了剔除通货膨胀因素的影响，本文所有的数据都是以 2005 年为基期进行了价格调整，所有数据的处理都是利用 Eviews6.0 软件进行的，混合面板数据统计量描述如表 1 所示，总成本、总资产、保费收入、赔款投入价格、劳动力投入价格、固定资产投入价格分别用 TC、TA、PM、LS、OE、FE 表示。

混合面板数据统计量描述

表 1

	TC	TA	PM	LS	OE	FE
Mean	6 550.894	11 441.28	7 353.934	0.432 546	0.595 221	0.134 750
Median	1 218.920	1 848.380	1 182.475	0.404 254	0.340 106	0.054 059
Maximum	122 701.1	201 784.8	153 930.0	6.826 125	31.119 76	3.143 713
Minimum	18.810 00	152.450 0	1.670 000	0.009 860	0.071 813	0.002 210
Std. Dev.	17 451.56	26 825.23	19 695.41	0.508 272	2.283 392	0.320 554
Skewness	4.608 054	4.508 231	4.747 089	10.760 99	12.962 92	6.607 939
Kurtosis	25.797 70	26.280 05	28.384 70	136.118 9	173.574 3	54.372 94
Jarque-Bera	4 686.208	4 830.244	5 692.548	140 924.7	230 700.1	21 807.24
Sum	1 218 466.	2 128 078.	1 367 832.	80.453 47	110.711 1	25.063 45
Sum Sq.Dev	5.63E+10	1.33E+11	7.18E+10	47.792 93	964.567 6	19.009 69
Observations	186	186	186	186	186	186
Cross sections	31	31	31	31	31	31

首先，我们利用方程 1 对模型中涉及的各个系数进行估计，在混合面板估计中，采用最小二乘法，在不固定时间和截面的情况下，估计的结果如表 2 所示。绝大部分各系数估计的 T 检验（著性水平 0.05）都很显著，只有四个系数估计不显著；系数估计的可决系数及调整后的可决系数均接近于 1，模型拟合优度比较好。所以，该模型的估计系数基本可以采用。

总成本对数模型系数估计

表 2

参数	估计值	标准差	T 检验值	P 值
A1	0.385 204	0.045 997	8.374 593	0
A2	0.761 182	0.051 642	14.739 5	0
B1	0.074 876	0.053 267	1.405 679	0.161 7

参数	估计值	标准差	T 检验值	P 值
B2	0.350 521	0.072 018	4.867 13	0
B3	0.026 115	0.030 058	0.868 791	0.386 2
A11	-0.052 756	0.015 414	-3.422 542	0.000 8
A12	0.026 543	0.016 442	1.614 348	0.108 4
A22	-0.014 078	0.019 145	-0.735 309	0.463 2
B11	0.130 796	0.008 253	15.849 03	0
B12	-0.041 677	0.019 2	-2.170 708	0.031 4
B13	-0.083 99	0.008 441	-9.950 409	0
B22	0.124 528	0.039 032	3.190 376	0.001 7
B23	-0.073 618	0.012 727	-5.784 35	0
B33	0.064 197	0.005 902	10.877 73	0
R11	0.053 765	0.009 84	5.464 078	0
R12	0.024 594	0.024 073	1.021 63	0.308 4

参数	估计值	标准差	T 检验值	P 值
R13	0.025 708	0.009 224	2.786 935	0.005 9
R21	-0.028 721	0.010 656	-2.695 173	0.007 8
R22	-0.041 863	0.027 119	-1.543 677	0.124 6
R23	-0.013 679	0.008 838	-1.547 733	0.123 6
可决系数	0.999 423		调整后可决系数	0.999 357

　　将上述估计出来的系数值带入方程2，得到估计出来的规模经济系数方程为：SCE=1.146，38 — 0.026，22*LOG（Y1）+0.012，46*LOG（Y2）+0.025，05*LOG（X1）— 0.017，26*LOG（X2）+0.012，02*LOG（X3），这样可以计算出样本公司在2005 ～ 2010 年各期的规模经济系数。我们根据分析的需要将样本公司进行了分类，并根据详细的财务数据对各类公司规模经济或规模不经济的可能原因进行了分析。从表3可以看出，样本中有8家中资保险公司具有较为明显的规模经济性，计算出的规模经济系数在 0.97 以内。新中国建立之后我国成立最早的三家保险公司具有明显的规模经济性，而且规模经济性呈现逐年提升的迹象。这说明，"这三家"保险公司借助先入优势已经基本完成了企业规模快速扩

张期，在财险市场中占据了相当的市场份额，抢占了财险业第一集团的高地，业务的发展现走入了较平稳的轨道。而且，随着规模积累的基本完成，这些公司逐步调整了一切规模为中心的经营策略，从做大向做强转变。这种转变的效果已经开始显现，从数据看，这三家公司保费收入增长相比一些火箭式增长的公司要平稳的多；多年的发展使公司的管理制度比较完善，使其总费用的控制比较好，费用率基本保持在 25% 左右；前期投入的大量固定成本正在回收阶段，规模的扩大大幅提高了人力资本和固定资产的使用效率。华安和华泰两家公司成立比较早，早期的努力使其已经具有了中等的规模，2005 ～ 2010 年期间扩张的速度明显放慢，在此期间保费规模分别扩张了不到 2 倍和约 3.5 倍，并较好地控制了赔付率和费用率，由此现实了较明显的规模经济性。中银保险公司的规模经济性主要得益于其赔付率的控制，六年内其平均赔付率不到 30%，最高的时候也仅为 47%。而阳光和永诚两家公司成立较晚，并且成立后都采取了快速扩张的发展策略，在短时期内就形成了中等偏大的规模实力。但在此过程中其费用率和赔付率并没有失去控制，费用率虽比老三家大公司高出 10% 左右，但平均赔付率不足 35%，最高的时候为 50%，加之这两家公司有实力雄厚的股东的资金支持，得以实现了规模经济性。

中资财险公司规模经济系数

表 3

公司	人保	平安	太保	华安	华泰	永诚	阳光	中银
成立时间	1949	1988	1991	1996	1996	2004	2005	2005
2005	0.984 76	0.987 53	0.981 49	0.997 04	0.978 91	0.964 1	0.906 33	0.963 08
2006	0.981 95	0.979 82	0.972 89	0.957 65	0.948 05	0.962 37	0.974 1	0.962 66
2007	0.963 22	0.965 29	0.964 58	0.927 75	0.929 02	0.971 56	0.963 53	0.953 7
2008	0.965 32	0.963 13	0.972 88	0.939 24	0.940 06	0.977 11	0.963 04	0.979 19
2009	0.962 2	0.953 13	-0.966 64	0.940 91	0.954 15	0.970 84	0.992 39	0.986 22
2010	0.952 08	0.938 32	0.952 7	0.971 35	0.956 26	0.972 84	0.980 54	0.971 25
平均值	0.968 25	0.964 54	0.968 53	0.955 66	0.951 07	0.969 8	0.963 32	0.969 35

　　表 4 显示的 8 家公司具有非常微弱的规模经济性，每家公司的平均规模经济
系数已经接近于 1。观察财务数据我们可以看出安邦、渤海、民安、天平、太平、
大地这六家公司在 2005 年～2010 年期间经历了高速的规模扩张，六年间保费规
模分别扩大了约 7 倍、10 倍、7 倍、8 倍、4 倍和 4 倍。在品牌、管理、技术、渠道、
人资等方面不具有优势的情况下，这些公司只能以提升佣金、提高折扣和降低承
保条件的方式来维持其快速的扩张，而这必然会使费用率和赔付率失去控制。六
家公司大部分时间赔付率处于 50% 左右，费用率处在 40% 左右，这大大影响了
其规模经济的实现。天安、永安两家公司则正好相反，在此期间增长速度非常缓
慢，六年期间保费规模仅仅扩大约 1.3 倍和 1.8 倍，不仅远远低于中小型财险公
司的平均增长速度，还大大低于整个财险行业的增长速度，完全不具有实现规模
经济性的基本条件。

中资财险公司规模经济系数

表 4

公司	天安	永安	安邦	渤海	天平	大地	民安	太平
成立时间	1994	1996	2004	2005	2004	2003	2005	2001
2005	0.989 29	1.004 84	0.912 82	0.880 76	0.942 5	0.997 5	1.010 01	1.012 38
2006	0.993 89	1.002 76	0.975 46	0.977 11	0.985 5	0.982 83	0.999 52	1.01
2007	0.973 98	0.975 43	0.977 33	0.968 95	0.972 41	0.970 62	0.975 93	0.993 04
2008	0.987 21	0.979 94	0.979 67	0.971 23	1.009 12	0.975 64	0.991 54	0.993 03
2009	0.990 15	0.982 02	0.997 44	1.007 44	0.985 93	0.983 71	0.989 97	0.993 41
2010	0.977 84	0.970 75	0.993 63	1.001 44	0.973 06	0.982 22	0.989 87	0.983 85
平均值	0.985 39	0.985 96	0.972 72	0.967 82	0.978 08	0.982 09	0.992 81	0.997 62

　　表 5 所列的五家保险公司显示出轻微的规模不经济，规模经济系数略大于 1。
其中三家是专业的农业保险公司。农业保险具有很大的风险性，对于我国这样一
个自然灾害种类繁多、发生频繁、危害程度很大的国家，农业保险的赔付率很难
控制、居高不下，三家公司赔付率大部分时间处于 60% 的高位，最高的时候赔付
支出是保费收入的近 7 倍。农业保险公司还具有较强的区域性，承保风险不能有

效地在不同的产品之间、不同的地域之间进行分散。农业保险又具有很强的专业性和零散性，承保和理赔过程中的成本不易控制。这三方面因素决定了专业的农业保险公司很难实现规模经济性。中华、大众两家公司一个共同的问题是盈利能力较弱的车险业务占比极高，均超过了80%，而盈利能力较强的企财险、货运险等比重很低，因而导致赔付率过高，赔付率大部分时间在60%左右。这就很难实现规模与效益的统一。

中资财险公司规模经济系数

表5

公司	中华	大众	阳光农险	安华农险	安信农险
成立时间	1986	1995	2005	2004	2004
2005	1.001 57	1.036 31	1.067 64	1.009 85	1.047 43
2006	0.998 29	1.023 68	1.051 96	1.029 4	1.046 04
2007	1.000 18	1.010 53	0.928 86	1.033 63	1.023 58
2008	1.001 95	1.018 67	1.033 87	1.017 39	1.022 24
2009	1.005	1.005 73	1.017 19	1.036 5	1.023 45
2010	1.003 02	1.000 51	1.033 42	1.007 82	1.026 63
平均值	1.001 67	1.015 9	1.022 16	1.022 43	1.031 56

表6、表7显示的是10家外资和合资财险公司的检验情况。其中6家公司表现出轻度的规模不经济，安盟公司和利宝公司因为其前期具有大量的固定资产投入，提高了总成本，更为重要的是这两家公司的费用率非常惊人，最低的时候也高达65%，绝大部分时候超过了100%，因此即使是保费规模获得了扩张，但是总成本却难以承受。其他四家公司主要因为其本来的规模就比较小，后期的增长又比较乏力，2010年的保费规模是2005年的1～3倍，相比中资公司增长速度较低，因而后期保费规模的增长速度赶不上总成本的增长速度，导致了规模不经济。10家外资合资公司中有四家表现出了规模经济性，美亚公司在中国开展业务历史比较长，发展至今日已经具有了国内中等财险公司的规模，虽然其费用率比一般中资公司要高，但是其赔付控制方面大大强于中资公司，基本上保持在43%

以内，因而规模经济系数呈逐年下降的趋势。皇家太阳、日本财险、安联三家公司在 5 年内保费规模分别扩大了 3 倍、5 倍和 6 倍，在此期间虽然费用率比较高，但是赔付控制良好，安联和日本财险的赔付率大部分时间控制在 30% 以内，皇家太阳的控制在 35% 以内。因而在保费扩张的同时实现了总成本的有效控制，产生了规模经济性。

合资及外资财险公司规模经济系数

合资及外资财险公司规模经济系数

表 6

公司	东京日动	非秦	三井住友	三星火灾	安盟	利宝
成立时间	1994	1996	2001	2001	2003	2003
2005	0.995 64	0.980 55	0.987 96	1.005 44	0.908 97	0.959 01
2006	0.998 25	0.987 87	0.987 98	1.003 38	0.947 06	0.990 04
2007	0.985 32	1.008 91	0.983 41	0.984 36	0.985 33	1.013 57
2008	0.987 40	1.018 09	0.973 53	0.994 95	0.974 07	1.008 01
2009	1.007 87	0.989 14	0.978 05	0.976 39	0.987 23	1.006 44
2010	0.992 36	0.978 04	0.990 84	1.013 70	0.990 29	1.012 93
平均值	0.994 64	0.993 77	0.983 63	0.996 37	0.965 49	0.998 33

合资及外资财险公司规模经济系数

表 7

公司	日本财险	皇家太阳	安联	美亚	中银
成立时间	2005	1992	2003	1992	2005
2005	0.936 41	0.963 92	0.971 08	0.981 52	0.963 08
2006	0.959 04	0.961 27	0.979 18	0.980 47	0.962 66
2007	0.986 54	0.959 61	0.960 83	0.963 50	0.953 70
2008	0.966 42	0.968 86	0.955 40	0.973 52	0.979 19
2009	0.939 86	0.972 70	0.978 40	0.970 34	0.986 22
2010	0.978 73	0.958 10	0.958 05	0.953 74	0.971 25
平均值	0.959 50	0.964 08	0.967 16	0.970 52	0.969 35

对规模经济的检验不论是保险行业还是其他行业都没有得出过完全相同的结论，这主要在于不同的研究者在模型的设定、投入变量、产出变量、样本对象、样本期间等方面的选择上存在着差异，这种差异对检验的结果有着重要的影响。所以，要全面、准确地分析保险公司的规模经济问题，需要将检验的结果与市场现实相结合，将实证数据与财务数据相结合，将理论分析与经验判断相结合。这样就会发现我国财产保险公司的规模经济存在着几个明显的特点：一是由于合资和外资保险公司的市场份额非常小，公司的规模普遍远小于中资保险公司，所以在规模经济的系数上也小于中资公司，即规模经济性比中资公司要差；二是经营历史较长、已经具备了相当规模的保险公司，规模经济性表现都比较好，而成立时间不长、仍在扩张的保险公司规模经济性表现较差；三是保险公司的快速扩张是以降低承保标准和提高佣金等方法实现的，速度过快的扩张导致保险公司营业费用率和赔付率的大幅度提高，往往使保险公司很难实现规模经济性。四是产品结构对财险公司规模经济有较大的影响，车险比重独大的综合性财险公司或农险业务独大的专业性财险公司都具有明显的规模不经济。因此，本文建议财产保险行业需要从三个方面调整思路、转变模式，实现公司的规模经济性，提高公司的竞争实力和抗风险的能力。一是转变经营思路。长期以来受存量保源充足性和易获得性的影响，受宏观经济快速增长和社会财富迅速膨胀的拉动，受保险公司市场排名和短期业绩考核的诱导，几乎所有保险公司都遵循着"以规模论实力、以保费论英雄"的经营思路，尤其是新设立的财险公司和中小型的财险公司表现的更加突出。这不仅牺牲了财险公司的效益，而且隐藏了巨大的风险隐患。据此，保险公司将经营思路调整到降低营业成本、提升业务质量、控制内部风险、增加经营效益上来显得尤为迫切。二是调整业务结构。长期以来财险公司的经营高度依赖于车险业务，业务结构的单一降低了公司分散风险、增强可持续发展的能力，大大削弱了公司产品创新和差异化经营的动力，导致了成熟业务竞争异常激烈，有效需求开发严重不足的局面。因而，财险公司需要在做强已有业务的同时，努力发掘潜在的社会需求，积极开发多样化的产品与服务，着力培育新的业务增长点。三是加大对中小财险公司的扶持力度。我国保险市场长期处于垄断状态，市场的准入政策开放时间不久，现有财险公司中绝大部分都是 2000 年以后才设立的。这些经营历史短、业务规模小的公司在缺乏先入优势和先进管理经验的情况下，只能以价格竞争的方式获得业务增长。结果不仅牺牲了自身的经营效益，而且扰乱了市场秩序。所以，监管部门需要从监管、税收、费率等方面对中小财险公司进行支持，从另一个路径促进中小财险公司快速健康发展。

二、经营资本必要性小

保险经营初期，固然需要若干开办费用，但随着规模的扩大化，资本的必要性逐渐减小

市场风险最低资本———内部模型法内部模型法，本质上是尽可能考虑资产与负债的影响因素，以充分反映保险公司自身的风险特点。本文的思路是构建市场风险最低资本的内部模型，通过资产与负债的联合分布反映资产端与负债借鉴 Braun 等端之间的联动。本文为简化计算，假设资产与负债服从联合正态分布，进而使用 VaR 方法得到最低资本的显式解，这有助于与同样使用 VaR 方法的"偿二代"结果进行对比。本文将时间跨度设定为 1 年，置信水平 α 设定为99.5%。

资产端：

基于离散复利的情况，t=1 时刻的资产价值可以表述为：

$$\widetilde{A}_1 = A_0(1 + \widetilde{r}_A) \qquad (4)$$

其中，$\widetilde{A}_1$ false 表示 t=1 时刻资产的随机市场价值；A_0 false 表示 t=0 时刻资产的确定市场价值；$\widetilde{r}_A$ false 表示从 t=0 到 t=1 时刻投资组合的随机收益率，即：

$$\widetilde{r}_A = \sum_{i=1}^{n} w_i \widetilde{r}_i = w'R \qquad (5)$$

其中，w_i false 表示组合中第 i 类资产的权重；w' false 是投资组合的权重向量；$\tilde{r}_A$ false 表示从 t=0 到 t=1 时刻第 i 类资产的收益率，根据联合正态分布假设 $\tilde{r}_i \sim N(\mu_i, \sigma_i)$ false；R 表示资产收益的随机向量；n 表示这个组合中资产种类的数量。因此，投资组合的收益率也服从正态分布：$\tilde{r}_A \sim N(\mu_A, \sigma_A)$ false，这里有：

$$\mu_A = E[\tilde{r}_A] = E[\sum_{i=1}^{n} w_i \tilde{r}_i] = \sum_{i=1}^{n} w_i \mu_i = w'M$$

$$\sigma_A^2 = Var[\tilde{r}_A] = Var[\sum_{i=1}^{n} w_i \tilde{r}_i] = \sum_{i=1}^{n}\sum_{j=1}^{n} w_i w_j p_{ij} \sigma_i \sigma_j = w'\sum w$$

其中，M 表示收益率的均值向量；ρ_{ij} 表示第 i 和第 j 类资产的相关系数；Σ 表示收益率的方差—协方差矩阵。于是，t=1 时刻资产价值的分布可以完全由其一阶和二阶中心矩来确定。）

三、人的要素很重要：

即保险业务的经营，有赖于积极的招揽活动，以广募并签订大量良质契约（即保单）（2018 与 2019 年月度保费对比图）

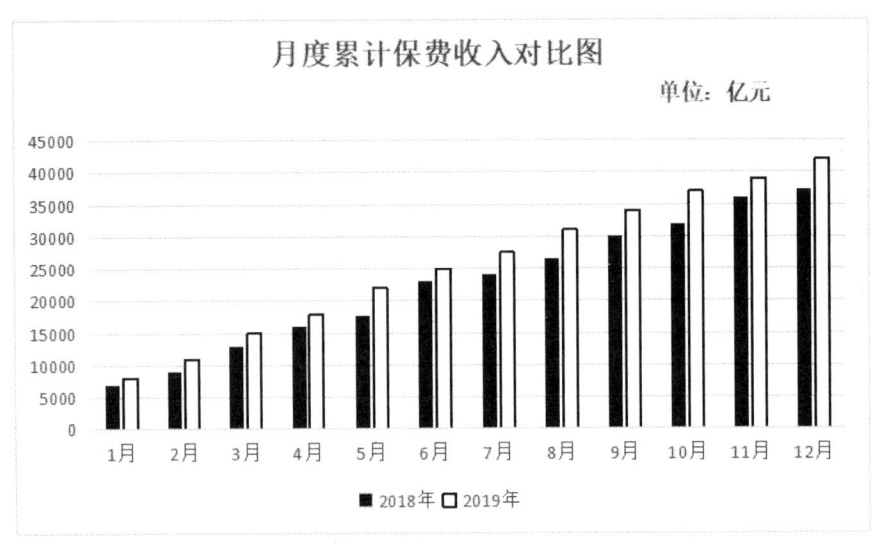

保险业 2019 年人力资源发展综合指数为 121，相较于 2018 年的 116 有明显增长。从数据子维度看，从业人员规模指标 140.5，较上年增长 16.4，表明职工人数和营销员（含代理人）人数均有较大增长；从业人员素质指标 94.9，较上年降低 0.5，从业者整体技术职称取得无变化，学历水平略有降低；人力资源效能指标 140.1，较上年增长 8.6，人均保费、薪酬水平和人力成本控制均保持稳定发展；人力发展潜力指标 103.1，较上年降低 4.6，培训费用相对投入减少，敬业度水平降低。通过对过去三年行业人力资源指数的分析，连续三年保持增长，截至 2018 年总体增长 21 个百分点，但年度增长趋势有所放缓。报告通过大数据分析，集中对中国保险行业人力资源领域组织架构、员工结构、职业发展、人才需求、人才更迭与流动、人才激励、绩效管理、人才培训、文化驱动力等 9 大模块进行现状研究，并结合数据反映的问题对未来各领域的发展趋势和优化方向提出建议。值得一提的是，数据显示行业从业者留存意愿有所增长，保险业吸引力增强，在人才吸引与保留方面存有优势，82% 参与调研的从业者认为，保险行业非常有吸引力，同时 65% 的人员在调研中表示，会长期留在保险行业。但行业需求最旺盛的前五类人群仍然聚焦在：销售、精算、信息技术开发、业务管理、核保管理等专业领域。

四、积累的资金日益壮大：

保险事业的累积资金具有不断增多，规模不断扩大的倾向。

2019 年四季度末，保险公司总资产 20.6 万亿元，较年初增加 2.2 万亿，增长 12.2%。其中，产险公司总资产 2.3 万亿元，较年初下降 2.3%；人身险公司总资产 17 万亿元，较年初增长 16.1%；再保险公司总资产 4，261 万亿元，较年初增长 16.8%；保险资产管理公司总资产 641 亿元，较年初增长 15.0%。

五、具有高度的公共性

（一）巨灾风险的公共性分析

公共产品的经典定义由萨缪尔森于 1954 年在《公共支出纯理论》一文中提出。在该文中，萨缪尔森指出，"集体消费产品是指这样一种产品，每个人对这种产品的消费都不会导致其他人对该产品消费的减少"。从理论上来说，界定一种产品或服务是否为公共产品，要看其是否具备两个特征：非排他性和消费的非竞争性。所谓非排他性是指只要有人提供了公共产品，不论其意愿如何都不能排除其他人对该产品的消费。若想排除其他人从公共产品的提供中受益，或者在技术上是不可行或极其困难的，或者排除的成本过于昂贵而缺乏可行性。所谓消费的非竞争性是指某物品在增加一个消费者时，边际成本为零，即在公共产品数量一定的情况下，将其多分配给一个消费者的边际成本为零。这并不意味着多提供一单位公共产品的边际成本也为零，在这种情况下，多提供一单位的公共产品的边际成本同其他产品一样是正的，因为公共产品的提供同样耗费了有限的资源。依据以上两个标准，社会产品可以区分为三大类，即私人产品、公共产品与准公共产品。私人产品是指消费者支付了一定的费用就取得其所有权，并具有排斥他人消费的物品与服务。公共产品是指由政府免费或低费用提供给消费者所使用的物品与服务。准公共产品是指公共性与私有性两者兼备，介于公共产品与私人产品之间的物品与服务。应指出，从严格意义上来说，上述两个特征的规定不是绝对的，它们都有赖于技术条件和具体环境。

在确定一种物品是否为公共产品时，必须考虑受益者人数及能否将这些受益者排除在该物品的享用之外。当受益者人数众多且排除任何一个受益者在技术上不可行时，该物品就可视为公共产品。具体讲包含三层含义：一是任何人都不可能不让别人消费它，即使有些人有心独占对它的消费，但在技术上是不可行的或成本过高得不偿失；二是任何人自己都不得不消费它，即使有些人可能不情愿，但却无法对它加以拒绝；三是任何人都可以恰好消费相同的数量。刘诗白把社会主义市场经济中的公共品及其生产特征归为：（1）产品具有满足共同需要，特别是社会公共需要的性质；（2）在生产与提供中发挥机构、团体，特别是政府的职能和依靠财政资金；（3）动员社会力量，充分运用市场机制；（4）实行公共参与决策。同时，他认为公共产品是一种超越市场决定但又利用了市场力量的生产机制，是社会主义市场经济体制下国民经济的重要组成部分，它既弥补在满足公共需要上的市场失灵，又能促进私人产品生产的发展。以上的理论为分析巨灾风险的属性提供了理论基础。首先，巨灾风险是一个只能带来负效用的产品，其供给主体是大自然，消费主体是社会各群体。巨灾风险的供给具有不可抗拒性，社会对其消费具有强制性。尽管社会对巨灾风险唯恐避之而不及，但往往对其发生又束手无策，人们只能采取措施减少由于巨灾风险而产生的负效用，但不能消除它的供给。因此，巨灾风险的供给与需求既不存在排他性又不存在竞争性。其次，巨灾风险所产生的影响巨大、覆盖面很广。如1998年洪水造成我国共有29个省（自治区、直辖市）遭受了不同程度的洪涝灾害，据统计，农田受灾面积2,229万公顷（3.34亿亩），成灾面积1,378万公顷（2.07亿亩），直接经济损失2,551亿元；2008年初发生的我国南方大面积冰冻灾害，据民政部估计直接经济损失约1,516亿元，全国21个省（自治区、直辖市）受到不同程度的影响，造成交通、电力等众多行业的重大损失。因此，不论从经济的角度还是从社会的角度，巨灾风险都是一种公共产品，而巨灾风险管理和巨灾保险也因此具有很强的公共性。

（二）巨灾保险发展模式分析

巨灾保险作为非工程性风险管理的重要手段，它具有公共性的特点。那么公共产品应由政府提供还是私人提供呢？从休谟、斯密、到庇古、萨缪尔森等，一个基本的分析框架就是公共产品必须由国家提供，原因在于市场提供没有效率。

凯恩斯主义者也认为，公共产品的非排他性和非竞争性特征，决定了通过市场方式提供是不可能的或者成本是高昂的，并且在规模经济上缺乏效率。但从二十世纪 70 年代以来，一些主张自由主义的经济学家开始否认政府作为公共产品唯一供给者的合理性。如德姆塞茨以及科斯等人认为政府作为一种制度安排，如同市场制度一样，属于内生变量，其自身的运行以及向公众提供公共产品同样存在交易成本问题。一方面，由于政府系统缺乏明确的绩效评估制度，其成本和效率较私人部门难以测量。另一方面，官员也是理性的"经济人"，公共产品的政府供给中也难免存在特殊利益集团的"寻租"现象。因此，政府提供公共产品容易导致种种"政策失败"，其交易成本甚至比市场制度昂贵，相反，如果加强竞争将会提高政府的效率，使资源得到充分利用。虽然公共产品供给理论上存在着重大的争议，但政府作为公共产品供给主体，无论在历史上还是在现在都占据了重要的、主导性的地位。分析原因主要有两个方面：首先，从公共产品的特征角度而言，公共产品，尤其是普适性强的公共产品，一般具有成本高、规模大、周期长、收益低等特点；对于这类公共产品的供给，市场机制出现失灵，不易将免费搭车者排除在外，难以满足成本——收益对称的市场激励原则，因此，私人企业没有激励或者没有能力来投身于公共产品供给活动。其次，从政府的特征角度而言，政府具有强制性和普遍性，即拥有巨大的"暴力潜能"和动员大量社会资源的能力，同时具有广泛的社会代表性，因此，有能力、有条件来从事具有非排他性、非竞争性和具有规模经济优势的非营利公共产品的供给活动。基于这种理论的支撑，考察世界各主要国家，其巨灾保险的运行无处不存在着政府的影子，而且，在巨灾保险的制度建设中政府功能往往起着重要的主导作用。许多国家通过立法程序将巨灾保险以法律形式明确，规定部分巨灾风险必须进行强制保险，当强制保险和其他辅助补偿方式仍不足以赔偿所有的巨灾损失时，政府有责任和义务承担不足部分的巨灾赔偿责任。如挪威法律规定山体滑坡、洪水、暴风雨、地震和火山爆发等五种自然灾害作为财产保险的扩展责任，属于强制保险，其保费附加在所有售出的火险保单之中。日本巨灾保险体系也是在政府主导和政府财政支持下运行的。日本政府于 1966 年颁布地震保险法，要求住宅必须对地震、火山爆发、海啸等自然灾害投保，并逐步建立政府和商业保险公司共同合作的地震保险制度。美国部分州实行强制性的洪水保险。土耳其政府也通过立法，要求所有登记的城市住宅必须投保强制性地震保险，并建立国家巨灾准备金，以降低巨灾导致的政府财务风险。

自 1979 年起，我国逐步恢复国内保险业务。1980~1955 年期间，我国企事业单位的财产保险、机动车辆保险、船舶保险、货物运输保险的责任范围均包含了洪水、地震等巨灾风险，同时，居民家庭财产保险的保障范围中包括了各类巨灾风险。但从 1995 年开始，我国保险行业监督管理机构从控制和防范保险公司经营风险的角度出发，要求保险公司停办地震保险，因此，我国保险业提供的各类企业财产保险和家庭财产保险中均将地震风险列为除外责任。尽管目前国内商业保险公司将部分巨灾事故列为保险责任，但是由于面向的范围较窄，还不足以发挥巨灾保险的功能和作用。因此，在我国巨灾保险体系的建设中，政府既不参与也不干预，完全依赖各个保险公司的意愿经营。随着 2008 年中国南方雪灾和四川大地震的发生，凸显出了我国巨灾保险制度的缺失，也凸显了政府在巨灾保险体系建设中的缺位。因此，我国建立政府主导下的巨灾保险体系就显得格外迫切。

第二章　保险公司经营的原则

一、危险大量原则

保险的合理经营在于获得订立大量的优质契约，大量契约的签订不仅能产生保险经营的收入，且由于大数法则的作用，将使危险发生的实际情形，更加接近实际预定计算之效果，收支平衡，经营的基础越稳危险大量原则又称"大数定律"或"平均法则"。人们在长期的实践中发现，在随机现象的大量重复中往往出现几乎必然的规律，即大数法则。概率论的大数法则是保险人计算保险费率的基础，只有承保大量的风险单位，大数法则才能显示其作用。此法则的意义是：风险单位数量愈多实际损失的结果会愈接近从无限单位数量得出的预期损失可能的结果。据此，保险人就可以比较精确的预测危险，合理的厘定保险费率，使在保险期限内收取的保险费和损失赔偿及其它费用开支相平衡。保险公司正是利用在个别情形下存在的不确定性将在大数中消失的这种规则性，来分析承保标的发生损失的相对稳定性。按照大数法则，保险公司承保的每类标的数目必须足够大，否则，缺少一定的数量基础，就不能产生所需要的数量规律。但是，任何一家保险公司都有它的局限性，即承保的具有同一风险性质的单位是有限的，这就需要通过再保险来扩大风险单位及风险分散面。大数定律说明了大量的随机现象由于偶然性相互抵消而呈现出某种必然数量规律，作为保险业经营的一个重要数理基础，大数定律对于指导保险公司费率制定、确定最低保单数及降低每个保险人的平均危险值等方面，都起着重要作用。

二、危险同质性的原则

指保险的业务经验，不仅要订立大量良质契约，更应将所承受危险单位的性质尽量相同，以期获得大数法则作用于危险平均化及符合统计性法则。

保险业的资产同质性风险主要表现为：资产管理和风险管理领域与银行及基金公司等金融机构的服务出现趋同竞争、大型银行向保险业务的渗透等；当然，同质性同时向保险业展示了向更广阔的金融市场扩张的难得机遇。

（一）保险业内部功能整合

内部功能整合的思想可以在"功能主义"（Functional Perspective）观点中找到注脚，也是基于"客户中心主义"的营销理念，通过多样化金融产品与服务满足消费者的差异化需求。几乎所有的寿险产品都有替代品：传统的含有现金价值的寿险产品与银行储蓄的同质，分红、万能（变额万能）险与有价证券（如基金、债券等）的同质，投资连结产品与证券投资基金的同质等等。一旦寿险产品的费率或者保障功能让消费者认为物非所值，他们就会立即转向替代品。因此，特别是对于大型保险公司，可考虑将产、寿、再保险功能横向整合，在产品设计、管理咨询与销售纵向分工，以及在技术、财务、风险敏感等方面获得竞争优势。其中，技术协同体现在以相似的核心技术为基础，进行产品的开发与经营管理，共享客户资源，形成范围经济；财务协同则表现为同质性资产在税法、会计处理、惯例及证券交易等内在规律的作用下，通过业绩提高而产生的纯粹的财务效应；功能整合则形成优势互补的联动效应，降低同质性资产在分业状态下带有的易受生产周期、经济周期影响的脆弱性。

（二）组建以保险为中心的金融控股集团

从本质上讲，市场经济即分工经济，是基于"产品中心主义"的营销理念发展起来的经济理论，分工经营试图通过集中性生产增强企业竞争力，即使不具备外生比较优势，也能产生规模报酬递增效应。不可否认，金融资产的同质性正构造了批量生产的基础，模糊了传统的行业界限。1986 年 1 月，JP 摩根获准成为第 --家兼营证券、保险业务的商业银行；1992 年，日本出台了《金融改革法》，并在 1996 年底推出了"大爆炸"金融业改革计划；1999 年 11 月，美国《格拉斯 - 斯蒂格尔》废除、《金融服务现代化法案》的通过这些金融活动一步步拉开了全球金融混业的帷幕，在中国，它主要体现在：

（1）保险业与银行业混业的要求强烈：其一，储蓄型保险产品对银行储蓄的互相分流长久存在；其二，银行保险的合作日渐深入，如银行保险产品、银行参与保险公司的索赔清算、保单质押贷款、保险资金投向银行协议存款等。

（2）市场利率风险促使相当部分的寿险公司开发出兼具保险和证券投资特点的变额寿险和变额年金（实质为附加死亡保障的共同基金）；精算技术在产品中

的核心地位被削弱，寿险公司转向以投资管理和咨询服务为主的金融中介领域，为个人或机构投资者管理资产混业趋势在监管松弛的环境下逐渐显现。

（3）寿险资金（及养老金）所具有的长期性、稳定性与规模性优势可以为资本市场提供长期发展需要的资金注入。20 世纪 90 年代末，国外许多保险公司收购了资产管理公司，开始发展资产管理事业，由此转型为金融服务公司。考虑到中国保险公司资产结构单一、中小型公司资产经营能力尚弱，偿付能力风险悬顶的现状，全能银行的形式操作风险过大，寿险公司组建以保险业务为中心的金融控股集团，在货币市场、资本市场与消费者之间形成资金通路，就能够聚集足够规模的资金对利润共享机制进行修习。

增强行业异质性。尽管资产同质性赋予金融机构资源共享的机会，但寿险公司必须保留其"个性"，保证行业存在的必要因素。

（三）强化纯保障型产品的中心地位

从第二部分的分析比较中可见，无论是现金价值保险还是投资型保险，都有可替代或可近似替代的其他金融产品，唯独纯保障型产品独树一帜。其实，"保障性"正是保险业诞生的初衷，并体现了其存续的独特本质。

浮躁的消费理念曾一度淡化了中国保险业的保障特质，导致在保险深度与密度都远低于世界平均水平的时期，投资型产品势头高高盖过保障型产品。这不仅对保险业的传统经营造成挑战，更引致其他金融机构的同质产品挤压，使稚嫩的中国保险业处境更加困难。唯有稳固了保障型产品的主导地位，才能奠定保险业长久经营的基石。

（四）为消费者提供更多的灵活性（flexibility）

得到消费者认可是企业的目标，考虑到不同风险暴露状况下消费者的不同需求，保险公司应该设计多样灵活的保险产品，增加保单持有人的参与度。对于需求，中国大陆寿险市场可以借鉴美国，后者事实上已经开发出许多适应宏观市场与微观需求的创新型险种，如采用新货币利率机制（new money interest crediting mechanism）的万能寿险，在利率较高的市场环境下具有诱人的未来价值预期；当期假设保险（curent assumption insurance）的保单价值调整基于保险公司对未来的预期，对保险公司预期宏观政策、资本市场及未来投资收益、经营状况的判断能力要求很高；指数型终身寿险的保额随着物价指数的变化而变动，在通胀预期时，可抵御物价上涨的风险，等等。灵活性则主要体现为让保单持有人参与到对自己保单的选择与管理中来，不同程度地与保险公司共享投资收益、共担费用率死亡率与投资率风险。例如，针对现金价值保单，设计出提高保单贷款利率与赋予保单持有人更高的红利相结合的保险方案；赋予指数型终身寿险保单持有人选择从投保初始就通过提高保费的方式转嫁通货膨胀、货币资产贬值的风险，或每年根据物价指数作保费调整的权利等。

三、危险分散的原则

为了危险的平均化，并避免危险集中，巩固理论，以及增加保障，应设法分割危险，或分散契约的危险，所以将高额契约或危险较大的契约利用再保险或共同保险予以危险分散者。

保险如何分散风险？保险公司分散风险的方法现代保险运用概率论的方法计算保险费率要求有足够的空间容最和时间跨度。因此，保险分散风险就包含了两层意思：（1）空间上分散；（2）时间上分散。从时间上分散来看，分摊经济损失补偿就带有预提分担金的因素。否则，保险不能满足时间上分散的要求。预提而尚未赔偿或给付出去的分摊金则必然形成积蓄。保险这种以保险费的形式预提分摊金并把它积蓄下来。保险达到时间上分散风险的机能，就是保险的积蓄保险基金职能。可以说现代保险如果没有这一职能，就不能正常维系和发展保险分配关系。从概念的内涵上可以看出积蓄保险基金是为了达到时间上分散危险，可见，该职能是由保险的基本职能之一——分散风险职能派生而来。

　　该职能也是保险分配关系提出的要求。保险分散风险的经济性质表现为保险费的分担，而参加保险者必然要求尽可能减轻保费负担而获得同样的保险保障。因此，他们必然要比较相互间的风险，保险以期尽力消除导致风险发生的不利因素，达到减少损失和减轻负担的目的。保险的这种功能，就是管控风险职能。管控风险是在行会合作保险和相互保险的会员之间发生的事，到了商业保险，保险则在保险人与被保险人之间进行。比如船舶保险，投保的船舶必须适航，不适航不保；保险已经投保了，但违反适航条件的不赔。再如保险的诚信原则也是为了管控风险。可见，保险的管控风险职能是客观存在的。

四、保费合理的原则

　　保险费率的合理计算，为现代保险的特征，即在计算上为求负担公平，除须根据危险率及各种费用，还应注意保险费率计算公平性与适当性两项主要原则。

　　保费是保险公司为承担保险责任向被保险人收取的费用。非寿险精算学的一个重要任务就是建立科学的保费计算原理和保费计算方法，这两者直接影响到保险公司经营管理的全过程。保费计算也称为保险定价，通常包括费率厘定和设定保险产品价格两个方面。费率厘定一般分为三种，即经验费率厘定、分类费率厘定和个体费率厘定。经验费率厘定是基于被保险人的损失情况厘定纯保费，分为未来法和过去法两种。未来法是保险公司根据过去保单年度内获得的经验损失确定未来年度的风险纯保费；过去法是根据当前（或指定）保单年度内获取的经验损失数据来确定当前（或指定）保单年度内的风险纯保费。分类费率厘定是指对不同类型的被保险人厘定不同级别的费率。精算师将具有相同风险的被保险人归为一个风险群体，不同风险群体的损失概率、损失程度、风险成本等风险特征都不相同，针对不同的风险群体确定相应的费率。个体费率厘定是保险公司在分类厘定的基础上，将风险成本在各个成员中进行更准确的分摊，落实到不同的投保人，则通过核保等环节对每一风险标的之风险信息和特征进一步深入地审核和评估，厘定出一个更加准确合理的费率，其目的是使保费在各成员中进行更准确的分摊，激励每一成员主动进行自我风险控制。

保险实质上是一个风险转移的过程，面对未来不确定的损失（风险）时，投保人购买保险合同将其中的一部分风险转移给保险公司。通常情况下，投保人总希望用一定的保费购买其认为"最优"的保险。假设风险为 X，可以看成是定义在概率空间（n，F，Pr）上的一个随机变量，投保人以 P 的价格，将风险的一部分 I（X）转移给保险公司。I（X）通常称为保险策略或保险覆盖函数，满足 $0 \leq I(x) \leq x$。记满足这个条件的所有保险策略的集合为 I。"最优保险"是指在风险最小或期望效用最大化意义下，从保险策略 I 集中找一个最优的解"I"。

五、保险理赔适当原则

保险理赔者即为保险理赔款的处理，保险理赔是否恰当，对于保险事业的经营有重大影响。

保险理赔。顾名思义，是对人财产安全的一种保障。随着人们生活水平和法律意识的提高，人们对保险理赔也是密切的关注。保险行业在当今的各行各业中也是占据了重要的位置，人们对保险也是有更高的认识度。保险行业在为人民提供便利的同时也存在了一系列的问题，下面将介绍现如今保险理赔存在的问题和面对问题我们应该有什么样的应对举措。

（一）保险理赔存在的问题

1.1 完善制度机制

从消费者的根本利益出发我国是一个社会主义国家，人民是国家的主人，国家的一切发展都是以人民为主。在中国特色社会主义国家里，只有保障广大人民的根本利益，才能为党和国家为社会主义的经济建设添砖加瓦。在人口众多的我国，各行各业都在蓬勃的发展，保险理赔行业也不例外。现如今人们在车险以及人身安全方面所投资的保险在整体上占据了很大的比重。保险在为人们提供便利的同时也存在着一些问题。在保险理赔的问题上经常会发生与消费者的保险纠纷。由于消费者自身的保险观念不强和保险理赔的保险方职责的缺失，经常会发生与消费者的纠纷，在一定程度上，不仅影响了保险单位的整体形象，还会让消费者对当今的保险行业的服务存在质疑，严重阻碍了保险理赔这一行业的顺利发展。

1.2 规范自身的体制

将保险理赔知识深入人心目前的市场秩序看似井井有条，在这样的现象背后则存在着许许多多的问题。在保险理赔当中，车辆的保险是最常见的保险之一。车辆的保险主要分为交强险和商业险，在人们的财产安全中起了重要的作用。当发生交通事故时，人们的车辆受到了损害，但是由于人们的法律意识不强，对保险的了解较少，没有及时的通知保险单位，致使自己的切身权益没有得到最大的保障。这在一定程度上意味着作为保险理赔的工作人员要加强人们的保险理赔知识，切实的将保险知识落到实处。这一问题也从侧面反映出当前我国的保险理赔服务职责的缺失，要想真正的保障广大人民的利益，在加强人们的理论观念的同时，也要加强自身的服务质量。做到一心一意为人民办实事真心真意为人民办好事，把人民的利益放在首位。

1.3 在新形势下加紧提高创新意识

受传统因素的影响，在众多的行业当中，一些行业的发展仍在遵循着老路，没有在根本上做到与时俱进。社会在发展，人类在进步。随着社会经济的发展，越来越多的新思想、新理念不断的深入人心。作为保险理赔这一服务行业，要想在众多行业当中脱颖而出，必须要转换新方法、新思路。才能在当今的行业当中占有一席之地。在出现问题时，要以多种角度进行解决问题。不要总是循规蹈矩，没有真正意义上的新思路。创新是推动保险行业发展的一大动力，近年来，我国在经济体制上、国家政策上、大致方针上都在力图创新，所以作为保险理赔这种新型的行业，也要跟上时代的脚步实现创新发展，创新是推动事物向前发展的活力源泉，进而使广大人民的利益得到最好的保障。

1.4 保险自身加强法制建设

规范自身的秩序在目前的市场经济条件下，加强市场秩序，增强法制观念是每个公民义不容辞的责任和义务。但在保险行业当中会出现一些市场秩序较差和业务处理不得当等一系列的问题。从投保人自身来说，投保人在签约时对保险的条款没有认真的审查，对不太明白的地方也没有过多的询问，在一定程度上就会为日后获得理赔款留下了隐患。从公司的业务员的角度来说，一些令人担忧的现象也时有发生。在众多的业务员当中一定会存在着素质较低的人员，当投保人在投保时在为顾客办理保单的时候，为了自己促成业务，在意识上误导顾客致使顾客的权益受到损害，公司的业务员故意隐瞒了事实的真相，致使被保险人在事故发生时没有使自己得到利益保障。从保险公司来说，保险的条款当中也存在着保险的条款内容不够严谨，致使保险人员和业务员对此没有太在意。在出现意外情况时会发生"理赔难"的现象。在一定程度上会有损公司的形象也会失去客户的信任。二针对存在的问题提出的相应的举措在保险理赔当中，会存在众多的问题，有问题存在就要及时的分析问题并解决问题。在投保时，作为单位的业务员要时刻的提醒投保人员要仔细查看条款上的详细说明。对于不懂或者不太明白的地方一定要详细的追问相关业务人员。作为业务人员也要给予详细的解释说明，以免发生事故时在日后的理赔出现不必要的纠纷。对于素质相对较低的业务员，只要加大对业务人员理论上的教育，使其自身要端正态度，为保险人提供最优质的服务。对于保险公司内部在加强业务员自身问题的同时，作为单位的自身也要加强自身的创新意识，要时刻密切地关注着经济发展形势，顺应时代的发展要求，为单位内部注入新的活力，促进企业的蓬勃发展。大力加强企业自身内部的建设，对监管的薄弱环节要进行实时的分析，提出适合性的建议，建立规范的市场秩序保护广大保险人的真正利益，让广大的保险人真正体会到保险给我们带来的福利。

六、投融资多样化原则

在资金运用的运用方面，应当密切关注投资的四项原则，即是安全性、收益性、流动性以及公共性。

（一）安全性原则

安全性是指所有保险资产的可实现价值不得少于其总负债的价值，也就是说要保证保险投资资金的足额返还，以保证保险人的偿付能力。保险投资的安全性原则是由保险资金的性质所决定的。保险资金的绝大部分是保险公司对全体被保险人的负债资金，即由全体被保险人缴纳保险费而形成的保险基金，最终要用于对被保险人的赔偿或给付。保险费率是以损失事件为基础，以大数法则作为计算依据的，因此无论从数量上看还是从时间上看，保险资金总量最终应与损失赔偿和保险给付的总量一致。所以保险资金的运用必须以安全返还为前提，否则会影响到保险经济补偿功能的实现，从而影响到保险公司经营的稳定以至社会的安定。

因此在保险投资的管理中，保证资金的安全性往往被放在众多考虑因素的第一位。需要着重指出的是，安全性原则是从保险投资的整体着眼的，强调安全性原则并不等于具体的每一个投资项目都必须绝对安全，实际上这既不可能也不必要。由于投资收益与投资风险成反比，凡是投资都必然会有一定的风险，而且风险越大收益越大。所以，在保险投资的总额中，有一部分资金投入风险较大的投资项目，即使发生投资损失，但只要在总体上能够确保保险资金的保值与增值，也是符合安全性原则的内在要求。因此，安全性原则是一种整体上的、广义上的、动态的原则，而并不是个体上、狭义上的、静态的原则。如果不能客观全面的来正确理解保险投资的安全性原则，就必然会束缚我们进行保险投资的手脚，使得保险投资由于过于保守而收益降低，反而不利于安全性原则的实现。保险投资的长期发展实践证实了一个简单的道理就是：没有收益或者收益过低的投资就是最大的不安全投资。

（二）增值性原则

增值性原则是指保险投资在满足安全性的前提下，要最大限度地来获取投资利润。盈利是保险投资的目的，没有盈利就没有保险投资。保险公司作为一种金融企业，追求盈利理所当然。在目前国内外保险行业承保利润日益减少甚至亏损的情况下，提高保险投资的盈利水平无疑就是保险公司生存与发展的基本条件。

而在现代保险业竞争日益激烈的情况下，保险投资的盈利大小就成为保险公司能否在竞争中获胜的重要条件。坚持营利性原则有利于保险公司增强自身实力，从而吸引更多的客户，实现保险经营的良性循环。

（三）流动性原则

流动性原则是由保险资金的运动特点所决定的。流动性是指在任何时期和合理的价格条件下，能够迅速获得现金以保证各种保险支付的需要，也可以说是保险投资项目的变现能力。保险资金具有负债的性质，它要以保险事件发生为条件而返还给被保险人，由于保险事件的发生具有随机性的特点，因此投资运用中的保险资金必须保持足够的流动性，以随时满足保险赔偿和给付的需要。而且，不同的保险业务，其保险事件不同，保险事件的发生规律也不相同。一般来说，财产保险通常都是短期的保险业务，保险事件发生的频率较高，这部分保险资金在运用时对流动性的要求就比较高；而人身保险特别是寿险业务，从保险费的最初缴纳到给付保险金，中间间隔数十年，因此这部分投资相对而言对流动性的要求就低一些。

同样，流动性原则绝非要求每一项投资均有较强的变现能力。保险人可以根据预先估计的现金流量表对投资结构进行合理安排，将一部分资金投资于流动性较强的资产，一部分资金投资于流动性相对较弱，也就是说变现能力相对较差的资产以获取较高的投资收益。这样就可以在获得较高收益的前提下，从总体上确保保险资金具有一定的流动性。

（四）匹配性原则

这一原则是保险投资的特定原则，这也是由保险资金来源的特殊性所决定的。

保险投资资金从总体上说绝大部分来自于保险准备金，不同形式的保险准备金影响着保险投资的结构和形式。例如：长期闲置的资金可以用于长期投资，以获得尽可能大的投资收益，而短期的资金来源所形成的短期负债，或者不能用于投资，或者只能进行短期投资。保险资金应该在保证安全性和流动性的前提下，投入到收益相对较高的项目。从保险公司的两种基本形式即人寿保险公司和财产保险公司来看，因其经营业务不同，它们的资金来源结构和特点也就存在着较大的差异。

一般而言，人寿保险公司的资金来源具有长期性与稳定性的特点，而财产保险公司的资金来源具有短期性和相对流动性的特点。所以，寿险公司和财险公司的保险基金来源与结构有着较大的差异，这就需要具体问题具体分析，针对不同负债性质的保险基金，采取与之相适应的投资形式与渠道，实现保险投资资金与投资项目的相匹配，这就是保险投资所特有的匹配性原则。

保险投资的安全性、增值性、流动性、匹配性四者之间既存在着矛盾，又相互关联。从总体上看，安全性和流动性是成正比的，流动性较强也就是说变现能力较强的资产，通常安全有保障、风险较小；流动性、安全性与营利性成反比，通常来说，流动性强安全性好的资产，盈利较低，反之则盈利较高。匹配性会限制保险投资的灵活性而影响流动性和营利性。保险投资应在保证安全性和流动性的前提下，根据资产和负债的匹配，追求最大限度的利润。匹配性影响着流动性和营利性，流动性是实现安全性的必要手段，安全性则是收益性的基础，在匹配性的基础上追求盈利是安全性和流动性的最终目标。

第三章　保险公司经营的保险机制与组织

保险组织大致可分为民营保险组织和公营保险组织

一、民营保险组织

民营保险住址主要分为个人保险组织、保险公司组织，及其他非营利保险组织。

（一）个人保险组织：

保险由个人经营，最初的保险业务都由个人承担，且大体上皆限于特定的保险部门。

个人保险组织就是自然人充当保险人的组织，比较少见，迄今为止只有英国伦敦的劳合社。职能：第一，搜集全世界的有关保险资料并对危险损失做出完整记录；

第二，帮助其成员处理理赔事务，监督各地区的救难与维修工作；

第三，为会员提供进行保险交易的场所；

第四，制定保险交易规则、仲裁纠纷、开发新险种，并为会员寄送保险单。

交易机制：劳合社的交易有严格的自律机制，类似于我们常见的股票交易所的形式。承保代理人集聚在交易大厅内，经纪人穿梭其间，向他们出售列明承保条件的承保合同，承保人如同意接受，在承保条上注明自己的认购份额，经纪人将所有份额售出后，开具正式保单，连同各承保人签名的承保条交至劳合社的管理处室——签单处，由签单处审核并代表所有承保人盖印，一笔保险交易即告成立。劳合社的保险经纪人拿着顾客的保单，到保单签发处进行审查。通过审查后，签发处将盖上印鉴，然后把保单交给承保会员，如承保会员同意受理，就给予签字，交易活动结束。

（二）保险公司组织组成

保险公司的组织只要有保险股份公司与保险相互公司：

2.1 保险股份公司

为营利保险为主要的企业型形态，是基于第三者立场与保险加入者订立保险契约，为追求利益为其经营目的，保险股份公司，以资本为主要的基础，其资本总额虽没有硬性规定，但仍有最低额限制。

保险股份公司是我国保险公司主要的组织形式，我国新成立的中资保险公司基本上采取这种组织形式。近年来由于世界股票市场不断壮大，使股份公司资本易于筹集的优势更加明显。因此我国保险公司组织的多元化应充分考虑这一组织形式。

（1）发起人应当达到法定人数。

《公司法》规定，设立股份有限公司应当有 5 个以上发起人，其中发起人中须有半数在中国境内有住所。

（2）公司全部资本分为等额股份。

（3）股东对公司负有限责任。

（4）公司的账目应当公开。

（5）公司的所有权与经营权分离。

2.2 保险股份公司的组织机构

1. 股东大会

（1）股份有限公司的股东大会是公司的最高权力机构，由股东构成。

（2）股东通过股东大会行使表决权，决定公司的重大事项。

2. 董事会

（1）董事会是股份有限公司的权力机关股东大会下设的常设业务执行机关，依法对公司进行管理。

（2）股份有限公司的董事会，由 5-19 名董事组成，董事由股东大会选举产生。

（3）董事会设董事长 1 人，副董事长 1-2 人，由董事会选举产生。

（4）董事长为公司的法定代表人，负责召集和主持董事会会议。

3. 经理

经理或称总经理由董事会聘任，对董事会负责，是董事会决议的具体的执行者。

4. 监事会

（1）监事会是公司经营管理的监督机构，股份有限公司必须设立监事会。

（2）监事会成员由股东大会选举产生和职工大会选举产生。

（3）监事会的职责是监督检查公司的经营管理情况。

股东会是公司的权力机构；董事会是公司的经营机构；监事会是公司的监督机构。为了保证股份保险公司的稳定经营，各国保险法律法规对其资本金的最低限额、高级管理人员，一般都有明确的规定。但其设立、组织机构、股份发行和转让等与其他股份有限公司相同，受公司法的管辖。

2.3 保险股份公司的特点

保险股份公司最早出现于荷兰，而后由于其组织较为严密健全，适合保险经营而逐渐为各国保险业普遍采用。其主要特点是：

（1）资本容易筹集，实行资本与经营分离的制度。

（2）经营效率较高，追求利润最大化。

（3）组织规模较大，方便吸引优秀人才。

（4）采取确定保费制，承保时保费成本确定不必事后补交。

2.4 保险相互公司

以社员的相互保险为目的的一种私法上的社团法人，非公益法人，也非营利性法人。凡共识成员必维护保险加入者，一方发生社员关系，他方发生保险关系，当保险关系终止时，社员资格消灭，相互公司最高权力机关为社员大会或社员代表大会。保险相互公司不以营利为目的，其经营方式须由社员出资，以支付创立费用或作为事业资金与担保资金，即为基金。

相互保险公司是指不发行股票、以保户互助的模式经营的保险公司。保户就是公司的所有者及投资者，因此不像一般保险公司有为股东追求短期获利的压力，反而可以专心于企业经营，以长期经营的观点，将获利分红给保户、增加资产、厚实自我的偿还能力。相对的，筹募资金较难是主要缺点。

相互保险公司的概念就是保险的起源。这种构想于 17 世纪晚期在英格兰萌芽，但真正出现则是 1752 年由本杰明·富兰克林在美国费城创立的"费城房屋火灾保险互助会"，这也是美国第一家产物保险业者，至今仍然存在。

目前世界多数国家有采用相互保险公司制度，部分则是规范以合作社架构经营。只是自 20 世纪 90 年代以来，部分相互保险公司为寻求资金稳定而走向"股份化"，转型成与一般公司无异的股份制企业。

相互保险起源于早期的海上保险，英国 1906 年《海上保险法》第 85 条规定，两方或两方以上彼此同意互相承保海上损失，称为相互保险。目前相互保险公司占全球保险市场的 2/5，在世界保险市场上与股份制保险公司并驾齐驱。各国法律都对相互保险公司这种保险业特有的组织形式进行了承认和规制。

相互保险公司是一个完全由投保人拥有的保险公司。其遵循的原则是团结和可持续性。其特征主要包括以下几点：

（1）所有权和经营权的一致性。

在相互保险公司中，投保人缴纳保费自动成为公司的会员，具有所有权，同时会员可以参与民主管理，具有经营权，所有权和经营权融为一体，避免出现经理为了谋取私利而损害组织利益的现象，这样就能为投保人即被保险人提供更优质的服务的同时，享有组织的经营盈余。

（2）设立的目的是为了分散风险，达到会员之间互助互益。

相互保险公司的设立不是以盈利为目的，而是为了分散风险，达到会员之间互助互益。投保人与组织利益的统一性使得相互保险组织和投保人都能够主动采取必要的风险预防和救灾减损措施，相互保险公司为投保人进行灾害预报、防灾和减灾指导。

（3）实行入会退会自由，民主管理。

会员自愿加入，会员的身份和权利随着保险合同的签订而取得，随着保险合同的终止而终止；会员通过会员大会或者会员代表大会对公司进行管理，会员有平等的选举权（一人一票）。

2.5 相互保险公司完善市场主体，培育市场健康发展

保险行业在 19 世纪末 20 世纪初爆发了一次相互化运动。在这次相互化运动中，很多股份制的保险公司转化为了相互制，很多新的保险公司都是以相互组织的形式成立的。

相互化运动（Mutualism Movement）：

保险相互化运动发生的原因可以归纳为以下三点：

第一，在保险市场还不够成熟、消费者的保险意识较弱时，由于相互保险公司的资金来源、运用渠道透明，便于监管，更容易被消费者所接受，成为当时颇受欢迎的一种形式。而且，在互助主义的影响下，有很多工会、宗教组织发起成立相互保险公司来保障组织成员的基本权益，因为相互保险公司的设立不受资金、投保人数量的限制，工会、宗教组织成立相互保险公司也很容易，成员之间也能更好地互帮互助。相互保险公司成功拓宽了保险市场，吸引很多稳定、低收入的家庭开始购买保险，到 1905 年时，美国寿险的保费收入就已经占了 5% 的GDP。

第二，在 20 世纪初时，保险公司的经营管理技术还不够先进，人寿股份保险公司在发展过程中暴露出的问题引起了重视。美国在 1906 年的阿姆斯特朗调查中指出，寿险业股份保险公司存在经营不健全、不诚实、业务员佣金过高、盈余分配不公、管理人员薪资过高的现象。而相互保险公司则不会出现这样的情况，大都会人寿保险公司创建于 1986 年，后于 1915 年转变为相互保险公司。到 20 世纪末，相互保险公司承保的非寿险业务占据了美国市场的 30%，寿险业务

则占到了 50%。下图 3.1 是 1929 年的一个关于相互保险公司的广告。这则广告清楚表明，美国第一家相互保险公司是成立于 1752 年，而到 1929 年时，保险市场 80% 以上的寿险公司都是相互保险公司。

第三，发展相互保险有助于保护本国资本。以加拿大为例，战后经济恢复期，为了避免加拿大保险公司都被国外企业控制，受到美国等国际保险公司的威胁，在国内产业的游说下，加拿大政府在 1957 年修改了《加拿大和英国保险公司法案》。修改后的法案要求必须是加拿大公民或者常住公民才能成为公司的董事会成员，同时禁止董事会将股份转让给别的国家。1959 年，Canada life、Sun life 相继在 1959 年和 1962 年进行了相互化。至此，相互化浪潮在加拿大保险市场上盛行一时。

相互化运动说明在保险市场发展的初级阶段，市场不成熟、消费者的保险意识较弱、保险公司经营管理技术不够先进时，相互保险公司是培育保险市场的有效手段。

启示：我国保险市场起步晚，正处于初级发展阶段，相对较落后，从 1980 年恢复保险业务以来，一直处于较低水平，保费收入仅占 GDP 的 3%-5%，同样存在市场不成熟、消费者保险意识较弱的现象。因此，在我国发展相互保险公司有助于培育、完善保险市场。

2.6 相互保险公司在全球化趋势中暴露出缺点

非相互化运动（Demutualism Movement）：

19 世纪 70 年代以来，新西兰的罗杰经济政策、美国的里根经济学、英国的撒切尔主义、澳大利亚的经济理性主义等，资本主义各个国家中新自由主义经济思潮受到极大的鼓舞，他们都提倡自由竞争的市场经济，建议放松监管，提倡私有化，甚至打压工会。

在保险市场全球化的趋势下，股份有限公司的强大融资能力使得他们在与相互保险组织的竞争中表现出强大的竞争力和扩张力。相互保险公司不得不开始对自身进行内部改革，保险市场中广泛出现了非相互化浪潮。大量的相互保险公司转化为股份保险公司，而美国的非相互化除了转化为股份制之外还可以转化为共同控股公司。

1947 年美国人寿保险市场上，相互保险公司业务量占据的市场份额达到了 69%，但到了 1962 年，这一业务量就已经下降到了 60%，到 1983 年跌倒 43%。但小型、区域性专业性的相互保险公司表现依旧强劲。

启示：相互保险公司自身存在的缺陷使其在全球化趋势下与股份制保险公司相比，处于劣势状态，其缺陷主要是在增资融资难、不易扩大规模、经营保守等方面。

但是，相互保险公司作为其中一种市场组织形式，能够与保险市场上的其他组织形式形成优势互补，共同促进保险市场的健康发展。对于相互保险公司融资难的问题，一些国家近期批准了相互保险组织发行类似股票的股份。

法国于 2014 年创建"相互票证"，便于相互保险公司和集团获取新的外部资本来源。这些票证可以发行给持有保单的成员以及外部投资者。这些票证能够按成员的意愿赚取股息，但没有年度大会的表决权，也不授予相互保险公司处理净资产的任何权益。

2015 年开始，英国允许相互保险公司向机构投资者以及当前成员或者客户发行递延型股份。该工具不可以转让，但可以由发行的相互保险公司赎回。无论投资规模，股份授予成员一票表决权。同样重要的是，非成员投资者不能参与相互保险公司合并或解散的相关投票决策。

我国可以在借鉴法国的"相互票证"、英国的递延型股份的基础上，提出适用于我国保险市场的股权型资本工具。相互保险公司未来会趋于利基市场再相互化（Remutualism）。近年来相互保险公司又表现出一定程度的复苏，尤其在 2008 年的金融危机之后。然而这并非是全面复苏，要达到先前的市场深度，仍有很长的路要走，尤其是在部分发达国家，去相互化过程对保险市场的结构产生了重大而深远的影响。但是，自金融危机爆发以来，相互保险公司保持强劲地增长，为有转变购买行为的消费者提供了选择。相互保险公司正再度迎来受欢迎的时期，这也引发一些集团的国际扩张，以及在某些市场成立新的相互保险公司。2011 年，欧洲议会制订了扶持相互组织的计划，肯定了相互保险在欧洲表现，同时也认为相互组织在未来可能会趋向利基市场，即选择需求尚未得到满足、有获利基础的市场，做专业化产品营销。首例再相互化的例子是发生在 2014 年，瑞典保险公司 Skandia 和芬兰的财险公司 Pohjola 决定重新采用相互保险结构，而其再相互化的原因是为了转变资本策略以缓解过重的银行监管压力。分析整个保险市场中相互保险公司再度复苏的原因主要有以下几点：

首先，相互保险公司经营稳健，具有低杠杆优势。不可否认金融危机爆发其中最重要的一个因素就是高杠杆的影响，许多金融机构为了牟取暴利采用 20-50 倍的杠杆操作，高杠杆在失控的情况下，最后就形成金融泡沫，乃至最后的金融危机。而相互保险因为不以营利为目的，更多地关注公司长远的发展，对准备金和盈余的投资不会过分追求，所以其经营也比较稳健。从投资资产的配置上看，债券的比重最大，占到了 60%，甚至 70% 以上，杠杆率较低。在金融危机爆发后的 5 年里，英国金融业损失高达 8，500 亿英镑，英国政府花了超过 1，120 亿英镑的救助金，但没有一家是相互保险公司或者相互社申请救助或破产。毫无疑问，相互保险对于稳定金融体系发挥了独特作用。

其次，相互保险公司趋向利基市场。为了更好地满足投保人的需求，相互保险公司细分市场，为特定的客户群提供更专业的服务。例如，新西兰农民相互集团（Farmers Mutual Group，FMG）虽然仅占整个保险市场份额的 5%，却在农村地区占领了 50% 的市场份额，靠的正是进行专业化经营。通过满足社员的需求、提供优质的咨询和服务，来建立客户忠诚度，提高公司的声誉，以此吸引更多的潜在客户。

最后，诸如温室效应、人口老龄化等社会问题的严重，为相互保险公司带来新的商机。温室效应的加剧，可能会带来洪水、干旱等与天气有关的灾害性事件，使得越来越多的投资者开始关注他们的投资行为是否具有社会责任，而相互保险组织一直以来都是以对社会负责的方式存在，这成为了相互保险组织新的竞争优势。

由于人口老龄化现象日益严重，有越来越多的国家放弃提供全民医疗保健。在法国，国家覆盖约77%的医疗费用，14%来自补充保险政策（无论是个人或集体），个人承担剩余部分。但近年来医疗费用持续增长，导致政府卫生预算出现巨额赤字，因此政府越来越期望通过保险来填补更多的医疗费用。这带给健康相互组织新的商机。法国的相互保险公司MGEN（La Mutuelle Générale de l'Education Nationale）与 Harmonie Mutuelle 达成战略联盟，共享资源，大力投资于新的活动和创新服务。重新焕发生命力的相互保险组织不仅关注协同合作和共享经济，而且注重社会创新发展、新社会网络的建立，支持新的经济举措。

启示：相互保险公司的再相互化体现了其固有的经营稳健和低杠杆的优势，为行业的稳定做出了重大贡献。随着相互保险公司发展日趋成熟，会逐步趋于利基市场，与股份保险公司形成互补、协调发展。

因此，相互保险公司的存在有利于我国保险市场的整体发展。当市场发展比较成熟后，可以填补股份保险公司不愿意涉及却供给严重不足的保险领域，促进保险市场专业化、差异化、特色化、多元化发展。此外，相互保险公司的社会责任还有助于解决一些社会问题。

2.7 相互保险公司的发展现状及存在的问题

1. 相互保险公司的发展现状

阳光农业相互保险公司是我国唯一一家相互保险公司，因此以阳光相互保险公司为例，研究相互保险公司在我国的发展现状。

2005年1月11日成立的阳光农业相互保险公司是在黑龙江农垦区，在14年的农业风险互助的基础上建立。人体经历四个发展阶段：种植业风雹基金、农业风险互助、农业互助保险和相互保险公司。

在经营业务方面：阳光农业相互保险公司以服务"三农"作为出发点和落脚点，按照"先农险、后商险，先局部、后放大"的原则，积极开展相互保险业务。除经营种植业和养殖业的农业保险外，还经营财产保险、短期健康保险、意外伤害保险责任保险、信用保险和保证保险等其他涉及农村、农民的财产保险业务，同时，还有上述业务的再保险业务。

在业务结构方面：2016年，实现保费收入为30.31亿元，比2015年的27.68亿元增长了9.5%。从险种结构所占比例看，农业保险与财产保险的比例结构由2006年的21：1转变为2013年的6：1。在财产保险中，车辆保险占比为66.95%；企业财产险占比12.43%；意外险约占11.66%；家财险、责任险占2.5%左右。

在经营模式方面：阳光农业相互保险公司建立了以总公司统一经营为主导，下设哈尔滨分公司和广东分公司，在齐齐哈尔、牡丹江、佳木斯、大庆、鸡西、鹤岗、黑河、绥化、建三江、九三地区设立11家支公司，并且以近百家保险社互助经营为基础，先由保险社承保，然后保险社与公司进行分保，通过在公司和保险社之间建立起共享收益、共担风险的机制，形成完善的保险体系。其组织机构如下图：

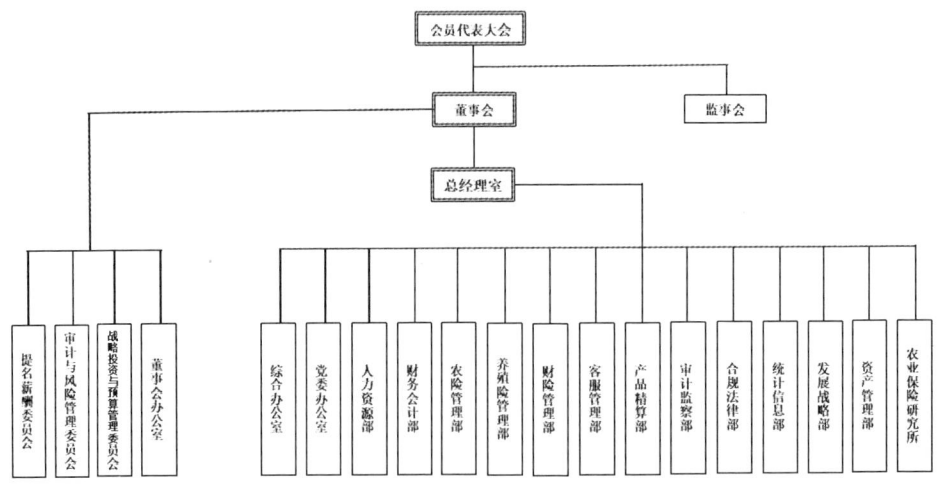

农业保险具有高风险、高赔付、成本高、利润低的特点，因此为了降低保费和保险公司的经营成本，国家给予农业保险各种补贴和优惠措施。黑龙江省地方和农垦地区农业保费对比如下表：

黑龙江省地方和农垦地区农业保险对比

区域	地方农险	农垦地区农险
保费（以玉米为例）农业保险具有高风险、高赔付、成本高、利润低的特点，因此为了降低保费和保险公司的经营成本，国家给予农业保险各种补贴和优惠措施。黑龙江省地方和农垦地区农业保费对比如下表	每亩15元	每亩40、45、50元不等
中央财政补贴比例	40%	65%
省财政补贴比例	25%	无
县财政补贴比例	15%	无
北大荒农业股份有限公司补贴比例	无	10%
农户承担比例	20%	25%
保险金额（以玉米为例）	最高保额145元/亩，不能覆盖物化成本	相应保额为390、440、490元，最高档可覆盖

2.8 资金来源与运用渠道单一成为制约相互保险公司发展的因素

因为农业保险的特殊性，所以阳光农业相互保险公司在经营农业保险时需要政府的财政补贴，因而会出现政府补贴不到位、不完善的情况。如果不经营农业保险，则相互保险公司与股份保险公司在经营上没有很大的区别，也不需要政府的补贴。此外，为了确保相互保险公司的稳定经营，应该稳健选择投资渠道，所以，我国在今后发展相互保险公司时存在的主要问题是资金来源渠道单一。

相互保险公司的资金来源主要是保费收入和借贷。通过保费收入不足以满足公司发展的资金需求时，还可以通过借贷的方式借入资金。但是相互保险公司的借贷渠道和规模也非常有限，同时不能像股份有限公司似的通过上市融资的方式募集资金，限制了阳光农业相互保险公司的发展。

2.9 相互保险公司缺乏确保成员有效参与管理的机制

此外，相互保险公司在实际运营过程中，容易忽视成员参与度。相互保险公司一般采用"一人一票"的民主机制，因此成员都是公司的决策者。但在实践中，因为相互保险公司允许"代理表决"，所以持有保单的普通成员对公司的影响能力非常有限。随着相互保险公司的发展，最大的挑战之一就是在保持与成员目标一致的同时管理复杂的公司实体，随着规模的增长，相互保险公司原有的社会责任可能会脱离其战略和商业目标。

2.10 相互保险公司与股份保险公司的区别

两者都是公司化的治理结构，在世界保险行业中是最主要的两种组织形式，也曾出现相互转化的情况，随着保险行业的不断完善，这两者之间的差异越来越小，其不同主要表现在以下几方面：

首先，在会员人数较少的相互保险公司中，所有会员全部参与公司经营管理。但是，对于会员人数太多的相互保险公司允许选举出会员代表，由会员代表对公司进行经营管理。因此，两种组织形式在控制权上的差别不大，其中较大的差别是在选举原则方面，股份保险公司实行一股一票，而相互保险公司是一人一票。

其次，相互保险公司不以营利为目的，其经营目标是为投保人提供低成本的保险服务，更注重的是公司的长远发展。股份保险公司则是以盈利为目标的，更多的是关注短期盈利，如投保人的利益、最大化的回报股权投资者和提高股票价格。

最后，相互保险公司和股份保险公司之间的区别还在于他们在处理代理问题的能力不同。管理自主权假说认为，在控制所有人和投保人的利益冲突上，相互保险公司要优于股份保险公司，因为相互保险公司的所有人就是投保人。但是在控制所有人和管理人的利益冲突上，股份保险公司要优于相互保险公司，因为相互保险公司不能像股份公司一样有效的利用配股和股票期权的方法来激励管理者努力工作。而管理者会利用自己在相互保险公司中的地位，以牺牲其他债券持有人的利益来获取个人利益。

（三）其他非盈利保险组织

3.1 相互保险社

社员即为保险加入者，所有赔偿方面所需要的款项以及管理方面的开销都由社员共同分担，各社员应负担的金额称为分担额。

相互保险社是由一些对某种危险有同一保障要求的人为了应付自然灾害或意

外事故造成的经济损失而自愿结合起来的集体组织，当其中某个成员遭受损失时，由其余成员共同分担。

它是原始的相互组织形式，其保单持有人即为社员，社员不分保额大小均有相等的投票选举权。通常设一专职或兼职受领薪金的负责人处理业务并管理社内事务。其保费的收取采取赋课方式即出险后由社员分担缴纳。目前相互保险社在欧美仍普遍存在。

相互保险社是同一行业的人员，为了应付自然灾害和意外事故造成的经济损失而自愿结合起来的集体组织。相互保险社具有以下特征：

（1）参加相互保险社的成员之间互相提供保险，真正体现了"我为人人，人人为我"。

（2）相互保险社无股本，其经营资本的真正来源仅为社员缴纳的分担金。

（3）相互保险社保险费采用事后分摊制，事先并不确定。

（4）相互保险社的最高管理机构是社员选举出来的管理委员会。

3.2 设立相互保险社的必要性

相互保险社为会员提供保险保障，构建社会主义和谐社会是我国长期的历史任务，保险业在构建社会主义和谐社会中起着独特的作用。保险作为一种分散风险的机制，使遭受损失的个人、家庭和企业能得到及时的经济补偿，为社会经济的平稳运行提供了保障。2014年8月发布的"新国十条"提出到2020年，保险成为政府、企业、居民风险管理和财富管理的基本手段，成为提高保障水平和保障质量的重要渠道，成为政府改进公共服务、加强社会管理的有效工具。

相互保险社在为会员提供保险保障的同时，也充分保障了社会和企业的稳定和谐，体现在：相互保险社除了可以发挥一般保险公司的保险保障功能外，更由于其秉承"同舟共济、互惠互利"的经营原则，以建立广泛地分享群体和更长久的发展战略为宗旨，可以成为社会和企业发展的稳定器。

3.3 相互保险社是保险服务供给侧改革的积极探索

"十二五"期间，国内保险市场活力被不断激发，在保险行业快速增长的背景下，保险市场的供需关系依然存在一定程度的矛盾。第一，在保险产品的供给方面，随着市场竞争的日趋激烈，中小型险企为了争夺更高的市场份额与保费规模，多主打短期理财型产品，以较高的产品收益而不是保险保障利益迅速吸引消费者的注意力。在产品创新上缺乏突破，以分红、万能、投连险为代表的理财型产品保费收入占比不断提高，消费者的保障需求无法被满足，而被引导成理财需求，以致传统保障型产品的市场发展受到限制。第二，从保险服务质量来看，目前商业保险市场，从承保环节开始，客户服务信息传递便存在递减，因此客户难以清晰地了解保险产品的实际保障和责任归属；而在理赔环节，繁琐的理赔材料要求和理赔程序，客户往往会处于理赔难的困境之中，导致行业整体服务水平无法满足广大人民群众对人身风险保障的服务需求。

在消费者面临保险产品与服务供给无法满足自身需求的情况下，相互保险社能更好地解决消费者的痛点。第一，在产品方面，具有低成本和风险共担、互惠互利特色的相互保险模式，将能够满足大多数会员对人身保险的基础保障需求，而根据会员需求进行保险方案和产品的灵活配置，也能够使互助群体共享保障红利。此外，非营利性的特性使得会员间更容易形成信任共同体，规避市场道德风险，从而更加便利的实现个人风险需求的转移。第二，在服务方面，相互保险社因其客户同时也是公司的所有者，可以较好地实现客户与公司的利益一致，从经营理念和流程设计上较好地规避销售误导和理赔流程繁琐等现象。客户对保险保障服务质量的提升诉求，将通过相互保险社的会员参与公司治理而得到较好解决，商业保险市场的服务差、服务难等痛点将在相互保险社的经营中迎刃而解。

2016 年 6 月，中国保监会正式批准众惠财产相互保险社、汇友建工财产相互保险社和信美人寿相互保险社筹建，标志着相互保险这一国际传统、主流的保险组织形式即将在我国开启新一轮实践探索，我国多层次保险市场体系建设迈出了全新步伐。

从筹建方案来看，上述相互保险组织均遵循"互助共济、风险共担"的核心理念，注重发挥相互保险的独特优势，致力于在当前国家亟需的小微企业、建筑企业金融服务以及特定群体养老健康保障等方面发挥积极作用，总体呈现出"小而美、小而精、小而优"的鲜明特征，对于推进保险供给侧结构性改革、促进普惠金融发展、完善多层次保险市场体系等方面具有重要意义。

3.4 设立相互保险社的可行性

监管政策为相互保险社设立提供了基础。2014 年 8 月，国务院发布的《国务院关于加快发展现代保险服务业的若干意见》（"新国十条"）提出，要使现代保险服务业成为健全金融体系的支柱力量、改善民生保障的有力支撑、创新社会管理的有效机制、促进经济提质增效升级的高效引擎和转变政府职能的重要抓手。随着"新国十条"的逐步贯彻落实，2015 年 1 月保监会《相互保险组织监管试行办法》的出台，相互保险在国内保险市场上逐渐成为热点，有关相互保险的政策在不断完善。

近年来，国务院文件多次提出加快发展相互保险，充分挖掘其中蕴藏的巨大发展潜力和社会效用。相互保险是全球保险市场体系的重要组成部分，具有独特的发展活力和竞争优势，有望成为保险业增长的新引擎，可以提供简便灵活的保险服务，从而扩大保险覆盖面，提升服务经济社会能力。发展相互保险，是保险业落实"大众创业、万众创新"战略的重要举措。国家支持相互保险发展的若干政策为相互保险社设立提供了基础。

3.5 相互保险社设立具有法律可行性

首先，根据《保险法》第六条，"保险业务由依照本法设立的保险公司以及法律、行政法规规定的其他保险组织经营，其他单位和个人不得经营保险业务"，即经营保险业务的组织仅包括以下两类，一是依据《保险法》设立的保险公司，二是法律、行政法规规定的非公司性质的其他组织。虽然根据现行《公司法》，相互保险组织由于没有注册资本等因素，无法归入"公司"的范畴，但保监会出台的《相互保险组织监管试行办法》明确了相互保险组织可以提供保险服务，而《相互保险组织监管试行办法》属于行政法规，因此，相互保险公司在法律地位上可以界定为"行政法规规定的其他保险组织"，符合《保险法》第六条关于保险人主体的要求，设立相互保险公司从法律实体角度存在可行性。

其次，2016 年 5 月，中国保监会第 6 次主席办公会议审议通过了众惠财产、汇友建工和信美人寿等三家相互保险社的筹建申请，这意味着设立相互保险社在法律实践层面具有可行性。

3.6 "互联网 +" 是相互保险社业务快速发展的助推器

互联网拓展了保险行业的发展空间，提高了行业风险定价和管理能力，优化了行业销售模式，实现了精准营销，提升了行业客服水平，为保险业的发展创造了新的机遇。可以灵活应用 "互联网 +" 进行保险模式及产品创新，成为互联网保险市场快速发展的参与者与贡献者。

3.7 相互保险在中国的前景预测

1. 中国拥有适合相互保险生存发展的土壤

研究分析表明，我国目前保险的社会认知程度仍有待大力提升，市场的竞争仍需大力规范，对投保人的保护仍需加强，其阶段的发展特点非常类似于美国保险市场在上世纪初相互保险快速发展的市场环境。

2. 国内缺乏足够的数据

巨灾债券的发行需要大量的数据来支持其相关的定价，但是目前国内并不具备充足的数据，现有的数据过于笼统和陈旧，对证券的设计工作是极为不利的。此外，我国幅员辽阔、地理环境复杂、灾难频发，加之我国数据统计的技术落后，有关农业信息的更新速度无法适应瞬息万变的资本市场的要求，导致在证券发行后无法为投资者提供充分的信息，很可能使投资活动无法顺利进行。

3. 国内相关法律制度缺失

我国保险业在发展之初，由于缺乏相关的制度而导致市场在很长一段时间内混乱无序，这也是导致如今国民对保险行业缺乏信任与认可的根本原因。另外，证券化的涉及领域相当广泛，目前的保险法律制度与证券法律制度不能完全适用。无章可循、无法可依的现状很可能将证券化思路扼杀在摇篮中，甚至会波及到我国金融行业的稳定。

3.8 实行农业巨灾证券化的准备

1. 加强保险、证券行业的发展和相互的交流

通过信用评级公司或投资公开说明，使投资者了解在投资组合中加入巨灾证券，可以提高投资组合的有效边界，降低投资组合的风险，同时巨灾风险债券还能给投资者带来较高的预期收益。实现这样的目标需要保险业和证券业良好的合作，然而我国保险业和证券业在市场公开程度、信息披露制度、商业诚信方面还存在很多亟待解决的问题。加之2016年险资举牌过于强势，对证券市场的秩序造成了一定的影响，保险业和证券业之间交流还有待加强。

2. 加强专业人才培养和数据储备

巨灾风险证券化的发行需要具备多领域专业知识的高素质人才，这需要我国加强保险高素质人才的培养，保险从业人员定期到国外考察学习。另外，我国现有的资源数据库还不够强大，相关网站的数据过于陈旧缺乏，巨灾风险证券化的进程将受到严重的阻碍。据悉，瑞士再保险于1998年就开始动工绘制中国的"灾难地图"，编绘者搜集了从12世纪至今的历史、地理及气候等各类数据，如果中国保险公司能够通过适当渠道检索这幅"灾难地图"，那么必将在进行风险预测和产品定价时获得有益参照。

3. 建立健全的相关法规以及配套措施

要想通过巨灾风险证券化解中国农业巨灾风险缺口巨大这个难题，政府应在立法（尤其是有关农险的条例）、财税政策支持以及其他政策配套上形成一个完善的机制。例如在现阶段规定强制投保人购买巨灾保险，引导承保了巨灾保险的公司利用巨灾债券等产品向国内外资本市场转移风险。在成立或选择SPV、明确巨灾债券的投资者资格等方面进行立法，使发展巨灾风险证券化有章可循。

3.9 相互保险公司与相互保险社之间的区别

相互保险公司与相互社最大的区别是治理结构不同，保险相互社是自己经营，治理结构相对简单，相互保险公司是"委托-代理"公司制的治理结构。除此之外，在其组织、经营等方面也存在区别，主要表现在以下几个方面：

首先，规模不同。相互保险公司的规模一般比相互社大。如利宝互助保险公司、西北相互人寿保险公司、日本生命相互保险公司等，其公司资本和经营规模都跻身于世界保险组织的前列。而相互社的规模一般比较小，一般局限于某一地区，除了船东互保协会（Protection and Indemnity Clubs，P&I）之外，很少有跨国性组织。

其次，政府干预度不同。相互社涉及的多是关系到国计民生而供给又不足的领域，因此政府会给予相应的补贴并监督其使用。相互保险公司与股份保险公司类似，比较成熟，因此政府一般不会给予补贴，对其经营也不会过多干预。

最后，经营范围和模式不同。相互社的经营范围在股份保险公司空白或涉足较少的领域，如农业保险、渔业保险、船舶保险、责任保险等。相互保险公司的经营范围更为灵活，与股份保险公司没有很大差异。

3.10 保险合作社

为社员共同出资、共同经营及共同利益的一种相互保险组织。保险合作社为社团法人，其构成为社员，保险合作社和社员之间有社员关系及保险关系。保险合作社的资金来源于股金和基金。

这是一种特殊的相互组织形式，它要求社员加入时必须缴纳一定金额的股本，并且合作社与社员的关系比较永久，社员认缴股本后即使不是保单持有人也具有社员资格，与合作社保持密切关系。目前这种组织形式分布于30多个国家，其中英国的数量最多。

另外，在欧美各国还存在着几种相互保险组织相互转化的现象，在相互转化过程中相互融合也就产生新的保险组织形式，从而使保险公司的组织形式更加多元化。

保险合作社既非公司，也非个人合伙，是否具有法人资格由法律来规定。合作社由社员或社员代表大会选出合作社委员会作为决策机构，在其指导下，聘任理事来经营保险业务。每一合作社成员应交的保险费是其同意分摊的预期损失加上经营费用的总和。盈余可以分到每一个成员的账户中，亏损则由成员就其分摊部分补交，直至达到合同规定的最大限额。

保险合作社的原理是互助共济，大家一起为自己提供经济保障，不以营利为目的。显示的优点是可以有效降低成本，通过这种利益合作，实现相互监督，减少或避免道德危险的发生。这类合作社组织形式多样，情况复杂，需要具体规范的时机尚不成熟，依保险的规定，将来由法律、行政法规去另行规定。

目前全球具有影响力的保险合作社有美国的蓝十字与蓝盾协会等。这种组织形式分布于 30 多个国家，其中英国的数量最多。

保险合作社是由一些对某种风险具有同一保障要求的人，自愿集股成立的保险组织。它具有以下特点：

（1）保险合作社是由社员共同出资入股设立的。

（2）只有社员才能作为保险合作社的被保险人，但是社员也可以不与保险合作社建立保险关系。

（3）保险合作社采用固定保费制。

3.11 保险合作社与相互保险公司的区别

（1）保险合作社属于社团法人；而相互保险公司属于企业法人。

（2）就经营资金的来源而言，相互保险公司的经营资金为基金；而保险合作社的经营资金为基金和股金。

（3）保险合作社与社员之间的关系比较永久，社员认缴股本后，即使不投保仍与合作社保持关系；相互保险公司与社员间保险关系建立，则社员关系存在；反之，则社员关系终止。也就是说保险关系与社员关系是一致的。

（4）就适用的法律而言，保险合作社主要适用保险法及合作社法的有关规定；相互保险公司主要适用保险法的规定。

3.12 相互保险社与保险合作社的区别

保险合作社也是具有合作性质的组织结构，与相互社之间的差异非常小，这两者之间的最大差异在于会员身份和权利取得的时间不同。在相互社中，与相互社签订保险合同即能获得会员的身份和权利，随着保险合同的终止而终止其会员身份和权利；在保险合作社中，会员身份不依赖于保险合同，而是以缴纳会费为准，缴纳会费之后，投保人就会正式成为会员，即使双方保险合同终止也不会取消投保人的会员资格。

二、公营保险组织

公营保险组织由国家或其他公共团体所经营，通常没有盈利的动机。

公营保险的目的有两种：一是营利，即将保险作为增加财政收入的手段；一是非营利，即作为实施某项政策的手段。

它是由政府或公共团体所有并经营。根据其经营目的，可分为两类：一是以增加财政收入为营利目的的，即商业性国有保险公司。这是我国保险公司重要的组织形式之一，在我国保险市场上占主导地位。它可以是非垄断性的，与私营保险公司自由竞争，平等地成为市场主体的一部分也可以是垄断性的具有经营独占权，从事一些特别险种的经营，如美国国有保险公司经营的银行存款保险。我国国有独资保险公司就经历了从垄断性到非垄断性的转变。二是为实施宏观政策而无营利动机的，即强制性国有保险公司。通常各国实施的社会保险或政策保险大都采取这种形式。当前国有保险公司在组织形式上发生了一些新的变化，主要是国有保险公司并非都由政府出资设立，也并不必须由政府设机构经营。有的政府制定法律，规定某些公共团体为保险经营主体；有的政府成为私营保险公司的大股东；有的政府与私营保险公司签订合同，授权其在一定的地区经营某种业务；有的政府对巨灾风险组织多家私营保险公司组成团体经营；有的政府给予保险公司补助金或接受再保险等。这些形式只要不改变其国家所有的性质都可以成为国有保险公司的组织形式。

公营保险组织是指由国家和地方政府投资经营的保险机构。在社会主义国家中，商业性保险业务主要由公营保险企业经营，如苏联、朝鲜等国设立的国家保险局，既是行政机构，又是兼营保险业务的经济实体。

在一些资本主义国家也有公营保险，如美国联邦政府设立的存款保险公司，日本厚生省管辖的国营健康保险机构，欧洲各国设立的社会保险机构。

公营保险组织的特点：

第一，大多不以盈利或增加财政收入为目的，主要是贯彻国家社会政策。在一般情况下，所承保风险多属民营保险不愿意或无能力经营的特殊风险，如失业保险、农业保险、投资保险、出口信用保险等。

第二，以举办强制保险为主。强制保险往往是根据国家特殊政策需要而实施。这种保险的风险大、承保面广，因此由公营保险组织举办较为可靠。

有些国家的公营保险组织，为防止私营保险企业垄断市场，也承保一般商业保险，如火险等，并且参与保险市场的竞争。发展中国家为推行保险国有化政策，也纷纷成立公营保险公司。发展中国家推行保险国有化政策的目的，主要是为了维护本国的利益，减少或避免保险资金的外流。

（一）任意性质的公营保险：

对于保险的加入无强制性，投保全由自身意愿，对外具有两种经营方式：一为独占性即为与民营保险自由竞争，共存；二为独占性，但不强制加入。

所谓任意性是指在参加保险的问题上由适合参加保险的经济单位或个人自由决定，国家并不强求其参加。任意性公营保险有两种：

1. 非独占性公营保险。国家或地方政府主办某种保险业务，同时也允许民营保险公司经营，二者保持竞争势态。这种方式的目的在于，利用国家雄厚经济实力，吸引更多的人参加，使更多的财产得到保险（或保障更多的人的生命及健康），弥补民营保险由于资金不足或业务活动范围有限而出现的空挡。

2. 独占性公营保险。某些险种对于社会经济生活影响更大，需要较大的普及性，并在经营上有较高的要求，只宜于由公营保险排他地独办，能够增强投保人的安全感。多数国家的法定保险都采用这种形式，有些国家的人寿保险也由公营保险专营。

（二）强制性质的公营保险：

具有独占性且对每个保险加入者有强制权。

强制性质的公营保险，不但具有独占权，而且对保险参加者有强制权。通常各国实行的社会保险或政策保险，大都采取此种形态。公营保险并不必须由政府自设机构直接经营，有时政府以法令规定社会团体为保险经营的主体，这样也可视为具有公营保险的性质，这种称为间接公营保险。例如日本的健康保险、渔船保险、农业灾害补偿保险等即属此类。

这种保险方式不仅强调公营，而且对于投保人提出强制性要求，一般是通过颁布特别保险法的形式施加法律上的义务，否定保险参加者自由选择的权利。强制性公营保险的目的在于推行产业政策，体现政府对某一特定行业的重视，对某些行业从业人员的特殊关怀，是从社会公益角度出发而采取的强制保险措施。社会保险范围内的险种多运用此方式。强制性公营保险并不一定都由政府创办的保险公司独家经营，也可以经由政府授权由民营保险企业经办。政府给予补贴或优惠政策，这种形式称为间接性公营保险，但必须接受比较严格的政府监督和审查。

就经营主体而言，有直接国营保险和间接国营保险：直接国营保险是国家以法律制定住址并为保险人，由归家的各种行政机关直接经营保险事业；间接国营保险：国家不直接参与保险经营，由法令规定保险全盘的组织及制度。

三、内部组织

内部经营的组织是业务经营的中枢，总理全部业务管理，并指挥监督所属外务组织。

（一）以业务分部：以保险的种类分部

按保险人是否承担全部责任分为原保险和再保险。再保险又称分保，是保险人将承保的保险责任向另一个或若干保险人再一次投保，以分散风险。再保险种类有比例再保险和超额损失再保险，前者可细分为成数再保险和溢额再保险，后者可细分为超额赔款再保险和超额赔付率再保险。分保的形式有临时分保、固定分保和预约分保等。

按保险经营性质可分为政策性保险和商业性保险。绝大多数保险都具有商业动机，由保险公司按商业惯例经营，而政策性保险则按政府有关法令或政策规定开办，有社会保险、财产保险和责任保险等，多为贯彻政府的某一项经济或社会政策服务。

按保险实施方式可分为自愿保险和强制保险。自愿保险是当事人在平等互利和自愿的基础上确立合同关系，被保险人可自行决定是否投保、保险标的种类、金额和期限等，保险人也可选择承保与否及其有关承保项目和内容。强制保险又称法定保险，是政府以法令或政策形式强制规定被保险人与保险人的法律关系，在规定范围内，不管当事人双方自愿与否，必须按规定办理保险。凡属法令规定必须保险的标的，其保险责任自动开始，保险金额按规定标准收取，被保险人不得自行选定。强制保险的另一种形式是政府规定某些行业或个人从事某种经营或其他活动时，必须参加保险，否则不准从业。

除按各国有关法规所作不同具体分类外，还可按保险主体分为个人保险与团体保险，按承保危险范围分为单一险、综合险和一切险。但大多数国家是按业务保障对象分为财产保险、人身保险、责任保险和信用保险四个类别。

财产保险以物质财富及其有关的利益为保险标的的险种。主要有海上保险、货物运输保险、工程保险、航空保险、火灾保险、汽车保险、家庭财产保险、盗窃保险、营业中断保险（又称利润损失保险）、农业保险等（见财产保险）。

人身保险以人的身体为保险标的的险种。主要有人身意外伤害保险、疾病保险（又称健康保险）、人寿保险（分为死亡保险、生存保险和两全保险）等（见人身保险）。

责任保险以被保险人的民事损害赔偿责任为保险标的的险种。凡根据法律被保险人应对其他人的损害所负经济赔偿责任，均由保险人承担，一般附加在损害赔偿保险中，如船舶保险的碰撞责任、汽车保险、飞机保险、工程保险、海洋石油开发保险等均已扩展了第三者责任险。主要有：①公众责任保险，承保被保险人对他人造成人身伤害或财产损失应负的法律赔偿责任；②雇主责任保险，又称劳工险，承保雇主根据法律或雇佣合同对受雇人员的人身伤亡应负的经济赔偿责任；③产品责任保险，承保被保险人因制造或销售的产品质量缺陷导致消费者或使用者遭受人身伤亡或其他损失所引起的赔偿责任；④职业责任保险，承保医生、律师、会计师、工程师等自由职业者因工作中的过失造成他人的人身伤亡或其他损失所引起的赔偿责任；⑤保赔保险，全称保障与赔偿保险，承保船主在经营中按照法律或合同规定对他人应负的损害赔偿责任。

信用保险以第三者对被保险人履约责任为标的的险种。主要有：①忠诚保证保险，承保雇主因雇员的不法行为所致损失；②履约保险，承保合同当事人中一方违约所负的经济责任。

除上述险种外，随着经济和社会发展，新的险种还在不断增加，如计算机综合保险、信用卡盗窃保险、一揽子合同保险、原子能保险和动物保险等。

1.1 以区域分部

分为总公司和分支机构，有利于不同区域开辟市场和业务拓展。通常分支机构不具有法人资格，不是子公司，是分公司。保险公司实行的是一级法人结构，只有总公司为法人机构。分支公司不具有法人资格，其责任由总公司承担。你如果要起诉保险公司，起诉任意一级分支机构就可以，不用起诉总公司。

1.2 以职能分部

依照保险公司的职能分为选择危险、再保险、契约保全、损失赔偿，展业事务、投资事务、计算与统计、法律事务、会计部。

选择危险：包括危险的识别、危险的估价以及避免危险、控制危险和转嫁危险的方法。在经济发达国家，危险管理已成为国民经济各部门和企业现代化管理的重要组成部分。对于专门经营风险的保险公司来说，危险管理就更为重要。这是因为保险的营运客观上要求对存在的各类风险进行研究，以期减少或避免各种自然灾害和意外事故爆发的可能性。

再保险：再保险亦称"分保"。保险人在原保险合同的基础上，通过签订分保合同，将其所承保的部分风险和责任向其他保险人进行保险的行为。再保险的基础是原保险，再保险的产生，正是基于原保险人经营中分散风险的需要。在再保险交易中，分出业务的公司称为原保险人或分出公司，接受业务的公司称为再保险人或分保接受人或分入公司。再保险转嫁风险责任支付的保费称分保费或再保险费；原保险人在招揽业务过程中支出了一定的费用，由再保险人支付给原保险人的费用报酬称分保佣金或分保手续费。再保险可分为比例再保险和非比例再保险。比例再保险是原保险人与再保险人之间订立再保险合同，按照保险金额，约定比例，分担责任。对于约定比例内的保险业务，原保险人有义务及时分出，再保险人有义务接受，双方都无选择权。比例再保险分为成数再保险、溢额再保险、成数和溢额混合再保险。非比例再保险分为超额赔款再保险和超过赔付率再保险。

契约流程简图

保全流程图

契约保全：

一般认为，保全是指寿险公司为了维护人身保险合同的持续有效，根据合同条款约定及客户的要求而提供的一系列服务。

损失赔偿：保险赔偿是当保险标的遭受损失后，由保险人对被保险人所给予的补偿。其金额的计算通常有如下方式：（1）比例责任赔偿方式，即按保险金额与财产实际价值的比例计算赔偿金额；（2）第一险赔偿方式，即在保险金额限度内按实际损失数额赔偿；（3）限额责任赔偿方式，即只负责赔偿投保财产的损失与约定的限额标准的差额部分。实践中，西方保险企业大多采用第一种方式，我国则采用后两种赔偿方式。

保险赔偿原则有时也称损失补偿原则。保险赔偿作为财产保险活动的最后环节，是保险双方权利义务关系的核心内容，是财产保险的经济补偿职能的直接体现。损失赔偿原则是指在保险标的的遭受保险责任范围的损失时，保险人应按照合同规定，以货币形式赔偿被保险人所受的损失，或者以实物赔偿、或修复原标的。

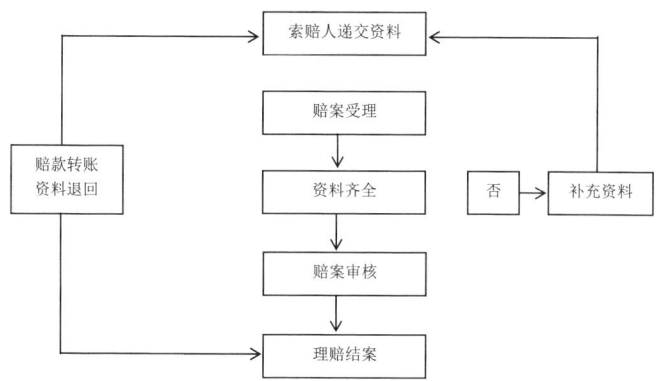

展业事务：保险展业亦称"保险招揽"。保险公司拓展业务的简称。保险公司采用某些技巧和方法，进行的使潜在顾客知道保险，需要保险；使现实顾客更加深入地了解保险，乐于参加保险，信任保险。在保险经营中，保险展业占据主导地位。可采取直接展业和间接展业两种方式。直接展业指保险公司直接接触顾客，完成投保手续的方式。包括推销人员上门展业，通过电话、电视、电子计算机网络、报刊、邮件等展业方式，具有能及时、准确获取客户信息，增进企业与顾客的感情等优点，但也存在企业人员编制多、淡季人浮于事、成本高等缺点。间接展业是指保险公司通过代理人或经纪人等中间人获得业务的方式，可节省管理费用，有利于扩大展业面，但保险公司与客户不接触，信息反馈难以达到准确、及时。保险公司可通过广播、电视、报刊等媒体进行广泛宣传、激发客户的保险需求，并做好信息的搜集反馈工作，树立公司、险种的良好形象，为企业的长远发展创造有利条件。保险展业的方式包括直接展业、保险代理人展业和保险经纪人展业。

（1）保险人直接展业。直接展业是指保险公司依靠自己的业务人员去争取业务，这适合于规模大、分支机构健全的保险公司以及金额巨大的险种。

（2）保险代理人展业。对许多保险公司来说，单靠直接展业是不足以争取到大量保险业务的，在销售费用上也是不合算的。如果保险公司单靠直接展业，就必须配备大量展业人员和增设机构，大量工资和费用支出势必会提高成本，而且展业具有季节性特点，在淡季时，人员会显得过剩。因此，国内外的大型保险公司除了使用直接展业外，还广泛地建立代理网，利用保险代理人和保险经纪人展业。

（3）保险经纪人展业。保险经纪人不同于保险代理人，保险经纪人是投保人的代理人，对保险市场和风险管理富有经验，能为投保人制订风险管理方案和物色适当的保险人，是保险展业的有效方式。

投资事务：保险投资指保险企业在组织经济补偿过程中，将积聚的各种保险资金加以运用，使资金增值的活动。保险投资原则是保险投资的依据。早在1862年，英国经济学家贝利（A.A.Bailey）就提出了寿险业投资的五大原则，即：安全性；最高的实际收益率；部分资金投资于能迅速变现的证券；另一部分资金可投资于不能迅速变现的证券；投资应有利于寿险事业的发展。理论界一般认为保险投资有三大原则：安全性；收益性；流动性。

（1）安全性原则：保险企业可运用的资金，除资本金外，主要是各种保险准备金，它们是资产负债表上的负债项目，是保险信用的承担者。因此，保险投资应以安全为第一条件。安全性，意味着资金能如期收回，利润或利息能如数收回。为保证资金运用的安全，必须选择安全性较高的项目。为减少风险，要分散投资。

（2）收益性原则：保险投资的目的，是为了提高自身的经济效益，使投资收入成为保险企业收入的重要来源，增强赔付能力，降低费率和扩大业务。但在投资中，收益与风险是同增的，收益率高，风险也大，这就要求保险投资，把风险限制在一定程度内，实现收益最大化在百分之二十左右加上公司年复利分红。

（3）流动性原则：保险资金用于赔偿给付，受偶然规律支配。因此，要求保险投资在不损失价值的前提下，能把资产立即变为现金，支付赔款或给付保险金。保险投资要设计多种方式，寻求多种渠道，按适当比例投资，从量的方面加以限制。要按不同险种特点，选择方向。如人寿保险一般是长期合同，保险金额给付也较固定，流动性要求可低一些。国外人寿保险资金投资的相当部分是长期的不动产抵押贷款。财产险和责任险，一般是短期的，理赔迅速，赔付率变动大，应特别强调流动性原则。国外财产和责任保险资金投资的相当部分是商业票据、短期债券等。

在我国，保险公司的资金运用必须稳健，遵循安全性原则，并保证资产的保值增值。

计算与统计：保险精算是依据经济学的基本原理和知识，利用现代数学方法，对各种保险经济活动未来的财务风险进行分性、估价和管理的一门综合性的应用科学。如研究保险事故的出险规律、保险事故损失额的分布规律、保险人承担风险的平均损失及其分布规律、保险费率和责任准备金、保险公司偿付能力等保险具体问题。保险精算最基本的原理可简单归纳为收支相等原则和大数法则。

所谓收支相等原则就是使保险期内纯保费收入的现金价值与支出保险金的现金价值相等。由于寿险的长期性，在计算时要考虑利率因素，可分别采取三种不同的方式：①根据保险期间末期的保费收入的本利和（终值）及支付保险金的本利和（终值）保持平衡来计算；②根据保险合同成立时的保费收入的现值和支付保险金的现值相等来计算；③根据在其他某一时点的保费收入和支付保险金的"本利和"或"现值"相等来计算。大数法则：即对于大量的随机现象（事件），由于偶然性相互抵消所呈现的必然数量规律的一系列定理的统称。常见的有三个大数法则：切比雪夫（Chehyshev）大数法则、贝努里（Bermulli）大数法则、泊松（Poisson）大数法则。

法律事务：法务部的工作职责包括但不限于法律咨询、出具法律意见书、参与商务谈判、管理企业知识产权、参与重大事项决策等。法律咨询是指法务部根据其他业务部门就经营活动中出现的法律问题，做出解答的活动。法律意见书是法务人员在参与企业重大经营决策和重要经济活动过程中，就经营决策和经济活动有关问题，以书面形式正式向企业领导提出意见和方案的文件。

会计部：（1）贯彻落实总公司各项基本会计、财务管理政策和制度，制定三级机构各项政策和制度并负责贯彻实施。（2）制定分公司预算编制方案，组织支公司进行预算编制，履行预算审核职责，并对公司预算执行情况进行监督。（3）组织进行分公司会计核算、财务数据归集，集中管理会计系统，对外提供会计报表。（4）在分公司总经理的统一领导下，与分公司各职能部门协调一致，共同支持公司业务发展。（5）对全公司经营和管理情况进行追踪，提供财务分析，参与经营决策。（6）为下属机构的发展提供技术支援和服务。

（二）外务组织

外务组织即为保险公司的分公司制度及保险代理人制度：保险公司的分支机构包括招揽的新契约的底层通讯处，设置以一县市或数县市为辖区的统辖各通讯处的中层管理机构，分公司需要聘有合格核保之人就理赔人员各一，在经营方面具有法人地位。

保险业务的外围组织是帮助保险公司招揽业务、收取保费、查勘标的或损失等的组织，它们与保险加入者有直接接触，关系密切。外围组织的构成不尽一致，但大致有两种类型：一是直接销售制度，二是保险代理制度。

（1）所谓保险代理制度是指通过保险代理人来发展保险业务。这种方式既便利，又易扩展业务，还能节省保险公司的营业成本，因而受到各国保险业的普遍推崇。

（2）直接销售制度是指保险公司在各地设置地域性的分支机构，直接承揽业务。

2.1 保险公司设立分支的优点

可贯彻总公司的方针和政策，对于外部人员的教育、监督、训练可得统一性、可促进外务阵容的发展、业绩发展达相当程度后，经费可降低。

保险公司分支机构是指保险公司依照法定程序设立的、以本公司名义进行经营活动、其经营后果由保险公司承受的分公司、支公司或办事处。设立分支机构的保险公司可以称为总公司或本公司。

保险公司的分支机构可以作为独立的诉讼主体起诉和应诉。但在该分支机构无能力承担民事责任的情况下，法院可以裁定由总公司来承担分公司应承担的民事责任。

2.2 保险公司分支的缺点

创立初经费较高、推展新契约的刺激较弱、受公司监督较约束。

1. 合规管理组织体系不健全

本文的调研结果显示，在 2015 年启动合规监管工作前，S 省辖内保险公司省级机构设置独立合规管理部门的仅占比 37.2%。《办法》出台后，部分保险公司省级分公司着手成立合规管理部门，初步解决了"合规管理有人管、有人干"的问题。但由于公司合规管理体制、成本及重视程度等原因，保险公司省级分公司合规管理部门不独立、合规管理部门人员兼职化、合规管理力量薄弱、合规人员专业能力不胜任等问题仍较为普遍。从合规管理的人员情况来看，全省 94 家市场主体，5000 家分支机构，专职合规管理人员总数仅为 197 人；合规人员为法学专业的不足 40%。部分机构合规管理部门工作"形式重于实质"，未形成有效的工作体系和运行模式，合规风险管控作用无法得到真正的发挥。

2. 三道防线整体效用发挥不足

完整的合规管理框架体系应当是业务部门、合规部门、内审部门三道防线及其相互作用的动态的系统。只有三道防线之间各司其职、各负其责、协调配合，有效参与合规管理，才能形成合规管理合力，发挥合规效用。调研发现，合规管理部门对业务部门的协调能力有限，业务部门配合度较低，第一道防线源头管控功能发挥不足。同时，存在内审稽核部门与合规管理部门之间的信息交流机制不明确、整改反馈配合不到位等情况，使得后端协作缺乏保障。实践中三道防线的合规管理框架多停留于制度层面，未能通过合规考核、检查、审核、问责、培训等机制在实际运行流程中充分落实，整体效用发挥较为有限。

3. 系统内合规政策执行效力递减

在现有保险公司合规管理体系下，省级以下机构合规管理力度自上而下衰减的问题较为普遍，"腰软病"和"腿不灵"的现象较为突出。究其原因，一是中支1以下机构在市场竞争和业绩考核压力下，合规管理动力不足，合规管理松懈。二是中支以下机构合规人员多以兼职为主，合规知识不足、合规角色错位等现象时有存在，合规管理力量不足。三是省级分公司对下级机构合规管理督导手段较为有限，合规考核、合规检查等管控机制运用不够。基层机构的合规管理往往成效甚微，合规管理效力形成层层递减的局面，合规风险较为突出。

4.银保监会对保险组织设立分支机构的要求

分支机构设立：（1）保险公司可以根据业务发展需要申请设立分支机构。（2）保险公司分支机构的层级依次为分公司、中心支公司、支公司、营业部或者营销服务部。保险公司可以不逐级设立分支机构，但其在住所地以外的各省、自治区、直辖市开展业务，应当首先设立分公司。

保险公司可以不按照前款规定的层级逐级管理下级分支机构；营业部、营销服务部不得再管理其他任何分支机构。

设立条件：保险公司以2亿元人民币的最低资本金额设立的，在其住所地以外的每一省、自治区、直辖市首次申请设立分公司，应当增加不少于人民币2千万元的注册资本。

申请设立分公司，保险公司的注册资本达到前款规定的增资后额度的，可以不再增加相应的注册资本。

保险公司注册资本达到人民币5亿元，在偿付能力充足的情况下，设立分公司不需要增加注册资本。

设立省级分公司，由保险公司总公司提出申请；设立其他分支机构，由保险公司总公司提出申请，或者由省级分公司持总公司批准文件提出申请。

在计划单列市申请设立分支机构，还可以由保险公司根据相关规定第四条第三款指定的分支机构持总公司批准文件提出申请。

设立分支机构，应当提出设立申请，并符合下列条件：

（1）上一年度偿付能力充足，提交申请前连续2个季度偿付能力均为充足；

（2）保险公司具备良好的公司治理结构，内控健全；

（3）申请人具备完善的分支机构管理制度；

（4）对拟设立分支机构的可行性已进行充分论证；

（5）在住所地以外的省、自治区、直辖市申请设立省级分公司以外其他分支机构的，该省级分公司已经开业；

（6）申请人最近2年内无受金融监管机构重大行政处罚的记录，不存在因涉嫌重大违法行为正在受到中国保监会立案调查的情形；

（7）申请设立省级分公司以外其他分支机构，在拟设地所在的省、自治区、直辖市内，省级分公司最近2年内无受金融监管机构重大行政处罚的记录，已设立的其他分支机构最近6个月内无受重大保险行政处罚的记录；

（8）有申请人认可的筹建负责人；

（9）中国保监会规定的其他条件。

提交材料：设立分支机构，申请人应当提交下列材料一式三份：

（1）设立申请书；

（2）申请前连续2个季度的偿付能力报告和上一年度经审计的偿付能力报告；

（3）保险公司上一年度公司治理结构报告以及申请人内控制度；

（4）分支机构设立的可行性论证报告，包括拟设机构3年业务发展规划和市场分析，设立分支机构与公司风险管理状况和内控状况相适应的说明；

（5）申请人分支机构管理制度；

（6）申请人做出的其最近2年无受金融监管机构重大行政处罚的声明；

（7）申请设立省级分公司以外其他分支机构的，提交省级分公司最近2年无受金融监管机构重大行政处罚的声明；

（8）拟设机构筹建负责人的简历以及相关证明材料；

（9）中国保监会规定提交的其他材料。

中国保监会应当自收到完整申请材料之日起30日内对设立申请进行书面审查，对不符合本规定第十八条的，做出不予批准决定，并书面说明理由；对符合本规定第十八条的，向申请人发出筹建通知。

申请人应当自收到筹建通知之日起6个月内完成分支机构的筹建工作。筹建期间不计算在行政许可的期限内。

筹建期间届满未完成筹建工作的，应当根据本规定重新提出设立申请。筹建机构在筹建期间不得从事任何保险经营活动。

开业验收：筹建工作完成后，筹建机构具备下列条件的，申请人可以向中国保监会提交以下开业验收报告：

（1）具有合法的营业场所，安全、消防设施符合要求；

（2）建立了必要的组织机构和完善的业务、财务、风险控制、资产管理、反洗钱等管理制度；

（3）建立了与经营管理活动相适应的信息系统；

（4）具有符合任职条件的拟任高级管理人员或者主要负责人；

（5）对员工进行了上岗培训；

（6）筹建期间未开办保险业务；

（7）中国保监会规定的其他条件。

申请人提交的开业验收报告应当附下列材料一式三份：

（1）筹建工作完成情况报告；

（2）拟任高级管理人员或者主要负责人简历及有关证明；

（3）拟设机构营业场所所有权或者使用权证明；

（4）计算机设备配置、应用系统及网络建设情况报告；

（5）业务、财务、风险控制、资产管理、反洗钱等制度；

（6）机构设置和从业人员情况报告，包括员工上岗培训情况报告等；

（7）按照拟设地规定提交有关消防证明，无需进行消防验收或者备案的，提交申请人做出的已采取必要措施确保消防安全的书面承诺；

（8）中国保监会规定提交的其他材料。

中国保监会应当自收到完整的开业验收报告之日起30日内，进行开业验收，并做出批准或者不予批准的决定。验收合格批准设立的，颁发分支机构经营保险业务许可证；验收不合格不予批准设立的，应当书面通知申请人并说明理由。

经批准设立的保险公司分支机构，应当持批准文件以及分支机构经营保险业务许可证，向工商行政管理部门办理登记注册手续，领取营业执照后方可营业。

（三）保险代理人制度的优点

创立初的经费较省、推展新契约采用比例佣金制较有激励性、在推展业务上较有自主性、保险公司不必承担其营业处所费用。

3.1 弥补了保险公司一线展业力量的不足

通过保险代理人的活动，直接为各保险公司收取了大量的保费，并取得了可观的经济效益。目前有的保险公司通过代理人所获得的保费收入已占总保费收入的 50%，保险代理人营销已成为促进保险业务快速发展的重要手段。

3.2 推动着保险公司经营机制的转换

我国保险市场竞争主体的增多，中外保险公司在国内市场上短兵相接，保险市场的这一客观趋势要求国内保险公司机制的转换。保险代理人营销队伍的存在，在一定程度上加速了国内保险公司的体制改革。

3.3 促进了制度的完善，提升了保险产品质量

随着保险代理人队伍的扩大，管理者与代理人之间、代理人与代理人之间、代理人与客户之间、竞争与秩序、规模与效益、等一系列的新情况出现。保险代理人最大的优势是与客户进行面对面的联系，销售手段灵活，可以详细地向顾客介绍险种、条款，提供投保方案，同时通过广泛的接触社会公众，了解市场的需要。因此，通过保险代理人登门入户推销保险，既可以满足被保险人的现实需求，又可以发现更多的保险潜在需求，提升产品质量。

3.4 有利于保险活动实现社会效益

保险代理人的展业活动伸展到各行各业，覆盖了城市的方方面面，为社会各层次的保险需求提供了最方便、最直接的保险服务，发挥了巨大的社会效益。

3.5 直接有效地宣传和普及了保险意识

保险代理人直接有效地宣传和普及了保险知识，对提高和增强整个社会的保险意识起到了极大的推动作用，推动着我国保险业向纵深方向发展，而且也创造了新的大量的就业机会。

（四）保险代理人制度的缺点

总公司的经营方针及政策难做、对外部人的教育困难、创设后经过时日经费反而提高。

4.1 核保前代收保费的法律风险

保险合同的成立和其他合同一样，是一个要约和承诺的过程。在具体的承保过程中有四个时点：接受投保单、核保通过、接受保费、签发保单。我国《保险法》第13条规定："投保人提出保险要求，经保险人同意承保，保险合同成立。保险人应当及时向投保人签发保单或者其他保险凭证。"所以理论上应该以核保通过作为保险合同成立的依据。但在实际情况中，核保通过时投保人并不会立即得到通知。这样保险合同成立的时点就很难确定。根据《保险法》第14条："保险合同成立后，投保人按照约定交付保险费，保险人按照约定的时间可是承担保险责任"和上述第13条，保险公司收取保费或签发保单都可以作为保险合同成立的依据。在各省高级人民法院的《关于审理保险合同纠纷案件若干问题的指导意见》中都明确指出：保险人虽未出具保险单或者其它保险凭证，但已接受投保单并收取了投保人交纳的保险费的，一般应认定保险人同意承保，保险合同成立。如果保险代理人为了提前获取佣金而在核保尚未通过时就预先收取保费，保险事故发生后（保险人没有对合同的效力约定附条件或发期限时），保险公司就必须承担赔偿或给付责任。

4.2 代填投保单、代签名的法律风险

在保险合同纠纷中，大量纷争的焦点最终都会落到投保单填写的内容是否全面和真实。如果投保人没有如实填写投保单，那么在被保险人出险后，保险人可

以依据《保险法》以投保人未如实告知而解除保险合同并拒绝赔付（在可抗辩期内）。但是，现实操作中，因为业务人员的业务素质不高、法律观念淡薄，往往为了方便业务操作，私自简化流程，而代投保人填写保险单甚至代投保人签名，这样保险公司就无法证明投保人违反了如实告知义务，从而也就必须对被保险人进行赔偿或给付。

4.3 未履行如实告知的义务的法律风险

保险合同属于格式条款，在订立保险合同时，保险人应当按照法律要求就保险合同中的免责条款、被保险人义务等限制性条款向被保险人说明。《保险法》第17条规定："订立保险合同，采用保险人提供的格式条款的保险人应当向投保人说明合同内容未作提示或者说明的，该条款不产生效力。"在实际操作中，保险代理人为了赚取佣金或因为过失而对于一些特殊条款不对投保人进行解释或说明或歪曲条款的真正意思，从而对投保人产生了误导，此时保险公司就要对本来属于除外责任的事故进行赔偿或给付。

4.4 保险代理人制度存在的问题

由于保险代理人发展的时间较短以及区域间的不平衡，保险代理工作中不可避免地出现了这样或那样的问题，亟待加以解决。这些问题具体表现在：

1. 保险代理人制度与法律法规不完善

2009年新出台的保险法对保险代理人实施了更加严格的监管，为与10月1日正式施行的新《保险法》相配套，中国保监会9月27日、28日先后发布了《保险公司管理规定》《保险公司中介业务违法行为处罚办法》《保险专业代理机构监管规定》《保险经纪机构监管规定》等多部法规。虽然为我国保险代理人制度的完善奠定了法律基础，但与之相配套的实施细则和行政法规还不完善，有关保险代理人管理规定的实施细则、保险代理人的行为准则、佣金和咨询费标准等尚未出台，有待于进一步的完善。同时，尽快出台有关涉外保险代理法规，形成与国际规则接轨的保险代理法律法规体系，为我国保险代理业务的发展和保险代理监管创造良好的法制环境。

2. 行业组织管理不严、缺乏制约力

保险公司招聘的代理人与保险公司基本上是出于一种单一的业务代理，也可以是雇佣关系。由于代理人的流动性大，没有将自身利益与公司利益挂钩，两者之间缺乏相应的约束，使保险公司对保险代理人的管理缺乏力度，再加上保险公司对代理人的管理没有形成一套具体的、可行的管理制度和管理办法，佣金制度在发挥激励作用的同时容易诱发各种短期行为，代理人有空可钻，违规开展代理业务时有发生。

3. 代理人的本身素质不高，代理行为不规范

代理人招聘上的存在要求过低，只是经过短期培训便仓促上岗，表现为部分代理人对保险的各种法规、条款，以及承保、理赔、保险责任等基本常识还未掌握就开展业务，出现不规范的代理行为，具体表现为：只注重业务数量，忽视业务质量；自行签订保单，截留保费；保险代理人在展业中对代理的险种宣传不实；部分代理人在未取得代理人资格证的情况下开展代理业务。以上现象导致竞争低级化，甚至产生"劣币驱逐良币"的现象，使真正优秀的保险代理人离开保险业，保险业的行业形象和公众信誉也因此不断下降。

4.5 保险代理人监管规定（部分）（目前对保险代理人的法律条例约束）：

1. 行业自律

保险代理人自愿加入保险中介行业自律组织。

保险中介行业自律组织依法制定保险代理人自律规则，依据法律法规和自律规则，对保险代理人实行自律管理。保险中介行业自律组织依法制定章程，并按照规定报国务院保险监督管理机构或其派出机构备案。

第八十六条　保险中介行业自律组织应当根据法律法规、国家有关规定和自律组织章程，组织会员单位及个人保险代理人、保险代理机构从业人员进行教育培训。

第八十七条　保险中介行业自律组织应当通过互联网等渠道加强信息披露，并可以组织会员就保险代理行业的发展、运作及有关内容进行研究，收集整理、

发布保险代理相关信息，提供会员服务，组织行业交流。

2. 监督检查

第八十八条　国务院保险监督管理机构派出机构按照属地原则负责辖区内保险代理人的监管。

国务院保险监督管理机构派出机构应当注重对辖区内保险代理人的行为监管，依法进行现场检查和非现场监管，并实施行政处罚和采取其他监管措施。

国务院保险监督管理机构派出机构在依法对辖区内保险代理人实施行政处罚和采取其他监管措施时，应当同时依法对该行为涉及的保险公司实施行政处罚和采取其他监管措施。

第八十九条　国务院保险监督管理机构及其派出机构根据监管需要，可以对保险专业代理机构的高级管理人员、省级分公司以外分支机构主要负责人或者保险兼业代理机构的保险代理业务责任人进行监管谈话，要求其就经营活动中的重大事项做出说明。

第九十条　国务院保险监督管理机构及其派出机构根据监管需要，可以委派监管人员列席保险专业代理公司的股东会或者股东大会、董事会。

第九十一条　保险专业代理公司、保险兼业代理法人机构的分支机构保险代理业务经营管理混乱，从事重大违法违规活动的，保险专业代理公司、保险兼业代理法人机构应当根据国务院保险监督管理机构及其派出机构的监管要求，对分支机构采取限期整改、停业、撤销或者解除保险代理业务授权等措施。

第九十二条　国务院保险监督管理机构及其派出机构依法对保险专业代理机构进行现场检查，主要包括下列内容：

（1）业务许可及相关事项是否依法获得批准或者履行报告义务；

（2）资本金是否真实、足额；

（3）保证金是否符合规定；

（4）职业责任保险是否符合规定；

（5）业务经营是否合法；

（6）财务状况是否真实；

（7）向国务院保险监督管理机构及其派出机构提交的报告、报表及资料是否及时、完整和真实；

（8）内控制度是否符合国务院保险监督管理机构的有关规定；

（9）任用高级管理人员和省级分公司以外分支机构主要负责人是否符合规定；

（10）是否有效履行从业人员管理职责；

（11）对外公告是否及时、真实；

（12）业务、财务信息管理系统是否符合国务院保险监督管理机构的有关规定；

（13）国务院保险监督管理机构规定的其他事项。

国务院保险监督管理机构及其派出机构依法对保险兼业代理机构进行现场检查，主要包括前款规定除第（二）项、第（九）项以外的内容。

国务院保险监督管理机构及其派出机构依法对保险公司是否有效履行对其个人保险代理人的管控职责进行现场检查。

第九十三条　国务院保险监督管理机构及其派出机构依法履行职责，被检查、调查的单位和个人应当配合。

第九十四条　国务院保险监督管理机构及其派出机构可以在现场检查中，委托会计师事务所等社会中介机构提供相关服务；国务院保险监督管理机构及其派出机构委托上述中介机构提供服务的，应当签订书面委托协议。

国务院保险监督管理机构及其派出机构应当将委托事项告知被检查的保险专业代理机构、保险兼业代理机构。

3.法律责任

第九十五条　未取得许可证，非法从事保险代理业务的，由国务院保险监督管理机构及其派出机构予以取缔，没收违法所得，并处违法所得 1 倍以上 5 倍以下罚款；没有违法所得或者违法所得不足 5 万元的，处 5 万元以上 30 万元以下罚款。

第九十六条 行政许可申请人隐瞒有关情况或者提供虚假材料申请相关保险代理业务许可或者申请其他行政许可的，国务院保险监督管理机构及其派出机构不予受理或者不予批准，并给予警告，申请人在1年内不得再次申请该行政许可。

第九十七条 被许可人通过欺骗、贿赂等不正当手段取得保险代理业务许可或者其他行政许可的，由国务院保险监督管理机构及其派出机构予以撤销，并依法给予行政处罚；申请人在3年内不得再次申请该行政许可。

第九十八条 保险专业代理机构聘任不具有任职资格的人员的，由国务院保险监督管理机构及其派出机构责令改正，处2万元以上10万元以下罚款；对该机构直接负责的主管人员和其他直接责任人员，给予警告，并处1万元以上10万元以下罚款，情节严重的，撤销任职资格。

保险专业代理机构未按规定聘任省级分公司以外分支机构主要负责人或者未按规定任命临时负责人的，由国务院保险监督管理机构及其派出机构责令改正，给予警告，并处1万元以下罚款；对该机构直接负责的主管人员和其他责任人员，给予警告，并处1万元以下罚款。

第九十九条 保险公司、保险专业代理机构、保险兼业代理机构未按规定委托或者聘任个人保险代理人、保险代理机构从业人员，或者未按规定进行执业登记和管理的，由国务院保险监督管理机构及其派出机构责令改正，给予警告，并处1万元以下罚款；对该机构直接负责的主管人员和其他直接责任人员，给予警告，并处1万元以下罚款。

第一百条 保险专业代理机构、保险兼业代理机构出租、出借或者转让许可证的，由国务院保险监督管理机构及其派出机构责令改正，处1万元以上10万元以下罚款；情节严重的，责令停业整顿或者吊销许可证；对保险专业代理机构直接负责的主管人员和其他直接责任人员，给予警告，并处1万元以上10万元以下罚款，情节严重的，撤销任职资格；对保险兼业代理机构直接负责的主管人员和其他直接责任人员，给予警告，并处 1 万元以下罚款。

第一百零一条 保险专业代理机构、保险兼业代理机构在许可证使用过程中，有下列情形之一的，由国务院保险监督管理机构及其派出机构责令改正，给予警告，没有违法所得的，处 1 万元以下罚款，有违法所得的，处违法所得 3 倍以下罚款，但最高不得超过 3 万元；对该机构直接负责的主管人员和其他直接责任人员，给予警告，并处 1 万元以下罚款：

（1）未按规定在住所或者营业场所放置许可证或者其复印件；

（2）未按规定办理许可证变更登记；

（3）未按规定交回许可证；

（4）未按规定进行公告。

第一百零二条 保险专业代理机构、保险兼业代理机构有下列情形之一的，由国务院保险监督管理机构及其派出机构责令改正，处 2 万元以上 10 万元以下罚款；情节严重的，责令停业整顿或者吊销许可证；对保险专业代理机构直接负责的主管人员和其他直接责任人员，给予警告，并处 1 万元以上 10 万元以下罚款，情节严重的，撤销任职资格；对保险兼业代理机构直接负责的主管人员和其他直接责任人员，给予警告，并处 1 万元以下罚款：

（1）未按照规定缴存保证金或者投保职业责任保险的；

（2）未按规定设立专门账簿记载业务收支情况的。

第一百零三条 保险专业代理机构未按本规定设立分支机构或者保险兼业代理机构未按本规定获得法人机构授权经营保险代理业务的，由国务院保险监督管理机构及其派出机构责令改正，给予警告，没有违法所得的，处 1 万元以下罚款，有违法所得的，处违法所得 3 倍以下的罚款，但最高不得超过 3 万元；对该机构直接负责的主管人员和其他直接责任人员，给予警告，并处 1 万元以下罚款。

第一百零四条 保险专业代理机构、保险兼业代理机构有下列情形之一的，由国务院保险监督管理机构及其派出机构责令改正，给予警告，没有违法所得的，处 1 万元以下罚款，有违法所得的，处违法所得 3 倍以下的罚款，但最高不得超过 3 万元；对该机构直接负责的主管人员和其他直接责任人员，给予警告，并处 1 万元以下罚款。

（1）超出规定的业务范围、经营区域从事保险代理业务活动；

（2）与非法从事保险业务或者保险中介业务的机构或者个人发生保险代理业务往来；

第一百零五条　保险专业代理机构、保险兼业代理机构违反本规定第四十三条的，由国务院保险监督管理机构及其派出机构责令改正，给予警告，没有违法所得的，处一万元以下罚款，有违法所得的，处违法所得 3 倍以下罚款，但最高不得超过 3 万元；对该机构直接负责的主管人员和其他直接责任人员，给予警告，并处 1 万元以下罚款。

第一百零六条　保险专业代理机构、保险兼业代理机构违反本规定第五十一条、第五十四条的，由国务院保险监督管理机构及其派出机构责令改正，给予警告，并处 1 万元以下罚款；对该机构直接负责的主管人员和其他直接责任人员，给予警告，并处 1 万元以下罚款。

第一百零七条　保险专业代理机构、保险兼业代理机构有本规定第七十条所列情形之一的，由国务院保险监督管理机构及其派出机构责令改正，处 5 万元以上 30 万元以下罚款；情节严重的，吊销许可证；对保险专业代理机构直接负责的主管人员和其他责任人员，给予警告，并处 1 万元以上 10 万元以下罚款，情节严重的，撤销任职资格；对保险兼业代理机构直接负责的主管人员和其他直接责任人员，给予警告，并处 1 万元以下罚款。

第一百零八条　个人保险代理人、保险代理机构从业人员聘用或者委托其他人员从事保险代理业务的，由国务院保险监督管理机构及其派出机构给予警告，并处 1 万元以下罚款。

第一百零九条　保险专业代理机构、保险兼业代理机构违反本规定第七十二条，由国务院保险监督管理机构及其派出机构给予警告，并处 1 万元以下罚款；

对该机构直接负责的主管人员和其他直接责任人员，给予警告，并处1万元以下罚款。

第一百一十条　保险专业代理机构、保险兼业代理机构违反本规定第七十三条、第七十七条的，由国务院保险监督管理机构及其派出机构给予警告，没有违法所得的，处1万元以下罚款，有违法所得的，处违法所得3倍以下罚款，但最高不得超过3万元；对该机构直接负责的主管人员和其他直接责任人员，给予警告，并处1万元以下罚款。

第一百一十一条　保险专业代理机构、保险兼业代理机构未按本规定报送或者保管报告、报表、文件、资料的，或者未按照本规定提供有关信息、资料的，由国务院保险监督管理机构及其派出机构责令限期改正；逾期不改正的，处1万元以上10万元以下罚款；对保险专业代理机构直接负责的主管人员和其他责任人员，给予警告，并处1万元以上10万元以下罚款，情节严重的，撤销任职资格；对保险兼业代理机构直接负责的主管人员和其他直接责任人员，给予警告，并处1万元以下罚款。

第一百一十二条　保险专业代理机构、保险兼业代理机构有下列情形之一的，由国务院保险监督管理机构及其派出机构责令改正，处10万元以上50万元以下罚款；情节严重的，可以限制其业务范围、责令停止接受新业务或者吊销许可证；对保险专业代理机构直接负责的主管人员和其他责任人员，给予警告，并处1万元以上10万元以下罚款，情节严重的，撤销任职资格；对保险兼业代理机构直接负责的主管人员和其他直接责任人员，给予警告，并处1万元以下罚款：

（1）编制或者提供虚假的报告、报表、文件或者资料；

（2）拒绝、妨碍依法监督检查。

第一百一十三条　保险专业代理机构、保险兼业代理机构有下列情形之一的，由国务院保险监督管理机构及其派出机构责令改正，给予警告，没有违法所得的，处1万元以下罚款，有违法所得的，处违法所得3倍以下罚款，但最高不得超过 3 万元；对该机构直接负责的主管人员和其他责任人员，给予警告，并处 1 万元以下罚款：

（1）未按规定托管注册资本；

（2）未按规定建立或者管理业务档案；

（3）未按规定使用银行账户；

（4）代投保人签订保险合同；

（5）从代收保险费中坐扣代理佣金；

（6）违反规定动用保证金；

（7）违反规定开展互联网保险业务；

（8）未按规定进行信息披露；

（9）未按规定缴纳监管费。

第一百一十四条　个人保险代理人违反本规定，依照《保险法》应当予以处罚的，由国务院保险监督管理机构及其派出机构给予警告，可以并处 2 万元以下的罚款，情节严重的，处 2 万元以上 10 万元以下的罚款；依照其他法律、行政法规应当予以处罚的，由国务院保险监督管理机构及其派出机构依照相关法律、行政法规进行处罚；法律、行政法规未作规定的，由国务院保险监督管理机构及其派出机构给予警告，没有违法所得的，处 1 万元以下罚款，有违法所得的，处违法所得 3 倍以下罚款，但最高不得超过 3 万元。

第一百一十五条　保险公司违反本规定，由国务院保险监督管理机构及其派出机构依照法律、行政法规进行处罚。法律、行政法规未作规定的，对保险公司给予警告，没有违法所得的，处 1 万元以下罚款，有违法所得的，处违法所得 3 倍以下罚款，但最高不得超过 3 万元；对其直接负责的主管人员和其他直接责任人员，给予警告，并处 1 万元以下罚款。

第一百一十六条　违反法律和行政法规的规定，情节严重的，国务院保险监督管理机构及其派出机构可以禁止有关责任人员一定期限直至终身进入保险业。

第一百一十七条　保险专业代理机构的董事、高级管理人员或者从业人员，离职后被发现在原工作期间违反保险监督管理规定的，应当依法追究其责任。

4.完善中国保险代理人制度的相关建议《浅谈中国保险代理人制度》山东大学威海分校商学院　王婧　崔明宇　刘登辉）

（1）银行保险监督管理委员会

简称"银保监会"。根据国务院授权履行行政管理职能.依照法律、法规统一监督管理全国保险市场，维护保险业的合法、稳健运行。保监会需要对保险公司加强监管，对其代理人制度的实施严格审查。保证保险代理人制度的实施合法性，例如，严格保险代理人的行业准入制度，定期考核制度。定期审查保险业务，不定期抽查制度等。

（2）加大管理力度，规范保险代理人的行为

①必须改变只重业务数量。轻视业务质量的行为，建立各项规章制度。防止展业风险，规范展业行为。保险代理人在代理业务巾对于所代理保险险种的正确介绍。有益于减少保险案件纠纷，提高保险公司效益和信誉。

②保险公司需要加强保费收入管理制度。避免保费被代理人挪用等不合法现象。例如，可以通过银行系统 A 接缴纳保费。

③重视售后服务 T 作。保险产品的售后服务包括报废的收取、信息的反馈、出险的处理、理赔等。这砦售后服务内容.关系到客户对保险产品、保险公司的满意度，关系到保险的行业形象，关系到保险业的长远发展。

（3）提高保险蠡识，霸防保险欺诈行为

保险知识复杂，保险的保障范嗣涉及很多专业知识，非专业人员有很多知识上的误区。如意外伤害范围的界定。现实生活中，投保人对保险知识的误解易造成保险理赔纠纷发生。因而，提高社会的保险意识，减少对保险产品的误解，可以有效减少甚至是避免保险代理人造成的保险纠纷，有利于促进保险业就健康发展。

总之，保险代理人是联系保险公司与投保人、被保险人的桥梁。保险公司与客户的沟通多通过保险代理人进行。保险代理人的展业行为规范与否，关乎保险

行业形象问题。现实中，主要是由f保险代理业务规范性不足导致行业形象不佳。因此。应从各方面综合考虑，完善中国现行的保险代理人制度. 为保险业良性发展奠定良好的基础。

第四篇　初识人身保险

一、定义

人身保险是以人的生命或身体为保险标的，在被保险人的生命或身体发生保险事故或保险期满时，依照保险合同的规定，由保险人向被保险人或受益人给付保险金的保险形式。人身保险包括人寿保险、伤害保险、健康保险三种。在财产保险中，保险人承担的是保险标的损失的赔偿责任，而在人身保险中，保险人承担的是给付责任，不问损失与否及多少。为此，人身保险通常均为定额保险。人身保险，是以人的寿命和身体为保险标的的保险。当人们遭受不幸事故或因疾病、年老以致丧失工作能力、伤残、死亡或年老退休时，根据保险合同的约定，保险人对被保险人或受益人给付保险金，以解决其因病、残、老、死所造成的经济困难。人身保险是在社会主义制度下，人身保险是劳动者在遇有不幸事故，丧失劳动能力或家庭扶养人死亡时得到物质保证的形式之一。

国家统一使用的人身保险基金，是靠投保人的按期缴款建立的。人身保险也是组织居民储蓄的一种特殊形式，在投保人达到保险契约所定的年龄时，国家给他一定金额的款项等等。

二、特征

（一）定额给付性质的保险合同

大多数财产保险是补偿性合同，当财产遭受损失时，保险人在保险金额内按其实际损失进行补偿。大多数人身保险．不是补偿性合同，而是定额给付性质的合同，只能按事先约定金额给付保险金。健康保险中有一部分是补偿性质，如医疗保险。在财产保险方面，大多数财产可参考其当时市价或重置价、折旧来确定保险金额，而在人身保险方面，生命价值就难有客观标准。保险公司在审核人身保险的保险金额时，大致上是根据投保人自报的金额，并参照投保人的经济情况、工作地位、生活标准、缴付保险费的能力和需要等因素来加以确定。

（二）长期性保险合同

人身保险的特点之一就是其保险期限长。个别人身保险险种期限较短，有几天，甚至几分钟的，如旅客意外伤害保险和高空滑车保险，则另当别论。投保人身保险的人不愿将保险期限定得过短的一个原因是，人们对人身保险保障的需求具有长期性；另一个原因是，人身保险所需要的保险金额较高，一般要在长期内以分期缴付保险费方式才能取得。

（三）储蓄性保险

人身保险不仅能提供经济保障，而且大多数人身保险还兼有储蓄性质。作为长期的人身保险，其纯保险费中大部是用来提存准备金，这种准备金是保险人的负债，可用于投资取得利息收入，以其用于将来的保险金给付。正因为大多数人身保险含有储蓄性质，所以投保人或被保险人享有保单质押贷款、退保和选择保险金给付方式等权利。财产保险的被保险人没有这些权利。

（四）不存在超额投保、重复保险和代位求偿权问题

由于人身保险的保险利益难以用货币衡量，所以人身保险一般不存在超额投保和重复保险问题。但保险公司可以根据被保险人的需要和收入水平加以控制，使保险金额不高的过分。同样代位求偿权原则也不适用于人身保险。如果被保险人的伤害是由第三者造成的、被保险人或其受益人既能从保险公司取得保险金，又能向肇事方提出损害照偿要求，保险公司不能行使代位求偿权。

三、存在的意义

随着人们生活水平的提高，风险意识的增强，居安思危不仅体现在对物质补偿的需求上，而且发展到越来越多的人寻求养老的保障、死亡的抚恤、伤残的给付等。我国经济体制改革以来，个体经济、集体经济的发展，医疗、待业、住房、分配制度的改革等，都使人们对人身保险有了进一步的需求。

（一）开展人身保险是对国家社会保障措施的必要补充。根据实际需要设计不同形式的人身保险，可以满足人民的要求，促进社会安定。

（二）俗话说得好，人有旦夕祸福。人的一生中无法避免疾病、年迈和死亡，人身保险可以起到有备无患的作用，无论对家庭还是个人，都可以提供各种保障，解决经济上的困难，解除后顾之忧，使人民安居乐业。

（三）中国是世界上人口最多的国家，人身保险的潜力很大，将分散的、小额的保险费积少成多，并利用寿险资金长期性的特点加以充分运用，使一部分消费基金转化为生产基金，从而促进国民经济的发展。同时也为被保险人提供了可靠保障。因为通过资金运用，进一步壮大了保险基金。

第一章　人寿保险（针对生命）

一、人寿保险的发展经历

人寿保险是众多保险品种中最重要的一种，它以人的寿命为保险标的，以生死为保险事故的保险，也称为生命保险。人寿保险是为千家万户送温暖的高尚事业，人寿保险作为一种兼有保险、储蓄双重功能的投资手段，越来越被人们所理解、接受和钟爱。人寿保险可以为人们解决养老、医疗、意外伤害等各类风险的保障问题。

中国寿险业过去 10 年年均复合增速高达 24%，人身保险公司保费收入由1999 年的 872 亿元，增加到 2013 年的 9，958 亿元。2013 年中国已经成为全球第五大寿险市场。2015 年，中国寿险公司原保险保费收入 12，690.28 亿元，同比增长 18.15%。寿险业务原保险保费收入 10，901.69 亿元，同比增长 15.67%；健康险业务原保险保费收入 1，587.18 亿元，同比增长 41.27%；意外险业务原保险保费收入 542.57 亿元，同比增长 17.61%。2015 年 8 月 5 日，普通型人身保险（包括人寿险、健康险和意外伤害险）费率改革启动，长达 14 年之久的人身险2.5% 预定利率上限从此成为历史。2016 年 2 月，保监会官网发布《关于万能型人身保险费率政策改革有关事项的通知》，放开万能险人身保险的最低保证利率。万能险完全市场化后，最低保证利率有望从现有的 2.5% 提高到 3% 至 3.5%。

据中国产业调研网发布的 2020 年版中国人寿保险市场现状调研与发展趋势分析报告显示，中国寿险行业面临良好发展环境，国务院颁布的《关于加快发展现代保险服务业的若干意见》（简称"新国十条"），不仅进一步明确了寿险业在经济社会全局中的定位，也给寿险业发展创造了一系列的战略和战术红利。同年《关于加快发展商业健康保险的若干意见》的出台，也为人身保险行业提供了广阔的发展空间。另外，财政部有望颁布健康险税收优惠政策，该政策对中国寿险行业发展具有里程碑式的意义。

《2020 年版中国人寿保险市场现状调研与发展趋势分析报告》对人寿保险市场的分析由大入小，从宏观到微观，以数据为基础，深入地分析了人寿保险行业在市场中的定位、人寿保险行业发展现状、人寿保险市场动态、人寿保险重点企业经营状况、人寿保险相关政策以及人寿保险产业链影响等。

《2020 年版中国人寿保险市场现状调研与发展趋势分析报告》还向投资人全面的呈现了各大人寿保险公司和人寿保险行业相关项目现状、人寿保险未来发展潜力、人寿保险投资进入机会、人寿保险风险控制、以及应对风险对策等。

存在意义：当被保险人的生命发生了保险事故时，由保险人支付保险金。最初的人寿保险是为了保障由于不可预测的死亡所可能造成的经济负担，后来，人寿保险中引进了储蓄的成分，所以对在保险期满时仍然生存的人，保险公司也会给付约定的保险金。人寿保险是一种社会保障制度，是以人的生命身体为保险对象的保险业务。对于每一个人来说，死亡、年老、伤残、疾病等都是生活中的危险，我们叫做人身危险。从整个社会来看，总会有一些人发生意外伤害事故，总会有一些人患病，各种危险随时在威胁着人们的生命，所以我们必须采用一种对付人身危险的方法，即对发生人身危险的人及其家庭在经济上给予一定的物质帮助，人寿保险就属于这种方法。它的特点是通过订立保险合同、支付保险费、对参加保险的人提供保障，以便增强抵御风险的能力，编制家庭理财计划，为您和您的家庭构筑心理的防线，构造爱的世界，创造美好未来。

人寿保险是为千家万户送温暖的高尚事业，人寿保险作为一种兼有保险、储蓄双重功能的投资手段，越来越被人们所理解、接受和钟爱。人寿保险可以为人们解决养老、医疗、意外伤害等各类风险的保障问题，人们可在年轻时为年老做准备，今天为明天做准备，上一代人为下一代人做准备。这样，当发生意外时，家庭可得到生活保障，年老时可得到养老金，有病住院可得到经济保障。

二、人寿保险的行业发展阶段

（一）世界发展史

在海上保险的产生和发展过程中，一度包括人身保险。15 世纪后期，欧洲的奴隶贩子把运往美洲的非洲奴隶当作货物进行投保，后来船上的船员也可投保；如遇到意外伤害，由保险人给予经济补偿，这些应该是人身保险的早期形式。

17 世纪中叶，意大利银行家伦佐·佟蒂提出了一项联合养老办法，这个办法后来被称为"佟蒂法"，并于 1689 年正式实行。佟蒂法规定每人交纳法郎，筹集起总额 140 万法郎的资金，保险期满后，规定每年支付 10%，并按年龄把认购人分成若干群体，对年龄高些的，分息就多些。"佟蒂法"的特点就是把利息付给该群体的生存者，如该群体成员全部死亡，则停止给付。

著名的天文学家哈雷，在 1693 年以西里西亚的勃来斯洛市的市民死亡统计为基础，编制了第一张生命表，精确表示了每个年龄的死亡率，提供了寿险计算的依据。18 世纪 40—50 年代，辛普森根据哈雷的生命表，作成依死亡率增加而递增的费率表。之后，陶德森依照年龄差等计算保费，并提出了"均衡保险费"的理论，从而促进了人身保险的发展。1762 年成立的伦敦公平保险社才是真正根据保险技术基础而设立的人身保险组织。

（二）中国寿险的发展经历

大致五个阶段：

第一阶段：中国寿险行业自 1982 年恢复业务以来，90 年代经过不断的复苏发展，中国人保独家垄断格局被打破，不断有新的保险公司成立，保险公司通过个人代理销售队伍迅速扩张而抢占市场，此时寿险产品比较注重保障，以普通型寿险为主打产品，但当时技术并不突出，行业经营经验不佳，其中 20 世纪 90 年代初国内通货膨胀严重利率高企，保险产品定价利率较高，在 90 年代末利率大幅走低后行业出现较大的利差损，同时保监会于 1998 年正式成立。

第二阶段：迈入 2000 年后，银保渠道开始启动，经过快速扩张、监管调整，行业规模快速增长，投连险、万能险等偏理财类产品销售占比迅速提高；2008 年金融危机之后，行业进入低迷期，银保渠道与代理人渠道增长困难。

第三阶段：2010 年底银保渠道新规整顿产品销售趋严，2011 年寿险行业保费收入为 -8.95%，为少有的保费收入负增长年，此时市场由分红险主导。

第四阶段：进入 2014 年，受益于资本市场转暖，保险公司投资受益加强，部分中小寿险公司大力通过中短存续期产品（万能险）扩张资产负债表，代理人考试在 2015 年放开，监管呈现边际宽松，代理人规模有提升，直至 2017 年，该阶段行业集中度降低。

第五阶段：2017 年开始行业监管趋严，监管强调保险回归保障，保险 76 号与 134 号文件出台规范快返型万能险，行业告别了通过中短存续期保险快速扩张的时代，2018 年行业寿险保费增速仅小幅正增长（同比增速为 0.85%），保险公司开始注重回归保障产品，此时主打健康险与年金险。

中国寿险行业发展阶段：

三、人寿保险的认识

（一）定义

人寿保险是人身保险的一种，以被保险人的寿命（即生命）为保险标的，且以被保险人的生存或死亡为给付条件的人身保险。和所有保险业务一样，被保险人将风险转嫁给保险人，接受保险人的条款并支付保险费。与其他保险不同的是，人寿保险转嫁的是被保险人的生存或者死亡的风险。一般来说，人寿保险分为定期寿险和终身寿险。

（二）分类

一般分类：

1. 定期寿险

即被保险人在保单规定的期间发生死亡，身故受益人有权领取保险金，如果在保险期限内被保险人未死亡，保险人无须支付保险金也不返还保险费。一般来说，这种寿险针对的是那些短期内从事高危工作的人，当然，现如今也有很多为老人购买定期寿险的。

2. 终身寿险

终身人寿保险是一种不定期的死亡保险，简称"终身寿险"。对于终身寿险来说，保险责任从保险合同生效后一直到被保险人死亡之时为止。由于人的死亡是必然的，因而终身保险的保险金最终必然要支付给受益人。由于终身保险保险期长，故其费率高于定期保险，并有储蓄的功能（你可以看做保险公司利用你支付的保费拿去投资）。而且通常都有一个最终时限，即被保险人达到一百岁时，不管被保险人是否死亡，都可获得保险金。

一般来说，终身寿险由于保险金最终都会交付，所以通常都是一个很昂贵的产品。相比起来定期寿险的费用更低，但是定期寿险通常有很大几率不会得到赔付。

其他分类：

3. 生存保险：生存保险是指被保险人必须生存到保单规定的保险期满时才能够领取保险金。若被保险人在保险期间死亡，则不能主张收回保险金，亦不能收回已交保险费。

4. 生死两全：定期人寿保险与生存保险两类保险的结合。生死两全保险是指被保险人在保险合同约定的期间里假设身故，身故受益人则领取保险合同约定的身故保险金，被保险人继续生存至保险合同约定的保险期期满，则投保人领取保险合同约定的保险期满金的人寿保险。这类保险是目前市场上最常见的商业人寿保险。

5. 养老保险：养老保险是由生存保险和死亡保险结合而成，是生死两全保险的特殊形式。被保险人不论在保险期内死亡或生存到保险期满，均可领取保险金，即可以为家属排除因被保险人死亡带来的经济压力，又可使被保险人在保险期结束时获得一笔资金以养老。

6. 健康险：健康险承保的主要内容有两大类：其一是由于疾病或意外事故而发生的医疗费用。其二是由于疾病或意外伤害事故所致的其他损失。其中，疾病保险中最重要的是重大疾病保险。

重大疾病保险：是指由保险公司经办的以特定重大疾病，如恶性肿瘤、心肌梗死、脑溢血等为保险对象，当被保人患有上述疾病时，由保险公司对所花医疗费用给予适当补偿的商业保险行为。

重疾险一般采用提前给付方式进行理赔，即被保人一经确诊罹患保险合同中所定义的重大疾病，保险公司立即给予一次性支付保险金额，不存在实报实销情况。根据保费是否返还来划分，可分为消费型重大疾病保险和返还型重大疾病保险。巨灾保障：巨灾成为了人身安全的一大隐患，灾难保障也成为了人寿保险新的关注焦点。市场上很多寿险产品都将地震、海啸、泥石流等巨灾涵盖在保障范围之内，专门的"巨灾险"寿险产品比较罕见，而较常见的是以附加险的形式出现，即针对重大自然灾害可能给消费者带来的重大损失，给予双重保障。

不过，类似暴乱及核爆炸（核辐射）等情况，不同于自然灾害，一般不在寿险公司的承保范围内。个别设置有地震免责条款的险种，比如健康险，也可以通过购买附加地震险的方式，增加地震保障责任。面对巨灾风险，首先我们需要做的应该是风险排查，整理一下现有保单，充分了解自己已经拥有的保障，尤其是了解地震，海啸，泥石流，暴雪等巨灾风险是否已经被涵盖，是否存在缺口。应针对保障缺口进行补充，让自己的保障更为全面和充足。在针对性购买保险产品时，投保人一定要了解清楚产品的保险利益和责任免除，了解清楚了这两项内容，才能使购买的保险产品成为实实在在的保障

细化分类：

人寿保险可以被划分成风险保障型人寿保险和投资理财型人寿保险。

（1）风险保障：风险保障型人寿保险偏重于保障人的生存或者死亡的风险。风险保障型人寿保险又可以分为定期死亡寿险、终身死亡寿险、两全保险、年金保险。

（2）定期死亡：定期死亡寿险提供特定期间死亡保障。保险期间经常为1年、5年、10年、20年或者保障被保险人到指定年龄时止。该保险不积累现金价值，所以定期死亡寿险一般被认为无任何投资功能的"纯净"的保险。

购买定期死亡寿险要考虑三个关键的因素：保险金额、保险费和期间的长短。保险市场上出售的定期死亡保险有许多种，均是这些三个参量的许多不同的组合。定期死亡寿险价格一般低廉，适合收入较低或者短期内承担一项危险工作的人士购买。

（3）终身死亡：终身死亡寿险提供被保险人终身的死亡保障，保险期间一般到被保险人年满100周岁时止。无论被保险人在100周岁前何时死亡，受益人将获得一笔保险金给付。如果被保险人生存到100岁时，保险公司给付被保险人一笔保险金。由于被保险人何时死亡，保险人均要支付保险金，所以终身死亡寿险

有储蓄性质，其价格在保险中是较高的。该保险有现金价值，有些保险公司的有些险种提供保险单贷款服务。

（4）两全保险：两全保险也称"生死合险"或"储蓄保险"，无论被保险人在保险期间死亡，还是被保险人到保险期满时生存，保险公司均给付保险金。该保险是人寿保险中价格最贵的。

两全保险可以提供老年退休基金，可以为遗属提供生活费用，特殊情况下，可以作为投资工具、半强迫性储蓄工具，或者可以作为个人借贷中的抵押品。

（5）年金保险：年金保险在约定的期间或被保险人的生存期间，保险人按照一定周期给付一定数额的保险金。年金保险的主要目的是为了保证年金领取者的收入。纯粹的年金保险一般不保障被保险人的死亡风险，仅为被保险人因长寿所致收入损失提供保障。

（6）投资理财：投资理财型人寿保险产品侧重于投资理财，被保险人也可获取传统寿险所具有的功能。该类型保险可分为分红保险、投资连结保险和万能人寿保险。

（7）分红保险：分红保险保单持有人在获取保险保障之外，可以获取保险公司的分红，即与保险公司共享经营成果。该保险是抵御通货膨胀和利率变动的主力险种。

分红保险的红利主要来源于"三差"：利差、死差和费差。利差是保险公司实际投资收益率和预定投资收益率的差额导致的收益或者亏损；死差是预定死亡率和实际死亡率的差额导致的收益或者亏损；费差是保险公司预定费用率和实际费用率的差额导致的收益或者亏损。一般来说，在规范的保险市场，保险公司之间死差和费差差异不大，红利主要来源于利差收益。

（8）投资连结：投资连结保险保单持有人在获取保险保障之外，至少在一个投资账户拥有一定资产价值。投资连结保险的保险费在保险公司扣除死亡风险保险费后，剩余部分直接划转客户的投资账户，保险公司根据客户事先选择的投资方式和投资渠道进行投资，投资收益直接影响客户的养老金数额。

（9）万能人寿：万能人寿保险具有弹性，成本透明，可投资的特征。保险期间，保险费可随着保单持有人的需求和经济状况变化，投保人甚至可以暂时缓交、停交保险费，从而改变保险金额。万能人寿保险将保险单现金价值与投资收益相联系，保险公司按照当期给付的数额、当期的费用、当时保险单现金价值等变量确定投资收益的分配，并且向所有保单持有人书面报告。

（三）人寿保险的运作

人寿保险交易中存在四种法律意义上的人：保险人，被保险人，投保人和受益人，保险人通常是一家保险公司，投保人和被保险人经常同一个人。例如，张三购买了人寿保险，他是投保人和被保险人；但如果张三的妻子李四经张三同意给张三购买了人寿保险，李四是投保人，张三是被保险人。保险人和投保人构成人寿保险合同的当事人，被保险人是保险合同的关系人。另外一个重要的关系人是受益人。受益人是因被保险人的死亡而获取保险金的人。受益人不是保险合同的当事人，对自己是否受益无法自行决定，而是被保险人选定，投保人若要变更或者指定受益人需要经被保险人同意，而受益人则必须接受这个变化。

人寿保险合同与其他保险合同一样，是一个指定承担风险的期限和条件的法律合同。在责任免除中约定了包括自杀条款在内的一些限制条款。自杀条款规定，如果被保险人在投保后一定时间内（通常是两年）自杀，保险人不承担给付责任。多数人寿保险合同有一个观察期（通常也是两年），如果被保险人在这个期间之内去世，保险人有一种法定权利决定是给付保险金还是退还保险费。

当被保险人去世或者达到保险合同规定的年龄时，保险人给付保险金。人们购买人寿保险的一个原因是防止受益人因为被保险人死亡导致陷入金融困境。保险金所得可以支付葬礼和其它死亡费用，并且可以通过投资收益替代逝者的薪水。购买人寿保险的另外一个原因是，人寿保险可以进行家庭财产规划。防止退休后的生活受到因退休导致的收入减少的影响。

保险人的定价政策与预定给付保险金数额、管理费用和预定利润有关。预定保险金给付数额通过保险统计参照生命表确定。保险统计使用的数学方法有概率论和数理统计。生命表是一种显示平均余命（平均剩余寿命）的表格。通常，生命表仅考虑被保险人的年龄和性别。

保险公司从投保人或者被保险人那里收取保险费，使用该资金在一定时期的本利和来确定保险金给付数额。所以，人寿保险的费率对被保险人的年龄很敏感，因为保险人认为年龄较老的人所缴纳的保险费用于投资的时间太短。因为有害习惯可能有对保险人的经营成果起到消极作用，所以保险人会在政策允许范围内，最大限度对被保险人展开生存调查。保险人会在承保前尽量详细地询问并记录被保险人的生活方式和健康状况。在特定的条件下，比如保险金额很高或者怀疑隐匿告知事项的，保险人将进一步调查。很多情况下，保险人从被保险人的医师那里获得被允许获得的信息。

法律并没有强制要求人寿保险覆盖所有的人。保险公司自行确定哪些人可以承保，哪些人因为为他们自己的健康状况和生活方式的原因拒保。但是如果非健康的生活方式或者次标准体导致的风险可以被估测，保险公司可能会同意加费承保。当被保险人死亡，受益人向保险人提交死亡证明和索赔表格，提出索赔申请。如果被保险人的死亡可疑，保险人可能对被保险人死亡的事件是否符合保险合同的规定开展调查。保险金的给付有时候是一次性给付，也可按照合同约定分期给付，来保障受益人在一定时期的生活。

（四）人寿保险的流程图

人寿保险的流程图

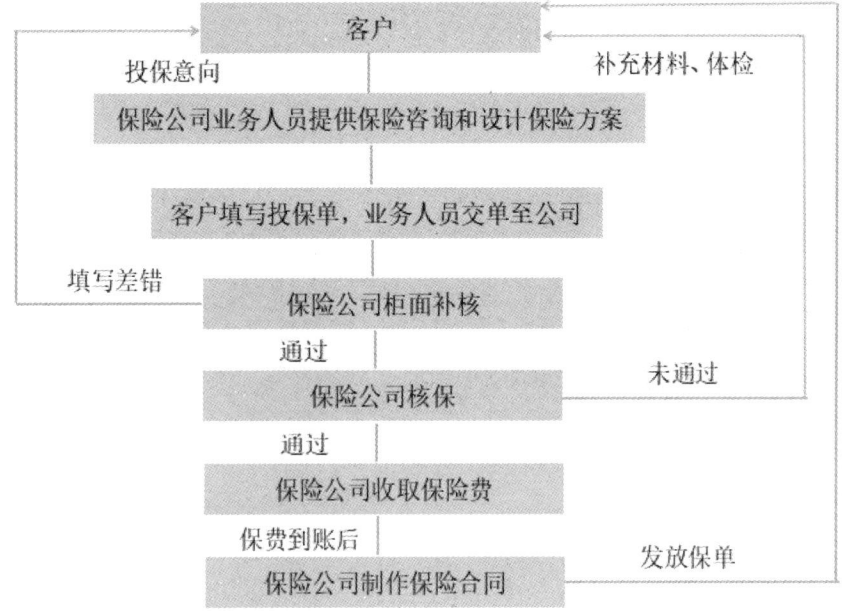

投保流程具体如下：

1. 投保人与被保险人资格

（1）投保人资格

同时具备以下条件的，可作为投保人：

具备完全民事行为能力的自然人或法人。

对被保险人具有保险利益（必要时能够提供有关保险利益关系证明）。

具备缴费能力，愿意承担支付保费义务

（2）被保险人资格

具备以下条件之一的可以作为被保险人：

具有保险公司所在地户口或永久居留权

非当地户口，但在当地工作，有稳定收入和固定居所，必要时能提供证明者。有关证明指身份证、户籍证明、当地暂住证、劳动用工合同、工商营业执照等。

港、澳、台同胞必须在当地有投资，并经常往返或居住在当地。

为未成年人投保含死亡责任保险的，投保人必须为父/母（合法监护人）或者经父/母（合法监护人）书面同意，且累计风险保额不得超过有关规定。

2.残疾人投保规定

有固定职业和收入。

需要提供残疾证明。

条款中约定残疾保险金的给付责任将不适用于残疾被保险人的已残疾部位。通常要求体检。

最高给付保险金额一般限制为10万元。

附加险视其残疾部位和程度将由核保作相应限制。

已高残人士谢绝承保。

3.常见一般谢绝承保规定列示

（1）、凡从事下列职业者，公司谢绝承保：现役军人特种兵种；爆破工人、火药爆竹制造工人、三酸制造工人；乡镇及私营煤矿井下矿工。

（2）、凡符合下列情况之一者，公司谢绝承保：恶性肿瘤患者；弱智、痴呆、精神病患者；外国籍人；假释犯人；妇女在怀孕6个月后至产后60天期间。

4.延期体投保规则

凡经核保查定为延期体的投保申请件，被保险人必须在延期期满方可重新申请，且必须按照公司的要求进行体检，并提供有关住院或门诊病历复印件。

5.体检件的确认

由接单人员确认：当此次投保使该被保险人的累计风险保额超过了该被保险人所处年龄的免体检保额限额，由接单人员确认被保险人体检，并签发正式体检通知书和体检表。体检项目按体检表要求执行。

核保确认：当此次投保没有超过免体检保额，且没有既往投保记录告知，但经电脑累计，其累计风险保额超过了该被保险人所处年龄的免体检保额限额，由核保发出体检通知。

当此次投保虽未超过免体检保额，但健康告知有体检指症，经核保确认必须作为体检件者，由核保签发正式体检通知。

二次体检确认：经首次体检，仍存在判断上的困难，核保有权要求被保险人作二次体检，二次体检的确认，体检医院及项目由核保指定。

说明：体检结果应由公司专人到定点医院取回，不宜由业务员或客户送交公司。

6. 体检费的处理

公司认为需要体检的，体检费先由客户垫付。承保后根据公司规定可以报销的，由客户或委托业务员于签收保险合同之日起十日后持体检通知书、体检费收据和保险合同到公司，经核保人员核准体检费金额后（核保人员将保险合同号、核准金额录入电脑），打印《付款通知书》，由财务进行付费处理。但非公司规定所做的额外体检项目或申请复效时的体检费用不予报销。

7. 客户在承保前变更要约的处理

投保人在公司同意承保前要求变更投保要约的（不得变更投保人、被保险人。如变更投保人、被保险人的作撤单处理，退单退费，重新进单），根据情况分别作如下处理：

（1）如变更投保险种、保险金额，须重填投保单，同时在新填投保单上注明原投保单号（客户忘记的，接单人员可协助查询）。

需加收保费的、业务员收差额，开新暂收费收据。暂收据上投保单号一栏，填新投保单号，暂收费金额一栏填客户以前累计缴费金额与本次缴费金额之和。业务员到财务办理时，同时交新开暂收据财务联、业务员联以及补收差额，并在新暂收费收据上注明原投保单号，说明情况。财务作充正处理，出具付费收据，并加盖转讫章，付费收据金额为以前客户累计缴费金额。业务员将付费收据客户联送交客户。办理完后到业务交新填投保单。

需退费的，业务员开新暂收费收据，暂收费金额一栏填客户实际已缴费金额。多余暂收费暂不退还，待出单后由客户选择退费或是转预缴保费。业务员到财务办理时交新开暂收据财务联、业务员联，并在新暂收费金额上注明原投保单号，说明情况。财务作充正处理，出具付费收据，并加盖转讫章，付费收据金额为以前客户累计缴费金额。业务员将付费收据客户联送交客户。办理完后到业务交新填的投保单。

说明：变更险种、保险金额需补收保费时，缴费方式为现金的，业务员开一张暂收据。缴费方式为银行代收的，若银行要求缴费时以暂收据为依据，业务员开两张暂收据，一张金额为原暂收据上所开金额，一张金额为所收差额，客户据此到银行缴费。变更险种、保险金额需补收保费时，缴费方式为现金的，业务员开一张暂收据。缴费方式为银行代收的，若银行要求缴费时以暂收据为依据，业务员开两张暂收据，一张金额为原暂收据上所开金额，一张金额为所收差额，客户据此到银行缴费。

（2）其他情况，投保人填写《保险要约内容补充更正申请书》，并签名确认，涉及被保险人权益的（受益人的指定）需要被保险人签名确认。需加收保费的，业务员收差额，开新暂收费收据，暂收据投保单号一栏，填原投保单号，暂收费金额一栏填客户本次实际缴费金额。需退费的，暂不退费，待出单后由客户选择退费或转预缴保费。涉及收费的，业务员到财务缴费后到业务交《保险要约内容补充更正申请书》。

8.撤单、退单处理办法

凡业务员交来的投保单不合要求者（投保单填写要求见本节"投保单的使用和填写"），将作退单处理。已交保费的，如投保人要求退还保费，接单人员打印《退费通知书》，由财务进行付费处理。在公司同意承保前客户要求撤消投保要约的，投保人填写《保险要约内容补充更正申请书》，选择"撤单"项，接单员受理后，如有暂收费，出具《付款通知书》，由财务进行付费处理。

9.差错退单后再次进单的处理业务员对于退回的投保单应进行完整的审核。

若涉及重新填写投保单，业务员应在新投保单上注明原投保单号。接到退单后应即刻办理，否则一个月后作撤单处理。

10.暂收费的收取和退还一般投保件业务员在指导投保人填写完投保单后，应根据其年龄、性别、投保险种等条件计算出标准保费，并收取首期暂收费，同时开具等额暂收据。

对于大额（大额标准各省根据情况指定）、有疾病告知、被保险人年龄超过核保有关规定（参见各险核保规定）的，先交单，待核保通过后再缴费，业务员不得收费。投保人所缴暂收费大于首期应收保费的，投保人可要求退回多于暂收费也可将其转为预收保费。投保人要求退还多余暂收费的，接单员打印《付款通知书》，由财务进行付费处理。

11.汇缴件的处理，对于汇缴件，须先填写《汇缴件投保单》，并由每个被保险人填写个人保险投保单。

保险费可集体汇缴，但各保险合同缴费方式、缴费期限、缴费形式必须一致。公司为每个被保险人均出具一份保险合同。

（五）人寿保险的标准条款

1.宽限期：人寿保险大部分为长期合同，交费期间有的长达几十年。交费期间常出现一些无法按时交费的情形，比如出差、遗忘、暂时性经济拮据等。为避免保险单轻易失效，保险人一般给投保人缴纳续期保费一定的宽限期，在宽限期发生保险事故的，即使投保人没有缴纳保险费，保险人仍给付保险金。如果突破宽限期仍未交费，有保险费自动垫交条款保护的，进入垫交期，没有保护的，则进入失效期。《中华人民共和国保险法》规定的宽限期为60天。

2.费用自动垫交：突破宽限期仍旧未缴纳保险费的，如果保险单现金价值足以垫交保险费及利息时，保险人将自动垫交保险费，除非投保人书面反对该条款。垫交保险费一直到累计贷款本息达到保险单的现金价值时结束，此时保险单将进入失效期。《中华人民共和国保险法》并未强制规定该条款，但许多保险公司提供该条款，此条款在许多国家都不是法定条款。

3. 复效条款：复效条款规定人寿保险单如因欠交保费而中止效力的，投保人可以在两年内申请补交保险费使保险单复效。但是其他原因导致的失效并不受复效条款的保护。

4. 不丧失价值：该条款规定，即使保险单失效，保险单的现金价值所有权仍归投保人所有。

5. 年龄误报：鉴于年龄是影响人寿保险费率的重要因素，该条款规定，当保险人发现被保险人年龄误报时，将根据真实年龄调整保险金额。若年龄误报超出保险公司规定的承保年龄范围时，保险合同无效，保险人退还保险费。年龄误报不属于不可抗辩条款。《中华人民共和国保险法》无年龄错误处理，有些保险公司条款中关于年龄误报有零星规定。

6. 受益人：该条款亦规定，如果未指定受益人的，并且被保险人没有遗嘱指定受益人的，被保险人的法定继承人作为受益人。受益人先于被保险人死亡的，该保险金转回被保险人，被保险人可另行支配。

7. 自杀：一般规定，被保险人在保险单生效（或者复效）后二年内自杀，无论精神是否正常，保险人都不给付保险金，而只支付所交保险费给受益人。《中华人民共和国保险法》关于自杀规定为退还现金价值。

8. 不可抗辩：保险单生效（或者复效）之日起两年后，保险人不得因为投保人或者被保险人投保时的故意隐瞒、过失、遗漏和不实说明等原因否定保险合同的效力，但是投保人欠交保险费的除外。国际通用的该条款一般侧重保护被保险人或者受益人的利益，但是《中华人民共和国保险法》侧重于保护保险人的利益，其叙述为："订立保险合同，保险人应当向投保人说明保险合同的条款内容，并可以就保险标的或者被保险人的有关情况提出询问，投保人应当如实告知。投保人故意隐瞒事实，不履行如实告知义务的，或者因过失为履行如实告知义务，足以影响保险人决定是否同意承保或者提高保险费率的，保险人有权解除保险合同。投保人故意不履行如实告知义务的，保险人对于保险合同解除前发生的保险事故，不承担赔偿或者给付保险金的责任，并不退还保险费。投保人因过失未履行如实告知义务，对保险事故发生有严重影响的，保险人对于保险合同解除前发生的保险事故，不承担赔偿或者给付保险金的责任，但可以退还保险费。"

9. 保单贷款：人寿保险保险单具有现金价值，一般规定在保险单经过两年后，可将保单抵押给保险人申请贷款。实际操作中，一般贷款额度不超出保单现金价值的一定比例，比如80%。当贷款本利和达到保单现金价值时，投保人应按照保险人通知的日期归还款项，否则保单失效。领取保险金时如果款项未还清，则保险金将扣除该款项后支付。保单贷款期限一般为6个月，时间短、额度小、笔数多，一般贷款净收益低于保险人投资收益，所以该条款是保险人向投保人的优惠行为。《中华人民共和国保险法》并没有规定此条款，有些保险公司的一些条款规定了此款。

10. 保单转让：保险单有现金价值，可作为金融资产，在一定条件下转让（不侵犯受益人的既得权利等情形）。转让有两种情况，一种是把保单所有权完全转让，同时转让一些未履行的义务；另一种是将保单作为被保险人的信用担保或者贷款的抵押品。保险单转让时必须书面通知保险公司，否则转让不成立。《中华人民共和国保险法》并没有规定此条款，也未出现规定了此款的条款。

11. 红利及保险金：分红保险的红利有多种处置方式，可以选择。它们是：领取现金、累积生息、抵交续期保费、自动增加保额、自动购买定期死亡寿险、并入准备金以提前满期等。保险金任选条款规定，被保险人或者受益人在领取保险金时，可选择所列方式：收入利息（领款人死亡后，受益人领回本金）、定期收入（年金）、定额收入（年金）、终身收入（年金）。

四、人寿保险法律法规

（一）相关法规

《关于印发投资连结保险万能保险精算规定的通知》

各寿险公司、养老保险公司、健康保险公司：为保护被保险人利益，规范投资连结保险、万能保险业务发展，我会修订了投资连结保险、万能保险的精算规定，现印发给你们，并将有关要求通知如下：

1. 本通知所附之《投资连结保险精算规定》、《万能保险精算规定》（以下简称"本规定"）自发布之日起实施。

2. 自本规定实施之日起，《关于印发人身保险新型产品精算规定的通知》（保监发〔2003〕67号）之《个人投资连结保险精算规定》、《个人万能保险精算规定》（以下简称"原规定"）废止。

3. 自本规定实施之日起，各公司应当按照本规定的要求报备投资连结保险产品和万能保险产品。

2007年10月1日前，各公司按照原规定报备的投资连结保险产品和万能保险产品可以继续销售，并可以执行原规定有关要求。2007年10月1日后，投资连结保险业务应当按照本规定有关要求进行投资账户评估、投资单位定价和提取责任准备金；万能保险业务应当按照本规定有关要求设立万能账户、决定结算利率和提取责任准备金。2007年10月1日后，不符合本规定的投资连结保险产品和万能保险产品不得销售。

（二）新增相关法律

保险法司法解释（四）的新增点

1. 对保险人的免责条款，保险人已向投保人履行了法定的提示和明确说明义务，保险标的受让人以保险标的转让后保险人未向其提示或者明确说明为由，主张免除保险人责任的条款不生效的，人民法院不予支持。（2019年新增）

2. 投保人负有"危险增加的通知义务"在认定保险标的是否构成"危险程度显著增加"时，应当综合考虑以下因素：（1）保险标的用途的改变；（2）保险标的使用范围的改变；（3）保险标的所处环境的变化；（4）保险标的因改装等原因引起的变化；（5）保险标的使用人或者管理人的改变；（6）

3. 危险程度增加持续的时间以及其他可能导致危险程度显著增加的因素。

（2019年新增）

（1）施救未产生实际效果：保险事故发生后，被保险人依法请求保险人承担为防止或者减少保险标的的损失所支付的必要、合理费用，保险人以被保险人采取的措施未产生实际效果为由抗辩的，人民法院不予支持。（2019年新增）

（2）诉讼时效：人寿保险的被保险人或者受益人向保险人请求给付保险金的诉讼时效期间为5年，自其知道或者应当知道保险事故发生之日起计算。人寿保险以外的其他保险的被保险人或者受益人，向保险人请求赔偿或者给付保险金的诉讼时效期间为2年，自其知道或者应当知道保险事故发生之日起计算。

4. 商业责任险的被保险人请求赔偿保险金的诉讼时效期间，自被保险人对第三者应负的赔偿责任确定之日起计算（2019年新增）。

（1）受让人已经承担保险标的的毁损灭失风险保险标的已交付受让人，但尚未依法办理所有权变更登记，承担保险标的的毁损灭失风险的受让人主张行使被保险人权利的，人民法院应予支持。（2019年新增）

（2）权利人不明被保险人、受让人依法及时向保险人发出保险标的转让通知后，保险人作出答复前，发生保险事故，被保险人或者受让人主张保险人按照保险合同承担赔偿保险金的责任的，人民法院应予支持。（2019年新增）

5. 第三人重复赔偿（2019年新增）

（1）保险人未通知或通知未到达。因第三者对保险标的的损害而造成保险事故，保险人获得代位请求赔偿的权利的情况未通知第三者或者通知到达第三者前，第三者在被保险人已经从保险人处获赔的范围内又向被保险人做出赔偿，保险人无权主张代位行使被保险人对第三者请求赔偿的权利，但保险人可以就相应保险金主张被保险人返还。

（2）保险人的通知到达保险人获得代位请求赔偿的权利的情况已经通知到第三者，第三者又向被保险人做出赔偿，保险人主张代位行使请求赔偿的权利，第三者以其已经向被保险人赔偿为由抗辩的，人民法院不予支持。

6. 保险合同订立前放弃对第三者请求赔偿的权利（2019年新增）

（1）在保险人以第三者为被告提起的代位求偿权之诉中，第三者以被保险人在保险合同订立前已放弃对其请求赔偿的权利为由进行抗辩，人民法院认定上述放弃行为合法有效，保险人就相应部分主张行使代位求偿权的，人民法院不予支持。

（2）能否主张返还保险金。保险合同订立时，保险人就是否存在上述放弃情形提出询问，投保人未如实告知，导致保险人不能代位行使请求赔偿的权利，保险人请求返还相应保险金的，人民法院应予支付，但保险人知道或应当知道上述情形仍同意承保的除外。

7. 投保人造成保险事故（2019 年新增）

投保人和被保险人为不同主体，因投保人对保险标的的损害而造成保险事故，保险人有权依法主张代位行使被保险人对投保人请求赔偿的权利，但法律另有规定或者保险合同另有约定的除外。

五、发展现状及前景

（一）我国保险业务的基本现状

1. 我国保险业务保持高速增长：自 1979 年保险业恢复经营以来，我国保费收入年均增长超过 20%，是国民经济中发展最快的行业之一。截止到 2011 年，我国保险业保费收入已增长至 1.43 万元；2012 年 1-9 月，保费收入已达 1.2 万元。此外，我国保险业务近年来还呈现一个特点：财产险扩增速度明显大于人身险。2011 年全国实现保费收入 1.43 万亿元，同比增长 10.4%。其中，财产险保费收入 4,617.9 亿元，同比增长 18.5%。人身险保费收入 9,699.8 亿元，同比增长 6.8%。

2. 我国保险投资渠道逐渐增多：改革开放以来尤其是近几年，随着我国资金运用渠道的不断拓宽，保险业积累的大量资金通过投资银行存款、国债、企业债、证券投资基金、股票、基础设施项目等。投资渠道的增多不仅有力地支持了国家经济建设，在资本和货币市场中发挥着越来越重要的作用，而且增加了保险公司的利润率，优化保险公司的资产结构。

3. 我国保险监管水平显著提高：1998年中国保监会成立。2006年以来，保监会形成了以偿付能力监管、公司治理结构监管和市场行为监管为支柱的监管框架。借鉴国际保险监督官协会核心监管原则，2006年初发布了《关于规范保险公司治理结构的指导意见（试行）》，引入保险公司治理结构监管制度，初步形成了偿付能力、公司治理和市场行为监管三支柱的现代保险监管框架。

4. 我国保险尽管不断增长，监管水平不断提高，但与世界同行相比，我国保险市场起步较晚，开发程度仍较低。不论是保险密度还是深度都远低于世界发达国家，甚至低于世界平均水平，因此，在迅速发展的同时，我国保险的可开发潜力巨大。

（二）我国保险市场存在的主要问题

2.1 中资企业主导的市场主体规模尚未成型

目前中国保险市场仅有52家商业保险公司，这与美国、日本等发达国家数以千计的保险公司数量相去甚远；而4，591亿元的总资产规模还不及世界排名前50位的保险公司单个资产总额。在市场主体数量和资产规模偏小情况下，4家国有独资公司的资产总额占到总资产的60%以上，占有的市场份额也在60%以上，而其资金运用收益率却普遍低于股份制保险公司。这种由于非市场竞争因素形成的高度集中的垄断竞争市场，有效竞争明显不足。究其原因，主要有三个方面：一是80年代以前保险业长期由国家垄断，国有独资保险公司在市场中的位置在短期内难以动摇；二是目前保险市场准入受到严格管制，使许多具备条件的企业进入保险市场受到限制；缺乏市场退出机制又使已获取保险执照的公司事实上受到保护，特别是在目前中资保险公司基本为国有或国有控股公司的情况下更是如此；三是保险市场已有的公司主要依靠自我积累实现扩张，融资途径有限，很难在短期内实现规模上的快速扩张。

2.2 保险投资品种较单一

从国外保险业发展的经验来看，保险业经营活动已经从单纯经营负债业务发展到同时经营资产业务阶段。依靠多渠道的投资所获收益不仅使保险公司能弥补保险业务经营的亏损，得以发展壮大，而且保险投资也在金融市场上具有极为重要的地位。中国保险投资范围极其狭窄，主要集中在银行存款和国债等固定收益类的金融产品上，投资收益低下，抗利率变动能力低。在目前赔付水平较低，保险业务经营还有较大盈利空间的情况下，依靠银行存款、国债等固定收益类金融产品的收益稳定，矛盾还不突出。随着保险市场竞争日趋激烈，当保险业务经营的盈利空间越来越小甚至出现亏损时，保险公司通过合法的保险投资不能有效增强其偿付能力，一旦面临投资收益不足以弥补保单亏损时，可能进行地下非法投资活动，以期获得较高的投资收益，使保险公司的经营风险加大，造成金融市场混乱，也加大了保险监管部门的监管难度。

2.3 监管机构监管力度较小

要保证任何一项监管的有效性，首先监管机构和监管对象必须是独立的，尤其经济上必须相互独立。而作为中国主要监管机构的中国保监会在经财政部和国家计委批准后，从1999年度起向作为监管对象的各商业保险公司和保险中介机构征收保险业务监管费，虽然实行收支两条线，但中国保监会的开办费和必要的业务经费开支，中国保监会工作人员经费开支，全国保险市场的信息网络系统购置安装费以及与境外保险公司及监管部门的业务往来、信息交流费用等都来源于此，这在客观上已使监管部门与作为被监管对象的保险公司、保险中介机构等在利益上挂钩，监管部门的独立性和公正性受到质疑。其次，保险监管机构的权威性是实现有效监管的另一保证，其重要表现就是是否具有处置权，中国保监会缺乏权威性也表现在此。以市场准入为例，中国保监会对保险公司的市场准入并没有实际的处置权力。加上中国保监会的法律地位尚未确立，对监管对象违规行为的行政处罚和法律制裁往往也流于形式，造成这种状况的根本原因是行政干预过多。

（三）人寿保险的发展现状：

2018 年 1 月，保监会对农银人寿、交银康联人寿和长城人寿下发监管函，并要求该三家公司不得销售不符合监管要求的产品，违规产品退出市场，并对公司申报新产品采取禁止性措施，持续强化对保险公司违法违规行为的监管问责。保险行业监管趋严的大背景下，下文将着重对人寿保险行业的发展现状进行分析。

3.1 保费收入

寿险业过去得到了快速发展。中国保险业于 1979 年开始恢复业务，在经历近 40 年发展后，中国保险业过去 15 年随着中国经济的腾飞、人均收入持续增长、城镇化进程不断加快以及消费结构持续升级而蓬勃发展，保险资源总量迅速增加。人身保险的保费收入分别从 2003 年的 3,011 亿元增长至 2018 年的 26,260 亿元，年复合增长率为 14.50%。2018 年行业受监管趋严以及多数公司主动调整产品销售结构的影响，原保险保费收入同比增速降至仅 1.87%；受 2018 年行业转型的逐步推动，2019 年上半年行业增速回暖，升至 16.05%（2018 年上半年同比增速为 -7.43%）

如图所示：

寿险原保险保费收入及同比增长

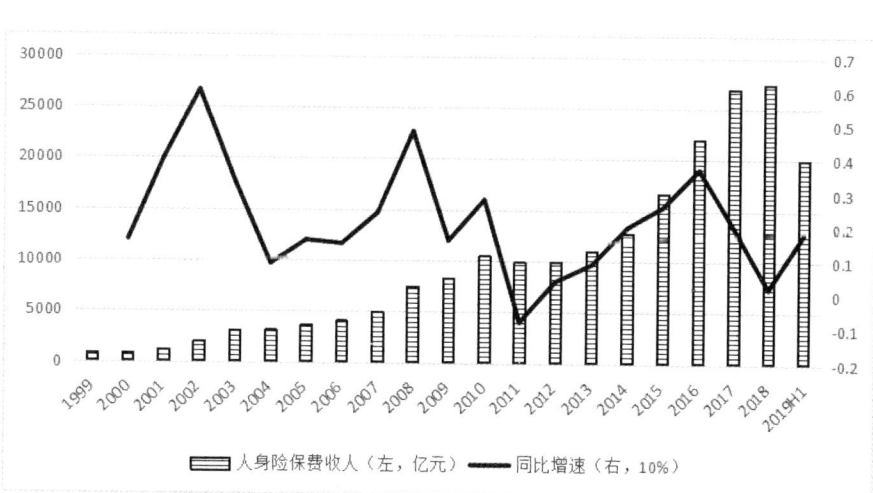

寿险中业务结构逐渐向好，健康险业务近年保持高速发展。2019 年上半年，寿险的三大业务寿险、健康险和人生意外伤害险的原保险保费收入分别为 15，026、3，976、641 亿元，占比分别为 77%、20%、3%，同比增速分别为 12.46%、31.68%、17.25%。如图所示：

寿险险种原保险保费收入（左轴，亿元）及同比增速（右轴，%）

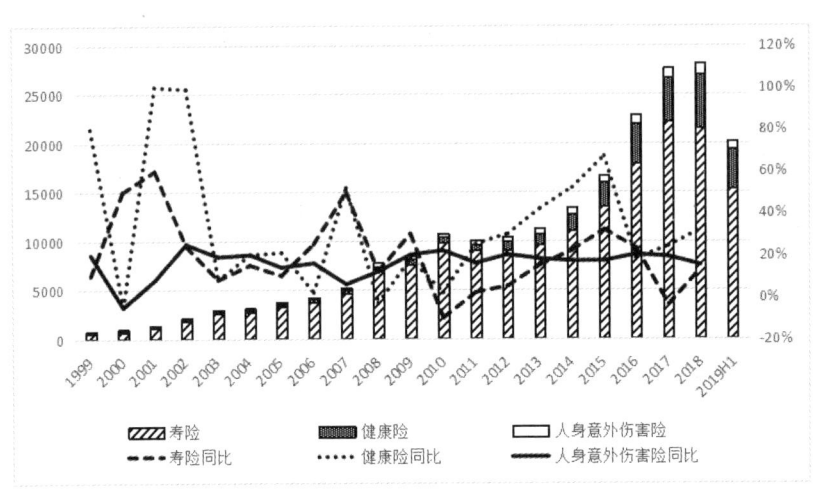

从寿险历年保费收入结构上来看，寿险业务一直是主力产品，但是健康险业务近年来保持高速增长，人寿意外伤害险增速保持在 10%~20% 之间较平稳的水平，健康险与意外伤害险合计占比呈逐年上升态势，行业销售产品结构向偏保障型产品转型。

3.2 保险代理人数量

保险代理人规模高速增长是负债端增长的重要推动因素之一。从 2013 起，受监管政策放松代理人考试取消、保险公司大力发展人海战术以及行业景气度提升因素影响，行业中的保险代理人规模快速增长。保险行业代理人从 2013 年底的 290 万增长至 2018 年底的 871 万，5 年间的年复合增长率为 24.60%。近两年保险代理人增速呈下滑趋势，2018 年同比增速为 7.94%。保险代理人的高速增长是推动了寿险行业保费收入的快速增长重要因素，行业代理人规模复合增长率与行业寿险保费收入同比增速呈现较大的正相关性。

保险代理人数量及同比增速

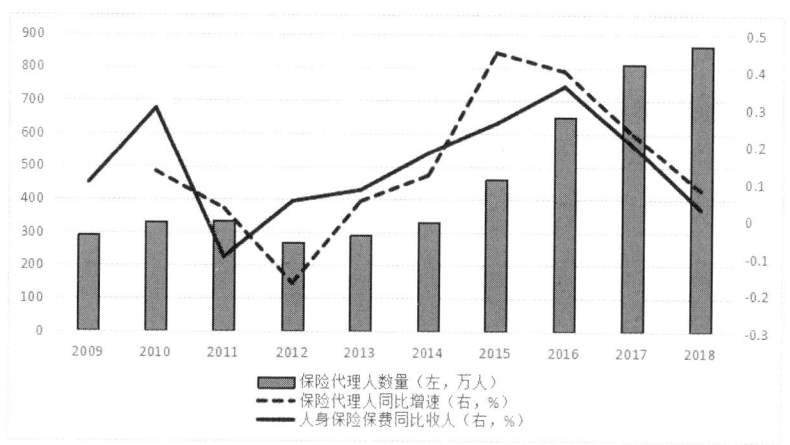

图例：
- 保险代理人数量（左，万人）
- 保险代理人同比增速（右，%）
- 人身保险保费同比收入（右，%）

3.3 中外资寿险公司的数量

2001 年，随着中国加入 WTO，保险市场进一步开放，大量外资寿险公司进入中国市场，本土中小保险企业也迅速发展壮大。根据银保监会数据，截至 2018 年末，我国共有 91 家人身保险公司，其中中资寿险公司数量达 63 家，较 2017 年底增加 6 家，外资寿险公司数量持平，仍为 28 家。

如下为 2010 年到 2018 年中国中资寿险公司和 2010-2018 年中国外资寿险公司的数据统计情况：

2010-2018 年中国寿险公司数据统计情况（单位：家）

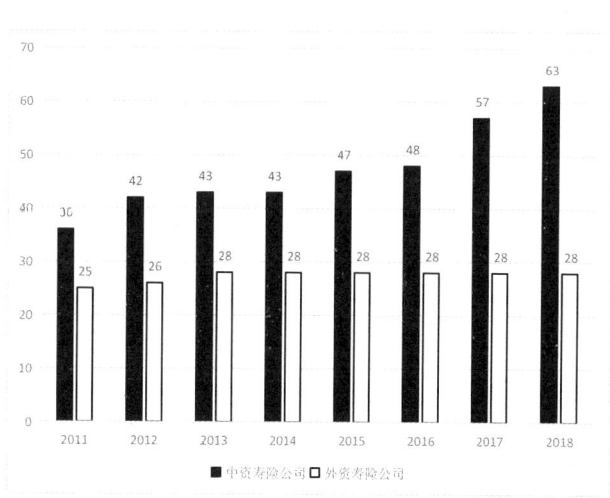

图例：中资寿险公司　外资寿险公司

3.4 中国寿险公司的市场份额

行业集中度较高，更易形成马太效应。2018 年中国前六大寿险公司和中国前九大寿险公司的市场份额分别为 60.49% 与 72.26%，其中前六大寿险公司中国人寿、中国平安（包括平安人寿、平安养老）、太保人寿、华夏人寿、太平人寿、新华保险市场份额分别为 20.42%、17.02%、7.67%、6.03%、4.71%、4.66%。保险行业经营周期长，集中度高，短期内排名靠前的公司地位难以撼动，竞争更多是存在大型保险公司之间，更容易形成马太效应。

2018 年我国寿险公司的市场份额

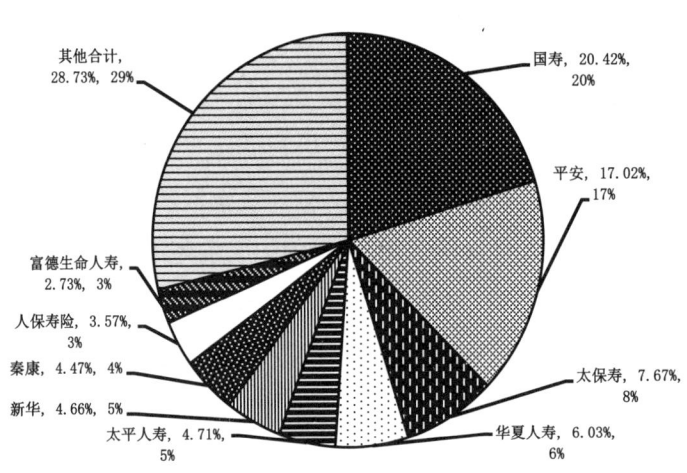

3.5 寿险公司资产规模

保费收入规模的扩大，直接推动寿险公司资产规模不断增加。2018 年，寿险公司总资产规模达到 14.61 万亿元，较年初增长 10.55%；而在 2010 年，寿险公司资产规模仅为 42，642.66 亿元。

2010-2018年中国寿险公司资产规模情况

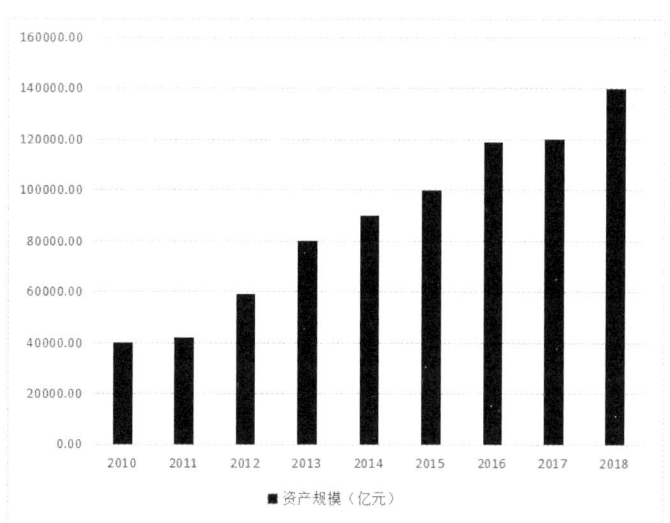

3.6 寿险新型产品

寿险新型产品在传统保险保障功能的基础上，突出了投资功能，不仅有效地防范了利差损风险，而且在一定程度上满足了社会多元化的保险需求，促进了寿险业务发展。到2017年，万能寿险、投连险等合计比重已超过一半。

2010-2017年中国万能寿险产品结构情况

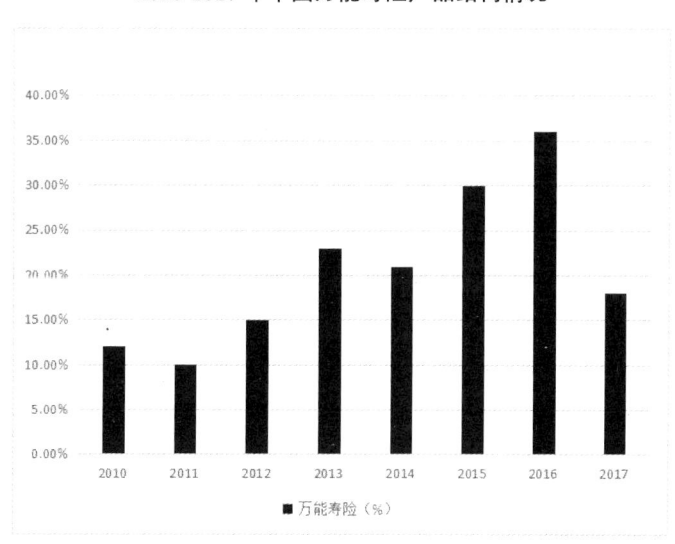

2010-2017 年中国投连险产品结构情况

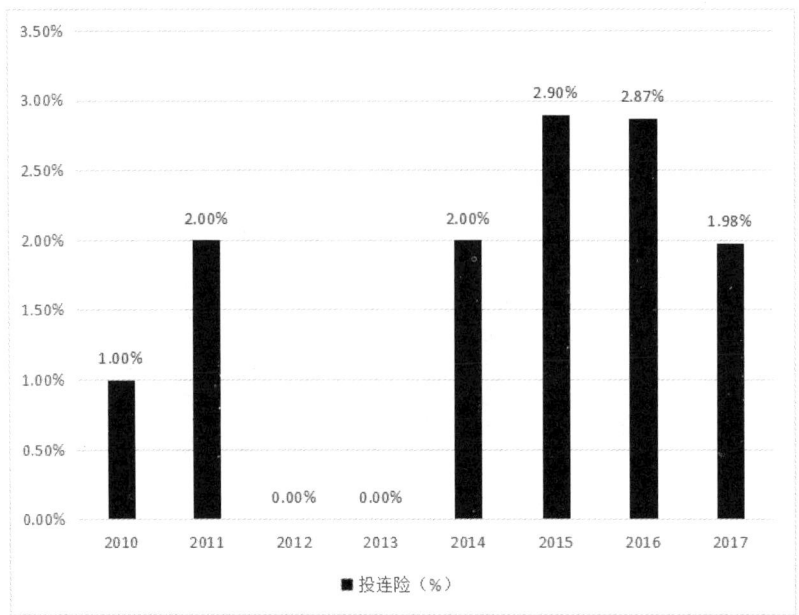

2010-2017 年中国普通寿险产品结构情况

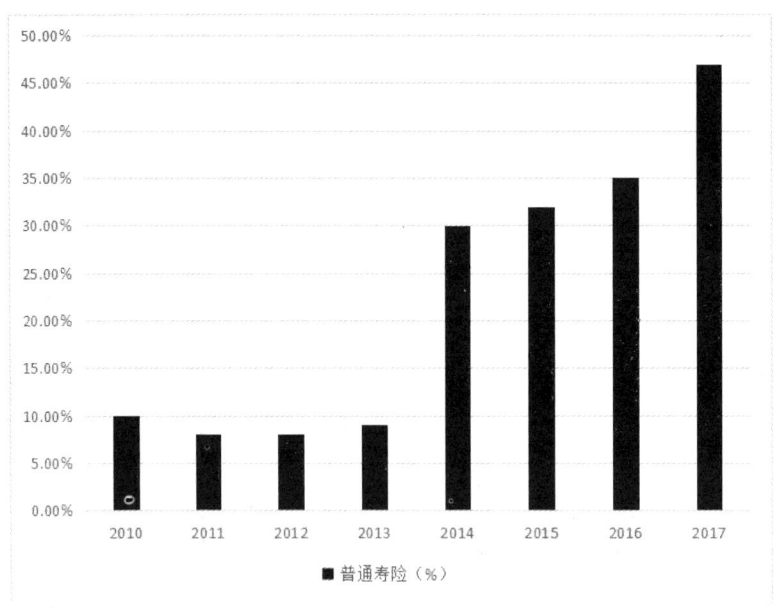

3.7 近年来关于寿险行业的重要监管政策

颁布时间	政策名称	政策重点条款或意义
2019 年 8 月	《关于完善人身保险责任准备金评估利率形成机制及调整责任准备金评估利率有关事项的通知》	对 2013 年 8 月 5 日及以后签发的普通型养老年金或 10 年以上的普通型长期年金，将责任准备金评估利率上限由年复利 4.025% 和预定利率的小者调整为年复利 3.5% 和预定利率的小者，其他险种的评估利率要求维持不变
2019 年 5 月	《关于保险企业手续费及佣金支出税前扣除政策的公告》	将保险企业的手续费及佣金支出在企业所得税前扣除比例，提高至当年全部保费收入扣除退保金等后余额的 18%，并允许超过部分结转以后年度扣除
2018 年 5 月	《个人税收递延型商业养老保险产品开发指引》	促进个人税收递延型商业养老保险试点健康发展，规范保险公司个人税收递延型商业养老保险产品开发设计行为
2017 年 5 月	134 号《关于规范人身保险公司产品开发设计行为的通知》	明确自 10 月 1 日起，快速返还型的两全保险及年金保险被明确限制销售，万能险与投连险也不能再以附加险的形式存在
2016 年 9 月	76 号《关于进一步完善人身保险精算制度有关事项的通知》	为强化人身保险产品监管，规范产品开发设计，防范产品风险，进一步推进人身保险供给侧结构性改革
2016 年 8 月	《中国保险业发展"十三五"规划纲要》	深化改革，增强行业可持续发展动力，开拓创新，提高服务经济社会发展能力；服务民生构筑保险民生保障网；提升保险业国际竞争力；加强监管，筑牢风险防范底线
2016 年 3 月	22 号《关于规范中短存续期人身保险产品有关事项的通知》	要求防范风险，促进中短存续期人身保险产品健康发展，重新定义中短存续期保险，严格控制中短存续期存续保险规模，切实防范利差损风险、现金流风险和偿付能力风险

（四）对我国保险行业发展的建议

4.1 使市场竞争有序化，完善相关制度法规等。

中国保险市场一直处于一种不利于竞争的寡头垄断的环境中。中国保监会成立后，进一步强调要逐渐规范市场秩序，加大对违规机构和违规行为的打击处罚力度。我们必须尽快完善相关法规和完善的保险运行机制，加快改单的步伐，从根本上改变国内保险业的不良现状。

4.2 提高从业人员的素质。

在前文中已经叙述了很多，保险行业应该是一个充满爱心，充满责任，能够帮助客户规避风险的一个行业，所以从业人员的素质格外重要。另外因为其素质不高已经使保险公司在公众的印象里抹黑，所以提高从业人员的道德规范，文化水平也成为发展的当务之急。

4.3 加强对保险业的宣传，提高全社会对保险业的认识。

这点也是很有必要的，对于普通民众来说，他们的风险及保险意识严重滞后。老百姓对于保险的意义和功能认识还不够、人均保险费低、保险普及率很低、保险意识极其淡薄。对此我们必须加强宣传让普通民众都认知到购买保险的重要性，这才是治本的方法，不仅可以有效促进保险业的发展，更能普遍提高民众的防风险意识，一举而两得。

（五）我国保险行业的发展前景

中长期来看，我国人寿保险行业发展前景广阔。一方面，我国将无可避免地进入到社会人口老龄化持续加快的进程中，社会人口老龄化的加深带来的主要矛盾是养老保障的供不应求，因此迫切需要引入商业养老保险来扭转日趋严峻的养老形势。

2017 年 7 月，国务院办公厅便印发了《关于加快发展商业养老保险的若干意见》，提出到 2020 年，基本建立运营安全稳健、产品形态多样、服务领域较广、专业能力较强、持续适度盈利、经营诚信规范的商业养老保险体系，商业养老保险成为个人和家庭商业养老保障计划的主要承担者、企业发起的商业养老保障计划的重要提供者、社会养老保障市场化运作的积极参与者、养老服务业健康发展的有力促进者、金融安全和经济增长的稳定支持者。商业养老保险的发展，同样将给寿险业务带来新的市场机遇，再者，据《2017-2022 年中国人寿保险行业市场前瞻与投资战略规划分析报告》显示，由于中国在未来 10 年将进入老龄化阶段，社会养老保障体系的"低水平广覆盖"的特征依然存在较大的问题，养老保险市场呈现出巨大需求，这迫切需要商业保险参与到社会保障当中，建立起商报社保相结合的养老机制，未来中国的人寿保险行业市场发展空间巨大。

另一方面，与发达国家相比，我国保险市场仍处于发展初级阶段，保险深度

和保险密度还处于较低水平。具体数据显示，我国大陆地区寿险的保险密度约为
159 美元，而日本、英国超过 900 美元，美国、瑞士、中国台湾、中国香港更是
超过 2，000 美元。可见，我国人寿保险市场还有巨大的发展空间和潜力。

总的来说，中国保险业发展面临良好机遇和广阔前景，但还需健全和完善相
关的法律、制度改革以及整顿和规范保险市场的经营。我相信通过不断地研究和
努力，我国的保险业一定有一个更加辉煌的明天。

第二章　健康保险

一、健康保险概述

（一）定义

健康保险大家一定不陌生，我们平常所说的医保就是属于健康保险。是指在
被保险人身体出现疾病时，由保险人向其支付保险金的人身保险。健康保险的支
付范围通常包括医疗费用、收入损失、丧葬费及遗属生活费等。此种保险多与伤
害保险合办，也有与人寿保险合办的。

（二）分类：

健康保险一般分为医疗保险和重大疾病保险。健康保险按照保险责任，健康
保险分为疾病保险、医疗保险、收入保障保险、长期护理保险。

2.1 医疗保险

医疗保险或健康保险（Medical insurance），简称医保、健保，是常见的保险
之一，主要为投保人应付无法预测的医疗服务需求及财务风险。广义的医疗保险
也称健康保险，它不仅补偿由于疾病给人们，带来的直接经济损失，即医疗费

用，还补偿由于疾病带来的间接损失，如误工工资，对分娩、残疾和死亡等也给予经济补偿。投保人在有需要使用医疗服务时，可得到一笔定额的现金赔偿以补贴其全数或部分医疗开支。其给付方式包括给付型、报销型、津贴型等。

关于健康保险的相关法律为健康保险管该办法将健康险类别进行扩展，将医疗意外保险新增至健康保险的定义。办法第二条提出，本办法所称的健康保险，是指由保险公司对被保险人因健康原因或者医疗行为的发生给付保险金的保险，主要包括医疗保险、疾病保险、失能收入损失保险、护理保险以及医疗意外保险等。本办法所称医疗意外保险，是指按照保险合同约定发生不能归责于医疗机构、医护人员责任的医疗损害，为被保险人提供保障的保险。

办法第三十一条提出，鼓励保险公司采用大数据等新技术提升风险管理水平。对于事实清楚、责任明确的健康保险理赔申请，保险公司可以借助互联网等信息技术手段，对被保险人的数字化理赔材料进行审核，简化理赔流程，提升服务效率。在健康管理服务与合作方面，办法第六章第五十五条提出，保险公司可以将健康保险产品与健康管理服务相结合，提供健康风险评估和干预、疾病预防、健康体检、健康咨询、健康维护、慢性病管理、养生保健等服务，降低健康风险，减少疾病损失。第五十七条提出，健康保险产品提供健康管理服务，其分摊的成本不得超过净保险费的百分之二十。超出以上限额的服务，应当单独定价，不计入保险费，并在合同中明示健康管理服务价格。第五十八条提出，保险公司经营医疗保险，应当加强与医疗机构、健康管理机构、康复服务机构等合作，为被保险人提供优质、方便的医疗服务。保险公司经营医疗保险，应当按照有关政策文件规定，监督被保险人医疗行为的真实性和合法性，加强医疗费用支出合理性和必要性管理。理办法，该办法自 2019 年 12 月 1 日起施行，相互保险组织经营健康保险适用本办法。

医疗保险又分农村医疗保险和城镇医疗保险农村医疗保险，是我国社会保障的一部分，我国农业人口占全国总人口的 63.91%，农村医疗保险，可以使广大农民享受到农村医疗保险的实惠，同时也是社会保障的一项重要内容，更是我国经济建设的重要环节之一。参合农民可以选择不同医院就诊，一般采取就近原则，选择不同医院的报销比例也有所不同，一般对住院患者的报销比例比较大，可以分为慢性病、特殊病种、意外伤害的情况采取不同的报销比例，可以在一定程度上避免因病致贫、因病反贫的情况。农村医疗保险存在意义一是城乡收入差别分析，西方国家在建立社会农村医疗保险保障制度之初，工业化程度一般都已较高，由于这些国家农民少，所以他们的保障对象主要是企业职工，并没有单独的农村医疗保险。我国与西方国情存在巨大差异，我国由于农民多，农业生产力落后，农村缺乏社会保障，这给劳动力的自由流动、农业资源合理配置和农业现代化造成了严重障碍。加上历史和现实的原因，我国经济呈现出极不均衡状态，二元性特征突出，城乡差距较大。从城乡居民收入水平来分析，城镇居民收入始终高于农村居民，并且有不断扩大的趋势。二是农民医疗负担逐渐加重由于受经济条件的制约，在农村，"小病挨、大病拖、重病才往医院抬"的情况司空见惯，因病致困返贫现象严重，农村需住院而未住者达到41%；西部因病致贫者达300-500万。农村的贫困户中70%是因病导致的。三是在保障体系之外的农民农村社会保障始终处于我国社会保障体系的边缘，有相当部分社会保障的内容将整个农村人口排挤在保障体系以外。我国农村的经济发展水平仍然非常低下，多数农村居民收入水平偏低，承受能力弱，相对于城镇社会保险改革进度而言，农村社会保险仅局限于部分富裕地区试点阶段，家庭保障仍是农村社会保障的主体。以医疗保险为例，我国当前进行的医疗保险改革不同于发达国家，最大的原因就在于它不是全民医保，而只是城镇职工的医疗保险改革，解决公费医疗负担过重问题，保障基本医疗服务。而农村合作医疗制度虽然曾在农村被广泛实践过，但几经周折，最终由于各种原因而解体。城镇居民医疗保险是以没有参加城镇职工医疗保险的城镇未成年人和没有工作的居民为主要参保对象的医疗保险制度。它是继城镇职工基本医疗保险制度和新型农村合作医疗制度推行后，党中央、国务院进一步解决广大人民群众医疗保障问题，不断完善医疗保障制度的重大举措。它主要是对城镇非从业居民医疗保险做了制度安排。这一制度的出现在中国社会保险制度改革的历程中具有重大意义，指明了中国社会保险制度改革的方向。1998年我国开始建立城镇职工基本医疗保险制度，为实现基本建立覆盖城乡全体居民的医疗保障体系的目标，国务院决定，从2007年起开展城镇居民基本医疗保险试点。2016年1月12日，国务院印发《关于整合城乡居民基本医疗保险制度的意见》要求，推进城镇居民医保和新农合制度整合，逐步在全国范围内建立起统一的城乡居民医保制度。

2.2 重大疾病保险

重大疾病保险指以疾病为给付保险金条件的保险。通常这种保单的保险金额比较大，给付方式一般是在确诊为特种疾病后，立即一次性支付保险金额。什么是重大疾病？通常具有以下三个基本特征：一是"病情严重"，会在较长一段时间内严重影响到患者及其家庭的正常工作与生活；二是"治疗花费巨大"，此类疾病需要进行较为复杂的药物或手术治疗，需要支付昂贵的医疗费用。三是不易治愈会持续较长一段时间，甚至是永久性的。为避免这类疾病造成家破人亡，因而有了重大疾病保险。

在我国，很多人都认为没必要购买这种保险，但实际上，经过统计，人的一生罹患重大疾病的机会高达72.18%。这也意味着，购买重大疾病保险是很有必要的，尤其是在一个人上了年纪之后。虽然重大疾病保险保费相对较高，但是他所保护的病种都是花费巨大的，如果没有重大疾病保险，那么可能会对你的家庭经济造成毁灭性的影响。很多人会说不是有医保吗，但是医保的报销是有上限的，重大疾病保险可以看做是医保的一个必要补充。疾病保险的基本特点一是个人可以任意选择投保疾病保险，作为一种独立的险种，它不必附加于其他某个险种之上。二是疾病保险条款一般都规定了一个等待期或观察期，观察期结束后保险单才正式生效。三是为被保险人提供切实的疾病保障，且程度较高。四是保险期限较长。五是保险费可以分期交付，也可以一次交清。收入保障保险指以因意外伤害、疾病导致收入中断或减少为给付保险金条件的保险，具体是指当被保险人由于疾病或意外伤害导致残疾，丧失劳动能力不能工作以致失去收入或减少收入时，由保险人在一定期限内分期给付保险金的一种健康保险。

收入保障保险一般可分为两种，一种是补偿因伤害而致残废的收入损失，另一种是补偿因疾病造成的残废而致的收入损失。收入保障保险的给付一般是按月或按周进行补偿，每月或每周可提供金额相一致的收入补偿。残疾收入保险金应与被保险人伤残前的收入水平有一定的联系。在确定最高限额时，保险公司需要考虑投保人的下述收入：税前的正常劳动收入；非劳动收入；残疾期间的其它收入来源；适用的所得税率。收入保障保险除了在被保险人全残时给付保险金外，还可以提供其它利益，包括残余或部分伤残保险金给付、未来增加保额给付、生活费用调整给付、残疾免缴保费条款，以及移植手术保险给付、非失能性伤害给付、意外死亡给付。这些补充利益作为特殊条款通过缴纳附加保费的方式获得。给付期限为收入保障保单支付保险金最长的时间，可以是短期或长期的，因此有短期失能及长期失能两种形态。短期补偿是为了补偿在身体恢复前不能工作的收入损失，而长期补偿则规定较长的给付期限，这种一般是补偿全部残废而不能恢复工作的被保险人的收入。其免责期间又称等待期间或推迟期。是指在残疾失能开始后无保险金可领取的一段时间，即残废后的前一段时间，类似于医疗费用保险中的免责期或自负额，在这期间不给付任何补偿。

长期护理保险是为因年老、疾病或伤残而需要长期照顾的被保险人提供护理服务费用补偿的健康保险。长期护理保险的保险范围分为医护人员看护、中级看护、照顾式看护和家中看护四个等级，但早期的长期护理保险产品不包括家中看护。典型长期看护保单要求被保险人不能完成下述五项活动之两项即可：吃；沐浴；穿衣；如厕；移动。除此之外，患有认知能力障碍的人通常需要长期护理，但他们却能执行某些日常活动，为解决这一矛盾，所有长期护理保险已将老年痴呆和阿基米得病及其它精神疾患包括在内。长期护理保险保险金的给付期限有一年、数年和终身等几种不同的选择，同时也规定有 20 天、30 天、60 天、90 天、100 天或者说 80 天等多种免责期。免责期愈长，保费愈低。长期护理保险的保费通常为平准式，也有每年或每一期间固定上调保费者，其年缴保费因投保年龄、等待期间、保险金额和其它条件的不同而有很大区别。一般都有豁免保费保障，即保险人开始履行保险金给付责任的 60、90 或 180 天起免缴保费。此外，所有长期护理保险保单都是保证续保的。最后，长期护理保险还有不没收价值条款规定。

（三）健康保险的其他分类

健康保险按给付方式划分，一般可分为三种：一是给付型，保险公司在被保险人患保险合同约定的疾病或发生合同约定的情况时，按照合同规定向被保险人给付保险金。保险金的数目是确定的，一旦确诊，保险公司按合同所载的保险金额一次性给付保险金。各保险公司的重大疾病保险等就属于给付型。二是报销型，保险公司依照被保险人实际支出的各项医疗费用按保险合同约定的比例报销。如住院医疗保险、意外伤害医疗保险等就属于报销型。三是津贴型，保险公司依照被保险人实际住院天数及手术项目赔付保险金。保险金一般按天计算，保险金的总数依住院天数及手术项目的不同而不同。如住院医疗补贴保险、住院安心保险等就属于津贴型。

（四）健康保险的特点

健康保险和意外伤害险一样，多数属于短期性保险。健康保险的特点有以下几点：

1. 保险期限：除康惠保等重大疾病保险以外，绝大多数健康保险尤其是医疗费用保险常为一年期的短期合同。

2. 精算技术：健康保险产品的定价主要考虑疾病率、伤残率和疾病（伤残）持续时间。健康保险费率的计算以保险金额损失率为基础，年末未到期责任准备金一般按当年保费收入的一定比例提存。此外，等待期、免责期、免赔额、共付比例和给付方式、给付限额也会影响最终的费率。

3. 健康保险的给付：关于"健康保险是否适用补偿原则"问题，不能一概而论，费用型健康保险适用该原则，是补偿性的给付；而定额给付型健康险则不适用，保险金的给付与实际损失无关。

4.经营风险的特殊性：健康保险经营的是伤病发生的风险，其影响因素远较人寿保险复杂，逆选择和道德风险都更严重。此外，健康保险的风险还来源于医疗服务提供者，医疗服务的数量和价格在很大程度上由他们决定，作为支付方的保险公司很难加以控制。

5.成本分摊：由于健康保险有风险大、不易控制和难以预测的特性，因此，在健康保险中，保险人对所承担的疾病医疗保险金的给付责任往往带有很多限制或制约性条款。

6.合同条款的特殊性：健康保险无需指定受益人，且被保险人和受益人常为同一个人。健康保险合同中，除适用一般寿险的不可抗辩条款、宽限期条款、不丧失价值条款等外，还采用一些特有的条款，如既存状况条款、转换条款、协调给付条款、体检条款、免赔额条款、等待期条款等。

7.健康保险的除外责任：健康保险的除外责任一般包括战争或军事行动，故意自杀或企图自杀造成的疾病、死亡和残废，堕胎导致的疾病、残废、流产、死亡等。

决定健康保险费率的因素主要包括：疾病发生率、残疾发生率、疾病持续时间、利息率、费用率、失效率、死亡率等。其他因素如展业方式、承保习惯、理赔原则及其公司的主要目标等也会影响健康保险费率。医院管理和医疗方法、经济发展、地理环境等条件的变化则同样给我们对将来赔款的预测带来影响，但这些因素不容易被完整的、准确的预测。

二、健康保险的原则

（一）统一费率原则

统一费率制是健康保险费率计算的一个原则。健康保险的保险费应该像寿险费率那样满足充足、公平、合理的原则，而决定健康保险费率的因素比起一般寿险要多，且很难获得可靠和稳定的测量。主要包括疾病发生率、残疾发生率、疾病持续时间、利息率、失效率、死亡率等因素。还有经营方面的因素，也都影响着健康保险的费率。因此，保费的收取不以年龄的变化而变化，可在较大年龄档次间（如所有在职职工），所有被保险人适用统一的费率。这一方法，一般在赔付率与年龄关系不大的条件下被采用。

（二）阶梯费率原则

（三）逐年变动费率原则

（四）均衡保险费原则

以上各种方法虽有各自的优势，但它们都必须同时考虑风险的估测、费用支付、利润和其他被动安全系数等问题。对于不能达到标准条款规定的身体健康要求但可以有条件承保的被保险人，可以按照次标准体保单来承保，在制订费率时往往采用的方法有：

1. 减少保单收益支付期；

2. 减少保单收益；

3. 提高等待期；

4. 规定除外责任或者进行限制保障等。

三、健康保险准备金

健康保险准备金是保险公司针对其承担健康保险业务引起的已有或未来负债而建立的基金。健康保险承保的风险具有变动性和不易预测性，加上同时具备寿险和财产险的一些特征，准备金也具有其特殊性。对健康保险精算师来讲，必须对各类健康保险准备金做出准确恰当的估计并在此基础上按照法定或通用会计准则对保险公司的负债或责任做出合理的评估。健康保险的准备金大致可以分为以下几类：

（一）保单准备金

健康保险保单准备金（Policy Reserve）是指为了履行健康保险合同未来的给付责任而提留的准备金，包括短期健康保险未赚保费准备金、长期健康保险平准保费准备金和保费不足准备金。

1.1 未赚保费准备金

健康保险未赚保费准备金（Unearned Premium Reserve）又称未到期或未满期保费准备金，是指保险公司为承担短期健康保险评估日后的保单责任而提取的准备金。

1.2 长期责任准备金

长期健康保险的未赚保费准备金被称为长期责任准备金，或称年龄准备金，指对保险期限在1年以上的健康保险业务提取的责任准备金。长期健康保险通常提供保障至一定年龄（60岁或65岁）或终身，而且自签发保单之日起按投保时年龄对应的费率收取平准保费。由于健康给付成本随年龄的增加而上升，所以如同长期寿险那样，需要提留附加准备金，其数额等于未来给付的精算现值和未来保费的精算现值之差。不可撤消或保证续保保单若采用平准费率，则相当于长期健康险保单，也需要按类似的原理提取责任准备金。

1.3 保费不足准备金

此外，健康保险准备金评估时如果发现提取的未赚保费准备金小于预期的未来赔付（含理赔费用），则应按其差额提取保费不足准备金（Deficiency Reserve）。保费不足准备金可以通过估计未到期风险的总责任并扣除已经提取的未到期保费准备金数量来计算。

（二）赔款准备金

健康保险赔款准备金（Claim Reserve），又称健康保险损失准备金（Loss Reserve，LR），是保险公司对在健康保险保单有效期内已发生但尚未理赔的保险事故未来的赔偿和给付提取的准备金，包括已发生已报告未给付赔款（Claims RepoaedBut Not Paid）准备金和已发生未报告未决赔款（Incurred But Not Reposed Claims，IBNR）准备金和理赔费用准备金。

2.1 已发生已报告未决赔款准备金

已发生已报告未决赔款（Claims in the Course of Settlement）准备金，或称已报告未给付赔款（Claims Reported But Not Paid）准备金，简称已报未决准备金或已报未付准备金，是对已发生已报告的未决赔案提取的赔款准备金。已发生已报告的未决赔案是指已经收到了理赔申请书，但损失尚未被证实或其他的文件还没有收到，所以保险人不能确定是否赔款。

2.2 已发生未报告未决赔款准备金

发生未报告未决赔款（Incurred But Not Reported，简称 IBNR）准备金，（简称未报未决准备金，是对已发生未报告的赔案提取的未决赔款准备金。）

从两种未决赔款准备金的定义来看，二者的主要区别在于未决赔款在评估时点上所处的位置不同：已报告未给付赔款准备金针对处于理赔期的未决赔款，而 IBNR 准备金主要负责偿付还未报案的已发生索赔责任。有人认为，财务人员可以将风险事故发生保单的已报案金额直接作为已报告未给付赔款准备金记录入账，但这是十分不准确的。因为受治疗持续性的影响，被保险人报案后很可能在理赔期内继续发生医疗费用的支出，或者出于保险责任的原因而拒赔这些报案金额，所以评估精算师对已报告未给付赔款准备金应当参考 IBNR 准备金的估计方法，重新根据精算模型估计其准备金金额并记录入账。

2.3 理赔费用准备金

理赔费用准备金（Loss Adjustment Expense Reserve，简称 LAER）是为保险公司在处理健康保险赔案过程中衍生出的与赔款相关的调查和处理费用而提拨的准备金。在健康保险理赔案的报告和理赔过程中往往会发生相关费用，而一般未决赔款准备金只包含赔款的支付，并不加入相关的损失理赔费用。因此，对于未来可能支付的赔款所伴随必须支出的损失理赔费用也必须另行提存。健康保险保险人通常还会提取意外事项准备金（Contingency Reserve），用来对付意外损伤事件或疾病发生等造成的巨额损失。特别准备金之性质乃对风险变动（Fluctuations）所受损失而特别提存之准备金，亦即当实际风险发生率超过预期风险发生率时，有个从盈余中提列之累积准备金可以弥补风险变动损失。

关于健康保险准备金的计算方法：短期健康保险未到期保费准备金，未到期责任准备金的计算是健康保险精算评估中非常重要的一项内容，但对于保险期限不超过 13 个月的短期健康保险业务而言，其未到期准备金计算方法是相对比较简单，可以直接借用非寿险精算中一些成熟的方法。对短期健康保险业务而言，由于保险期间较短，实际风险不会与预期差别太大，又由于短期业务的风险分布较为平均，因而按照时间比例提取的未赚保费准备金基本可以反映实际风险。目前通行的做法包括按年（1/2）、按季（1/8）、按月（1/24）计算法和按日计算法（1/365）。

四、健康保险准备金的计算

（一）按年、按季和按月计算法

由于计算时所用时间单位的不同，短期健康保险未满期责任准备金 V(t) 的计算公式有以下不同的形式：

当观察期的时间计量单位为年，各年的业务规模相对平稳时可用年平均估算法，其计算公式如下：

$$V(t) = \frac{2n - (2t-1)}{2n} \bullet S = \frac{2(n-t)}{2n} \bullet S$$

式中：t 为观察期末至承保缴费时的时间间隔（年），n 为保险期限，S 为观察期内保费收入总额。

当观察期的时间计量单位为季时，未满期保险费准备金可用按季平均估算法计算，公式如下：

$$v(t) = \frac{8(n-t) + (2m-1)}{8n} \bullet S_m$$

式中：m 为保单承保缴费的季度，Sm 为承保缴费季度所交保费总额。

当观察期内时间计量单位为月时，可假定各月中每天收入的保费均匀一致，用以下公式计算未满期保险费准备金：

$$v_{(t)} = \frac{24n - 24t + 2(m-1)}{24n} \bullet S_m = \frac{24(n-t) + 2(m-1)}{24n} \bullet S_m$$

式中：m 为保单承保缴费的月份，Sm 为承保缴费月份所交保费总额。

（二）按日计算法

随着计算机在健康保险业务管理中的广泛应用，只要有关承保和赔付的信息记录足够准确，实现未满期责任准备金的按日计算是可能的，计算时用保险期间的全部日数 N 除所有剩余日数 T，再乘以某日的保险费收入 S，即：

$$V(t) = \frac{T}{N} \bullet S$$

保单经过 m 年后积存的年龄准备金 mVx 的计算公式为：

$$mV_x = A_{x+m} - P_x \bullet \alpha_{x+m}$$

或：
$$mV_x = (P_{x+m} - P_x) \bullet \alpha_{x+m}$$

上式说明 x 岁投保时均衡保费现值的差额将由保险人累积起来，x+m 岁投保的被保险人将缴纳更高的均衡保费。

另一种是用已收入的净保费终值减去已赔付的保险金终值，称为过去法或反推法。若过去法准备金用 表示，则计算公式为：

$$mV_x^r = \sum_{\zeta=0}^{m-1} \frac{D_{x+\zeta}}{D_{x+M}} \bullet p_x - \sum_{\zeta=0}^{m-1} \frac{D_{x+\zeta}}{D_{x+M}} \bullet k_{x+\zeta}$$

可以证明，将来法和过去法计算出的年龄准备金是相等的，实际应用中可以根据具体问题选择计算较为简单的一种。

（三）传统的发展法

对健康保险精算师来讲，传统的发展法（Development Method）和延迟流量法（Lag Method）是用来计算医疗费用保险和其他短期健康保险赔款准备金最常用的方法。它们在数学原理上都等同于链梯法（Chain Ladder Method），这是一般的非寿险精算师更熟悉的名称。利用这类方法计算健康保险赔款准备金的依据都是公司自身以往同类健康保险业务理赔处理或保险金给付的既往模式，其基本原理是根据已付赔款的发生日期编制出每日或每月的赔款流量三角形。延迟流量法的出发点是理赔处理的延迟过程，其计算基础是经验期内赔案按照发生日期和给付日期的分布模式。发展法的标准结果是对未付赔款的一个或几个估计值，利用这种方法计算赔款准备金时通常不需要划分 IBNR 和已报告未给付准备金 RBNR。发展法中最常见的是发展因子法（Completion Factor Method）。

发展因子法的计算基础是某一时间段内（通常用保险事故发生月份表达）发生并在随后的时间段内（通常用赔款给付月份表达）不断给付的赔款占上述特定时间段内发生的所有赔案的总赔款额的历史比例，这个比例就是所谓的发展因子（Completion Factor）。用评估期内某时间段发生并给付的赔款除以相应的发展因子就可以估计出该时间段内发生赔案的总赔款额，上述总赔款额至评估期末的累计值与实际给付额累计值的差就是未决赔款准备金的估计值。由于发展因子法计算未决赔款准备金的过程中涉及实际数据和统计参数（发展因子）的乘法计算，而后者本身又是一系列随机变量的乘积，因此，用上述方法估计出的未决赔款准备金的标准误差是很大的。虽然实践工作中对于那些远低于正常的发展因子（当然，判断是带有主观性的）通常被认为不可信并不予以采纳，但仍不能从根本上解决上述问题。

（四）每人每月赔款发生法

由于根据发展因子法计算的准备金波动很大，人们希望寻求另一种不同的方法以减小准备金计算的误差。因此，有精算学家提出了每人每月赔款发生法（Incurred Claims Per Member Per Month，简称 PMPM）。在这个方法中，用历史数据可以计算出平均每人每月已发生索赔额，利用其变化趋势估计出最近几个月的金额。然后将计算出来的 PMPM 值与估计期间内的月投保人数相乘得出总的已发生索赔金额并记录入账，将估计出的总发生索赔额减去总的已发生且支付索赔额就得到了 IBNR 准备金。

每人每月赔款发生法给出了总的已发生索赔额的稳定的计算方法，但仍有缺陷，从估计已发生索赔额的目的来说，它忽略了最近几个月已发生且支付的索赔额数据的使用。而且它本质上假定已发生且给付的索赔金额与已发生未支付的金额是负相关的。

近年来，随着计算机技术的进步和统计模型的不断涌现，健康保险赔款准备金的计算方法和模型越来越多，对赔款准备金的估计也越来越准确，虽然我们介绍了上述比较成熟的方法，但对于一些新方法和模型必须秉持开放的态度。当然，在计算健康保险赔款准备金时，除了准确性，还要考虑模型和方法的实用性，一般倾向于在实务中采用相对简单的方法和模型。此外，保持计算方法的持续和稳定性也是需要考虑的。

在一年期健康保险中，每年的保费收入和保险金赔付支出相等，不存在赔付不足和多余，而在平准保费下，每年收入的保险费与赔付的保险金不等，随被保险人年龄增加，发病率不断提高，需赔付的保险金也越来越多，这使得前期保费收入大于保险金赔付，后期保费收入却小于保险金赔付额。为此，保险人必须把前期剩余的保费收入以复利积存起来，才能弥补后期的不足。这种以保险合同为依据，为将来赔付而提存的基金，称为责任准备金，在长期和终身健康保险中称为年龄准备金（aging reserve）。

长期健康保险准备金属于保单责任准备金，是长期健康保险中最主要的准备金，其提存原因与长期寿险保单相同，皆为在保费平准下未来应给付责任现值扣除未来可收保费现值之差额部分予以提列。因为健康险医疗费用上涨率不易估计的特性，应用较保守稳健方法计提，可以减少发生需提存保费不足准备金之情形。

与长期寿险责任准备金计算一样，健康保险年龄准备金的计算也有两种方法，一种是将来法，或称前瞻法，即用将来赔付的保险金现值减去将来收取的保险费现值。若设 x 为投保年龄，则保单经过 m 年后积存的年龄准备金 $_mV_x$ 的计算公式为：

$$mV_x = A_{x+m} - P_x \bullet a_{x+m}$$

或：

$$mV_x = (P_{x+m} - P_x) \bullet a_{x+m}$$

上式说明 x 岁投保时均衡保费现值的差额将由保险人累积起来，x+m 岁投保的被保险人将缴纳更高的均衡保费。

另一种是用已收入的净保费终值减去已赔付的保险金终值，称为过去法或反推法。若过去法准备金用 mV_x^r 表示，则计算公式为：

$$mV_x^r = \sum_{\zeta=0}^{m-1} \frac{D_{x+\zeta}}{D_{x+M}} \bullet p_x - \sum_{\zeta=0}^{m-1} \frac{D_{x+\zeta}}{D_{x+M}} \bullet k_{x+\zeta}$$

可以证明，将来法和过去法计算出的年龄准备金是相等的，实际应用中可以根据具体问题选择计算较为简单的一种。

五、我国健康保险业的发展现状

使用中国银行保险监督管理委员会网站、2012—2018 年《中国保险年鉴》、各地区社会经济发展统计公报等公开数据分析我国健康保险业的发展现状，发现近年来我国健康保险市场不断发展，具体表现为保费增速快、保费增速领先其他人身险品种、对人身险保费增速的贡献提高；同时，市场主体日益多元、寡头垄断风险减弱、地区差异明显。北京地区健康保险市场发展经验表明在健康保险市场的发展过程中，政策引导、经济发展水平、消费意识、产业竞争和产业链结构缺一不可。

近年来，我国人口老龄化程度提高，疾病谱发生变化，威胁人类健康的主要疾病已经从急性病转变为慢性病，人们对高质量、多样化健康保险需求提升；同时，国家经济不断发展，人均收入水平提高，健康保险支付能力提升。面对人口老龄化和健康状况的改变，我国医保基金不断提高覆盖面，依然面临着保障力度不足的问题，为商业健康保险的发展提供了机会。

（一）老年人商业保险产品

尽管数据显示我国保险市场上 60 岁以上老年人可以购买的产品有上千个，产品种类包括寿险、年金险、健康险以及意外险，但黄洪坦言，老年人买保险难。因为大多数产品并非只针对 60 岁或者 65 岁以上人群，只是放宽了投保年龄、放宽了投保条件，是在技术上进行了处理的普通保险产品。

"真正结合老年人身体状况、风险特征等量身订制的专属产品较少。"除此之外，银保监会人身保险监管部副主任刘宏健表示，老年人保险产品面临两大难题，一是保费较高，比较受老年人欢迎的意外险和健康险产品均呈现出年龄越大保费增长越快的特点，同样的保障金额，老年人所缴保费有可能是中青年人的 10 倍。二是部分身体欠佳的老年人无法通过核保环节，也导致老年人无险可买。

对于上述问题，刘宏健分析道，这既与老年人风险发生率比较高、医疗费用通胀等客观因素有关，也在很大程度上反映出保险公司风险管控能力仍然不够，服务意识还有待增强，产品创新还有待进一步提升等主观因素。

"这恰恰说明保险业在经营上存在两个突出问题，一是对老年人养老、健康方面的数据积累不够；二是对老年保险风险规律研究不够。"黄洪补充道，下一步，银保监会将运用监管这根"指挥棒"来推动保险公司进一步重视发展老年保险市场。

据了解，银保监会正在研究制定《关于丰富保险产品供给鼓励产品创新的指导意见》，要求各保险公司切实提升产品开发和服务能力，结合老年人风险特征和需求特点，有针对性地开发专属产品，重点在老年人需求比较强烈的疾病险、医疗险、长期护理险、意外险等领域进一步提升产品供给。

（二）上海健康险交易平台业务上线首款产品解决老年群体痛点

近年来，商业健康保险发展迅速，预计到 2020 年规模将超过 1 万亿元，市场空间巨大。在此背景下，健康保险交易平台应运而生。

10 月 17 日，上海市健康保险交易平台正式上线，并推出首个核保核赔业务，这是上海保险交易所与上海市卫生健康委提升保险服务、创新保险产品，进一步满足人民群众日益增长的保险保障需求的重要举措。

该平台的上线，标志着依托上海保险交易所实现保险业与上海地区医疗健康数据互联互通取得重要突破。

健康保险与大健康产业的融合发展已成为趋势。大健康产业的特点是链条长、规模大、业态丰富，而健康保险能够以支付为纽带进行大健康产业链的整合。这种整合不仅是产业链上下游资源的简单协作，而是构建更高效率、更高质量的"一体化合作"模式。其主要实现路径就是发展要素市场，通过要素市场提供交易、资金融通、风险管理等服务推动市场间要素充分流动与融合，实现资源合理配置。

为进一步促进行业发展，上海市政府去年发布的健康服务业 50 条给出了"引入交易所模式"的解决方案，依托上海健康保险交易所，设立上海健康保险交易中心，建设健康保险发展的枢纽型、功能性平台，也就是上海市健康保险交易平台。该平台建成后能够满足行业创新发展、社会资源整合、数据开放利用等多方面需要，推动商业保险、医疗服务、健康管理等融合发展，促进健康医疗保障体系、服务体系和管理体系完善升级。

作为资源整合、社会服务、跨界创新的专业性平台，上海市健康保险交易平台按照"分步实施，急用先行"的原则，以市场急需、可操作性强的保险服务创新和保险产品创新为切入点进行建设。

据了解，核保核赔功能经过多轮测试优化，目前已具备上线试运行条件。该业务上线后，保险公司在获取客户本人授权后，可通过平台在线查询客户相关健康信息，实现核保、理赔等业务的高效办理，让"数据多跑路、群众少跑腿"，不断优化服务流程，提升民众的满意度和获得感；另一方面，能通过数字化技术实现个人健康风险状况与保险产品的有效匹配，有效防范健康保险欺诈风险，助力社会信用体系建设。

同时，依托该平台合作研发的首款健康保险产品也即将推出。该产品研发过程充分利用了卫生健康大数据以解决保障需求挖掘、保险费率厘定等难题，初步缓解了当前产品设计中"数据不对称"问题，进一步减少运营风险。

据悉，该产品主要针对老年人群癌症费用负担重等痛难点，并由人保健康险公司进行承保，以充分保证产品运营质量。该产品计划将于今年底正式开放购买，后续平台还将与其他保险公司合作，陆续推出各种贴切实际需求、质优价廉的健康保险产品，丰富健康保险产品和服务供给，进一步完善多层次医疗保障体系，满足人民群众日益增长的多元化、多层次的健康管理和保障需求。

上海保险交易所表示，下一步，将继续与上海市卫生健康委、上海市地方金融监管局和上海银保监局等单位通力合作，从"需求导向、科技驱动、风险防范、开放共建"四方面入手，高质量、高标准、高要求推进上海健康保险交易中心建设，进一步完善医疗保障体系、推动医药卫生体制改革、促进商业保险发展，加快形成区域落实健康中国战略的实践范本，助力上海国际金融中心建设。

从 1982 年国内恢复保险业务之后第一笔健康保险开始发展至今，我国健康保险市场经历了萌芽阶段、初步发展阶段、快速发展阶段、专业化经营阶段以及综合经营阶段，至今其发展依然受到很多因素制约。从个体层面来讲，家庭生命周期、受教育程度、家庭收入程度以及是否参加社会保险被认为是影响健康保险需求的最重要原因，而从宏观层面来说，城镇居民人均收入、城镇职工医保基金收入、老年人口抚养比以及医疗卫生财政支出等是影响健康保险需求的因素；从内外因素考虑，外部原因在于政府政策支持力度和方式，内部因素在于专业化程度不足，例如经营与发展战略不足、核心技术缺乏、监管不足等。近年来，相对于财险公司经营效率下降，专业健康保险公司经营效率上升幅度非常明显。在"健康中国"背景下，健康保险面临提质增效问题，因此，扩大健康保险市场规模、促进商业健康保险与公共医疗保障体系建立紧密的合作关系、发展健康管理服务显得非常重要，此外国际上一些国家积极建立专业化的健康养老护理队伍、开拓智能养老健康产业、以金融和商业保险助推养老健康产业等成功经验，都可以给我国提供借鉴。

健康保险市场持续增长表现为保费增加、增速领先和占比提高健康保险市场不断增长的表现之一是保费收入不断增加。从银保监会公布的公开数据，我国健康保险市场从 2011 年 691.72 亿元的规模增长至 2017 年 4,389.46 亿元，7 年间保费收入增长了 5 倍多。在市场需求和政策利好的双重推动下，2011 年至 2016 年可谓我国健康保险发展的黄金时间段，行业保费收入的年增长率不断增加。健康保险市场不断增长的另一个表现是增速领先于寿险和意外险。虽然 2017 年健康保险的同比增速遭遇滑铁卢，但是 2012—2016 年间与其他险种相比，健康保险同比增速远远高于其他险种（表 1），在 2016 年健康保险的同比增速甚至接近于财产险增速的 7 倍。

表 1　2011-2017 年我国主要人身险及财产险保费收入的同比增速　%

年份	健康保险	寿险	意外险	财产险
2011	2.10	-10.16	21.34	18.54
2012	24.73	2.44	15.58	15.44
2013	30.22	5.80	19.46	16.53
2014	41.27	15.67	17.61	15.95
2015	51.87	21.46	17.14	10.99
2016	67.71	31.72	17.99	9.12
2017	8.58	23.01	20.19	12.72

注：数据来源于中国银行保险监督管理委员会网站。

从行业主要险种的增速上来，意外险和财产险增速平稳，健康保险和寿险增速明显。

健康保险市场不断增长的第三个表现是"一升一降"，即健康保险占人身险保费收入比例持续增长，而相对应的是寿险占人身险保费收入比例下降；虽然健康保险对人身险贡献增加，尚不能撼动寿险的行业地位。从行业数据来看（表 2），健康保险占人身险保费收入比例从 2011 年的 7.12% 持续增加至 2017 年的

16.41%，增长了 9.29 个百分点。而寿险占人身险保费收入比例从 2011 的 89.45%
下降至 2017 年的 80.22%，下降了 9.23 个百分点。虽然健康保险占人身险保费收
入比例不断增加，2017 年对人身险的贡献也仅有寿险的 1/5 左右，人身险市场依
然以寿险市场占据主导地位。

表 2　2011-2017 年我国主要人身险保费收入的构成　　%

年份	健康保险	寿险	意外险
2011	7.12	89.45	3.44
2012	8.49	87.70	3.80
2013	10.20	85.61	4.19
2014	12.18	83.66	4.16
2015	14.80	81.30	3.90
2016	18.18	78.45	3.37
2017	16.41	80.22	3.37

注：数据来源中国银行保险监督管理委员会网站。

健康保险市场不断增长的重要推动力为个人业务的推动和团体业务的发力。
从第三方数据来看，在健康保险市场上，个人业务的比重持续稳定增加，团体业
务也起到了重要的推动作用。随着保险销售渠道的日渐丰富，未来个人长期保障
型健康保险业务将进一步刺激健康保险的利润率提升。

（三）健康保险行业监管日趋严格，健康保险回归保险保障功能

2017 年，行业健康保险同比增速呈现出严重下降的态势，源于监管机构强
化监管力度、回归保险保障功能的政策环境下，健康保险公司以及寿险公司压缩
此前大幅销售的中短存续期护理保险。尽管行业健康保险业务增速放缓，但保障
型产品占比上升，行业保费结构获得改善。同时随着市场饱和，政策性健康保险
业务已从主要依靠新增市场推动增长，转变为主要依靠维持在办项目实现自然增
长，市场竞争压力持续加大。

六、我国健康保险行业发展特征

（一）市场主体更加多元

健康保险一直被认为是保险行业的蓝海，背负着无数期待。2018 年《中国保险年鉴》的资料显示，2017 年我国共有 149 家保险公司从事健康保险业务经营，其中包含 53 家中资人身险公司、53 家中资财产险公司、28 家外资人身险公司和 15 家外资财产险公司。其中，达到 10 亿元级规模的共有 26 家。平安人寿、国寿股份两家公司市场份额超过 600 亿元，和谐健康、新华人寿、太保寿险、人保健康、泰康人寿、人保寿险、太平人寿、平安养老、友邦保险以及人保股份等 10 家市场份额超过百亿级。寡头竞争依然存在，寡头垄断风险得以缓解。

有研究认为健康保险市场极易出现寡头竞争和寡头垄断，目前市场上已经出现这种趋势，但是数据显示主要的健康保险市场集中于少数保险寡头的趋势稳中有降，寡头竞争依然存在，寡头垄断风险得以缓解。2011—2017 年，主要保险公司在健康保险市场上的占有率相对稳定，健康保险市场较多的集中在平安集团、国寿股份、新华保险以及太保集团等以综合经营为主战略的保险公司手中，专业健康保险公司的市场份额相对较小（表 3）。在众多保险公司中，平安集团（平安人寿、平安养老及平安健康）、国寿股份、新华保险、人保集团（人保健康、人保寿险）以及太保人寿（含太保安联）等 5 家保险公司的健康保险收入占据整个健康保险市场大部。但是这个趋势呈现出下降趋势，5 家保险的市场份额从 2011 年的 65.64% 逐年下降至 2016 年的 48.43%，在 2017 年强监管的背景下上升到 57.11%。

表3　2011-2017年主要保险公司健康保险的市场份额　%

年份	平安集团	国寿股份	新华人寿	人保健康	太保集团
2011	27.65	19.67	7.60	3.06	7.68
2012	25.55	21.33	7.52	8.08	7.07
2013	23.33	21.71	7.41	9.26	6.44
2014	21.25	20.71	7.26	14.79	5.40
2015	19.53	17.44	7.13	10.10	5.15
2016	16.20	13.36	5.98	8.43	4.46
2017	20.79	15.23	7.27	7.77	6.05

注：数据来源于2012-2018年《中国保险年鉴》

此外，对健康保险专业化经营的呼吁不绝于耳。目前市场上有7家专业健康保险公司，2011—2017年6家专业健康保险公司（除瑞华健康）占健康保险市场的份额从2011年的5.61%上升至2016年的32.17%之后2017年又下降到13.21%（表4），其中，和谐健康发展迅速，对于专业健康保险公司健康保险市场占有率带动作用非常明显。专业化经营意味着保险产品、保险服务、保险资金管理、保险人才和保险市场监管的专业化。从专业健康保险公司健康保险市场占有率变化情况来看，专业化所体现出来的价值尚未完全显现。在当前健康保险以重疾险为主的竞争环境中，高额医疗费用保险、长期医疗保险以及护理保险等产品还较少，我国健康保险市场的发展仍处于初级阶段。专业健康保险公司想要脱颖而出，除了做大规模，还需要实现特色专业经营，需要尝试探索在健康管理服务模式、金融科技创新及健康服务特色上实现创新突破，提升自身竞争力，建立竞争优势，实现创新发展。

表4　2011-2017年部分专业健康保险公司健康保险的市场份额　%

年份	人保健康	平安健康	和谐健康	昆仑健康	太保安联	复兴联合健康
2011	5.32	0.19	0.00	0.10	...	...
2012	5.44	0.24	0.02	0.36	...	...
2013	5.32	0.27	0.11	0.35	...	...
2014	9.40	0.26	0.09	0.07	...	...
2015	6.27	0.21	12.77	0.05	0.00	...
2016	5.47	0.19	26.46	0.04	0.01	...
2017	4.16	0.47	8.21	0.33	0.03	0.01

注：数据来源于2012-2018年《中国保险年鉴》，其中未查询到瑞华健康的营业数据

（二）健康保险的发展存在着明显的地区差异

我国不同地区之间健康保险规模、健康保险密度和健康保险深度的发展程度各不一致。2017 年，我国健康保险保费收入达 4,389.46 亿元。总体来说，2017 年，东部地区健康保险市场开发较好，广大西部地区健康保险市场发展相对落后，开发潜力巨大。健康保险发展失衡不利于"健康中国"战略的落实，将对我国健康产业、医疗保障制度产生不利影响。因此，无论是政府还是企业，提升中西部地区健康保险意识、统筹地区之间健康保险发展都将是一个重要的工作。

（三）影响健康保险发展的因素多样

地区发展经验表明影响健康保险发展的因素主要有政策引导、经济发展水平、消费意识、产业竞争和产业链结构等。

健康保险发展较好地区的保险行业竞争激烈，在健康保险发展产业链配套方面积累了丰富的经验，如发展健康管理服务、开发健康保险数据等方面成果丰硕，这对于促进我国健康产业的发展具有深远的意义。以北京为例（表 5），2017年，北京地区健康保险实现保费收入

301.83 亿元，位居全国第四，在直辖市中排名第一；健康保险密度和深度分别达 1，390.48 元 / 人和 1.08%，均位居全国前列。健康保险密度基本达到了德国和美国等西方国家的水平。北京市健康保险市场的快速发展不是一蹴而就的，而是经历了多年发展的积累。2014 年在全球保险业实现复苏的背景下，相继出台的《国务院关于加快发展现代保险服务业的若干意见》〔国发（2014）29 号〕和《国务院办公厅关于加快发展商业健康保险的若干意见》〔国办发（2014）50 号〕，促使行业健康保险驶入加速发展的快车道，北京作为对于政策较为敏感的地区，2015 年率先实现了健康保险的跨越式增长。除了政策的引导作用之外，北京健康保险市场的发展具有得天独厚的条件。

表5　2011-2017年北京健康保险市场情况及与德美的对比

年份	北京		德国健康保险深度（%）	美国健康保险深度（%）
	健康保险密度（元/人）	健康保险深度（%）		
2011	328.56	0.41	1.28	1.11
2012	386.88	0.45	1.29	1.07
2013	499.69	0.54	1.28	1.05
2014	693.25	0.70	1.24	0.91
2015	1121.04	1.06	1.21	0.88
2016	1487.31	1.30	1.18	0.88
2017	1390.48	1.08	1.19	...

注：数据来源于中国银行保险监督管理委员会网站与北京市历年"国民经济和社会发展统计公报"的公开资料以及 wind 提供的公开资料。

首先，北京的社会经济发展水平较高，人们的健康意识和消费能力较强；其次，北京是经营健康保险业务的公司的必争之地，健康保险市场竞争激烈，各种类型和各个领域的经营主体较多，非常适合以团险渠道快速推动健康保险业务发展；再次，北京有规模层次和定位多样的创业产业孵化园和孵化器，以健康促进、健康管理和健康保健等为主题的健康保险上下游产业链发展较为充分。政策引导、经济发展水平、消费意识、产业竞争和产业链结构等五大要素都是促进北京市场健康保险发展不可或缺的因素，可以为其他地区健康保险市场的开拓和发展提供一定的借鉴意义。

（四）我国健康保险发展面临的挑战

基本医疗保险之外的健康保险的高速增长是民众注重预防保健意识转变的体现，是健康保险转型的必然之路，也是实现医疗控费、降低医疗费用非合理性支出的战略选择。但是也应该看到，健康保险尤其是商业健康保险在我国卫生总费用中的占比较低，商业性健康保险发展面临着瓶颈。基本医疗保险对于商业健康保险存在着挤出效应和促进效应，既会挤占商业健康保险的市场，也可以提高民众的健康保险意识。鉴于目前产险研究对我国基本医疗保险的前景非常谨慎，可以判断未来商业健康保险市场依然会有庞大的发展空间。健康保险发展的最大障碍是其赔付率较高和不可控，在人身险公司的经营策略中自然而然被置于业务后端。

但是近年来随着基础健康数据和保险数据的累积和健康管理相关业务的开展，健康保险控费能力逐渐提升，加之市场需求提升，健康保险对于人身险公司贡献提升，此类因素叠加将利好于保险公司对于保险业务布局。

七、健康险还有多大提升空间

前三季度健康险同比增长 30.9% 至 5,677 亿元，占比仅为 22%；加上中国健康险的保险深度仅为 0.61%，新修订的《管理办法》究竟能在多大程度上提升健康险的成长空间，市场只能拭目以待。

近日，银保监发布新修订的《健康保险管理办法》(下称"《管理办法》")，并于 12 月 1 日施行，与 2006 年颁布的《健康险管理办法》相比有几处变化：如健康险定义扩容、鼓励大数据应用、将医疗意外保险纳入健康险范畴，有利于保险产品的开发引导、进一步挖掘市场需求。华金证券认为，保险市场的挖掘不仅要有显性需求，隐性需求也非常重要，大数据的应用不仅可以提升风险管理水平，在个人健康数据收集、开发特定需求方面也有着积极的意义。

健康险由于产品设计的复杂度较高，成立专门健康保险事业部并满足监管要求更利于行业专业度的提升。中小险企经营健康险的成本或有所提升，对于其产品设计或造成一定的影响（成本转嫁费率），但有利于行业集中度的提升，那些综合实力突出的险企受到的影响较小。

《管理办法》规定，长期医疗保险产品费率可调，但需注明触发条件。随着医疗技术的进步和居民健康状况的变化，保险产品定价假设和实际偏差需进行动态调整，长期医疗险费率动态调整可减轻险企潜在偿付压力，明确费率可调意味着支持险企开发长险产品。

《管理办法》还鼓励发展健康管理服务，健康管理服务分摊成本提升至净保费的 20%（现行为保费的 12%），这一比例提升将有效释放险企的健康管理服务业务空间，随着健康产业的联动，除了产品因素外，健康管理在未来险企竞争中的重要性愈发突出。

根据《管理办法》，产险企业不可开发保证续保健康险产品，由于产险企业许可经营短期健康险，此次修订规定短期健康险不含保证续保，意味着产险企业将不能开发保证续保健康险产品。

（一）打开发展空间

2019 年前三季度，中国人身险原保费收入同比增长 14.14% 至 25,862 亿元，其中，健康险同比增长 30.9% 至 5,677 亿元，占比 22%。在人口老龄化加速的背景下，医保需求愈显刚性，健康险可以对基本医疗保险起到有效的补充作用。

事实上，与世界发达国家相比，中国健康险的保险深度仅为 0.61%，本身就具有较好的长期成长空间。目前来看，受到中小险企的扰动，健康险市场出现一定的波动，但头部险企受到的冲击有限。更重要的是，预计随着完善重疾定义、修订重疾发病率表在 2020 年年中完成，健康险市场也会随之不断打开。而此次修订有望预防健康险业务恶性竞争、减小中小保险企业潜在偿付压力，有利于行业中长期发展。由于上市险企更完备的数据支撑与出色的精算定价能力，其在健康险市场的发展空间更大。

中银国际认为，《管理办法》动态调整费率实际上利好保险公司健康险的经营。近年来，健康险保持高增速发展。截至 9 月末，健康险行业实现累计保费收入 5,677 亿元，同比增长 30.9%。随着行业的高速增长，与之相伴的是更多经营及发展需求。监管层适时推出征求意见稿，旨在进一步规范行业健康险的经营。

为适应健康险发展新趋势，《管理办法》将健康险定义范围进行了扩容，把医疗意外保险纳入健康险范围。医疗意外保险是指按照保险合同约定发生不能归责于医疗机构、医护人员责任的医疗损害，为被保险人提供保障的保险。该类型保险主要是覆盖原有意外险（因意外导致身故/身残后产生赔付）及意外医疗险（因意外导致的费用报销型保险）中间的空白领域，为被保险人提供全方位保险；健康险定义扩容促进保险公司在细分产品领域加快产品开发规划。

此外，《管理办法》还将新药品、新医疗器械和新诊疗纳入保障范围，对新药品、新医疗器械和新诊疗方法在医疗服务中的应用支出进行保障，还鼓励保险公司打通医疗保险产业链，扩大保险公司保障对象范围，为全产业链提供保险服务的同时，加强与医疗机构的协同发展。

《管理办法》修订的内容还包括规范优化产品设计细节，动态调整费率，提升健康管理服务成本上限，利好保险公司健康险经营，提供多元化创新服务。动态调整费率是指《管理办法》中修订原有长期健康保险费率固定的规定。《管理办法》明确保险公司可对长期健康险产品进行费率调整，明确注明费率调整的触发条件，重新报送审批或者备案。

近年来，重疾发生率不断提高，监管组织行业启动重疾发生率表修订工作；健康险产业链上游的医疗服务价格上涨、药品范围扩张、护理成本增加等变动因素给长期健康险盈利带来一定的冲击。根据经营环境及需求动态调整费率，减轻险企健康险赔付压力，促进险企中长期盈利。

根据《管理办法》的规定，健康管理服务分摊成本自现行规定的 12% 提高至 20%，超过 20% 限额的服务应当单独计价，不计入保险费，并在合同中明确健康管理服务价格。在现行管理办法下，保险公司仅能将 12% 的保费收入用在健康管理服务上，限制了保险公司在提供健康管理服务的费用投入。该比例调整鼓励保险公司开发适应市场需求、健康服务具有差异化的产品。提供包括健康体检、咨询、维护、慢性病治疗等多元化服务，降低就医、致病率，进而降低保险公司赔付成本。

《管理办法》中明确规定，不得以被保险人家族遗传病史之外的遗传信息、基因检测资料作为核保条件，且鼓励保险公司采用新技术提升风险管理水平，以充分保障被保险人权益，促进健康险合规经营，提升风险管控能力。

（二）变化意在激活

新修订的《管理办法》强调健康险回归保障，鼓励发展长期医疗险和提升健康管理服务，丰富健康险供给，同时不再限制保险公司在医疗机构展业，有利于健康险市场继续保持高速增长，大型险企在规模、渠道、数据、技术等方面的优势较为突出，有望明显获益，从而进一步提升长期盈利能力。

根据万联证券的分析，与原有政策相比，《管理办法》出现了诸多变化。首先是强调健康险保障属性，限制护理保险理财化。新增"健康保险是国家多层次医疗保障体系的重要组成部分，坚持健康保险的保障属性，并通过有效管理和市场竞争降低健康保险价格和经营成本，提升保障水平"，鼓励丰富健康险产品供给，提升保障覆盖范围和产品性价比，降低保险消费者保费负担。同时明确规定长期护理保险的保险期间不得低于 5 年，且生存金应当以被保险人因保险合同约定的日常生活能力障碍引发护理需要为给付条件，进而限制了将护理险做成中短存续期产品的可能，进一步引导行业回归保障。

其次是将医疗意外保险纳入健康险，同时提升健康管理服务供给。在健康险保险中新增医疗意外保险，"按照保险合同约定发生不能归责于医疗机构、医护人员责任的医疗损害，为被保险人提供保障的保险"，这与财险行业的医疗责任险类似，鼓励人身险公司参与社会治理，减少医患纠纷。强调"保险公司可以将健康保险产品与健康管理服务相结合，提供健康风险评估和干预、疾病预防、健康体检、健康咨询、健康维护、慢性病管理、养生保健等服务，降低健康风险，减少疾病损失"，并将健康管理服务成本分摊上限从 12% 提升至 20%，有利于扩大健康管理服务供给，促进"保险＋服务"模式的发展。

第三是不再限制保险公司在医疗机构销售健康险产品，健康险销售渠道有望拓宽。此前，保险公司不能在医疗机构展业，此次《管理办法》解除该限制，有利于保险公司为消费者更好地提供医疗服务，但《管理办法》同时要求"保险公司不得委托医疗机构或者医护人员销售健康保险产品"。

　　万联证券认为，未来保险公司有望将医院、药店等医疗机构发展成为新的销售渠道，由于医疗机构的消费者对健康险和健康服务有较大的需求，这或将成为健康险市场新的增长极。下一步，监管可能会对保险公司驻点医疗机构进行规范，细化相关政策，避免出现各种销售乱象。

　　第四是限制捆绑销售、调整犹豫期和等待期，有利于保护消费者权益。《管理办法》要求保险公司销售健康险时，不得强制搭配其他产品销售（条款约定除外），这一调整对消费者至关重要。由于健康险件均保费较低，消费者在购买保障型产品（健康险）时经常会被搭售偏储蓄型的产品，导致保费负担加重，限制捆绑销售有利于消费者更加注重健康保障，也有利于保险公司提升保障型业务占比，但对保险公司而言，此举也在一定程度上抑制了保费规模。此外，将长期健康险犹豫期下限由 10 天提升至 15 天，明确疾病保险、医疗保险、护理保险产品的等待期不得超过 180 天，进一步保护消费者权益。

　　第五是鼓励发展长期医疗险，明确费率可调整。由于近年来疾病谱、医疗技术和诊疗费用变化较快，保险公司经营长期医疗险面临较大的风险，导致部分公司对长期医疗险敬而远之，此次《管理办法》明确费率可调整，有利于保险公司加大长期医疗险开发和市场投放，从而进一步丰富市场供给，为消费者提供更具性价比的医疗险产品。

　　值得注意的是，与此同时，《管理办法》也要求"费率调整应当遵循公平、合理原则，触发条件应当客观且能普遍适用"，即保险公司调整费率需有足够的合理性，不得随意调整。

　　最后是要求设立健康保险事业部，推动健康险业务专业化发展。《管理办法》要求保险公司经营健康险业务应当成立专门健康保险事业部（健康险公司除外），同时新增要求建立健康保险信息披露制度，且需配备医学教育背景的管理人员。目前，寿险公司既经营寿险也经营健康险，但由于健康险较为复杂，与医疗产业结合较为紧密，在产品开发、承保、理赔等方面都需要很强的专业性。因此，此次调整将有利于提升保险行业经营健康险的专业性和规范性，有效促进健康险市场的健康发展。

八、相关建议

无论是政府还是企业，都应该重视健康保险市场的发展政府应该充分意识到商业健康保险的发展对于国民健康的重大促进作用和对于民众基本医疗保险保障的重要补充作用，不断加大力度促进我国商业健康保险发展，支持商业健康保险与政策性健康保险的协同发展；作为企业一方，需要及时进行业务结构和战略调整，做好产品创新、人才、技术、组织和制度布局储备，利用舆论领袖的流量影响力，为扩大健康保险发展经营做好准备。

（一）政府更加积极统筹支付端融合和地区发展

对于政府来说，应该以更开放、更包容地看待商业健康保险的发展，积极出台相关政策促进商业健康保险与基本医疗保险支付端的融合，打通两者障碍，由此加快健康保险产业发展。同时政府应该意识到健康保险地区发展不平衡的危害，加大卫生、健康领域宣传和健康

保险扶贫力度，提升居民健康意识，更好服务于"健康中国"战略目标的实现。

（二）国内保险公司应该把握好国际化和对外交流步伐

国内保险公司应该把握好国际化和对外交流步伐，全面学习国外健康保险公司及健康管理公司的相关先进理念和技术，并将其创新性的运用到自身健康保险产业链构建中。

第三章　年金保险（包含养老保险）

一、定义

年金保险是指投保人或被保险人一次或按期交纳保险费，保险人以被保险人生存为条件，按年、半年、季或月给付保险金，直至被保险人死亡或保险合同期满。年金保险一般有定期年金保险以及我们常说的养老保险。

它是人寿保险的一种，保障被保险人在年老或丧失劳动能力时能获得经济收益。年金保险按给付保险金的限期不同，分为三种：

1.终身年金保险，亦称"养老年金保险"，或"养老金保险"。一般投保人是单位或团体，被保险人是该单位或团体的在职人员。按保险合同规定，投保人汇总交付保险费，直到被保险人到达规定退休年龄；保险人对已退休的被保险人按期或一次给付保险金，当被保险人死亡或已一次给付全部保险金，保险终止。

2.定期年金保险，按保险合同规定，投保人或被保险人在合同期内交纳保险费，保险人以被保险人在合同规定的期限内生存为条件，承担给付保险金的责任，规定的期限届满或被保险人死亡，保险终止。

3.联合年金保险，以两人或两人以上的家庭成员为保险对象，投保人或被保险人交付保险费后，保险人以被保险人共同生存为条件给付保险金，若其中一人死亡，保险终止。另一种形式是，当被保险人全部死亡，保险才终止，这称为联合最后生存年金保险。年金保险可由政府通过立法形式办理，属于社会福利保险，也可由保险公司通过签订保险合同办理。

二、种类

（一）个人养老保险：

这是一种主要的个人年金保险产品。年金受领人在年轻时参加保险，按月缴纳保险费至退休日止。从达到退休年龄次日开始领取年金，直至死亡。年金受领者可以选择一次性总付或分期给付年金。如果年金受领者在达到退休年龄之前死亡，保险公司会退还积累的保险费（计息或不计息）或者现金价值，根据金额较大的计算而定。在积累期内，年金受领者可以终止保险合同，领取退保金。一般说来，保险公司对个人养老金保险可能会有如下承诺：

1. 被保险人从约定养老年龄（比如 50 周岁或者 60 周岁）开始领取养老金，可按月领也可按年领，或一次性领取。对于按年领或按月领者，养老金保证一定年限（比如 10 年）给付，如果在这一年限内死亡，受益人可继续领取养老金至年限期满。

2. 如果养老金领取一定年限后被保险人仍然生存，保险公司每年给付按一定比例递增的养老金，一直给付，直至死亡。

3. 交费期内因意外伤害事故或因病死亡，保险公司给付死亡保险金，保险合同终止。

（二）定期年金保险：

这是一种投保人在规定期限内缴纳保险费，被保险人生存至一定时期后，依照保险合同的约定按期领取年金，直至合同规定期满时止的年金保险。如果被保险人在约定期内死亡，则自被保险人死亡时终止给付年金。子女教育金保险就属于定期年金保险。父母作为投保人，在子女幼小时，为其投保子女教育金保险，等子女满 18 岁开始，从保险公司领取教育金作为读大学的费用，直至大学毕业。

纪念日年金是一种新型的定期年金，通常由投保人为其配偶投保，保险公司在合同约定的结婚纪念日向被保险人发放年金。纪念日年金交费方式为趸交，常见保险期间为十年，也就是有十次领取年金的机会。

三、具体分类

（一）按交费方式

1.1 趸交年金

趸交年金是指一次交清保费的年金保险，即年金保费由投保人一次全部交清后，于约定时间开始，按期由年金受领人领取年金。

趸交也有很多优点，它相对比较便宜和方便。不少选择这种交费方式的人都是基于自己工作稳定性不够，而手中又刚好有一笔钱，为避免将来情况变化，发生交付困难，蒙受退保的损失，就选择了趸交的方式。

1.2 期交年金

期交年金是指在给付日开始之前，分期交付保险费的年金保险，即保险费由投保人采用分期交付的方式，然后于约定年金给付开始日期起由年金受领人按期领取年金。

1.3 趸交期交对比

趸交与按期付款相对应，趸缴的优点在于手续简单，省却了今后每年继续缴保费的麻烦和保单失效的风险，比较适合收入高但不稳定的人。

单从费率上来看，趸交要比期交便宜，但考虑到一次性支付资金的利息成本和机会成本，两者并无优劣之分。而期交比趸交的优势主要体现在其灵活性上。

①期交保费可以追加附加险。目前只有在投保主险且主险在交费期内的情况下，才可以投保附加险。而采用趸交方式购买主险，即使在主险的保障期内也不能再购买新的附加险；

②期交保费可以享受保费豁免。如果保户在交费期尚未满时就出险，则未交清的部分保费就可免除。对于购买少儿险来说，保费豁免条款就更具有优势。如果家长不幸发生意外伤害事故或疾病，导致身故或一、二、三级残疾或罹患重疾，保险公司将豁免以后的各期保费，保险合同继续有效；

③期交保费可以改变保额或者追加保费。投保人可以根据自己经济实力的变化，调整自己的保险计划。

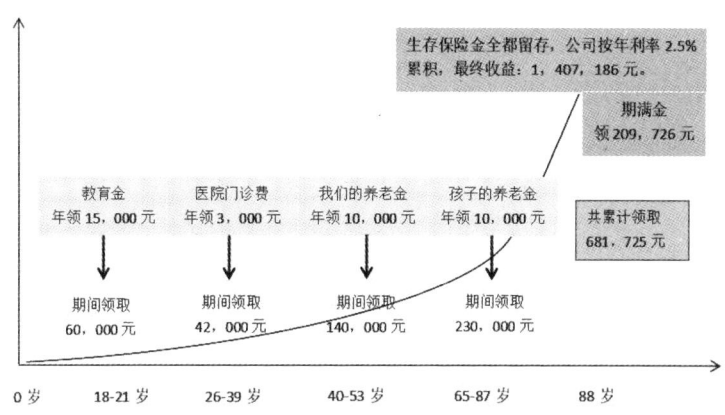

（二）按给付方式

2.1 终身年金

概念：终身年金是指年金受领人在一生中可以一直领取约定的年金，直到死亡为止的年金保险。终身年金亦称终身保证年金。受益人向保险公司或政府购买的，在其有生之年一直可以定期领取一定金额的养老金。所谓定期，是指领取的间隔周期，可以是年、半年、季、月，甚至每周。一定金额，可以是等额，也可以是变额。为使受益人免受通货膨胀的影响，年金的给付额随市场物价水平浮动，以达到保值的目的。终身年金与其他年金（如最低保证年金、短期年金）相比较，它具有终生支付和不退款的特点，如果受益人早期死亡，以致过去交存的保险费可能大于他所领取的年金，其多交部分不予退还，而是将调剂给其他长寿者。因此，一般体质较佳且能长寿者适宜选择终身年金，而体质较弱者选择人寿保险更为有利。终身年金的作用，在于能使老年者退休后保持经常持久的生活来源，又能使之有计划地安排生活，并且老有所养，终生有靠。只有被保险人生存才可以按期领取年金。

2.2 最低保证年金

最低保证年金是为了防止年金受领人过早死亡、丧失领取年金权利而产生的一种年金保险。最低保证年金又分为确定给付年金和退还年金。确定给付年金规定了一个领取年金的最低保证确定年数，在规定期间内，无论被保险人生存与否均可得到年金给付。退还年金是指当年金受领人死亡而其年金领取总额低于年金购买价格时，保险人以现金方式一次或分期退还其差额的年金保险。

2.3 定期生存年金

（1）概念：定期生存年金是一种以被保险人在规定期间内生存为给付条件的年金保险。这种年金的给付以一定的年数为限，若被保险人一直生存，则年金给付到期满；若被保险人在规定的期限内死亡，则年金给付立即停止。

它具有两种给付方式：一种是按给付年度数来保证被保险人及其受益人利益，该种最低保证年金形式确定了给付的最少年数，若在规定期内被保险人死亡，被保险人指定的受益人将继续领取年金到期限结束；另一种是按给付的回返来保证被保险人及其受益人的利益，该种最低保证年金形式确定有给付的最少回返金额，当被保险人领取的年金总额低于最低保证金额时，保险人以现金方式自动分期退还其差额。第一种方式为确定给付年金，第二种方式为退还年金。

（2）定期生存年金的特点

①生存保险是以被保险人满一定时期仍生存为保险金给付条件。

②生存保险的主要目的是为了满足被保险人一定期限之后的特定需要。

③生存保险具有很强的储蓄性。

④被保险人在合同约定的日期内，每年都能领取相应的年金额；

⑤被保险人身故，会返还相应的保费；

⑥被保险人如果领取期限届满，日报会更高；

⑦这种保险一般有抵御通货膨胀的功能；

⑧保期相对较为灵活，不像终身险，只能保一生。

（3）定期年金和终身年金的区别

①保障期限：定期年金的保障期限一般为15年，也有10年、20年的；终身年金一般保障至终身，也有部分是到90岁或者100岁的产品。

②缴费期限：定期年金的缴费期限一般较短，3年交或者5年交；终身年金缴费期限比较长，一般3年、5年、10年甚至更长。

③保障内容：定期年金包含"特别生存金""生存金""满期金""身故保险金"等保险责任；而终身年金包含"特别生存金""生存金""祝寿金""身故保险金"等保险责任。

④产品用途：定期年金资金回流更快，适合中长期资金规划；终身年金适合长期利益，有财富传承需求的客户。

（4）定期连续生存年金精算现值的估计

延期M年N年定期生存年金

定义：$_{m|n}\overline{a}_x$

计算：

$$_{m|n}\overline{a}_x = \int_{m}^{m+n} v^t \cdot {}_t p_x dt = \overline{a}_{x:\overline{m+n}|} - \overline{a}_{x:\overline{m}|}$$

$$= \frac{\overline{A}_{x:\overline{m}|} - \overline{A}_{x:\overline{m+n}|}}{\delta} = {}_m E_x \cdot \overline{a}_{x:\overline{m+n}|}$$

（三）折叠按给付额

3.1 定额年金

定额年金是指每次按固定数额给付年金的年金保险。这种年金的给付额是固定的，不随投资收益水平的变动而变动。也不因为市场通货膨胀的存在而变化。因此，定额年金与银行储蓄性质相类似。

3.2 变额年金

变额年金属于创新型寿险产品，通常变额年金也具有投资分立账户，变额年金的保险年金给付额，随投资分立账户的资产收益变化而不同。通过投资，此类年金保险有效地解决了通货膨胀对年金领取者生活状况的不利影响。变额年金因与投资收益相连接而具有投资性质。

（四）折叠按给付开始时间

4.1 即期年金

即期年金是指在投保人缴纳所有保费且保险合同成立生效后，保险人立即按期给付保险年金的年金保险。通常即期年金采用趸缴方式缴纳保费，因此，趸缴即现年金是即期年金的主要形式。

4.2 延期年金

延期年金是指保险合同成立生效后且被保险人到达一定年龄或经过一定时期后，保险人在被保险人仍然生存的条件下开始给付年金的年金保险。

四、年金保险一般有以下特点

（一）确定性：这是年金保险最大的特点，能够保证定期、持续地给付保险金，老有所养以及子有所教都能获得保证；

（二）强制储蓄：保费是每年都要按期缴纳的，能够积少成多，防止投保者把钱花光光；

（三）多为分红产品形态：利率风险在长时间里是可以化解的，能在一定程度上抵御通货膨胀的影响；

（四）资产传承：能够把自己赚取的财富以年金保险的形式约定保险金的领取方式（从何时开始领取，领取多少次，每次的金额是多少），按期、分批地传承给自己指定的受益人，不必受到外界的干预，也能很好地避免受益人把自己辛辛苦苦累积的财富投资失败、挥霍一空或被借被骗。

（五）年金保险可以有确定的期限，也可以没有确定的期限，但均以年金保险的被保险人的生存为支付条件。在年金受领者死亡时，保险人立即终止支付。

（六）投保年金保险可以使晚年生活得到经济保障。人们在年轻时节约闲散资金缴纳保费，年老之后就可以按期领取固定数额的保险金。

（七）投保年金保险对于年金购买者来说是非常安全可靠的。因为，保险公司必须按照法律规定提取责任准备金，而且保险公司之间的责任准备金储备制度保证，即使投保客户所购买年金的保险公司被合并，合并保险公司仍会为购买者分担年金给付。

（八）以被保险人生存为给付保险金条件，按保险合同约定分期给付生存保险金，且给付间隔不超过一年（含一年）的人寿保险。

（九）年金保险的优点

1. 安全

比起银行理财产品、P2P 产品，投资者可能会遇到不保底的风险，但是年金保险不会，且如果出险了保险公司破产的情况，消费者的个人保单是不会受到影响的。

2. 收益稳定

市面上绝大多数的年金保险，都具备了保底利率，一般开门红产品都采用了"双年金"的形式进行捆绑销售，双轮驱动，收益有保障。

3. 可缓解资金周转不灵

根据保监会的规定，年金保险具备保单贷款功能，最高可贷款 80% 的保单现金价值，可以缓解资金周转不灵的尴尬局面，这就是年金保险的好处。

（十）年金保险的缺点

1. 保费贵

一般来说，目前市面上的年金保险大多数都是以"万元"递增的形式进行交费的，少则一万元，多则每年交费十几万元，不是一般工薪阶层能够接受的起的。

2. 羊毛出在羊身上

为什么很多人都说年金保险是个"坑""骗局",虽然他们是合格的,是经过保监会备案才能上市的,但是真正算下来,利率并不高,这些投资的钱要放在保险公司滚好多年,或许投资其他产品,比这个高多了。总之一句话,保险公司不是福利院,还是以盈利为目的,常言道"羊毛出在羊身上"并不是没有道理的。

以上是年金保险的优点和缺点的全部内容,总体来说,年金保险的好处不少,短板也很明显,提醒大家,有闲钱可以投保一下,如果对家庭预算有规划上限的话,则还是先要以保障为主。

五、意义

从某种意义上说,年金保险和人寿保险的作用正好相反。人寿保险为被保险人因过早死亡而丧失的收入提供经济保障,而年金保险则是预防被保险人因寿命过长而可能丧失收入来源或耗尽积蓄而进行的经济储备。如果一个人的寿命与他的预期寿命相同,那么他参加年金保险既未获益也未损失;如果他的寿命超过了预期寿命,那么他就获得了额外支付,其资金主要来自没有活到预期寿命的那些被保险人缴付的保险费。所以年金保险有利于长寿者。

从本质上讲,年金保险并不是真正意义上的保险,而是人们通过寿险公司进行的一项投资,它代表年金合同持有人同寿险公司之间的契约关系。当投保客户购买年金时,保险公司为客户提供了一定的收益保障。当然保障的内容取决于投保人所购买的年金的类型。

六、年金保险合同

(一)年金保险合同对于保险人的效力。年金保险合同成立后,年金保险合同即对合同双方当事人产生了法律约束力,其对保险人的约束力主要体现在当被保险人生存至合同约定的年龄或期限时,保险人应当一次性或分期给付被保险人一定数额的年金；年金保险合同当被保险人在保险责任内身故、年金保险合同不属于除外风险时，保险人应当向受益人或被保险人的继承人赔付保险金。

（二）年金保险合同对于投保人的效力。年金保险合同对投保人的约束力主要体现在两个方面：一方面是投保人应当及时粗行缴纳首期保险费和续期保险费的义务。年金保险合同投保人未及时缴纳首期保险费的，年金保险合同即便合同成立保险责任也没有开始，年金保险合同如果发生保险事故，保险人有权拒绝赔偿；如果投保人未能在规定限期或宽限期内缴纳续期的保险费，保险人有权拒绝赔偿。

年金保险合同除了要注意除外责任，还要注意合同里的保额和年金的领取方式。

（1）注意年金保险合同里的保额。

保额，就是保障额度，也就是出险后，保险公司赔偿多少。需要注意的是，很多投保人购买的保险不仅有主险还有附险，比如购买了年金保险之后还附加了一份重疾险或意外险，那么这个时候主附险除了保险责任与除外责任不同之外，保额也是不同的，比如年金保险为70万，重疾险为30万。还有一点就是，如果投保人是注重养老保障的话，那么应当适当地增加年金保险的保额，才会让后期所领取的金额越高。

（2）注意年金保险合同里年金的领取方式。

因为不同公司的年金险合同规定不一，投保人要注意自己所购买的产品，年金的领取是从什么时候开始领，领到什么时候结束，每月或每年能领多少钱；还要注意如果被保险人提前身故的话，年金领取是否可以由家人继承。

所以说，投保年金保险时，一定要擦亮你的眼睛，仔细看好合同里的每一个条款再签字，避免造成日后的纠纷与损失。

（3）年金保险的受益人可以是谁：

首先，受益人指的是保险合同中由被指定的享有保险金请求权的人。其次，年金保险的保险金类型有身故保险金、生存保险金和满期保险金。不同保险金的受益人是不同的。

身故保险金的受益人可以是多人也可以是一人，如果身故保险金的受益人是多人，在能够确定受益顺序和受益份额的情况下按照规定拥有收益权；而如果没有确定这些内容，则这些受益人平等享有收益权。如果被保险人没有行为能力，也可以由其监护人指定受益人。

在进行受益人变更的时候，要书面通知保险公司，保险公司接收到申请并审核，在审核通过后再保险单上进行批注，批注过后的 24 小时后开始正式生效。在指定和变更受益人的时候需要被保险人的同意。

若是因为受益人的问题产生法律纠纷，保险公司概不参与负责。若是受益人和被保险人在同一事故中身亡，又不能确定死亡顺序，推定受益人先行。

受益人故意造成被保险人死亡或故意杀害被保险人，不管是否成功，此受益人失去受益权。生存保险金和满期保险金受益人除了另有规定外，受益人一般都为被保险人本人。

以上就是有关年金保险受益人的规定，在填写受益人的时候请了解规定再行决定。

指定受益人时要注意什么：

1.约定要明确，要清楚的写出指定受益人的名字。

2.受益人应该由投保人或被保险人指定，但需由被保险人认可。

3.投保人或被保险人可以变更受益人，但变更受益人，需要征求被保险人的同意，并且要书面通知保险公司。

七、2019 年保险行业经营状况

2019 年 1-5 月保险业经营情况表

项目	单位：亿元、万件
	本年累计／截至当期
原保险保费收入	21，854
1、财产险	4，805
2、人身险	17，049
（1）寿险	13，252
（2）健康险	3，265
（3）人身意外伤害险	5，32
保险金额	24，999，558
保单件数	1442，739
原保险赔付支出	5，252
1、财产险	2，445
2、人身险	2，807
（1）寿险	1，837
（2）健康险	850
（3）人身意外伤害险	120
业务及管理费	2，074
资金运用余额	170，238
其中：银行存款	25，558
债券	58，012
股票和证券投资基金	21，209
资产总额	190，741
其中：再保险公司	3，766
资产管理公司	560
净资产	22，375

注：

1. 本表数据是保险业执行《关于印发＜保险合同相关会计处理规定＞的通知》（财会 [2009]15 号）后，各保险公司按照相关口径要求报送的数据。

2. 原保险保费收入为按《企业会计准则（2006）》设置的统计指标，指保险企业确认的原保险合同保费收入。

3. 原保险赔付支出为按《企业会计准则（2006）》设置的统计指标，指保险企业支付的原保险合同赔付款项。

4. 资金运用余额、资产总额和净资产为期末数据，其余为本年累计数据。

5. 上述数据未经审计。

随着我国消费结构升级，政府对保险事业发展的高度重视，人们收入水平逐渐提高等众多因素的利好下，消费者保险投保意识逐渐强烈，中国保险行业保持稳健发展势头。自 1979 年以来，我国保险行业发展较为快速，行业服务经济社会能力不断增强，到目前已成为"大银行"格局。数据显示，2019 年中国保险业原保险保费收入 42，645 亿元，同比增长 12.17%，较 2018 年同期增长了近 9 个百分点。

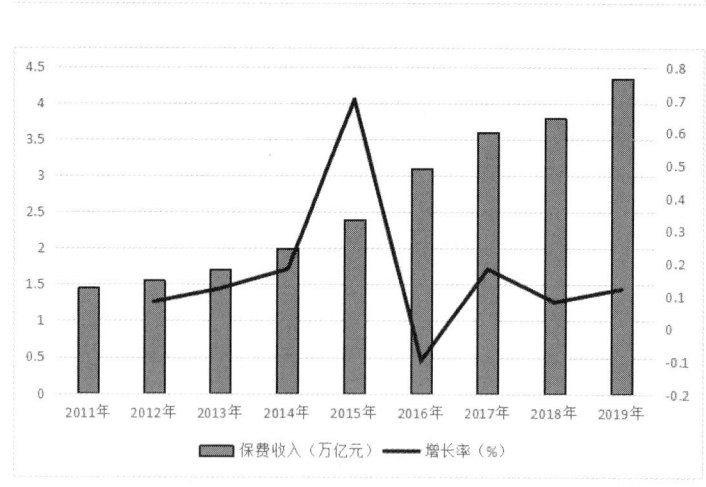

（一）近年来年金保险经营业务的情况（主要以企业年金和养老保险为例）

我国高速增长的经济为年金保险行业提供了广阔的市场空间，随着人民生活水平的不断提高，行业需求量激增，行业利润水平不断提高。但同时，随着行业内企业数量的增加，业内竞争逐渐加剧，行业内优秀的企业越来越重视市场的研究，特别是企业发展环境和需求趋势变化的研究。

1.1　2018 年保险机构企业年金等受托管理业务情况表

单位：万元

公司简称	企业年金受托管理业务缴费	企业年金投资管理业务缴责	养老保障及其伯委托管理业务缴费	企业年金受托管理资产	企业年金投资管理资产	养老保障及其他委托管理资产
国寿养老	5903005.67	3298255.00	37965771.32	30125556.22	16031287.58	24773783.11
太平养老	1742436.68	1396353.63	8131175.63	7643003.95	8380637.93	5052390.25
平安养老	4644360.46	3990272.41	36596119.11	23646205.17	20652756.72	16715927.62
泰康养老	2822527.41		961603.74	6149690.24	0.00	562891.48
长江养老	78303.67	1231005.19	18136993.40	7450067.51	7243599.37	19985252.52
安邦养老			618789.30			723630.12
人保资产		658976.40	25000.00		2520335.29	583204.93
泰康资产		5433120.57	6782356.82		21336541.27	13323085.73
华秦资产		100672.31	4629.54		1383457.38	269433.90
人保养老	2632.67	67258.49		2747.32	160334.54	
合计	15899321.57	16175914.05	109222943.86	75017270.41	78263950.03	81999599.71

注：

1. 上数据来源于相关保险机构报送保监会统计报表数据，未经审计，统计频度为季报。

2. 企业年金受托管理业务缴费：指保险机构根据《企业年金试行办法》和《企业年金基金管理试行办法》有关规定，作为企业年金受托管理人在与委托人签署受托合同后，收到的已缴存到托管账户的企业年金金额。

3. 企业年金投资管理业务缴费：指保险机构接受企业年金委托方委托，进行投资管理的资金流入总体规模。

4. 养老保障及其他委托管理业务缴费：指保险机构开展养老保障及其他委托管理业务，收到的委托人已缴存到托管账户的资金金额。

5. 养老保障管理业务：指根据《养老保障管理业务管理办法》（保监发 [2015]73 号），养老保险公司作为管理人，接受政府机关、企事业单位及其他社会组织等团体客户和个人客户的委托，提供养老保障以及与养老保障相关的资金管理服务，包括方案设计、薪酬递延、福利计划、账户管理、投资管理、待遇支付等服务事项。

6. 其他委托管理业务：指保险机构经营的除企业年金、养老保障管理业务以外的委托管理业务，如第三方资金委托管理（含政策性业务）以及外部投资管理人或外部受托人配置的养老金产品等业务。

7. 企业年金受托管理资产：指保险机构累计受托管理的企业年金财产净值，以托管人的估值金额为准，不含缴费已到账但未配置到个人账户的资产。

8. 企业年金投资管理资产：指保险机构累计投资管理的企业年金财产净值，以托管人的估值金额为准，不含缴费已到账但未配置到个人账户的资产。

9. 养老保障及其他委托管理资产：指保险机构开展养老保障及其他委托管理业务，累计管理的财产净值，以托管人的估值金额为准。

1.2 2020 年中国养老保险经营业务

召开的国务院常务会议提出，要积极发展社会服务领域商业保险，为更有力应对老龄化提供支撑，满足群众其他保险保障需求。会议提出，加快发展商业养老保险，优化养老保险结构。借鉴国际经验，支持开发多样化的养老年金保险产品和适应 60 岁以上老人需求的医疗、意外伤害等保险产品，加快发展商业长期护理保险。

我国养老保险分为基本养老保险、社会补充养老保险和个人储蓄养老保险几类，其中较为常见的以城镇职工基本养老保险和城乡居民养老保险为主要代表。2013-2018 年，城镇职工和城乡居民基本养老保险基金收入和支出总额均在不断增加，其中，2018 年城镇职工养老金收入及支出差额为 4，475 亿元，较 2017 年减少 783 亿元；城乡居民养老保险收入及支出差额为 929 亿元，较 2017 年减少 3 亿元。可见，2018 年该领域收支差额有所回落，整体趋于稳定发展。

2013-2018 年我国城镇职工和城乡居民基本养老保险金的结存总额不断增加，2018 年城镇职工养老金结存额约为 46，979 亿元，较 2017 年增加 3，094 亿元；城乡居民养老金结存额为 7，078 亿元，较 2017 年增加 760 亿元。虽然养老金总体的结存规模有所提升，但随着老龄化的加剧，我国养老保险的压力仍处于高位。

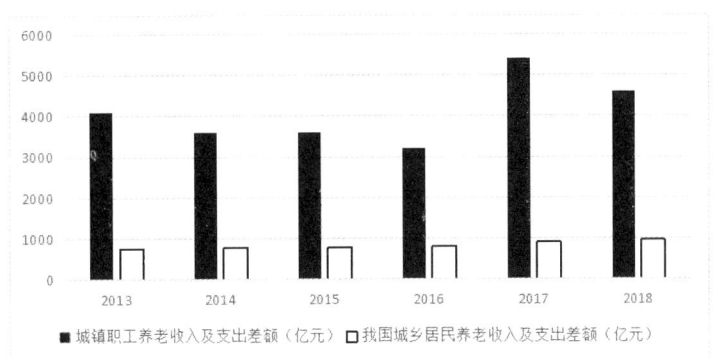

目前，我国正在经历全球规模最大、速度最快、持续时间最长的老龄化过程，想要减轻养老保险的压力，需要积极发展商业养老保险行业，此举有助于纠正中国养老金体系的结构性失衡、扩大养老金规模、调整金融结构，并同时带动养老金融服务产业，促进经济转型。

（二）企业年金行业分析

企业年金为我国基本养老保险做出重要补充。企业年金是指企业及其职工在依法参加基本养老保险的基础上，自主建立的补充养老保险制度。我国企业年金始于 1991 年提出的企业补充养老保险，国务院 2000 年正式将其更名为企业年金，自 2004 年 5 月起开始试行企业年金制度，2014 年 10 月开始实施机关事业单位职业年金制度，单位可以自愿选择是否参与年金计划，二者共同构成我国养老保险体系的第二支柱。

2.1 覆盖面有限，覆盖率增速缓慢

目前我国企业年金的覆盖范围过小，国家鼓励更多符合条件的企业建立企业年金，商业保险机构可趁此利好趋势大力拓展企业年金托管业务和投管业务，积极参与养老第二支柱建设，迎来新的利润增长点。

2.2 地域分布不平衡，发展结构不均衡

从地域分布来看，年金的发展在沿海发达省份要好于内陆落后省份，北京、上海、广东、浙江等省份企业年金资产金额较大，覆盖率较高。2016 年度《全国企业年金基金业务数据摘要》显示，截至 2016 年底上海参加企业年金计划的企业有 8，543 家，资产金额达 581 亿元。而一些内陆经济欠发达地区的企业年金启动较慢，2016 年甘肃省累计有 402 家企业参加企业年金计划，资产金额仅为 84.9 亿元。从发展结构来看，企业年金在经济效益好的行业尤其是垄断行业发展较快，大多集中在石油、电力、电信、石化、铁路等行业。相较之下，中小企业年金计划发展缓慢，作为企业年金市场的参与者，政府与金融机构的表现更为积极，许多企业仍处于观望状态。筹资规模上限有所下调，归属比例设置提升员工忠诚度。企业年金所需费用由企业和职工共同缴纳，基金实行完全积累，并为每个参加企业年金的职工建立个人账户。根据 2018 年 2 月 1 日起实施的《企业年金办法》，企业缴费每年不超过本企业职工工资总额的 8%，企业和职工个人缴费合计不超过本企业职工工资总额的 12%。

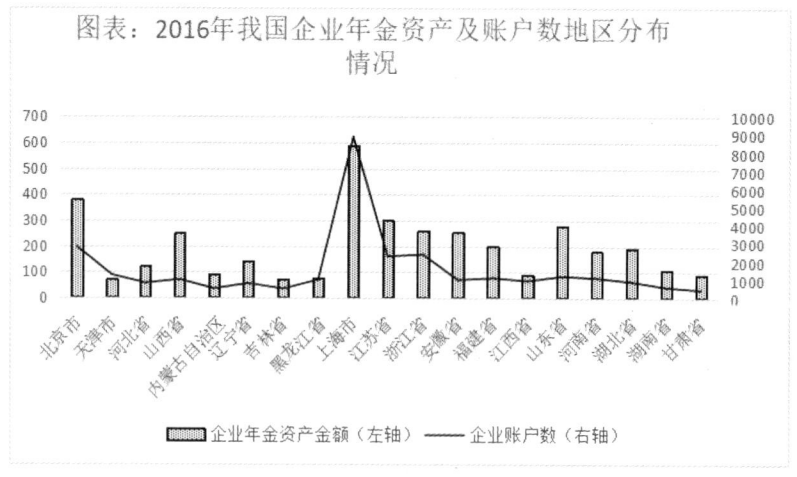

图表：2016年我国企业年金资产及账户数地区分布情况

2.3 投资效果有限，收益率波动明显

制度持续规范，扩大投资范围。据人社部统计，截至 2017Q3 全国企业年金实际运作金额达 12，107 亿元，共建立组合 3，408 个，建立计划 1，492 个，总

体运行平稳。人社部联合银监会、证监会、保监会于 2011 年 5 月发布修订后的《企业年金基金管理办法》，要求投资股票等权益类产品以及股票基金、混合基金、投资连结保险产品的比例，不得高于投资组合企业年金基金财产净值的 30%，对固定收益类的投资上限大幅增加至 95%。人社部于 2013 年 4 月发布《关于扩大企业年金基金投资范围的通知》，规定企业年金基金投资范围在前述文件基础上，增加商业银行理财产品、信托产品、基础设施债权投资计划、特定资产管理计划、股指期货。投资范围持续扩大，给与企业年金更多自主灵活性，制度规范引导行业发展。

收益率与资本市场联系紧密，投资效果有限。企业年金基金投资收益率变化与股票市场表现有着紧密的联动关系，股票市场的波动往往带来企业年金基金收益率的变化。企业年金加权平均收益率 2016 年在上一年较高基础上下降到 3.03%，波动明显。2016 年 44.54% 的企业年金资产收益率介于 2% 到 4% 之间，占比最多。相比之下，OECD 国家凭借成熟的资本市场、发达的企业年金运作体系和几乎无限制的投资范围实现了较高的投资收益率。

图表：2007-2016年全国企业年金运行情况

投资组合数（左轴）　　实际运作资产金额（右轴）

图表：2008-2016年全国企业年金基金投资组合收益率

2.4 市场潜力待深挖，商业保险公司大有可为。

目前商业保险机构主要在企业年金运行过程中扮演"受托人"或"托管人"的角色，即接受企业年金建立者的委托选择账户管理人、托管人和投资管理人，或接收企业年金受托人委托对企业年金基金投资管理。保监会数据显示，2007年有太平养老、平安养老等五家养老保险公司参与企业年金运行，到2017第三季度增长为八家商业保险机构，同时受托管理资产占企业年金总资产的52%，商业保险机构参与程度不断增加，在企业年金发展过程中发挥重要作用。

（三）养老保险行业分析

3.1 统筹层次低，强制性有限

我国基本养老保险处在省级统筹层次，资金分散。在我国基本养老保险的收支体系中有三级准备账户，分别为县（市）级收支准备账户、省级调剂准备账户和全国社会保障基金账户。尽管目前我国已经基本实现养老基金的省级统筹，但由于我国基本养老基金长期遵循"属地管理"的原则，资金较为分散。而OASDI的资金由联邦统筹管理，美国国税局收取工薪税后委托联邦老年与遗嘱保险信托基金和联邦伤残保险信托基金分别运营，州及地方政府不参与基金的管理。信托基金共有6名理事，其中4个成员分别为财政部长、劳工部长、卫生署长和社会保障署长，财政部长同时兼任管理托管人。OASDI计划统筹层次更高，基金管理更为严格。强制性相对有限，覆盖尚不完全。OASDI以工薪税的形式筹集资金，以税法形式确立，由美国国税局征收，凡能获取工资收入者，必须参加 OASDI 计划，并依法缴纳工薪税。因此，OASDI 计划具有更高的强制性。根据美国社保总署公布的数据，1990 年以来，OASDI 总税率一直固定为 12.4%。按照税法的要求，雇主及雇员须各缴付一半的税金，即雇员与雇主各承担 6.2%，而自雇者则按照 12.4% 的税率缴纳税费。相较之下，我国的基本养老保险主要是通过缴费的方式来筹资，强制性相对较低，目前基本养老保险的缴纳中仍存在雇主有意少缴、漏缴或不缴养老保险费的现象，对于部分自由职业者的覆盖尚不完全。

3.2 发展不充分，可持续性压力大

资金缺口日益扩大，基本养老金面临可持续性压力。尽管自 2007 年以来基本养老金累计结余保持较高增速，但自 2012 年起我国基本养老保险基金支出的增长率就已高于其收入的增长率，因此 2012 年以来累计结余增速有所放缓。同时从 2014 年开始城镇职工基本养老保险基金的征缴收入已经不及当年的基金支出，如果不考虑财政补助，城镇职工基本养老保险基金从 2014 年就已开始出现收不抵支的状态，且这一缺口呈现逐年扩大的趋势，2016 年底缺口已达 4，808 亿元。《中国养老金发展报告 2017》的数据显示，2012 年基本养老基金的平均结余月数是 19.7 个月，到 2016 年底已经降为 17.2 个月。加之城乡居民基本养老保险收入以财政补贴为主，城镇基本养老基金缺口扩大与养老基金整体结余月数缩短直接加剧了基本养老金面临的可持续性压力。

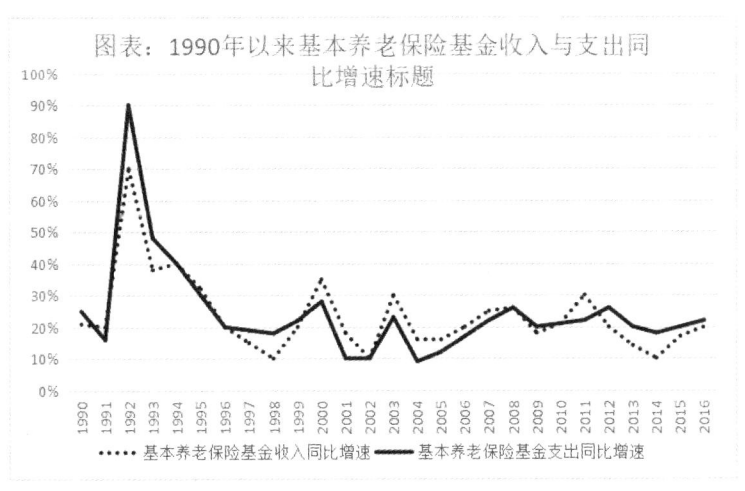

图表：1990年以来基本养老保险基金收入与支出同比增速标题

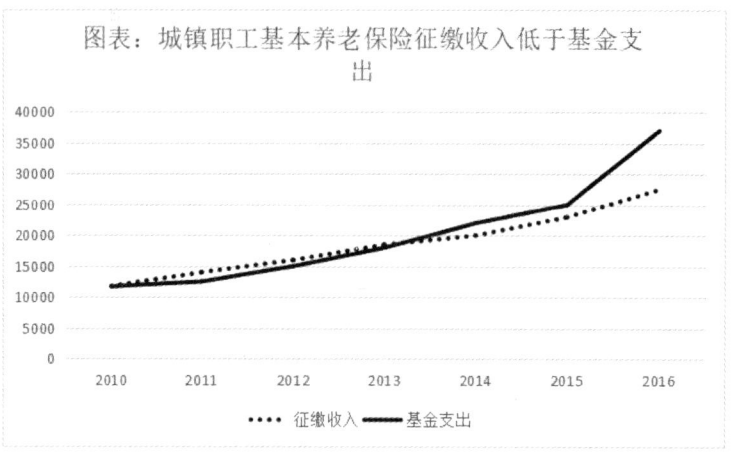

可持续性压力还体现在基本养老保险征缴收入占基金总收入比例的持续下行。自2012年起，城镇职工基本养老保险基金收入中征缴部分的占比持续下滑，2016年已下降至78.6%。而OASDI的征缴收入在基金总收入的占比从2013年起就保持在85%以上的水平，2016年这一占比达87.3%。由于面临着较大的可持续性压力，我国财政对基本养老保险基金的补贴正在不断增加。

替代率下行，收益率偏低，福利保障兼顾社会公平。替代率下行，保障力度有限。根据国家统计局公布的社会平均工资与人社部公布的离退休人员人均基本养老金测算基本养老金替代率，我们发现基本养老金替代率自2002年起逐年下降，2015年仅为49.1%。世界银行组织建议，要维持退休前的生活水平不下降，养老金替代率需不低于70%，国际劳工组织建议的养老金替代率最低标准为55%。目前我国的基本养老金替代率尚低于以上标准，保障力度有限。在面临可持续性压力的背景下，基本养老金替代率可能会保持长期下降的趋势，需要以其他养老金形式作为补充。

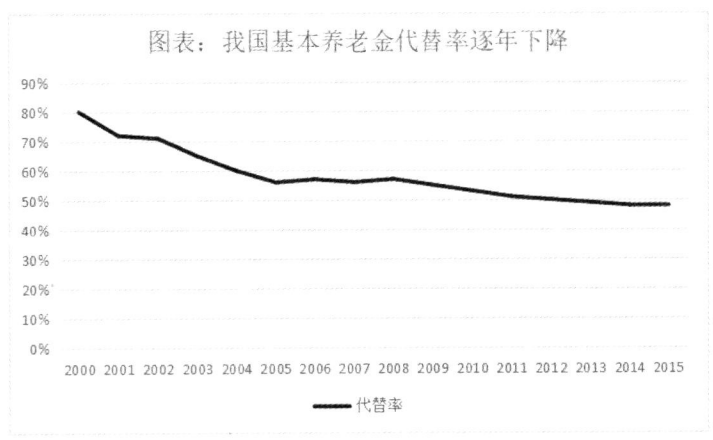

收益率处于低位，未来有望提升。2015年以前我国的养老保险基金只能存入国有银行或购买国债，根据人社部公布的数据，2009年至2014年基金收益率区间为2.2%-2.9%。

2015年国务院印发《基本养老保险基金投资管理办法》规定我国养老基金限于境内投资；投资股票、股票基金、混合基金、股票型养老金产品的比例合计不得高于养老基金资产净值的30%；投资国家重大项目和重点企业股权的比例合计不得高于养老基金资产净值的20%。《管理办法》的颁布意味着我国的基本养老金开始市场化运营。2017年基本养老基金正式开始参与股票投资。根据人社部公布的数据，2017年全国共有9个省市与社保基金理事会签订了委托投资协议，委托金额4，300亿，到位资金1，700亿，人社部预计养老金委托投资运营首年收益率达5%。预计养老金入市后，我国基本养老金投资收益率情况将有所改善。

设置相对缴费限额，福利保障兼顾社会公平。基本养老保险是社会福利制度中的重要环节，其设计需要兼顾福利性与公平性。我国目前尚无养老保险缴费的最高标准绝对额限制，但有相对的缴费额度限制，即职工缴费工资最高标准是所在省（自治区、直辖市）上年度社会平均工资的 300%。但由于不同省份经济发展程度存在差异，平均工资差异较大，这一制度设计仍无法平衡不同区域间的收入与给付差距。

（四）2019 年年金保险产品排行榜

4.1 天安人寿幸福源（欣享）年金保险

投保年龄为出生满 28 天至 12 周岁，保障终身，支持隔代投保。缴费方式可以一次交清也可分 3/5/10 年交。该款产品每份 1，000 元，一次交清起售份数为 10 份，即一次交清最低保费为 10，000 元。期交起售份数为 3 份，即年交最低保费为 3，000 元。

幸福源（欣享）是一款和生命等长的年金保险，自领取后孩子可以锁定终身的现金流，抵御以后可能发生健康、婚姻、就业和养老等不确定因素导致收入不稳定的风险。可以附加鑫如意万能账户，实现二次增值且存取灵活，保底 3% 的利率行业佼佼者。

4.2 信泰如意享养老年金保险

如意享养"的年金领取年龄可分多档，由客户自主选择（男性领取年龄可选：60、65、70 周岁，女性领取年龄可选 55、60、65、70 周岁）。自领取年龄起每年可领取 100% 基本保险金额，并且可在投保时选择年领或月领，满足客户的不同需求。

被保险人年龄为:出生满 28 天至 69 周岁。交费方式有趸交、3 年、5 年、10 年、15 年、20 年 6 种，可根据自己的财务规划来安排。如果客户资金紧张急需周转，还可申请保单借款，且借款不影响保单责任继续有效。一旦客户身故，可按如意享养老年金合同累计已交保费和现金价值的较大者给付身故保险金。

4.3 中英人寿金喜年年金保险

中英人寿的一款收益固定，稳定增值的保险理财计划，这是一款符合保监会新规的产品。承保年龄为出生满 30 天至 65 周岁，保险期间为 10、15、20、30 年，交费方式有趸交或 3、5、10、15、20 年交。

4.4 光大永明福运连年（A 款）年金保险

光大永明福运连年（A 款）年金保险是光大永明人寿最新推出的 2019 开门红新品。投保年龄为出生满 30 天 -65 周岁，保险期间 10 年、15 年、20 年，交费方式有趸交、3 年、5 年、10 年。

光大永明福运连年（A 款）年金保险从第 5 年开始至保险期满，每年可领生存年金，活得久领的久，合同满期还有一笔满期金可领取用于养老生活，同时还有身故保障，生存年金可进入增利宝万能账户复利计息，实现财富的二次增值。光大永明福运连年 A 款还带有投保人意外身故、高残豁免保险费功能，也是这一款年金保险的产品特色。

4.5 珠江永利年年年金保险

珠江永利年年年金保险投保后第 5、6 年可按比例领取特别生存年金，第 7 年开始至合同期满，可领生存年金，合同满期还可按比例领取满期保险金，此外还有身故保障，适合有稳健理财需求、财富传承需求的人群。

4.6 人保寿险乐享生活年金保险

人保寿险乐享生活年金保险交费 3 年、5 年随心选，投保年龄为出生满 28 天至 70 周岁，保障期间 10 年。人保品质金账户保证最低年利率 3.0%，且万能账户前期资金进入速度快，复利增值收益更快。

4.7 长生人寿福多寿年金险

投保年龄为 30 天至 70 周岁，交费期间为趸交或 3、5、10 年交，保险期间终身。

长生人寿福多寿年金保险最大的亮点是现金价值高，祝寿金返本早（返本早，万能账户价值收益更高），养老金保证领取 20 年（返本后还保证领取 20 年，且身故也能保证领取 20 年），搭配的万能账户保底年利率 3%（市面同类产品中等偏上水平）。

4.8 国华悦鑫享年金保险

投保年龄：28 天至 60 周岁。交费方式：趸交、3 年交、5 年交、10 年交。保险期间：至被保人 105 周岁。

4.9 君康君悦金生年金保险

投保年龄：28 天至 65 周岁。交费方式：趸交、3 年交、5 年交、10 年交。保险期间：终身。

4.10 恒安标准恒爱年年尊享版终身年金保险

投保年龄：出生满 30 天至 50 周岁。交费期间：一次交清、3 年交、5 年交、10 年交。保险期间：终身。

八、年金保险在我国的发展前景

（一）社会地位不断提高。

现如今社会养老保险依然是社会群众不二的选择，特别是一些普通家庭，普通家庭并没有过多的闲余资金购买商业保险，通常会将资金投入到社会保险中。但随着人们生活质量越来越高，人们的意识形态越来越强。近些年，商业保险（年保费收入持续增长，特别是年金保险，购买人群持续上升。从人们日常生活现状分析，很多单位都会为员工缴纳"五险一金"或"五险"，这间接降低了人们的养老压力，因此，为了提高后续的生活质一量，会有一部分人群将闲散资金投入到年金保险中，进而提高晚年字的生活质量。因此，由于我国社会群众生活质量不断提高，未来社时会人民会具有更多的闲散资金，年金保险的投保热度也会持续上升。

（二）进一步提高保障功能。

在全球社会保障改革背景下，多层持次社会保障模式的确立与社会保障私有化改革路径，均能够在不险同程度上提高社会人群对商业保险、企业补充保险、社会保险强烈的内在需求。年金保险势必会成为未来多层次保障架构中重要的通一环，在其中发挥着重要的作用。在背景下势必会影响年金保险的险险种设计、决策取向、开发策略、市场预测等内容。未来的年金保险备险种必须要能够适应当代新时期发展格局，完善相应的储存金制事度，在社会保障中发挥更为重要的功能。

（三）我国商业保险普及率低，是全球最具潜力的保险市场。

商业保险在我国的名声一直不是很好，由于很多保险代理人为了能险够销售出保险，故意提出一些合同中没有的条款，或对一些负面条付款避而不谈。这一现象给商业保险挂上了"骗人"的词汇。但近些在年，商业保额每年都持续上升，可见人们的保险意识也越来越高，购买年金保险的人群也在逐渐扩大。据有关调查显示，日本平均每个人有 7 份保单，而我国每 7 个人有一份保单。按照我国 14 亿人进行计算，我国只有 2 亿人购买了保险，其中至少有 10 亿人是未完全开发客户，由此可见我国保险行业的潜力，如果我国人民的保险意识达到日本的程度，我国保单数量将会高达 100 万。通过数据收表明，当今年金保险在我国非常受欢迎，具备养老保险、理念保险果的双重功能，非常符合当代潮流。因此，在未米发展中年金保险在养我国的发展极具潜力，能够有效推动我国保险行业发展，提高社会保障水平。

第五篇　财产保险

第一章　财产损失保险（包含房屋保险，机动车保险等）

一、概念

财产损失保险是以各种有形的物质财产、相关的利益以及其责任为保险标的保险，例如家庭财产保险、工程保险、企业财产保险等。以房屋保险和机动车保险为例子。

二、分类

财产保险又可以分为广义的财产保险和狭义的财产保险。广义的财产保险包括各种财产损失保险、责任保险、信用保险等业务。狭义的财产保险仅仅是对有形的物质财产的保障。财产损失保险是以各类有形财产为保险标的的财产保险。其主要包括的业务种类有：企业财产保险、家庭财产保险、房屋保险、运输工具保险、货物运输保险、工程保险、特殊风险保险和农业保险等种类。

（一）家庭财产保险

1.1 概念

家庭财产保险简称家财险，是以城乡居民的有形财产为保险标的一种保险，是个人和家庭投保的最主要险种。凡存放、坐落在保险单列明的地址，属于被保险人自有的家庭财产，都可以向保险人投保家庭财产保险。家庭财产保险的投保范围一般包括房屋及房屋装修，衣服、卧具，家具、燃气用具、厨具、乐器、体育器械，家用电器；附加险有盗窃、抢劫和金银首饰、钞票、债券保险以及第三者责任保险等。被保险人所有、使用或保管的、坐落于保险单列明的地址的房屋内的财产，可以约定范围向保险人投保家庭财产保险。家庭财产保险为居民或家庭遭受的财产损失提供及时的经济补偿，有利于居民生活安定，保障社会稳定。

1.2 内容

（1）保险期限

根据被保险人的不同需要，家庭财产保险可以分为普通家庭财产保险（保险期限为1年期）、定期还本家庭财产保险（保险期限为1年期、3年期和5年期）。

（2）保险金额

保险金额由被保险人根据保险财产的实际价值确定，并且按照保险单上规定的保险财产项目分别列明。

保险费普通家庭财产保险保险费依照保险人规定的家庭财产保险费率计算。被保险人应当在起保当天一次缴清保险费。

1.3 分类

（1）普通型

普通家庭财产保险是采取交纳保险费的方式，保险期限为一年，从保险人签发保单零时起，到保险期满24小时止。没有特殊原因，中途不得退保。保险期满后，所交纳的保险费不退还，继续保险需要重新办理保险手续。根据保险责任的不同，普通家庭财产险又分为灾害损失险和盗窃险两种灾害损失险。

①灾害损失险

灾害损失险的保险标的包括被保险人的自有财产、由被保险人代管的财产或被保险人与他人共有的财产。

通常包括：

（1）日用品、床上用品；

（2）家具、用具、室内装修物；

（3）家用电器、文化、娱乐用品；

（4）农村家庭的农具、工具、已收获入库的农副产品等。有些家庭财产的实际价值很难确定，如金银、珠宝、玉器、首饰、古玩、古书、字画等，这些财产必须由专业鉴定人员进行价值鉴定，经投保人与保险人特别约定后，才作为保险标的。

保险人通常对以下家庭财产不予承保：

（1）损失发生后无法确定具体价值的财产，如货币、票证、有价证券、邮票、文件、账册、图表、技术资料等；

（2）日常生活所需的日用消费品，如食品、粮食、烟酒、药品、化妆品等。

（3）法律规定不容许个人收藏、保管或拥有的财产，如枪支、弹药、爆炸物品、毒品等。

（4）处于危险状态下的财产。

（5）保险人从风险管理的需要出发，声明不予承保的财产。

家庭财产灾害损失险规定的保险责任包括：火灾、爆炸、雷击、冰雹、洪水、海啸、地震、泥石流、暴风雨、空中运行物体坠落等一系列自然灾害和意外事故。对于被保险人为预防灾害事故而事先支出的预防费用，保险人原则上不予赔偿；但对于在灾害事故发生后，为防止灾害损失扩大，积极抢救、施救、保护保险标的而支出的费用，保险人将按约定负责提供补偿。

保险人对于家庭财产保险单项下所承保的财产由于下列原因造成的损失不承担赔偿责任：

（1）战争、军事行动或暴力行为；

（2）核子辐射和污染；

（3）电机、电器、电器设备因使用过度、超电压、碰线、弧花、漏电、自身发热等原因造成的本身损毁；

（4）被保险人及其家庭成员、服务人员、寄居人员的故意行为，或勾结纵容他人盗窃或被外来人员顺手偷摸，或窗外钩物所致的损失等；

（5）其他不属于家庭财产保险单列明的保险责任内的损失和费用。

家庭财产保险的保险金额由投保人依据投保财产的实际价值自行估计而定。若估价过低，会使保障不足；若估价过高，一方面，保费将随之增加，另一方面，实际灾害发生时，保险人将根据补偿原则，以投保财产的实际价值作为赔偿上限，因而被保险人也不可能靠此获利。投保人明智的做法是，对投保财产做出客观合理的估价；使保险金额尽可能接近所投保财产的实际价值。普通家庭财产险的保险期限为 1 年，即从保单签发日零时算起，到保险期满日 24 时为止。

②盗窃险

盗窃险的保险责任指在正常安全状态下，留有明显现场痕迹的盗窃行为，致使保险财产产生损失。除自行车、助动车以外，盗窃险规定的保险标的的范围与家庭财产、灾害损失险完全一样。

对于由被保险人及其家庭成员、家庭服务人员、寄居人员的盗窃或纵容行为造成的损失以及如房门未锁、门窗未关等非正常安全状态下的失窃损失，保险人均不承担赔偿责任。盗窃险保险金额的确定以及保险期限的规定，均与灾害损失险相同。

（2）到期还本

家庭财产两全险是一种具有经济补偿和到期还本性质的险种。它与普通家庭财产保险不同之处仅在于保险金额的确定方式上。

家庭财产两全险采用按份数确定保险金额的方式：城镇居民每份 1，000 元，农村居民每份 2，000 元，至少投保 1 份，具体份数多少根据投保财产的实际价值而定。投保人根据保险金额一次性交纳保险储金，保险人将保险储金的利息作为保费。保险期满后，无论保险期内是否发生赔付，保险人都将如数退还全部保险储金。

它的承保范围和保险责任与普通家财险相同。到期还本型家庭财产保险具有灾害补偿和储蓄的双重性质。投保时，投保人交纳固定的保险储金，储金的利息转作保费，保险期满时，无论在保险期内是否发生赔付，保险储金均返还投保人。

1.4 存在问题

（1）是保险公司缺乏对市场变化的调研，不能及时掌握情况，没有采取有力措施；

（2）是展业手段单调，方式方法不灵活，服务水平不高；

（3）是暴露出险种的不尽合理，缺少吸引力，不适应市场需求；

（4）理途径不稳定，代理机构、代理人员不能正常开展业务；

（5）是在经济调整时期，乡镇农民收入增长缓慢，特别是农民"减负"期间，"保险"往往被当作农民的负担被砍掉，城市居民收入近年来增幅不高，下岗职工增多，也影响了人们投保的积极性。

（二）企业财产保险

2.1 概念

企业财产险是为企事业单位提供保障的一个险种。任何属于被保险人所有或与他人共有而由被保险人负责的财产、由被保险人经营管理或替他人保管的财产、其他具有法律上承认的与被保险人有经济利害关系的财产都可在保险标的范围内。投保金银珠宝等珍贵物品须事先与财险公司进行特别约定，但有价证券等不在本保险范围内。在本保险项下，财险对火灾、爆炸、雷击等原因造成保险财产的损失承担赔偿责任，但对由于暴雨、洪水、台风、暴风、龙卷风、雪灾、雹灾、冰凌、泥石流、崖崩、滑坡、水暖管爆裂、抢劫、盗窃、被保险人故意行为等原因造成保险财产的损失不承担赔偿责任。被保险人需履行一定的义务，这是财险承担赔偿责任的前提条件。投保财产险需要提供"资产负债表"，根据财产总额和投保对象再测算出保费。基本险、财产综合险、财产一切险的费率由低到高，平均费率在千分之 1.2 左右。

2.2 保险种类

企业财产保险分为基本险和综合险两种，投保人可根据被保险人的具体风险情况进行选择。在投保时，一般要向保险人提供资产负债表等能够表明财务资产情况和证明企业营业范围的材料，以便与保险人协商确定保险金额和保险费率。此外，要如实填写投保单以及相关单证（可在保险公司人员的指导下完成），并交付相应的保险费。

2.3 保险对象

企业财产保险是我国财产保险业务中的主要险种之一，其适用范围很广，一切工商、建筑、交通、服务企业、国家机关、社会团体等均可投保企业财产保险，即对一切独立核算的法人单位均适用。

（1）领有工商营业执照，有健全会计账册，财务独立，以全民所有制或集体所有制为主体的各类企业。

（2）国家机关、事业单位、人民团体等。

（3）以人民币投保，愿意接受财产保险基本险条款的三资企业。

（4）有健全会计账册的私营企业。

2.4 保险责任

企业财产保险的保险责任分为基本责任、责任免除和特约责任。基本责任是指投保人要求保险人承担的赔偿责任。包括自然灾害或意外事故：如火灾、爆炸、雷电、暴风、龙卷风、洪水、地陷、崖崩、突发性滑坡、雪灾、雹灾、冰凌、泥石流以及空中运行物体坠落等；被保险人的供电、供水、供气设备在遭受保险条款中列明的自然灾害或意外事故而造成的损失，以及由于这些设备损坏引起停电、停水、停气，以致直接造成的保险财产的损失，包括机器设备、在产品和贮藏物品的损坏或报废；在发生上述灾害和事故时，为了抢救财产或防止灾害蔓延，采取合理的、必要的措施而造成的保险财产的损失，以及为了减少被保险财产损失，采取施救、保护措施而支出的合理费用。

企业财产保险中的责任免除包括：战争、军事行动；核辐射或污染；被保险人的故意行为。被保险财产遭受保险条款所列明的自然灾害或意外事故引起的停工、停业的损失以及各种间接损失；被保险财产本身缺陷、保管不善导致的损失，被保险财产的变质、霉烂、受潮、虫咬、自然磨损以及损耗；堆放在露天或罩棚下的被保险财产以及罩棚，由于暴风、暴雨造成的损失及其他不属于保险责任范围内的损失和费用。

特约责任又称附加责任，是指责任免除中不保的责任或另经双方协商同意后特别注明由保险人负责保险的危险。特约责任一般采用附贴特约条款承保。有的特约责任也以附加险形式承保。主要有矿下财产保险，露堆财产保险，特约盗窃保险，堤堰、水闸、涵洞特约保险等

2.5 保险范围与非保范围

（1）保险范围

①属于被保险人所有或与他人共有而由被保险人负责的财产。

②由被保险人经营管理或替他人保管的财产。

③其他具有法律上承认的与被保险人有经济利益关系的财产。

（2）非保范围

下列财产非经被保险人与本公司特别约定，并且在保险单上载明，不在保险财产范围以内：

①金银、珠宝、玉器、首饰、古玩、古书、古画、邮票、艺术品、稀有金属和其它珍贵财物。

②牲畜、禽类和其他饲养动物。

③堤堰、水闸、铁路、道路、涵洞、桥梁、码头。

④矿井、矿坑内的设备和物资。

下列财产不在保险财产范围以内：

①土地、矿藏、矿井、矿坑、森林、水产资源以及未经收割或收割后尚未入库的农作物。

②货币、票证、有价证券、文件、账册、图表、技术资料以及无法鉴定价值的财产。

③违章建筑、危险建筑、非法占用的财产。

④在运输过程中的物资。

2.6 企业财产保险如何办理

不同的企业财产保险其保费计算方法不同。

（1）要注意各类型的企业财产险的保障责任与保障范围。

（2）要根据企业自身的情况，选择合适的企业财产险产品。

（3）企业在投保财产险时，一般要向保险人提供资产负债表等能够表明企业财务资产状况和证明企业营业范围的材料，以便与保险人协商确定保险金额和保险费率。

（三）房屋保险

3.1 概念

属于家庭财产保险中的一种，主要保障火灾、爆炸、雷击等自然灾害和意外事故造成的房屋损失。在房屋保险中，通常有一个上限，所以你需要交足量的保费来确保当事故发生时你能获得对应的保险金。在申请时，你还需要出示对应的照片来确保你能获得多少保费。

3.2 分类

（1）定值保险

房屋的保险金额是按投保时双方约定的保险估价来确定的，不因房屋的市场价值的涨跌而增减。若房屋遭受意外损坏，全部损失按保险金额的全额赔偿；若只有部分损失，则按保险金额乘以损失乘数赔偿。例如：某房屋投保时双方约定的保险估价为 100 万元，遭受意外损坏时，房屋市价涨至 120 万元（或跌为 80 万元）。

A、若房屋全损——按保险额 100 万元赔偿；

B、若部分损失，损失量为七成——按 70 万元（100 万元 × 70%）赔偿。

（2）不定值保险

在这种保险中，保险合同上不约定保险标的实际价格，只列明合同上的保险金额作为最高赔偿金额，被保险的房屋发生意外损坏时按照市价来计算赔偿。同上例：

A、若房屋全损：房屋市价涨为 120 万元，赔偿 100 万元；房屋市价跌至 80 万元，赔偿 80 万元。

B、若房屋部分损失为七成：房屋市价涨为 120 万元，实际损失为 84 万元（120 × 70%），赔偿 70 万元（84 × 100/120）；市价跌为 80 万元，实际损失为 56 万元（80 × 70%），赔偿 56 万元。

（3）重置价格保险

房屋投保人与保险公司双方约定按房屋重置价值确定保险金额。如被保险人申请将一幢旧房屋按相当于重建一幢新房屋的价值来保险，一旦房屋发生事故即可按重置价格获得赔偿。

（4）第一危险责任保险

这种保险方式不要求投保人将房屋的实际价值足额投保，而按一次意外事故可能发生的最高损失金额来投保，在发生保险事故时，不论保险金额与全部财产价值比例如何，只要在保险金额范围内，保险人均按实际损失赔付。如房屋估价为 100 万元，约定保额为 50 万元，发生保险事故损失为 20 万元，则保险人应按 20 万元赔偿。由于这种保险方式中在超过保险金额的第二部分房屋价值——第二保险完全未曾投保，因此称这种方式为 " 第一危险责任保险 "。

3.3 房屋保险与家财保险的区别

第一，保障范围不同。

房屋保险的保障范围是房屋的建筑结构；家庭财产保险的保障范围是室内财产，包括装修、家具、衣物等。

第二，保险标的面临的风险不同。

这两个险种的保险标的不同决定了风险不同。房屋的建筑结构面临的主要风险是火灾、爆炸以及在保险范围内的自然灾害等；家庭财产除房屋建筑结构面临的风险外，还存在很大的盗抢风险、水管爆裂后的自身家庭财产损失和赔偿责任等风险，购买家庭财产保险的保户一般附加盗抢险和水管爆裂险。

第三，赔偿处理不同。

房屋保险的保险标的的价值容易确定，而且保险标的一般不会变动，因此在投保时要尽可能足额投保，以获得充分的保障，对不足额投保的，在出险时保险公司将按比例赔偿；家庭财产的保险标的由投保人与保险公司事先约定。出现保险损失后，保险公司在保险金额的限度内，按实际损失金额赔付。家庭财产赔付时一般不适用比例分摊制。投保人在投保前，应仔细阅读保险条例，以免赔偿时发生不必要的纠纷。

3.4 房屋保险条款

第一条　保险标的

本保险标的是指一次性付款或抵押贷购买的产权房屋和购房合同中载明的配置设备。

第二条　不保财产

购房后装、购置的附属于房屋的财产和室内财产。

第二条　保险责任

（1）保险标的由于下列原因造成的损失，本公司负保险赔偿责任：

①火灾、爆炸。

②暴风、暴雨、雷击、冰雹、洪水、泥石流、地面突然塌陷、山体突然滑坡。

③空中运行物体坠落，以及外来的建筑物和其它固定物体的倒塌。

（2）在发生上述灾害或事故时，为防止事故蔓延或减少损失所采取的必要施救措施造成保险房屋的损失以及为此支付的合理费用。

第四条　责任免除

保险标的由于下列原因及第二条未列明的原因所造成的损失和费用，本公司不负赔偿责任：

（1）战争、军事行动或暴乱。

（2）核子辐射或污染。

（3）被保险人、房屋所有人、使用人、承租人、代看管人或其家庭成员的故意行为。

（4）保险标的因设计错误、原材料缺陷、工艺不善等内在缺陷以及自然磨损造成的损失和产生的费用。

（5）保险标的在正常保养、维修项目下发生的损失和费用。

（6）地震所造成的一切损失。

（7）由于政府行为所致的损失。

（8）其他不属于保险责任范围的损失和费用。

第五条　保险期限

（1）一次性付款购买的产权房屋，其保险期限自保险合同约定之日零时起至保险期满二十四时止，最长以五年为限。

（2）以抵押贷款方式购买的产权房屋，其保险期限与贷款合同期限相同，最长以 20 年为限。

第六条　保险金额和保费

（1）保险金额

保险金额为房屋每平方米售价乘以购房总面积或按合理的评估价格或双方约定价格确定。

（2）保险费

投保人在办理投保手续进，应一次缴付保险费。保险费计算公式为：

总保险费 = 保险金额 × 保险费率 × 缴费系数（Fn）

缴费系数（Fn）详查缴费系数表，n = 保险年限。

第七条 被保险人义务

（1）被保险人应采取必要、合理的措施保护保险标的的安全，并按照公安、消防等有关部门的要求，切实做好各项防灾安全工作。

（2）在保险期限内，保险标的被转卖、转让或赠与他人，或保险标的的危险程度增加时，应在七日之内通知保险公司，并办理批改手续。

（3）保险标的遭受保险责任范围内的损失时，被保险人应当尽为抢救，立即向公安或消防部门报案，并在 24 小时内通知保险公司。

第八条 赔偿处理

（1）被保险人在向本公司申请赔偿时，应提供保险单、出险通知书、损失清单以及必要的单证和有关部门的证明。本公司接到上述申请后，根据保险责任范围，核定损失金额并按本保险公司合同的规定在扣除免赔额后赔付。

（2）在发生保险责任范围内的损失时，保险标的如有抵押，保险赔款支付给投保人指定的受益人；保险标的无抵押，保险赔款支付给被保险人。

（3）保险标的遭受保险责任范围内的损失时，按以下方式计算赔偿金额：

①实际损失相当于或超过保险金额，按保险金额赔付。

②实际损失小于保险金额，本公司只负责修复费用，以受损保险标的基本恢复到受损前的修复费为限，且不得超过保险金额；保险金额低于出险时的实际价值，按保险金额与出险时的实际价值的比例乘以修理费用计算赔偿。

③对于合理的施救费用或按照被保险人家庭财产与保险标的出险时的实际价值进行的施救费用的分摊，按实际费用金额赔偿，但最高不超过保险金额。

④在每一保险年度内，保险标的遭受保险责任范围内损失经赔偿后，由本公司出具批准扣减有效保险金额；如果一次或累计赔偿金额达到保险金额时，本保险年度内保险责任即行终止。经投保人申请，并按本规定补交保险费后，恢复保险责任及原保险金额，保险金额恢复为原保险金额，今后年度保险责任自然恢

复，保险金额恢复为原保险金额。

⑤保险标的发生保险责任范围内的损失，如果根据法律规定或者有关约定，应当由第三方负责赔偿的，被保险人应以书面形式向第三方提出赔偿要求。根据被保险人申请，本公司可以按照本条款有关规定先予赔偿，但被保险人必须将赔偿权益转让给本公司，并协助本公司向第三方追偿。

⑥自保险标的遭受保险责任范围内的损失当日起，被保险人两年内不向本公司申请赔偿即作为自愿放弃索赔权益。

第九条　保险合同的解除和终止

在保险期限内，若被保险人提出解除保险合同，需向本公司提出书面申请，经本公司同意后，本保险合同方可解除，并按未到期保险费的75%退还投保人。

被保险人不履行本条款规定的义务或在索赔时隐瞒重大事实或有欺诈行为时，本公司有权拒绝赔偿或从书面通知之日起十五日后终止保险责任。

第十条　争议处理

被保险人与本公司之间的一切有关本保险的争议应通过友好协商解决。如果协商不成，可申请仲裁或向法院提起诉讼。除事先另有协议外，仲裁或诉讼应在被告方所在地进行。

3.5 房屋保险意义

房屋保险通过对自然灾害和意外事故造成的损失实行经济补偿，起着促进生产发展安定群众生活的作用。房屋保险主要有以下几方面的意义：

（1）有利于安定群众生活

房屋是人们最基本的消费资料，其使用时间长、价值大，当被保险人的房屋因遭受自然灾害和意外事故而发生损失时，由保险公司及时提供赔偿，就可帮助被保险人重建家园，安定被保险人的生活，从而为其日常生产、生活提供安全保障。

（2）有利于推动住房制度改革

房屋保险给购房者带来了安全感，从而推动了个人购房比例的提高。过去由于住房公有，房屋保险几乎是个空白。保险公司适应住房制度改革的要求向社会推出了自购公有住房保险、商品住宅综合保险、房屋责任保险等新险种，解除了广大购房者的后顾之忧，也极大地推动了住房制度的改革。

（3）有利于维护房地产经营者的利益

房地产经营者通过支出少量的、一定的保险费将其在经营过程中由于特定的危险而导致的房屋损失及由此带来的责任和利益的损失转嫁给保险公司以维持其既定的利润。

（4）有利于增强被保险人的信用程度

房屋保险可以保障住房抵押贷款的安全返还，因而具有提高信用、促进资金融通的作用。例如，以房屋为抵押物申请银行贷款时，银行往往要求申请者将其房屋进行保险，以增加担保价值，故房屋保险有助于房屋所有权人信用的提高。

（5）防灾防损，减少灾害损失

保险公司从企业经营管理和自身经济利益出发，必然要关心保险标的的安全，积极进行防灾防损工作，以降低赔付率。保险公司还运用自己处理危险的经验和专门知识，指导房地产经营者的风险管理，向被保险人提供防灾咨询，进行安全检查，提出建议，督促被保险人采取措施消除隐患。

同时，保险公司还从保险费中提取一定比例的防灾基金，资助有关部门增添防灾设施、开展灾害研究。如人保上海分公司在1988年4月向市公安消防部门赠送了从德国进口的高层云梯，用于高层建筑灭火。

（四）机动车保险

4.1 概念

机动车保险是指机动车所有人通过合同，以支付保险费的方式，将自己可能遇到风险带来的损失转移给保险公司承担的行为。主要分为基本险和附加险两部分。基本险有机动车辆损失险和第三者责任险。车辆损失险是指由机动车辆保险条款规定的原因造成保险车辆损失，由保险公司负责赔偿的一种保险。机动车辆损失险还可附带机动车盗抢险、玻璃单独破碎险、车身划痕损失险、车辆停驶损失险、车辆自燃损失险、不计免赔险等。第三者责任险是指被保险人或其允许的驾驶人员在使用保险车辆过程中发生意外事故，致使第三者遭受人身伤亡或财产直接损毁，依法应当由被保险人承担的经济赔偿责任，转由保险公司依照保险合同的规定负责赔偿的一种保险。

4.2 机动车保险注意事项

（1）不要重复投保

有些投保人自以为多投几份保，就可以使被保车辆多几份赔偿。按照《保险法》第四十条规定："重复保险的车辆各保险人的赔偿金额的总和不得超过保险价值。"因此，即使投保人重复投保，也不会得到超价值赔款。

（2）不要超额投保或不足额投保

有些车主，明明车辆价值10万元，却投保了15万元的保险，认为多花钱就能多赔付。而有的车价值20万元，却投保了10万元。这两种投保都不能得到有效的保障。依据《保险法》第三十九条规定："保险金额不得超过保险价值，超过保险价值的，超过的部分无效。保险金额低于保险价值的，除合同另有约定外，保险人按照保险金额与保险价值的比例承担赔偿责任。"所以超额投保、不足额投保都不能获得额外的利益。

（3）保险要保全

有些车主为了节省保费，想少保几种险，或者只保车损险，不保第三者责任险，或者只保主险，不保附加险等。其实各险种都有各自的保险责任，假如车辆真的出事，保险公司只能依据当初订立的保险合同承担保险责任给予赔付，而车主的其它一些损失有可能就得不到赔偿。

（4）及时续保

有些车主在保险合同到期后不能及时续保，但天有不测风云，万一车辆就在这几天出了事故，岂不是悔之晚矣。

（5）要认真审阅保险单证

当你接到保险单证时，一定要认真核对，看看单据第三联是否采用了白色无碳复写纸印刷并加印浅褐色防伪底纹，其左上角是否印有"中国保险监督管理委员会监制"字样，右上角是否印有"限在××省（市、自治区）销售"的字样，如果没有可拒绝签单。

（6）注意审核代理人真伪

投保时要选择国家批准的保险公司所属机构投保，而不能只图省事随便找一家保险代理机构投保，更不能被所谓的"高返还"所引诱，只求小利而上假代理人的当。

（7）核对保单

办理完保险手续拿到保单正本后，要及时核对保单上所列项目如车牌号、发动机号等，如有错漏，要立即提出更正。

（8）随身携带保险卡

保险卡应随车携带，如果发生事故，要立即通知保险公司并向交通管理部门报案。

（9）提前续保

记住保险的截止日期，提前办理续保。

（10）注意莫生"骗赔"伎俩

有极少数人，总想把保险当成发财的捷径，如有的先出险后投保，有的人为地制造出险事故，有的伪造、涂改、添加修车、医疗等发票和证明，这些都属于骗赔的范围，是触犯法律的行为。因此各位车主在这些问题上，千万不要耍小"聪明"。

（11）车险中对第三方的界定，应排除家人在外。

保险公司的除外责任中有这样一条规定"被保险人或其允许的驾驶人以及他们的家庭成员的人身伤亡、及其所有或保管的财产的损失"，汽车发生事故时的驾驶员及其家庭成员、被保险人的家庭成员是不算在第三方范围内的。汽车保险条款规定是为了防范被保险人为了获取保险金而对家庭成员进行故意伤害。

4.3 机动车保险合同组成部分

通常，机动车保险一般都是比较标准的，每种机动车保险都同时包括责任保险和财产损害保险，每份机动车保险合同中都包括以下四个基本组成部分：

（1）责任保险。如果你的汽车造成他人身体受到伤害或者是他人的财物损失，则责任保险能够代替你承担经济赔偿责任。具体包括法院裁定的所有赔偿、诉讼费用以及律师辩护费用。

（2）医疗费用保险。这部分保险可以赔偿医疗费用和丧葬费用，包括驾驶员和乘客在内，每个人的赔付额有上限规定。

（3）未保险机动车驾驶员保护保险。在美国的很多州，这一保险部分是必需的。如果造成你的身体受到伤害的对方驾驶员没有购买责任保险，则未保险机动车驾驶员保护保险能够对你进行赔偿。

（4）机动车损坏保险，这一保险又被称为碰撞保险或全面保险。如果你的汽车被盗，或者是因几乎所有可能的危险事故（包括碰撞）而蒙受了损失，则机动车损坏保险可以对此进行赔偿。

2019 机动车辆保险费率表

竞政机关、事业团体 非营业客车	机功车损失保险							
	1 年以下		1-2 年		2-6 年		6 年以上	
	基础保费	费率	基础保费	费率：	基础保费	费率.	基础保费	费率
6 座以下	285	0.95%	272	0.90%	269	0.89%	277	0.92%
6-10 座	342	0.90%	326	0.86%	323	0.85%	333	0.87%
10-20 座	342	0.95%	326	0.90%	323	0.89%	333	0.92%
20 座以上	357	0.95%	340	0.90%	336	0.89%	346	0.92%

第三责任险费率表

党政机关、事业团体 非营业客车	第三者责任保险						
	5 万	10 万	15 万	20 万	30 万	50 万	100 万
6 座以下	639	900	1,018	1,097	1,229	1,463	1,905
6-10 座	612	862	974	1,050	1,177	1,401	1,824
10-20 座	730i	1,028	1,163	1,253	1,404	1,671	2,176
20 座以上	938	1,321	1,494	1,611	1,804	2,148	2,797

车上人员责任险费率表

党政机关、事业团体非营业客车	车上人员责任险	
	驾驶人	乘客
6 座以下	0.39%	0.24%
6-10 座	0.36%	0.22%
10-20 座	0.37%	0.22%
20 座以上	0.38%	0.23%

不计免赔特约险条款费率表

不计免赔率特约条款	
适用险种	费率
第三者责任保险	15%
机动车损失保险	15%
车上人员责任险	15%
车身划痕损失险	15%
盗抢险	20%

（五）火灾保险

5.1 特征

火灾保险，简称火险，是指以存放在固定场所并处于相对静止状态的财产物资为保险标的，由保险人承担保险财产遭受保险事故损失的经济赔偿责任的一种财产保险。火灾保险的独特之处在于：首先，火灾保险的保险标的只能是存放在固定场所并处于相对静止状态下的各种财产物资。其次，火灾保险承保财产的地址不得随意变动。再次，火灾保险的保险标的十分繁杂。

5.2 一般内容

（1）火灾保险的适用范围

从保险业务来源角度看，火灾保险是适用范围最广泛的一种保险业务，各种企业、团体及机关单位均可以投保团体火灾保险；所有的城乡居民家庭和个人均可投保家庭财产保险。

就保险标的范围而言，火灾保险的可保财产包括：房屋及其他建筑物和附属装修设备；各种机器设备、工具、仪器及生产用具；管理用具及低值易耗品、原材料、半成品、在产品、产成品或库存商品和特种储备商品；以及各种生活消费资料等。对于某些市场价格变化大、保险金额难以确定、风险较特别的财产物资，如古物、艺术品等，则需要经过特别约定的程序才能承保。

（2）火灾保险的保险责任

①火灾保险承保的保险责任通常包括：火灾及相关危险；各种自然灾害；有关意外事故；施救费用；

②保险人在经营火灾保险时，亦有如下除外不保风险：战争、军事行动或暴力行为、政治恐怖活动；核子污染；

③被保险人的故意行为；

④各种间接损失；

⑤因保险标的本身缺陷、保管不善而致的损失，以及变质、霉烂、受潮及自然磨损等。

（3）火灾保险的费率

火灾保险的费率，通常以每千元保额为计算单位，费率的表达形式为千分率。

在火灾保险的经营实践中，基于保险标的存放在固定处所，其费率的确定通常需要综合考虑如下因素：①建筑结构及建筑等级；②占用性质；③承保风险的种类及多寡；④地理位置；⑤投保人的防灾设备及防灾措施。火灾保险业务的费率的分类，首先是分为团体火灾保险费率与家庭财产保险费率，它们均采取固定级差费率制度。同时，火灾保险的费率通常以一年期的费率为标准费率，对不足一年的业务则制定专门的短期费率标准，短期费率标准一般按照一年期费率标准的一定百分比确定。火灾保险的保险金额火灾保险的保险金额，通常根据投保标的分项确定。

团体火灾保险的保险金额划分为固定资产与流动资产两大类，其中固定资产还要进一步按照固定资产的分类进行分项，每项固定资产仅适用于该项固定资产的保险金额；流动资产则不再分项确定。确定团体火灾保险的固定资产保险金额时，既可以按照账面原值确定，也可以按照重置价值确定，还可以依据公估行或评估机构评估后的价值确定；对于流动资产的保险金额，既可以按照最近账面12个月的平均余额确定，也可以由被保险人自行确定。在家庭财产保险中，保险金额则需要分为房屋及其附属设施、家用电器、其他家庭用品等项确定，分项越细越好。家庭财产保险的保险金额，一般由投保人自己确定，且通常以千元为计算单位。发生火灾保险赔案时，保险人得依循财产保险一般理赔程序和赔偿原则开展赔偿工作。同时注意下列事项：

①对固定资产分项计赔，每项固定资产仅适用于自身的赔偿限额；

②注意扣除残值和免赔额；

③对团体火灾保险一般采用比例赔偿方式处理赔案，对家庭财产保险一般采取第一危险赔偿方式处理赔案。但在某些业务中亦交互使用。

5.3 主要险种

（1）财产保险基本险

财产保险基本险，是以企事业单位、机关团体等的财产物资为保险标的，由保险人承担被保险人财产所面临的基本风险责任的财产保险，它是团体火灾保险的主要险种之一。根据我国现行财产保险基本险条款，该险种承担的保险责任包括：①火灾；②雷击；③爆炸；④飞行物体和空中运行物体的坠落；⑤被保险人拥有财产所有权的自用的供电、供水、供气设备因保险事故遭受破坏，引起停电、停水、停气以及造成保险标的的直接损失，保险人亦予以负责；⑥必要且合理的施救费用。

（2）财产保险综合险

财产保险综合险也是团体火灾保险业务的主要险种之一，它在适用范围、保险对象、保险金额的确定和保险赔偿处理等内容上，与财产保险基本险相同，不同的只是保险责任较财产保险基本险有扩展。根据现行财产保险综合险条款规定，保险人承保该种业务时所承担的责任包括：①火灾、爆炸、雷击；②暴雨；

③洪水；④台风；⑤暴风；⑥龙卷风；⑦雪灾；⑧雹灾；⑨冰凌；⑩泥石流；⑪崖崩；⑫突发性滑坡；⑬地面突然塌陷；⑭飞行物体及其他空中运行物体坠落。

（3）家庭财产保险

家庭财产保险是面向城乡居民家庭或个人的火灾保险。家财险的特点在于投保人是以家庭或个人为单位、业务分散、额小量大、风险结构以火灾、盗窃等风险为主。

①普通家庭财产保险

②家庭财产两全保险

③房屋及室内财产保险

④安居类综合保险

⑤投资保障型家庭财产保险

⑥专项家庭财产保险

（六）运输货物保险

6.1 适用范围

运输货物保险是以运输过程中的各种货物为保险标的、以运行过程中可能发生的有关风险为保险责任的一种财产保险。基于运输货物保险保障的是运输过程中的货物的安全，该险种仅适用于收货人和发货人。在国际上，货物运输保险是由收货人投保还是由发货人投保，通常由贸易合同明确规定，并往往包含在货物价格中。在中国，发货人与收货人均可投保。货物运输分为海上、内河、航空、陆上和多式联运等多种方式，据此，运输货物保险亦可以被划分为水路运输货物保险、陆上运输货物保险和航空运输货物保险及联运险等。在此，联运险是指运输货物需要经过两种或两种以上的主要运输工具联运，才能将其从起点地运送到目的地的保险。根据运输货物保险的承保范围，它又可以分为国内运输货物保险和涉外运输货物保险。前者系货物运输在国内进行，后者则是货物运输超越了一国国境。

6.2 一般内容

按照保险人承担责任的方式，运输货物保险还可以划分为基本保险、综合保险和附加险三类。一般而言，运输货物保险基本险的责任通常包括如下项目：一是因火灾、爆炸及相关自然灾害所导致的货物损失；二是因运输工具发生意外事故而导致的货物损失；三是在货物装卸过程中的意外损失；四是按照国家规定或一般惯例应当分摊的共同海损费用；五是合理的、必要的施救费用等。运输货物保险综合险则不仅承保上述责任，而且还承保盗窃、雨淋等原因造成货物损失。

无论是基本险还是综合险，保险人对下列原因导致的损失均不负责：（1）战争或军事行动；（2）被保险货物本身的缺陷或自然损耗；（3）被保险人的故意行为或过失；（4）核事件或核爆炸；（5）其他不属于保险责任范围内的损失等。

运输货物保险的保险金额：运输货物保险采用定值保险方式，即确定的保险金额是保险人承担赔偿责任的最后价值，从而避免了受市场价格变动的影响。

国内运输货物保险的保险金额的确定依据包括起运地成本价、目的地成本价、目的地市场价等，由被保险人任选一种；涉外运输货物保险的保险金额的确定依据包括离岸价、成本加运费价、到岸价等，由投保人根据贸易合同确定。

运输货物保险的保险费率：运输货物的保险费率厘定，通常要考虑所选用的运输工具、运输路径、运输方式和所经区域，以及货物本身的性质与风险，保险人据此综合评估风险，并根据费率规章确定费率。如果投保人同时选择了附加险，则还需要另行计收保险费。

运输货物保险的理赔：当运输货物发生损失时，需要对受损货物进行检验，检验时保险人或保险人的代理人与被保险人均应同时在场，以避免正式处理赔案时发生纠纷。被保险人索赔必须提供符合保险合同规范的各种单证，并接受保险人的审核。如果损失是由承运人的原因造成的，则保险人还应当依法行使追偿权。

（七）运输工具保险

7.1 适用范围

运输工具保险专门承保各种机动运输工具，包括机动车辆、船舶、飞机、摩托车等各种以机器为动力的运载工具。因此，运输工具保险的适用范围亦相当广泛，包括客运公司、货运公司、航空公司、航运公司以及拥有上述运输工具和摩托车、拖拉机等机动运输工具的家庭或个人，均可以投保运输工具保险类的不同险种，并通过相应的保险获得风险保障。

7.2 种类

（1）机动车辆保险

机动车辆保险的保险标的及特点：

机动车辆保险是运输工具保险中的主要业务，它以各种以机器为动力的陆上运输工具为保险标的，包括各种汽车、摩托车、拖拉机等。

由于机动车辆本身所具有的特点，机动车辆保险亦具有陆上运行、流动性大、行程不固定、业务量大、投保率高、第三者责任风险大等特点。

机动车辆保险的分类：

①按照保险标的来划分，机动车辆保险往往被分为汽车（或一般机动车辆）保险、摩托车保险、拖拉机保险等。

②按照保险责任划分，机动车辆保险又被分为车辆损失保险和第三者责任（强制）保险，其中车辆损失保险属于狭义财产保险范围，第三者责任（强制）保险属于法定责任保险范畴。

机动车辆第三者责任（强制）保险的经营原则与赔偿处理均类同于其他责任保险。

车辆损失保险承保的是车辆本身因各种自然灾害、碰撞及其他意外事故所造成的损失，以及施救费用，其保险金额通常根据投保车辆的重置价值确定，也可以由保险双方协商确定。车辆损失保险的保险费则由基本保险费加上保险金额 X

保险费率两部分组成，其中基本保险费可以各保险公司自行制定统一的费率来计算，保险金额、保险费率则因投保车辆价值、投保人的不同等而有较大差别。当被保险车辆发生保险损失时，保险人根据其受损情况进行赔偿，全损时按照保险金额赔偿，但以不超过重置价值为限；部分损失时，则按照实际修理费用赔偿。

（2）船舶保险

①船舶保险的含义及适用范围

船舶保险是指以各种船舶、水上装置及其碰撞责任为保险标的的一种运输工具保险。

船舶保险适用于各种团体单位、个人所有或与他人共有的机动船舶与非机动船舶，以及水上装置等，一切船东或船舶使用人都可以利用船舶保险来转嫁自己可能遭遇的风险。不过，投保船舶保险者必须有港务监督部门签发的适航证明和营业执照等。对于建造或拆除中的船舶则要求另行投保船舶建造保险或船舶拆除保险，并按照工程保险原则来经营；对于石油钻井船、渔船等，一般另有专门的险种承保。

②船舶保险的保险责任

船舶保险的不保责任主要包括：战争、军事行动和政府征用；不具备适航条件；被保险人及其代理人的故意行为；正常维修；因保险事故导致停航、停业的间接损失；以及超载、浪损等引起的损失。

③船舶保险的保险金额

船舶保险的保险金额通常采取一张保险单一个保险金额，但承保船舶本身的损失、碰撞责任和费用损失等，即上述三项损失均分别以船舶保险的保险金额为最高赔偿限额，从而属于高度综合的险种，附加险不发达。

④船舶保险的保险费率

船舶保险的费率厘定，需要综合考虑船舶的种类和结构、船舶的新旧程度、航行区域、吨位大小、使用性质等因素，同时参照历史损失记录和国际船舶保险界的费率标准。其中航行水域是十分重要的因素。

⑤船舶保险的理赔

当发生保险事故后，被保险人应当及时通知港务监督部门进行事故调查处理，保险人亦得及时参与。在赔偿时需要注意的事项包括：严格审核事故的性质，区分保险责任与除外责任；对碰撞事故要严格区分碰撞双方或多方的责任，按责论处；对船舶本身损失、碰撞责任的赔偿以保险金额为最高限额分别计算赔款，对有关费用则需要根据情况在保险人与被保险人之间或有关各方之间进行分摊。

（3）飞机保险

作为运输工具保险中的主要类别，飞机保险实际上是以飞机及其相关责任风险为保险对象的一类保险。

①机身保险

机身保险以各种飞机本身作为保险标的，它适用于任何航空公司、飞机拥有者、有利益关系者以及看管、控制飞机的人。

保险人对飞机机身的承保责任通常以一切险方式承保，即除外责任以外的任何原因造成的损失或损坏，保险人均负责赔偿。

机身险的保险金额通常采取不定值方式承保，但也有保险公司对飞机机身采取定值保险的方式，对飞机损失的赔偿是在保险限额内选择现金赔付或置换相同的飞机。

②飞机战争、劫持险

飞机战争、劫持险是以飞机为保险标的，以战争、劫持等特殊性质的风险（机身保险等不保的风险）为承保责任的一种保险。在西方国家，飞机战争险与飞机劫持险是两个险种，在中国通常在一张保单项下予以承保。

③飞机第三者责任保险

飞机第三者责任保险，则专门承保飞机在保险期间可能造成第三者的损失且依法应由被保险人承担经济赔偿责任的风险，其性质类似于机动车辆第三者责任（强制）保险。它实行赔偿限额制。

④航空旅客责任保险

航空旅客责任保险，是以飞机乘客为保险对象的一种飞机责任保险，保险责任一般从乘客起点验票后开始到终点离开机场止。国际航空承运人对乘客的赔偿责任按照国际民航公约的规定执行。国内航空承运人对乘客的赔偿责任一般由所在国家的航空法律来规定。

（八）工程保险

8.1 特征

工程保险是指以各种工程项目为主要承保对象的一种财产保险。一般而言，传统的工程保险仅指建筑工程保险和安装工程保险，但进入 20 世纪后，各种科技工程发展迅速，亦成为工程保险市场日益重要的业务来源。工程保险的意义在于，一方面，它有利于保护建筑主或项目所有人的利益，另一方面，也是完善工程承包责任制并有效协调各方利益关系的必要手段。

与传统的财产保险相比较，工程保险具有如下特征：

（1）承保风险责任广泛而集中。

（2）涉及较多的利益关系人。

（3）不同工程保险险种的内容相互交叉。

（4）工程保险承担的主要是技术风险。

8.2 适用范围

建筑工程保险承保的是各类建筑工程，即适用于各种民用、工业用和公共事业用的建筑工程，如房屋、道路、桥梁、港口、机场、水坝、道路、娱乐场所、管道以及各种市政工程项目等，均可以投保建筑工程保险。

建筑工程保险的被保险人大致包括以下几个方面：

（1）工程所有人，即建筑工程的最后所有者；

（2）工程承包人，即负责建筑工程项目施工的单位，它又可以分为主承包人和分承包人；

（3）技术顾问，即由工程所有人聘请的建筑师、设计师、工程师和其他专业技术顾问等。

当存在多个被保险人时，一般由一方出面投保，并负责支付保险费，申报保险期间的风险变化情况，提出原始索赔等。

建筑工程保险的保险标的范围广泛，既有物质财产部分，也有第三者责任部分。

为方便确定保险金额，在建筑工程保险单明细表中列出的保险项目通常包括如下几个部分：

（1）物质损失部分（2）第三者责任（3）特种风险赔偿

8.3 责任范围

建筑工程保险的保险责任可以分为物质部分的保险责任和第三者责任两大部分。其中物质部分的保险责任主要有保险单上列明的各种自然灾害和意外事故，如洪水、风暴、水灾、暴雨、地陷、冰雹、雷电、火灾、爆炸等多项，同时还承保盗窃、工人或技术人员过失等人为风险，并可以在基本保险责任项下附加特别保险条款，以利被保险人全面转嫁自己的风险。不过，对于错误设计引起的损失、费用或责任，换置、修理或矫正标的本身原材料缺陷或工艺不善所支付的费用，引起的机械或电器装置的损坏或建筑用机器、设备损坏，以及停工引起的损失等，保险人不负责任。被保险人所有或使用的车辆、船舶、飞机、摩托车等交通运输工具，亦需要另行投保相关运输工具保险。

与一般财产保险不同的是，建筑工程保险采用的是工期保险单，即保险责任的起讫通常以建筑工程的开工到竣工为期。

保险人承担的赔偿责任则根据受损项目分项处理，并适用于各项目的保险金额或赔偿限额。如保险损失为第三者引起适用于权益转让原则，保险人可依法行使代位追偿权。

8.4 种类

（1）安装工程保险

①概念

安装工程保险，是指以各种大型机器、设备的安装工程项目为保险标的的工程保险，保险人承保安装期间因自然灾害或意外事故造成的物质损失及有关法律赔偿责任。

安装工程保险的适用范围亦包括安装工程项目的所有人、承包人、分承包人、供货人、制造商等，即上述各方均可成为安装工程保险的投保人，但实际情形往往是一方投保，其他各方可以通过交叉责任条款获得相应的保险保障。

安装工程保险的主要特点：

①以安装项目为主要承保对象。其中亦可包括附属建筑项目。

②安装工程的风险分布具有明显的阶段性。

③承保风险主要是人为风险，并显具技术色彩。

安装工程保险的保险标的与费率：

安装工程保险的可保标的，通常也包括物质损失、特种危险赔偿和第三者责任三个部分，其中物质损失部分即分为安装项目、土木建筑工程项目、场地清理费、承包人的机器设备、所有人或承包人在安装工地上的其他财产等五项，各项标的均需明确保险金额；特种危险赔偿和第三者责任保险项目与建筑工程保险相似。

安装工程保险的费率主要有：①安装项目。对土木建筑工程、所有人或承包人在工地上的其他财产及清理费为一个总的费率，整个工期实行一次性费率；②试车为一个单独费率，是一次性费率；③保证期费率，实行整个保证期一次性费率；④各种附加保障增收费率，实行整个工期一次性费率；⑤安装、建筑用机器、装置及设备为单独的年费率；⑥第三者责任保险，实行整个工期一次性费率。

（2）科技工程保险

①海洋石油开发保险

海洋石油开发保险面向的是现代海洋石油工业，它承保从勘探到建成、生产整个开发过程中的风险，海洋石油开发工程的所有人或承包人均可投保该险种。

该险种一般被划分为四个阶段：普查勘探阶段，钻探阶段，建设阶段，生产阶段。每一阶段均有若干具体的险种供投保人选择投保。每一阶段均以工期为保险责任起讫期。当前一阶段完成，并证明有石油或有开采价值时，后一阶段才得以延续，被保险人亦需要投保后一阶段保险。因此，海洋石油开发保险作为一项工程保险业务，是分阶段进行的。

其主要的险种有勘探作业工具保险、钻探设备保险、费用保险、责任保险、建筑安装工程保险。在承保、防损和理赔方面，均与其他工程保险业务具有相通性。

②卫星保险

卫星保险是以卫星为保险标的的科技工程保险，它属于航天工程保险范畴，包括发射前保险、发射保险和寿命保险，主要业务是卫星发射保险，即保险人承保卫星发射阶段的各种风险。卫星保险的投保与承保手续与其他工程保险并无区别。

③核电站保险

核电站保险以核电站及其责任风险为保险对象，是核能民用工业发展的必要风险保障措施，也是对其他各种保险均将核子风险除外不保的一种补充。

核电站保险的险种主要有财产损毁保险、核电站安装工程保险、核责任保险和核原料运输保险等，其中财产损毁保险与核责任保险是主要业务。

在保险经营方面，保险人一般按照核电站的选址勘测、建设、生产等不同阶段提供相应的保险，从而在总体上仍然具有工期性。当核电站正常运转后，则可以采用定期保险单承保。

（九）农业保险

9.1 特征

农业保险作为财产保险的有机组成部分，是为农业生产发展服务的一种风险工具。它承保的主要是种植业、养殖业，亦被称为两业保险。

按照保险责任划分，农业保险可分为单一责任保险、混合责任保险和一切险。其中，单一责任保险一般仅承保一项风险责任，如水灾、火灾等；混合责任则采取列举方式明示承保的多项风险责任；一切险也采取列举方式，但实质上除列示的不保责任外均属于可保责任。

农业保险所具有的特点，可以概括为以下几个方面：

（1）农业保险面广量大

（2）农业保险受自然风险和经济风险的双重制约

（3）农业保险的风险结构具有特殊性

（4）高风险与高赔付率并存

（5）农业保险需要政府的支持

9.2 基本内容

由于农业保险的保险标的具有自然再生产与经济再生产相结合、风险大、损失率高的特点，在保险金额的确定方面亦与其他财产保险存在着区别，总的要求即是实行低保额制，以利承保人控制风险。在经营实践中，农业保险主要采取以下方式来确定保险金额：1.保成本 2.保产量 3.估价确定

农业保险中需要注意的事项：（1）审慎选择风险责任；（2）让被保险方分担相应的责任；（3）适宜采取统保方式承保；（4）明确地理位置。

三、基本原则

（一）最大诚信原则

投保家庭财产保险与其他保险一样，投保人必须遵守最大诚信原则。投保人和被保险人违反"诚信原则"的，保险人有权解除保险合同或不负赔偿责任。投保人在申请办理家庭财产保险时，应该向保险公司说明"任何可能影响承保人对是否承保做决定，影响承保人制定费率和保险条款的重要材料"。它们主要包括：

1. 投保人本人及其家庭成员的情况。如家庭成员中有精神病人，曾发生过玩

火、乱开煤气开关的事等。

2.保险人所负危险责任较大的事实。如有的投保人在治安不好地区买了商品房，平时没人住，该地区已经发生过几起盗窃事件等。

3.投保财产超出正常范围的情况。如房屋地处低洼地，马路排水系统又不好，平时雨下得大一点，就会进水等。

（二）可保利益原则

在家庭财产保险中，可保利益产生和存在的依据概括起来有三种：即所有权、占有权、按合同规定产生的利益。

所有权，包括所有人。不管财产是个人所有，还是与人共有，均具有可保利益；

占有权，包括对财产的安全负有责任的人，如仓库保管员对客户的物品；对财产享有留置权（因债务而将他人之物留置自己处）的人。

按合同的规定产生的利益。如房屋的承租人，对承租的房屋具有一定的可保利益。

（三）赔偿原则

由全面赔偿原则和实际赔偿原则所构成。

全面赔偿原则：使被保险人由于保险合同所规定的风险事故所造成的各种经济损失，通过保险金补偿的方式得到赔偿。

实际赔偿原则：保险人对于被保险人的赔偿不得超过被保险人的实际损失，被保险人不能由于保险人的赔偿而获得额外的利益。实际赔偿原则的具体内容包括如下几点：保险人的赔偿只是恢复被保险人的实际损失，这是实际赔偿原则的核心。

被保险人的财产要得到赔偿，必须符合三个条件：

1.被保险人对损失的保险标的具有实际的保险利益。保险标的遭受损失原因，必须在保险合同规定的保险责任范围之内。遭受的损失，必须可以用货币进行衡量。

2. 保险人有权选择对于被保险人的赔偿方式。

保险人只要能够满足损失赔偿的目的，就可以有权选择赔偿的具体方式，如支付货币、修复和换置等。

3. 保险人对于赔偿金额限度的控制。

保险人在处理财产保险的赔偿申请时，在对于实际损失、保险金额和保险利益的比较后，选择实际货币量最小的一方为最终的赔偿控制限度。

4. 被保险人不能通过赔偿而额外获利。

（四）代位求偿原则

代位求偿，是指当保险事故是由第三者造成的情况下，保险人在先向被保险人履行赔偿责任后，在赔偿金额范围内有权代替被保险人向第三者要求赔偿。

进行"代位求偿"有三个前提：

第三方对于保险标的所造成的损失，必须符合保险合同规定的保险责任范围；保险责任的形成，必须是由第三方所造成的；保险人必须首先向被保险人履行赔偿责任。保险人在行使代位求偿权利的过程中，所获得的超出其向被保险人履行赔偿责任的金额，必须返还给被保险人，即保险人不能运用代位求偿权利而获得超出其所承担的实际赔偿责任的利益。

四、购买保险注意事项

（一）购买财产保险前应注意

1.1 仔细阅读保险条款

建议读懂保险合同中条款含义，搞清可以得到哪些方面的保障和赔款，哪些是不保的风险。特别注意条款中有关投保人或被保险人义务、特别约定以及除外责任等内容。

1.2 填写投保单要如实告知

《保险法》第 17 条规定："订立保险合同，保险人就保险标的或者被保险人的有关情况提出询问的，投保人应当如实告知。"

1.3 仔细核对保单内容，索取正式保费发票。

交纳保费时，投保人要索取正式保费发票，取得保险单正本后仔细核对与投保单内容是否相符，发现差错或疑问应及时向保险公司查询或要求改正。

1.4 投保要带齐有关证件

如投保机动车辆保险以机动车辆本身及其相关经济利益为保险标的的运输工具保险。要带上车主身份证、行驶证等必要证件；新车要带上机动车辆合格证原件、购车发票原件等。如投保企业财产险、家财险，保险公司要派人员到投保单位和投保家庭查验，投保人应提供有关财务账册、发票及实物等给保险公司工作人员查验。

（二）购买财产保险后应注意

2.1 妥善保存各种保险凭证

投保后的保险单最好要复印一份备存，同时，保险单、保费发票及各种保险凭证，应存放在安全可靠处。

2.2 按时交纳保费

《保险法》第 14 条规定："保险合同成立后，投保人按照约定交付保险费；保险人按照约定的时间开始承担保险责任。"因此，投保人一定要清楚保险合同中关于交付保险费和保险合同生效之间关系的规定。

2.3 被保险人有义务保护好被保险财产的安全

《保险法》第 51 条规定："被保险人应当遵守国家有关消防、安全、生产操作、劳动保护等方面的规定，维护保险标的作为保险对象的财产及其有关利益或者人的寿命和身体的安全。"投保后，投保人及被保险人对投保的财产安全负有不可推卸的责任。

2.4 保险财产的风险情况发生变化应及时如实告知保险公司

《保险法》第52条规定："在合同有效期内，保险标的危险程度显著增加的，被保险人应当按照合同约定应当及时通知保险人。"这便于保险公司及时办理批改手续。否则，因保险对象的危险程度增加而发生的保险事故，保险公司将拒赔。

2.5 若需对保单内容进行变更，应申请批改合同内容

《保险法》第20规定："投保人和保险人可以协商变更合同内容。"可变更的内容包括：保险期限、财产使用性质、保险价值等，变更的前提是协商一致；双方达成一致意见后，通过出具批单对原有合同进行变更或补充。

第二章　责任保险

一、概念

责任保险是以被保险人依法应负的民事损害赔偿责任或经过特别约定的合同责任作为保险标的保险。责任保险可以单独承保，也可以作为其他财产保险的附加险承保。可以单独承保的责任保险主要有：公众责任保险承保被保险人在公共场所进行生产、经营或其他活动时，因发生意外事故而造成的公众人身伤亡或财产损失，依法应由被保险人承担的经济赔偿责任的保险、产品责任保险、雇主责任保险和职业责任保险。是指保险人在被保险人依法应对第三人负赔偿责任，并被提出赔偿要求时，承担赔偿责任的财产保险形式。责任保险以被保险人对他人依法应负的民事赔偿责任为保险标的，在合同中无保险金额，而规定赔偿限额。责任保险仅承保被保险人的过失侵权民事责任，对故意行为造成的损害不负责任，除特别约定外，通常不包括合同违约责任。责任保险的承保方式有两种。一种是作为其他保险的组成部分或附加部分承保，不作为主要险别单独承保，如汽车保险中的第三人责任险、船舶保险中的碰撞责任险等。另一种是作为主要险别单独承保。其形式有公众责任保险、产品责任保险、雇主责任保险、职业赔偿保险即职业责任保险等。责任保险作为一种保险形式发展较晚，19 世纪后半叶始随近代社会为保障灾害事故受害人利益而确立。

（一）公众责任保险。公众责任保险（又称"普通责任保险"）承保被保险人在固定场所进行生产、经营或其他活动时，因发生意外事故而造成的他人财产损失或人身伤亡，依法应由被保险人承担的经济赔偿责任。

（二）产品责任保险。产品责任保险承保被保险人所生产、销售、修理的产品发生事故，造成该产品的用户、消费者或其他任何人的财产损失或人身伤害，依法应由被保险人承担的经济赔偿责任。

（三）雇主责任保险。雇主责任保险承保被保险人（即雇主）所雇用的员工在受雇期间从事保险单所载明的与被保险人的业务有关的工作时，因遭受意外事故而受伤、残疾、死亡，或患有与职业有关的职业性疾病，根据法律或雇用合同应由被保险人承担的经济赔偿责任。

（四）职业责任保险。职业责任保险承保各种专业技术人员由于工作上的疏忽或过失造成合同对方或他人的财产损失或人身伤害的经济赔偿责任。

二、基本特征

责任保险与一般财产保险相比较，其共同点是均以大数法则为数理基础，经营原则一致，经营方式相近（除部分法定险种外），均是对被保险人经济利益损失进行补偿。

（一）责任保险产生与发展基础的特征

责任保险产生与发展的基础不仅是各种民事法律风险的客观存在和社会生产力达到了一定的阶段，而且是由于人类社会的进步带来了法律制度的不断完善，其中法制的健全与完善是责任保险产生与发展的最为直接的基础。

（二）责任保险补偿对象的特征

尽管责任保险中承保人的赔款是支付给第三者，但这种赔款实质上是承担的被保险人对第三者的赔偿责任，是间接保障被保险人利益、直接保障受害第三者利益的一种替代保障机制。

（三）责任保险承保标的的特征

责任保险承保的却是各种民事法律风险，是没有实体的标的。

保险人在承保责任保险时，通常对每一种责任保险业务要规定若干等级的赔偿限额，由被保险人自己选择，被保险人选定的赔偿限额便是保险人承担赔偿责任的最高限额，超过限额的经济赔偿责任只能由被保险人自行承担。

（四）责任保险承保方式的特征

责任保险的承保方式具有多样化的特征。

1. 在独立承保方式下，保险人签发专门的责任保险单，它与特定的物没有保险意义上的直接联系，而是完全独立操作的保险业务。

2. 在附加承保方式下，保险人签发责任保险单的前提是被保险人必须参加了一般的财产保险，即一般财产保险是主险，责任保险则是没有独立地位的附加险。

3. 在组合承保方式下，责任保险的内容既不必签订单独的责任保险合同，也无需签发附加或特约条款，只需要参加该财产保险便使相应的责任风险得到了保险保障。

（五）责任保险赔偿处理中的特征

1.责任保险的赔偿，均以被保险人对第三方的损害并依法应承担经济赔偿责任为前提条件，必然要涉及到受害的第三者，而一般财产保险或人身保险赔案只是保险双方的事情；

2.责任保险赔偿的处理也以法院的判决或执法部门的裁决为依据，从而需要更全面地运用法律制度；

3.责任保险中因是保险人代替致害人承担对受害人的赔偿责任，被保险人对各种责任事故处理的态度往往关系到保险人的利益，从而使保险人具有参与处理责任事故的权利；

4.责任保险赔款并非归被保险人所有，而是实质上支付给了受害方。

第一，责任险与财产险不同，财产险的目标是补偿特定资产损失（车辆与固定的财产），责任险为被保人向遭受损失的第三方赔偿。所以因为许多个人与组织的活动都会对第三方造成潜在不良后果，这种保险因而可以在个人与商业领域中得到广泛的应用。

第二，由于购买责任保险的目的是杜绝被保险人的法律风险，所以该保险的发展在常见的司法管辖范围内对法律与监管环境的敏感度很高。例如，强制责任险是政府的一种工具，用来解决许多涉及公众权益的问题，如公众的健康与环境。

第三，与其它传统的业务相比，保险人难以对责任风险进行评估。责任保险属于一种"长尾"式的业务特例，其索赔在保单过期很长时间之后仍要充分地开发。特别地，由于无法预知法律环境中的潜在因素与不利于己的变化，保险人常会受到索赔频率突然提高、索赔金额突然上升等问题的困扰。而且司法体系在责任保险的发展与形成中起主导作用。

三、保险承保

作为一类独成体系的保险业务，责任保险适用于一切可能造成他人财产损失与人身伤亡的各种单位、家庭或个人。具体而言，其适用范围包括：

（一）是各种公众活动场所的所有者、经营管理者；

（二）是各种产品的生产者、销售者、维修者；

（三）是各种运输工具的所有者、经营管理者或驾驶员；

（四）是各种需要雇佣员工的单位；

（五）是各种提供职业技术服务的单位；六是城乡居民家庭或个人。

此外，在各种工程项目的建设过程中也存在着民事责任事故风险，建设工程的所有者、承包者等亦对相关责任事故风险具有保险利益；各单位场所（即非公众活动场所）也存在着公众责任风险，如企业等单位亦有着投保公众责任保险的必要性。

四、责任范围

责任保险的保险责任和民事损害赔偿责任这二者既有联系又有区别，是不能完全等同的。

（一）责任保险承保的责任主要是被保险人的过失行为所致的责任事故风险，即被保险人的故意行为通常是绝对除外不保的风险责任，这一经营特点决定了责任保险承保的责任范围明显地小于民事损害赔偿责任的范围；

（二）在被保险人的要求下并经过保险人的同意，责任保险又可以承保着超越民事损害赔偿责任范围的风险。这种无过错责任即超出了一般民事损害赔偿责任的范围，但保险人通常将其纳入承保责任范围。

责任保险的保险责任，一般包括两项内容：

1. 被保险人依法对造成他人财产损失或人身伤亡应承担的经济赔偿责任。

2. 因赔偿纠纷引起的由被保险人支付的诉讼、律师费用及其他事先经过保险人同意支付的费用。

五、保险费率

责任保险费率的制订，通常根据各种责任保险的风险大小及损失率的高低来确定。从总体上看，保险人在制订责任保险费率时，主要考虑的影响因素应当包括如下几项：

（一）被保险人的业务性质及其产生意外损害赔偿责任可能性的大小；

（二）法律制度对损害赔偿的规定；

（三）赔偿限额的高低。

此外，承担中区域的大小、每笔责任保险业务的量及同类责任保险业务的历史损失资料亦是保险人在制订责任保险费率时必须参照的依据。

六、保险赔偿

从责任保险的发展实践来看，赔偿限额作为保险人承担赔偿责任的最高限额，通常有以下几种类型：

（一）每次责任事故或同一原因引起的一系列责任事故的赔偿限额，它又可以分为财产损失赔偿限额和人身伤亡赔偿限额两项。

（二）保险期内累计的赔偿限额，它也可以分为累计的财产损失赔偿限额和累计的人身伤害赔偿限额。

（三）在某些情况下，保险人也将财产损失和人身伤亡两者合成一个限额，或者只规定每次事故和同一原因引起的一系列责任事故的赔偿限额而不规定累计赔偿限额。

在责任保险经营实践中，保险人除通过确定赔偿限额来明确自己的承保责任外，还通常有免赔额的规定，以此达到促使被保险人小心谨慎、防止发生事故和减少小额、零星赔款支出的目的。

七、发展历程

责任保险作为一种保险业务，产生于 19 世纪的欧美国家，20 世纪 70 年代以后在工业化国家迅速得到发展。1880 年，英国颁布《雇主责任法》，当年即有专门的雇主责任保险公司成立，承保雇主在经营过程中因过错致使雇员受到人身伤害或财产损失时应负的法律赔偿责任；1886 年，英国在美国开设雇主责任保险分公司，而美国自己的雇主责任保险公司则在 1889 年才出现。

绝大多数国家均采取强制手段并以法定方式承保的汽车责任保险，始于 19 世纪末，并与工业保险一起成为近代保险与现代保险分界的重要标志。当时的英国"法律意外保险公司"最为活跃，它签发的汽车保险单仅承保汽车对第三者的人身伤害责任，保险费每辆汽车按 10-100 英镑不等收取，火险则列为可以加保的附加险；到 1901 年，美国才开始有现代意义的汽车第三者责任险——承保人身伤害和财产损失法律赔偿责任的保险。进入 20 世纪 70 年代以后，责任保险的发展在工业化国家进入了黄金时期。在这个时期，首先是各种运输工具的第三者责任保险得到了迅速发展；其次是雇主责任保险成了普及化的责任保险险种。随着商品经济的发展，各种民事活动急剧增加，法律制度不断健全，人们的索赔意识不断增强，各种民事赔偿事故层出不穷，终于使责任保险在 20 世纪 70 年代以后的工业化国家得到了全面的、迅速的发展、在本世纪 70 年代天，美国的各种责任保险业务保费收入就占整个非寿险业务收入的 45%-50% 左右，欧洲一些国家的责任保险业务收入占整个非寿险业务收入的 30% 以上，日本等国的责任保险业务收入也占其非寿险业务收入的 25%-30%.进入 20 世纪 90 年代以后，许多发展中国家也日益重视发展责任保险业务。

西方保险界认为，保险业的发展可以划分为三个大的发展阶段：第一阶段是传统的海上保险和火灾保险（后来扩展到一切财产保险）；第二阶段是人寿保险；第三阶段是责任保险。

保险业由承保物质利益风险，扩展到承保人身风险后，必然会扩展到承保各种法律风险，这是被西方保险业发展证明了的客观规律。同时我们还知道，责任保险在保险业中的地位是很高的，它既是法律制度走向完善的结果，又是保险业直接介入社会发展进步的具体表现。

八、责任保险的种类

（一）按承保的方式划分，可把责任保险分成两大类：

①作为主要险种的附加险，如汽车第三者责任保险、建筑安装工程保险的第三者责任部分、船舶保险的碰撞责任等。

②单独承保的责任保险，主要有公众责任保险、产品责任保险、雇主责任保险和职业责任保险，这是狭义的责任保险。

（二）按照责任发生的原因划分：有过失责任保险和无过失责任保险。

①过失责任保险：承保被保险人因疏忽或过失行为对他人造成损害依法应承担的民事损害赔偿责任。过失责任大致可以分为以下几种：场所责任保险，汽车第三者责任保险，职业责任保险，厂家责任保险等。

②无过失责任保险：承保被保险人无论有无过失，都要对造成他人的损害承担民事赔偿责任。一般有以下几种：雇主责任保险，产品责任保险，核电站责任保险等。

九、责任保险市场的需求环境

（一）风险环境

风险环境是影响责任保险需求的首要因素。近几年，我国经济发展发展十分迅速，2003 年，人均 GDP 首次超过 1，000 美元，达到 1，090 美元，随着我国经济的持续快速发展及开放程度的不断加大，个人和组织的经济和社会活动在不断增加，所面临的事故风险也就会不断增加，西方工业化国家发展的经验表明，人均 GDP 在 1，000—3，000 美元的区间，是各类事故和民事法律责任纠纷案件的高发期。有资料显示全国平均每天发生 7 起一次死亡 3 人以上的重大事故，每三天发生一起一次死亡十人以上的特大事故，每个月发生一起一次死亡 30 人以上的特别重大事故，每年因事故造成 70 多万人伤残，每年约 70 万人患各种职业病，每年发生的侵权案件约 470 多万件，涉案金额 5900 多亿元，而这些风险和涉案金额大多属于责任险承保的范围。面对众多的事故及风险，责任保险应该成为一种防范和化解各种事故风险的有效手段。

（二）经济环境

责任保险的发展与一国的经济条件密不可分，责任保险的发达程度标志着一国保险业的发展程度，而保险业的发展又与一国的经济发展水平密切相关。据预测，到 2010 年我国人均 GDP 将到达 1，900 美元，国民经济的高速发展带来了保险业的超过 30% 的年均增速，责任保险的保费收入总体上也呈递增的趋势。（资料来源：中国保险业发展报告 2006 年、中国保网，经整理而得）。经济的飞速发展和人民生活水平的不断提高，以及消费方式的日益多样化，为责任险的发展奠定了基础，尤其是近年来国民经济结构的不断调整，第一产业比重日趋下降，与责任险发展较为密切的第二、三产业，如工业、建筑业、服务业的比重则不断上升，煤炭、建筑已成为重要的支柱产业，这些领域安全隐患较大，是责任事故的高发区，但经营单位的风险承受能力却较弱，一旦发生事故，公众的生命和财产难以得到保障，因此责任保险在这些领域大有作为。但也应该看到，我国的经济还处于一个较低的水平，从产业结构、城市化水平、贫困人口数量等指标来看，仍属于发展中国家，国民生产总值中农业产值仍占较大比重，这些都给财产保险尤其是责任保险的发展带来不良的影响。

（三）法律环境

责任保险赖以生存的基础在于完善的法律和制度体系，一国法律制度的不断完善和进步，不仅有利于公民和法人的责任划分，同时也会增加公众的维权和自我保护意识，从而刺激责任保险的需求。近几年我国的法制环境已经得到大大的改善，陆续颁布了《产品质量法》《消费者权益保护法》《医疗事故处理条例》等一系列法律法规，在一定程度上增加了公民和法人的责任风险意识，有利地推动责任保险的发展。但我国的民法体系还有诸多不完善之处：首先，现行的《民法通则》对于归责原则、赔偿标准等内容及条文解释及表述不够系统和完善；其次，我国尚未建立完整的侵权法体系，如《产品责任法》《劳工赔偿法》《隐私法》等，这些完备的法律体系是欧美国家责任保险发达的有力支撑和保障。而在我国由于此类法律法规的缺失，无法对于某些本来具有侵权性质的行为实现法律的硬约束，例如缺少《劳工赔偿法》和其它强制约束，受短期利益驱使的煤矿经营者便心存侥幸，不会购买雇主责任险。采煤大省山西的I临汾市，是在煤炭行业中商业保险开展得最好的城市，但据报道2003年该市"四证"齐全的500多户煤矿，只有30户左右投保雇主责任险，占比仅有6%。第三，国家对公民基本权利的保护尚不够充分，如环境权、隐私权、知情权等，这些都不利于公众风险意识的增强，使得责任保险的作用无法凸现。

（四）社会文化环境

社会文化主要包括人们在长期的社会实践中形成的价值观、行为准则和生活方式、道德规范等内容。中国的传统文化中"生死由命、息事宁人"等观念有着根深蒂固的影响，长期以来人们的主动维权意识较弱，遇到侵权事件发生时抱着能忍则忍的态度，放弃索赔而不能利用法律武器维护自己的合法权益，致害人一方则以种种借口减轻经济赔偿甚至逃避责任。社会公众对于责任保险认知程度较低，保险意识不强也是现阶段存在的客观事实。另有一些经济主体抱有计划经济体制时的"经济损失全有国家来赔"的想法，对责任漠然视之。应该看到随着科学技术的不断进步、公民受教育程度的不断提高，公众的自我保护意识也在不断增强，近年来由责任风险所引起的投诉和纠纷不断增加即是一个很好的证明，如据中消协统计，2006 年全国各级旅游质监所共接到投诉 39，006 人次、11，570 件，比 2005 年增加 3，443 件，同比增长 49.03％。公民维权、索赔意识的增强将为责任保险的发展创造有利的环境。

十、我国责任保险滞后原因及对策

（一）公众的保险和维权意识较弱

由于我国现阶段保险知识仍未完全普及，很多人尚未形成主动的保险消费意识；还有一些人心存侥幸，对可能发生的人身和财产损失责任缺乏足够的重视；当然也不乏一些公众维权意识不强，索赔意识较弱，不能采取法律手段保护自己的权益，这些都直接导致了责任保险的市场需求不足。

（二）责任险产品质量有待提高

目前虽然市场中的责任险产品为数不少，也不乏新型险种，但很多险种都存在或多或少的"先天不足"，有的险种缺少可靠的费率表，实际收费扭曲严重，如公共责任险；有的产品市场不完善，投保不规范，如校方责任险；有的险种设计时缺少足够的数据，使得费率的科学性受到较大的影响，如医疗责任险。产品的种种缺陷使责任险不能充分满足市场的需求。

（三）缺少足够的法律支持

由于责任险的赔偿以已发生的损害赔偿责任为前提，因此，首先需要有完备的法律能清楚界定责任，其次，国家可以通过立法要求责任保险强制实施，从而保证受害人可以通过保险赔偿获得部分的利益保障。但在现阶段，我国的有关维护公众人身财产的权益的法律法规尚不够完备，同时只有少数责任保险被列入法定或强制保险的范畴。法律支持的不到位也会影响责任保险的需求。

十一、发展对策建议

（一）完善法律法规，优化外部环境

当前，各项保护公民生命财产权益不受侵犯的法律不断完备，是发展我国责任保险的重要前提，尽管我国的法律环境已经得到较大的改善，如《产品质量法》《食品卫生法》《交通安全法》等一系列法律的实施，大大地促进了责任保险的发展，但我国的民法体系还处于初建阶段，诸如产品责任、雇主责任等与现行责任保险密切相关的法律法规，仍需要进一步完善。

（二）加大产品的研发投入，增加产品的有效供给

保险企业在产品开发方面，应切实从市场需要入手，并做好前期的数据搜集，特别要调研司法案例中侵权案件的种类和赔偿额，重点就产品费率、承保面、责任范围进行深入的探讨和研究，以此保证开发出适销对路的产品。同时还

可借鉴国外的成功经验，结合我国的具体国情，引进较为成熟的险种同时加以改造，如美英等国的综合性责任保险单，这方面的尝试已经在国内的某些保险企业得以开展。

（三）扩大强制责任保险的范围

现阶段，公众对于责任保险的认知度较低的情况下，有必要将一些责任风险事故频发、损害大、影响大的领域涉及到的责任保险通过立法或制度形式强制实行。在煤矿、校园等高危行业和人群聚集的场所建立强制责任保险，强制企业或行业投保，使得一旦发生大的灾难事故，可以通过保险分散损失，既增加了企业的赔偿能力，也有效地减轻了国家的财政负担。有专家认为，2006年，作为我国第一个以国家立法形式强制实施的保险制度——交强险的顺利实施，已经为我国责任险今后的发展奠定了良好的社会认知基础。

（四）尝试构建专业化经营模式

责任保险虽属于财产保险的种类之一，但其风险性质决定了其从费率的制定到赔偿方式的确定，都不同于狭义上的财产保险产品，某种程度上较其更为复杂，所以财产保险公司如果大力发展责任保险，在增加了责任保险的保费收入的同时，也无形中加大了经营风险。针对这种情况，国家应该在已经成立的专业责任保险公司的基础上，鼓励建立更多的专门经营责任保险的保险企业，专业经营责任保险。

十二、责任保险的主要分类

责任保险的主要险种包括公众责任保险、产品责任保险、雇主责任保险和职业责任保险等。

（一）公众责任保险

1.1 公众责任保险的保险标的

投保人可就被保险人依法应对第三者在工厂、办公楼、旅馆、住宅、商店、医院、学校、影剧院、展览馆等各种公众活动的场所遭受的财产损失或人身伤害而承担的公众经济赔偿责任进行投保。这种责任属于侵权责任范围。公众责任保险如果承保合同责任通常需要特别约定。

1.2 公众责任保险的适用范围

公众责任保险的适用范围非常广泛，其业务复杂，种类很多。主要包括场所责任保险、承包人责任保险和个人责任保险等。其中，场所责任保险主要承保场所所有人或经营管理人在营业过程中所产生的损害赔偿责任，是公众责任保险的主要业务来源；承包人责任保险承保的是各种建筑工程、安装工程、装卸作业和各类加工的承包人在进行承包合同项下的工程或其他作业时所造成的损害赔偿责任；个人责任保险主要承保私人住宅及个人在日常生活中所造成的损害赔偿责任。任何个人或家庭都可以将自己或自己的所有物可能造成损害他人利益的责任风险通过投保个人责任险而转嫁给保险人。

1.3 公众责任保险的投保人和被保险人

公众责任保险的投保人可以是被保险人，但被保险人却不一定是投保人，还可以是其他人。例如，公民、企事业单位、机关团体等，为其本身在业务活动或日常生活中的意外事故造成第三者的人身伤亡或财产损失的责任投保公众责任保险，即为被保险人。

1.4 公众责任保险的承保基础

公众责任保险多以"期内发生式"为承保基础。如果责任事故发生和导致损害事实之间有一段相隔的时间，只要责任事故发生时间是在保单有效期间内，即使财产损失或人身伤害是在保单终止日期之后发现的，保险人仍需承担赔偿责任。

1.5 公众责任保险的赔偿

公众责任保险赔偿限额的规定主要有三种：一是规定每次事故的赔偿限额，无分项、无累计；二是规定保单的累计赔偿限额；三是规定免赔额。我国的公众责任保险仅对财产损失责任的赔偿规定免赔额，对人身伤害责任的赔偿并无免赔额的规定。

（二）产品责任保险

2.1 产品责任保险的保险标的

产品责任保险承保的产品责任既包括以合同为基础和承保条件的产品合同责任，也包括不受合同关系限制的产品侵权责任。只要产品生产者或销售者因生产或销售的产品有缺陷致使消费者或使用者遭受财产损失或人身伤害，无论消费者与生产者或销售者之间是否具有合同关系，都可以就其所受损害提出赔偿请求。

2.2 产品责任保险的投保人与被保险人

生产商、出口商、进口商、批发商、零售商及修理商等一切可能对产品事故造成的损害负有赔偿责任的人，都具有可保利益，都可以投保产品责任险。根据具体情况需要，可以由他们中间的任何一人投保，也可以由他们中间的几个人或全体联名投保。产品责任保险的被保险人，除投保人本身外，经投保人申请，保险公司同意后，可以将其他有关方也作为被保险人，必要时必须加费，并规定对各被保险人之间的责任互不追偿。但在各关系方中，制造商应承担最大风险。除非其他有关方已将产品重新装配、改装、修理、改换包装或使用说明书，并因此引起产品事故，应由该有关方负责外，凡产品原有缺陷引起的问题，最后都要追溯至制造商负责。

2.3 产品责任保险的承保基础

产品责任保险的承保基础多为期内索赔式，即以索赔提出的时间是否在保单有效期内作为确定保险人承担责任的基础。

2.4 产品责任保险的赔偿

在产品责任保险保单中，通常规定两项赔偿限额，即每次事故的赔偿限额和保单累计的赔偿限额；同时，每项赔偿限额还可以分别划分为人身伤害和财产损失的分项赔偿限额。

（三）雇主责任保险

3.1 雇主责任保险的保险标的

雇主责任保险的保险标的是根据雇用合同或有关劳工赔偿法规，雇主对其所雇用的员工在受雇期间因遭受意外事故而受伤、残疾或因患有与业务有关的职业性疾病，导致伤残或死亡时应承担的经济赔偿责任。

3.2 雇主责任保险的适用范围

各类企业以及机关事业单位对其职工在工作中发生的死亡、伤残、疾病等事故均有依法或依据雇用合同负责赔偿的义务，故都适宜投保雇主责任保险。

3.3 雇主责任保险的投保人和被保险人

雇主责任保险的投保人和被保险人都是雇主，但受益者是与雇主有雇用合同关系的雇员。

3.4 雇主责任保险的承保基础

雇主责任保险多采用期内索赔式承保，即以索赔提出的时间是否在保单有效期内作为确定保险人承担责任的基础。

3.5 雇主责任保险的赔偿

雇主责任保险的赔偿额度分为死亡和伤残两种。死亡赔偿的限额为保单规定的最高赔偿额度。伤残赔偿则有三种情况：永久丧失全部工作能力按保单规定的最高赔偿额度办理；永久丧失部分工作能力按受伤部位及受伤程度，参照保单所规定的赔偿比例乘以保单规定的赔偿额度确定；暂时丧失工作能力超过五天的，经医生证明，按被雇用人员的工资给予赔偿。对上述各项总的赔偿金额，各国的规定不一。由于我国目前没有法律规定的赔偿标准，一般由被保险人根据雇用合同的要求，以雇员若干个月的工资制定赔偿限额，但最高不超过保单规定的赔偿限额。

3.6 主责任保险与工伤保险的区别

雇主责任保险属于商业保险；工伤保险属于社会保险。雇主责任保险承保的是因雇主未能尽其法定义务，即因为过失或疏忽而产生的经济赔偿责任；工伤保险虽然也承保雇员遭受人身伤亡或疾病时的雇主赔偿责任，但不考虑雇主有无过失，负责雇主对雇员在受雇期间任何时间、任何地点遭受的人身伤亡和疾病的赔偿责任。此外，雇主责任保险由雇主支付保险费；工伤保险常常雇主缴纳保险费。雇主责任保险的赔偿金交给雇主（最终落实到雇员身上）；工伤保险的赔偿金直接交给受伤雇员（或由法院交给雇员）。

3.7 雇主责任保险的附加责任

我国雇主责任保险有两项附加责任，即附加医疗费保险和第三者责任保险。附加医疗费保险承保雇员在保险有效期内，因患职业病之外的疾病（包括传染病、分娩、流产）所需的医疗费用，包括治疗、医药、手术、住院费用。除另有约定外，一般只限于在国内的医院或诊疗所治疗，并凭其出具的单证赔付。不论一次或多次赔偿，医疗费的最高赔偿金额每人累计以不超过附加医药费保险的金额为限。附加第三者责任险是对被雇用人员在保险期限内，从事保险单所载明的与被保险人的业务有关的工作时，由于意外或疏忽，造成第三者人身伤亡或财产损失以及所引起的对第三者的抚恤、医疗费和赔偿费用，依法应由被保险人赔付的金额，保险人负责赔偿。第三者责任险的最高赔偿金额，以保险单上列明的最高赔偿金额为限

（四）职业责任保险

4.1 职业责任保险的保险标的。

职业责任保险承保的标的是各种专业技术人员的职业责任，即各种专业技术人员因工作上的疏忽或过失造成合同一方或他人的人身伤害或财产损失而依法应

承担的经济赔偿责任。职业责任实际上是一种合同责任。

4.2. 职业责任保险的适用范围。

职业责任保险适用于各类专业技术人员。不同专业技术人员的职业风险不同，承保时内容各不相同。保险人常用专门设计的职业责任保险条款来承保。常见的职业责任保险种类有：医生职业责任保险、药剂师职业责任保险、会计师职业责任保险、律师职业责任保险、设计师职业责任保险等。

4.3 职业责任保险的投保人和被保险人。

在我国，由于单位实际上是职业责任风险的第一责任人，所以，职业责任保险的投保人一般是提供专业技术服务之单位的雇主或者各类专业技术人员本人。例如，医院为医生投保，勘探设计院为设计师投保等。如果是个体专业技术人员，则由其本人投保个人职业责任保险。职业责任保险的被保险人是各类专业技术人员。

4.4 职业责任保险的承保基础。

职业责任保险通常采取期内索赔式的承保基础，即保险人仅对在保单有效期内提出的索赔负责，而不管导致该索赔的事故是否发生在该保单有效期内。

4.5 职业责任保险的赔偿

职业责任保险保单的赔偿限额一般为累计的赔偿限额，而不规定每次事故的限额，但也有些承保人采用规定每次索赔或每次事故限额的方法，法律诉讼费用，一般在赔偿限额以外赔付。若被保险人对第三者的赔偿金额超过保险单规定的赔偿限额，法律诉讼费用按赔偿金额与赔偿限额的比例分摊。

十三、案例分析

案例一：职工在下班途中摔倒受伤死亡是否属于工伤？

案情：

欧阳淑娟生前系江苏省镇江市元鼎饰材实业（镇江）有限公司职工。2004 年

8月9日20时许欧阳淑娟骑自行车下班，沿镇江市东吴路由东向西行驶至象山茶场附近路段遇其丈夫董家标，董家标驾驶二轮摩托车与欧阳淑娟行驶至镇江市东吴路时，欧阳淑娟倒地受伤，后送医院抢救无效死亡。2004年7月9日镇江市公安交通警察支队做出交通事故认定书，该认定书中分析认为，"欧阳淑娟发生事故绊倒受伤，其工友将其自行车从事故现场撤走，由于某种原因现场变动，自行车撤走，调查情况不能确定事故发生的原因，故无法查证交通事故事实。" 2004年11月11日原告向镇江市京口区人事劳动和社会保障局提出工伤认定申请。2005年1月7日镇江市京口区人事劳动和社会保障局做出（镇京人劳）工伤认字（2005）001号工伤认定，认定欧阳淑娟不属于工伤。董家标不服，向镇江市劳动和社会保障局申请复议，该局于2005年3月9日做出镇劳社复决字（2005）02号复议决定，维持了被告不予认定欧阳淑娟为工伤的决定。董家标仍不服，遂向镇江市京口区法院提起诉讼。

京口区法院经审理认为，国务院《工伤保险条例》第十四条第（六）项规定，在上下班途中，受到机动车事故伤害的应认定为工伤。欧阳淑娟虽然是在下班途中受伤，后经治疗无效死亡，但没有证据证明欧阳淑娟是受到机动车伤害的事实。因此，被告对欧阳淑娟做出不予认定为工伤的决定。事实清楚，证据确凿，适用法规正确，程序合法，据此，法院于近日依照《最高人民法院关于执行（中华人民共和国行政诉讼法）若干问题的解释》第五十六条第四项之规定。判决：驳回原告董家标爱求振销镇江市京口区人事劳动和社会保障局2005年1月7日价出的（镇京人劳）工伤认字（2005）001号工伤认定决定的诉法请求。

分析：

对于"上下班途中"和"受到机动车事故伤害"的含义，有以下几点：一是"上下班途中"既包括职工正常工作的上下班途中，也包括职工加班的上下班途中；二是这种伤害既可以是职工乘坐的机动车发生事故造成的，也可以是职工因其他机动车肇事所致；三是此种事故发生的区域范围应当包括公路、城市街道和胡同里巷等供车辆、行人通行的地方；四是工伤认定以职工在上下班途中受到机动车事故伤害的事实为依据。

《工伤保险条例》关于上下班途中受到伤害仅限于"受到机动车事故伤害"，而未将上下班途中发生的其他事故纳入工伤范围。本案中女工摔倒受伤死亡，虽然是发生在上下班途中，却不是因为机动车交通事故受伤，因此，根据我国现行《工伤保险条例》及有关规定很难归入工伤范围。伤者只得通过其他民事途径向责任人索赔。

案例二：雇员忠诚保证保险拒赔偿案

案情：

1998年初，广州一家合资公司策划在上海某百货商场举办护肤用品专柜特卖活动月。为组织好这次特卖活动，该公司通过某人才市场的招聘，雇佣了5名小姐担任此次活动的推销员。

有一天，该公司急需将20箱护肤用品，价值五万多人民币的货物从公司驻沪办事处运往商场。当时正值下午4时，公司专用送货车辆均已外出未归，活动现场又急等要货。为此，负责这次活动的业务员便安排推销员A叫一辆出租车送货，并再三吩咐其随车押货到指定的商场，同时联系商场专柜售货组派人在商场门口接货。但数小时过后，在商场门口接货的人员却始终未见随车押货的推销员A的踪影。业务员根据公司提供的寻呼机号码与推销员A联系，可是一位回电话的男士声称是机主，却根本不认识业务员要找的推销员A。由于公司招聘资料只有推销员A的呼机号码及一股个人资料，该公司时无法找到推销员A的下落。发现这批货物已遭不测后，该公司立即向当地派出所报了案。公安刑警人员根据该公司提供的情况和资料，通过向有关寻呼台查询，结果发现推销员A提供的寻呼号码与实际机主身份不符，同时，推销员A在人才市场所留下的身份证及姓名、地址也有不少疑点。

对于此案，公安部虽然对所有的线索作了进步的追查，但终究没有明确的结果。该公司事后根据投保的雇员忠诚保证保险向保险公司提出了索赔申请。保险公司接到受损公司的索赔申请后，立即向该公司的有关人员进行了调查取证，并根据保险单所列明的条款，要求被保险人提供雇用推销员 A 对其受雇前情况进行查询所获得的证明资料。但事实表明，该公司在座伺推销员 A 时。来对其受雇前情况作必要的查湖。由于被保险人在使用其雇员前，未通过必要的查询米防范其庙员在忠诚信用方面所潜在的风险，因此，保险公司依君保单条款对此案做出拒赔的决定。

分析：

雇员忠诚保证保险是以被保险人的雇员在受雇期间，因欺骗或不忠诚行为（贪污、挪用款项、伪造账目、偷窃钱财等）而导致其直接经济损失为保障内容的种保险。雇员的忠诚信用是保障的基础。被保险人转嫁给保险公司的是其雇员在被雇佣期间可能发生不忠诚行为的潜在风险。

目前，此险种在我国外商投资企业中比较常用。其承保方式分为指名和不指名两种。不论是何种承保方式，参照国际上的习惯做法，我国保险公司现行使用的雇员忠诚保证保险条款都列明，被保险人必须对其雇员受雇前的情况进行查询，并保存查询资料，在索赔时，如有必要应提供给保险公司。通过对其雇员受雇前情况的必要查询来防范被雇佣者在忠诚信用方面潜在的风险，这是被保险人的义务之一，也是保险公司提供雇员忠诚保证保障的前提。这一条款的制定，对保险双方都是十分有益的，也体现了权利与义务对等的保险基本原理。

根据以上分析，该公司虽投保了宿员忠诚保证保险，也不应得到赔偿，保险公司的拒赔理由是充分的。

案例三：公共场合出险两重天

案情一：

2002 年 10 月，浙江省宁波市某中学初中学生张祥（化名）在放学后和同学到一免费公园内玩耍。当游玩到该公园内的一处假山附近时，被一块松动的石条砸伤，孩子的右手被砸伤，血流满地。张样的同学急忙通知其父母，并将其送往附近医院，经医生检查，张祥右手一处骨折，多处擦伤，需要上石膏治疗。花了钱不说，还要耽误学习和承担痛苦。

张祥父母在第二天，找到该公园的相关管理单位，要求经济赔偿并公开道歉。公园管理方面认为公园是免费，不存在经营行为。另外，张祥（初中生）并未成年，放学后并没有立即回家，而是和同学一起来公园内玩耍，这也反映父母作为监护人，并没有尽到教育的义务，因此，不同意其父母提出的赔偿要求，但是，出于同情，可以去医院看望。

由于说法和赔偿标准不致，双方各执词反复争议，到张祥伤好出院之时，问题也没解决。最终达成赔偿协议之后，由于公园并没有投保公共责任险，所以切费用都要由公园方面负责。

案情二：

2003 年 7 月，宋女士和丈夫一起来到刚围落成的某大型科技展馆参观。由于参观人数较多，场地显得相对拥挤。当宋女士乘坐馆内的手扶电梯由楼往楼时，由于宋女士没有站稳，下意识往后退，结果没站稳，滚了一周后摔在地上，所幸没有受到什么大的伤害，只是点擦伤。展馆工作人员立即赶到现场。为宋女士包扎，并提出送宋女去医院检查，同时由于该展馆已投保了公共责任险。工作人员及时向所投保的保险公司报了案。保险公司立即派员到达现场。根据宋女上的受伤情况。支付了所有的医疗费用及其他相关费用。展馆方面也向宋女士赔礼道歉。

分析：

案例一当中，公园管理方的说法是不正确的。免费公园是种政府行为，其形式上的免费实际上是靠政府拨款，而政府拨款则来源于纳税人，当市民享用这些免费福利设施时，实际上已经交了钱，市民享受的是纳税后的回馈。

（消费者权益保护法》第 7 条规定，消费者在购买、使用商品和接受服务时享有人身、财产不受损害的权利。该法第 11 条规定，消费者因购买、使用商品或者接受服务受到人身财产损害的，享有依法获得赔偿的权利。因此，免费公园提供的这种社会福利场所设施同样应该保障游客最起码的安全，城市园林的管理部门或者管理单位应当保持免费公园内建筑、游乐、服务等设施完好，保证游人安全，并对园林设施定期进行监督、检查。如果免费公园设施的安全隐患导致了事故，理应由其管理者承担责任。所以，公园有义务对在园内受伤的孩子负责。

由于公园没有投保公共责任险，所有损失只能自己承担，在商量善后措施、赔偿金额等等问题时，还由于标准不同引起了与游客的反复激烈争论，讨价还价，既浪费双方的时间和精力，又对公园的声誉带来了一定的负面影响。

案例四：责任保险案例之产品责任险

A 公司投保了产品责任险，B 在使用其产品时不慎发生事故，但保险公司认为事故是因不当操作引起，不属产品责任险范围。作为第三者受害方，B 直接向法院起诉保险公司，要求赔偿生产升降机设备的 A 公司向保险公司投保产品责任险。期间，某粮库工作人员 B 在使用 A 公司出产的升降机维修粮库时，由于升降机侧翻，不幸从 8 米多高处摔下，致使颅骨骨折、脑部损伤，花费治疗费用 10 万余元。A 公司据此向保险公司索赔，保险公司接到报案后即派人对现场进行了查勘，发现升降机的底部安全止推没有展开，并且事故现场地面有 25 度的坡度，属于明显的操作不当，应予拒赔。B 向 A 公司索赔，A 公司认为在保险公司同意赔偿之前，自己不会赔偿。因此，B 向法院直接起诉保险公司，要求赔偿 10 万元。

原告代理人称，依据《保险法》第五十条之规定，保险公司可以直接向第三者支付保险赔偿金。因此，既然法律规定保险人有直接向第三者赔偿保险金的义务，那么，原告就有权起诉保险公司并享有向保险公司请求直接赔偿的权利。保险公司则认为，原告混淆了两种不同的法律关系，即损害赔偿关系和保险赔偿关系。原告和 A 公司之间属民事侵权法律关系，而 A 公司与保险公司之间则是保险合同法律关系。保险公司既非侵权责任人，原告也非合同当事人，保险公司与原告之间无任何法律关系。因此，将保险公司列为被告没有任何法律依据。

此外，《保险法》第五十条只是规定了保险人可以直接向第三人赔偿，而非规定第三人有权直接向保险人索赔，只有在法律规定或者合同约定的前提下，第三者才可以对保险人直接提出索赔。本案原告与 A 公司之间的《产品责任险保险条款》中没有约定第三人可以向保险人直接索赔。同时，保险公司也提出本起事故是原告操作不当引起的，不属于产品责任问题，保险公司不应承担赔偿责任。

一审法院审理后认为，根据保险法第五十条之规定，原告有权向保险公司索赔，保险公司主张事故属于原告违规操作所致证据不足，不予采信。一审法院判决被告（保险人）承担原告（第三人）损失 10 万元。虽然责任保险第三者不受合同的直接保障，可是间接上享受合同约定的利益。

【案例点评】

从中国《保险法》第五十条的立法本意来看，该条虽然承认第三者可以依法请求保险人给付保险金，但并未明确第三者对保险人的直接请求权。由于本案《产品责任险保险条款》没有约定第三者有权直接向保险人索赔，第三者依法不享有直接请求权。

但从另一方面讲，虽然责任保险第三者不受合同的直接保障，可是间接上享受合同约定的利益。责任保险虽以被保险人的赔偿责任为前提，但保险人仅以责任的终结裁判而不一定要求被保险人实际已经支付了第三者经济赔偿金为前提。从保护第三者的利益出发，如果第三者能得到责任保险的直接索赔权，那么就可以避免被保险人逃避或延期对第三者赔偿的风险。第三者在获得保险赔偿后可就不足部分再向被保险人索偿。

责任保险发展的潮流是以保护第三者受害方的利益为目的，责任保险的公益性也日渐突出。责任保险中的第三人直接请求权势必将会得到法律的认可，目前中国的立法进程已显示出这种趋势，责任保险的第三者直接请求权正日益得到肯定和加强，比如《民用航空法》第168条规定了第三者受害方对保险人的不附抗辩事由的直接请求权，以及《海事诉讼特别程序法》第97条规定了对船舶造成油污损害的赔偿请求，受损害人可以直接向承担船舶所有人油污损害责任的保险人提出。

第三章　信用保险

信用保险所承保的是一种信用风险。凡权利人要求担保对方信用的保险属于信用保险。常见的信用保险险种有一般商业信用保险和进出口信用保险。

凡被保证人根据权利人的要求投保自己信用的保险属于保证保险。常见的保证保险险种有合同保证保险、产品保证保险和忠诚保证保险等。

一、概念

信用保险（Credit Insurance）是指权利人向保险人投保债务人的信用风险的一种保险，是一项企业用于风险管理的保险产品。其主要功能是保障企业应收账款的安全。其原理是把债务人的保证责任转移给保险人，当债务人不能履行其义务时，由保险人承担赔偿责任。

二、产生

历史上，信用保险在欧洲最受青睐。全球信用保险的保费总额为四十二亿美元，其中百分之八十四，约三十五亿美元是在欧洲。在过去的十年里，欧洲信用保费额与经济同步增长，平均每年涨幅为百分之五。目前信用保险在美国市场的渗透率较低，但市场潜力很大。去年美国信用保险的保费仅为五亿美元，占世界的百分之十二。未来五年中，在出口加速增长的带动下，欧洲信用保险的预期年增幅将达到百分之五到百分之七，而美国市场年增幅估计将在百分之十左右。

信用保险公司已开始对其现有产品进行重新包装，并开始单独提供信息类和保险类产品。其它相关服务如债务追收，也为保险公司带来额外的收入。互联网作为支持性工具，也为各种服务，例如保险理赔，提供了廉价的分配渠道和高速的通讯方式。在线 B2B 交易的蓬勃发展也给信用保险公司和其它信息服务供应商带来了机遇。亚洲金融危机的爆发和信用保险分支机构的设立使该地区交易商对信用保险的兴趣越来越大。目前在亚洲，信用保险主要由国有出口保险公司承担。各国国内的信用保险业务也已起步，例如，在日本，所有非人寿保险公司都同欧洲主要的信用保险公司开展合作。

信用保险公司增加收入的另一种方式是出售特定公司的信用信息。保险公司向客户提供全球任一公司的信用度，出售对其的信用评估。对于信用保险公司来说，这是一项重要的收入来源。信用保险公司已建立起包含数百万公司信息的数据库。近年来，信用保险公司又在不断扩充数据库，旨在不仅向传统的保险客户并向任何有意一方提供全球性的信用评估服务。

信用是商品买卖中的延期付款或货币的借贷行为。这种借贷行为表现为以偿还为条件的商品和货币的让渡形式。即债权人用这种形式赊销商品或贷出货币，债务人则按规定日期支付欠款或偿还贷款，并支付利息。信用保险是在这种借贷活动中，商品赊销方（卖方）赊销商品后不能得到相应的偿付，即赊购信用保险方（买方）出现信誉危机后产生的。商品运动过程中使用价值的让渡和价值实现的分离是信用危机产生的必要条件，商品生产的盲目性则是信用危机产生的充分条件。信用危机的出现，在客观上要求建立一种经济补偿机制以弥补债权人所遭受的损失，从而能够充分发挥信用制度对商品生产的促进作用。可见，信用保险正是随着信用制度的发展而应运而生的。

三、承担风险

通常情况下，信用保险会在投保企业的欠款遭到延付的情况下，按照事先与企业约定好的赔付比例赔款给企业。引发这种拖延欠款的行为可能是政治风险（包括债务人所在国发生汇兑限制、征收、战争及暴乱等）或者商业风险（包括拖欠、拒收货物、无力偿付债务、破产等）。

四、被保险人

信用保险的投保人为企业而非个人。

五、限额

在实际操作中，投保企业需要为其买家向保险公司申请限额，限额规定了投保企业在一定时期内向该买家赊销，能够获保的最高金额。限额体现了保险公司对于与该买家进行交易的潜在风险的认定。

六、保费

投保信用保险需要支付一定比率的保费。通常保费的比率（费率）较低，由债务人所在国风险以及债务人自身风险等标准厘定。

七、限制

信用保险的一般条件除与其他财产保险一样之外，还有以下限制：

（一）放款赊销，以对经常有清偿能力而且信用好的人或企业为限；

（二）被保险人应视为共保人，或规定损失超过一定百分比时，始由保险人就约定保险金额内负责。

八、分类

信用保险分为以下三种：

（一）商业信用保险

1.1 商业信用保险主要是针对企业在商品交易过程中所产生的风险。

在商品交换过程中，交易的一方以信用关系规定的将来偿还的方式获得另一方财物或服务，但不能履行给付承诺而给对方造成损失的可能性随时存在。比如买方拖欠卖方货款，对卖方来说就是应收款项可能面临的坏账损失。有些人会认为提取坏账准备金已经是一种自行保险了，参加这种商业保险不仅要支付保费增加企业的成本费用，而且保险公司参与监督企业的经营活动会损害公司管理的独立性，然而情况并非如此。

对于小公司来说，可用于周转的资金量较小，一笔应收款项成为坏账就可能使整个企业陷于瘫痪状态，所提取的坏账准备于事无补，发生这类情况的例子举不胜举；对于规模较大的公司来说，一般不会因少数几笔坏账就出现资金周转困难，但从我国这些年发生的"三角债"拖垮企业的众多事例中，可以看出信用保险是一项能避免信用风险、维持企业正常经营的有效措施。

贷款信用保险：是保险人对银行或其他金融机构与企业之间的借贷合同进行担保并承保其信用风险的保险。在市场经济的条件下，贷款风险是客观存在的，究其原因既有企业经营管理不善或决策失误的因素，又有灾害和意外事故的冲击等。这些因素都可能造成贷款不能安全回流，对此必然要建立起相应的贷款信用保险制度来保险制度来予以保证。

1. 保险人：保险公司

2. 被保险人：在贷款信用保险中，贷款方（即债权人）是投保人。当保单签发后，贷款方即成为被保险人。当企业无法归还贷款时，债权人可以从保险人那里获得补偿。贷款人在获得保险人的补偿后，必须将债权转让给保险人，由保险人向借款人追偿。

3. 保险金额：贷款信用保险的承保金额是银行贷出的全部款项。保险人在厘定保险费率时考虑：企业的资信情况；企业的经营管理水平与市场竞争力；贷款项目的期限和用途；不同的经济地区等。

4.扮演角色

用保险来规避贷款风险目前在金融领域广泛运用，国际上一些发达国家和地区的商业银行贷款，大多是通过不同形式取得保险。例如美国有 90% 以上的商业银行参加信用保险。所谓贷款信用保险，实际上是一种担保，指银行作为权利人要求保险人为被保证人提供信用保险。

我国针对民营企业开展贷款信用保险，首先是拓宽了为民营企业担保的渠道，在一定程度上缓解了民营企业贷款担保难的问题。民营企业能及时得到贷款，对发展民营经济有利。其次缓解了银行制度约束和增加投入的矛盾。银行作为经营信贷资金的所有者，面临不能按期收回贷款风险，往往要求贷款企业提供抵押品或担保。贷款信用保险作为一种担保，可使银行信贷资金安全得到保障，解除了银行的后顾之忧。对国内正待发展的保险业来说，既提供了开展新险种的有效途径，又不需要增加额外的成本。目前，银保合作正日渐深入，贷款信用保险不妨一试，应该说这是个不错的切入点。

1.2 信用保险可解贷款燃眉之急

凭借个人信用，在无需抵押物、没有担保人的情况下，只要事先买个保险，可在 3—5 个工作日从银行获得小额消费贷款以解燃眉之急，这就是信用保险贷款的直接效用予以保证。

赊销信用保险：是为国内商业贸易的延期付款或分期付款行为提供信用担保的一种信用保险业务。在这种业务中，投保人是制造商或供应商，保险人承保的是买方（即义务人）的信用风险，目的在于保证被保险人（即权利人）能按期收回赊销货款，保障商业贸易的顺利进行。

1.保险人：保险公司

2.被保险人：制造商或供应商

3.保险目的：保证被保险人即债权人能按时收回赊销贷款，保障商业贸易的顺利进行。适用于分期付款方式销售的耐用商。

预付信用保险：是指以金融机构对自然人进行贷款时，由于债务人不履行贷款合同致使金融机构遭受经济损失为保险对象的信用保险。它是国外保险人面向个人承保的较特别的业务。由于个人的情况千差万别，且居住分散，分险不一，保险人要开办这种业务，必须对贷款人贷款的用途、经营情况、日常信誉、私有财产物资等做全面的调查了解，必要时还要求贷款人提供反担保，否则，不能轻率承保。

1. 保险人：保险公司

2. 被保险人：商品的买方

3. 保险的限制：预付信用保险是以商品赊销和信用放贷中的债务人的信用作为保险标的，在债务人未能如约履行债务清偿而使债权人遭致损失时，由保险人向被保险人，即债权人提供风险保障的一种保险。

1.3 信用保险的一般条件除与其他财产保险一样之外的限制

1. 放款赊销，以对经常有清偿能力而且信用好的人或企业为限；

2. 被保险人应视为共保人，或规定损失超过一定百分比时，始由保险人就约定保险金额内负责。

（二）出口信用保险

出口信用保险（Export Credit Insurance），也叫出口信贷保险，是各国政府为提高本国产品信用保险的国际竞争力，推动本国的出口贸易，保障出口商的收汇安全和银行的信贷安全，促进经济发展，以国家财政为后盾，为企业在出口贸易、对外投资和对外工程承包等经济活动中提供风险保障的一项政策性支持措施，属于非营利性的保险业务，是政府对市场经济的一种间接调控手段和补充。是世界贸易组织（WTO）补贴和反补贴协议原则上允许的支持出口的政策手段。

2.1 中国出口信用保险现状

信用保险是国际通行的贸易促进手段，但在我国起步较晚。中国信保自成立以来，一面快速学习国际同业先进经验，一面结合国情，"摸着石头过河"，使我国信用保险业呈现超常规、跨越式增长态势。十年间，中国信保积极推进产品服务创新。中国信保成立之初，我国信用保险产品单一，只有短期出口信用保险、中长期出口信用保险和海外投资保险三种产品。

为适应我国出口、投资和消费需求的发展变化，中国信保不断创新完善保险产品，改进保险服务，已经拥有由 43 种产品、26 种承保模式组成的项目险、贸易险等业务板块以及包括资信评估、应收账款管理在内的完整的信用风险管理服务体系，建立了与客户无缝对接的"信保通"客户服务系统。中国信保专业、完善的产品服务体系，能够为我国进出口贸易、海外投资、国内贸易等经济活动提供完整的信用风险保障。

2.2 出口信用保险规避风险

在应对激烈的贸易摩擦等过程中，中国信保发挥了帮助我国企业避险的积极作用。近年来，世界各国都更加重视出口信用保险在拉动出口、推动投资、控制风险等方面的作用。特别是进入 2009 年后，各国政府持续加大了对政策性出口信用保险机构（ECA）的支持力度。比如，德国大幅度提高有关出口信用保险的财政预算，日本政府 2009 年追加出口贸易保险责任约 160 亿美元，以加大对日本出口商的保险力度。

我国出口信保业务一直保持快速发展，2011 年，出口信用保险实现承保金额 2，162.4 亿美元，占同期我国一般贸易出口总额的 23.6%，占同期出口总额的 11.4%，超过国际平均水平；中长期出口信用保险实现承保金额 107.6 亿美元，增长 11.6%。

在这　过程中，作为我国惟一的政策性出口信用保险机构，中国出口信用保险公司的业务量和经营能力也随之不断提升。在应对激烈的贸易摩擦等过程中，中国信保都发挥了帮助我国企业避险的积极作用。如 2011 年，中国信保及时启动理赔绿色通道，向在利比亚战乱中受损的 31 家企业支付赔款，其中中国葛洲坝集团股份有限公司和中建材集团进出口公司分别获得赔款 1.62 亿元和 4，815 万元，有力保障了经营稳定。

2.3 短期出口信用保险

短期险承保放帐期在 180 天以内的收汇风险，根据实际情况，短期险还可扩展承保放帐期在 180 天以上、360 天以内的出口，以及银行或其他金融机构开具的信用证项下的出口。短期出口信用保险主要适用于以下 3 项：

（1）一般情况下保障信用期限在一年以内的出口收汇风险。

（2）适用于出口企业从事以信用证（L/C）、付款交单（D/P）、承兑交单（D/A）、赊销（OA）

（3）结算方式自中国出口或转口的贸易。

2.4 延长期出口信用保险

延长期出口信用保险是承保 180 天到两年之间的出口贸易风险。适用于诸如汽车、机械工具、生产线等货物的出口，此险种也可视为短期出口信用保险的延续。

2.5 中长期出口信用保险（简称中长期险）

可分为买方信贷保险、卖方信用保险和海外投资保险三大类。中长期险承保放帐期在一年以上、一般不超过 10 年的收汇风险，主要用于高科技、高附加值的大型机电产品和成套设备等资本性货物的出口，以及海外投资，如以 BOT、BOO 或合资等形式在境外兴办企业等。中长期出口信用保险旨在鼓励我国出口企业积极参与国际竞争，支持银行等金融机构为出口贸易提供信贷融资；中长期出口信用保险通过承担保单列明的商业风险和政治风险，使被保险人得以有效规避出口企业收回延期付款的风险和融资机构收回贷款本金和利息的风险。

（1）中长期出口信用保险的特点

①保本经营为原则，不以营利为目的；

②政策性业务，受国家财政支持。

（2）中长期出口信用保险的作用

①转移收汇风险，避免巨额损失；

②提升信用等级，为出口商或进口商提供融资便利；

③灵活贸易支付方式，增加成交机会；

④拓宽信用调查和风险鉴别渠道，增强抗风险能力。

2.6 主要产品

（1）出口卖方信贷保险：出口卖方信贷保险又称延付合同保险，是在出口商以延期付款的方式向境外出口商品和服务时，延付期超过 1 年，出口信用机构（ECA）向出口商提供收汇风险保障的政策性信用保险。出口卖方信贷保险的承保的风险包括政治险和商业险，赔付比率为 90%。出口商可以将卖方信贷保险的赔款权益转让给银行作为保证，获得出口卖方信贷，这就是"出口卖方信贷保险"名称的由来。出口卖方信贷保险承保的是境外进口商和担保人不付款的风险，保险责任是基于商务合同项下的买家的支付货款的责任，因此出口卖方信贷保险标的是出口商务合同而不是出口卖方信贷协议。

从理论上讲出口卖方信贷保险并不一定和出口卖方信贷必然相联系，其逻辑是出口商通过投保出口卖方信贷保险有效地提升了自身的信用等级，符合了银行的信贷要求，从而能够顺利获得贷款。实践中出口商投保出口卖方信贷保险往往缘于银行的要求。出口卖方信贷保险的投保人和被保险人都是出口商，保单货币与商务合同一致，通常是美元，而出口卖方信贷的货币通常是人民币。

（2）出口买方信贷保险：出口买方信贷保险是指在出口买方信贷融资方式下，出口信用机构（ECA）向贷款银行提供还款保障的政策性保险。出口买方信贷保险承保的风险包括政治风险和商业风险，赔付比率均为 95%。出口买方信贷保险所依据的基础合同是出口买方信贷贷款协议，保险货币是贷款协议货币一致，一般是美元。出口买方信贷的被保险人是贷款银行，投保人一般为出口商或贷款银行。

（3）福费廷保险：福费廷保险（又称中长期票据保险）是在出口商以延期付款条件进行出口，并计划（或进出口双方商定）以无追索权向银行或其它金融机构卖断支付票据方式进行融资的情况下，福费廷保险以降低融资银行票据兑付的风险，并降低出口商的融资成本。福费廷保险所依据基础合同是商务合同和支付票据。福费廷保险承保的风险包括政治风险和商业风险，赔付比率均为95%。福费廷保险的被保险人是购买票据的融资银行，投保人一般是融资银行，也可以是出口商。

上述中长期信用保险产品都是特定式项目保险，为了帮助出口商参与市场竞争，中长期出口信用保险产品还推出了信用额度保险，以简化后期审批程序，缩短出单时间。中长期出口信用保险产品还包括"融资租赁保险"。根据市场需求，通过对不同风险的选择性承保，赔付比率的调整以及出运前和出运后的单独承保等方式，还可以派生出为客户或为项目量身定做的中长期出口信用保险产品。对进口国当地货币融资的中长期出口信用保险正在探讨中。随着中国出口信用保险公司中长期业务自身风险管理技术的提高，在国际大型项目的结构化融资中，中长期出口信用保险产品也表现出更大的灵活性和更强的适应性。

2.7 承保范围

合同金额在100万美元以上，收汇期限超过360天的大型成套设备、机电产品或船舶等资本性或半资本性货物，技术成熟、国产化程度为60%—70%（船舶50%）以上，或回报率较高的大型基础设施建设，如公路、桥梁、电站等融资项目。

（1）特定的出口信用保险是在特定情况下，承保特定合同项下的风险。承保的对象一般是复杂的、大型的项目。如大型的转口贸易，军用设备，出口成套设备（包括土建工程等）及其它保险公司认为风险较大需单独出立保单承保的项目。

（2）保证保险是指保险人承保因被保证人行为使被保险人受到经济损失时应负赔偿责任的保险形式。常见的保证保险险种有合同保证保险、产品保证保险和忠诚保证保险等。

（3）合同保证保险：保证当合同的一方因另一方未能按时按质按量地履行合同所规定的各种义务而蒙受的损失由保证人（保险公司）补偿的保险。包括投标保证保险、预付款保证保险、履约保证保险、维修保证保险、留置金保证保险等。主要用于国际贸易和海外工程承包合同，是附属于商务合同的一个单独合同。

①保险人：保险公司

②被保险人：国际贸易和海外工程承包合同的公司

③保险金额：保证金额通常为合同金额的 80%，保险费实为担保手续费。:

④调查内容

在承保前，保证人往往要对被保证人的财务状况、资信度进行调查。调查的主要内容包括：

①有关被保证人基本情况的记录，包括被保证人的历史、在社会上的影响等；

②最近财务年度的财务由册及有关材料；

③合同业务的进展状况；

④反担保人的财务状况；

⑤与银行的往来信函；

⑥企业的组织、经营状况，信贷情况，财务审计及记账方法，附属企业的情况。

（4）合同保证保险所要求的具体条件包括：

①投资项目已经核实，工程施工力量、设备材料等已落实。

②严格审查承包人的信誉、经营承包能力和财务状况，并要求提供投保工程的合同副本、往来银行名称及账号等情况资料。

③要求承包工程的人提供反担保或签订"偿还协议书"。

④工程项目本身已投了工程保险。

（5）合同保证保险的责任范围主要包括：

①合同保证保险根据工程承包合同内容来确定保险责任，一般仅以承包人对工程所有人承担经济责任为限。

②保险人赔偿的数额也以工程合同中规定的承包人应赔偿的数额为限。

③此外，合同保证保险的保险金额，一般不超过工程总造价的 80% 为限。

2.8 产品保证保险

产品质量保证保险亦称"产品保证保险"。承保制造商、销售商或修理商因其制造、销售或修理的产品质量有内在缺陷而给消费者带来的经济损失的保险。包括：更换、修理有质量问题产品所引起的损失和费用；因产品无法使用而改用其他方式达到目的所引起的损失和费用；根据法院判决或政府有关部门命令收回、更换或修理已投入市场的产品所引起的损失和费用。保险金额一般是按保险标的的购货发票或修理费收据金额来确定；保险期限因产品的性能、用途不同而异，一般是以产品质量认证机构所确认的质量保证期来确定。

（1）保险人：保险公司

（2）被保险人：生产该产品的厂家

（3）保险金额：产品质量保证保险的保险金额一般是按保险标的的购货发票或修理费收据金额来确定。

（4）保险期限

保险期限因产品的性能、用途不同而异，一般是以产品质量认证机构所确认的质量保证期来确定。例如，电视机的质量保证期通常为三年。

（5）保险责任范围

①使用者更换或修理有质量缺陷的产品所蒙受的损失和费用；

②赔偿使用者因产品质量不符合使用标准而丧失使用价值的损失和由此引起的额外费用，如运输公司因汽车销售商提供的汽车质量不合格所引起的停业损失和继续营业而临时租用他人汽车所支付的租金等；

③被保险人根据法院的判决或有关政府当局的命令，收回、更换或修理已投放市场的存有缺陷产品所承受的损失和费用。

忠诚保证保险：主要承保雇员的不法行为致使雇主遭受的经济损失的保险。忠诚保证保险一般由雇主投保，主要保障被保险人（雇主）的货币和有价证券的损失、被保险人所有的财产损失、被保险人有权拥有的财产或对此负有责任的财产、为保险单指定区域的可移动的财产。忠诚保证保险的投保方式分为两种：

（1）不指名方式，即投保所有的雇员；

（2）指名方式，即投保指定的某些雇员。

①保险人：保险公司

②被保险人：雇主

③忠诚保证保险的投保方式

雇员忠诚保证保险承保雇主因雇员的不诚实行为而遭受的经济损失。该产品以雇主为被保险人，投保方式有两种：

（1）不指名投保。即把所有雇员都列入保证范围，并按工种、直接或间接经管钱物的情况分类，对每类人员分别规定赔偿责任限额。赔偿责任限额可以根据企业的业务量和雇员经手钱物的数量由被保险人协商确定。

（2）指名方式。即指定某些雇员为保证对象，并对每个人单独约定赔偿责任限额。

保险责任：对于雇主因雇员的不诚实行为而遭受的直接经济损失，保险人在下列条件下履行赔偿责任：

（1）雇员的不诚实行为发生在保险期内；

（2）雇员的不诚实行为发生在其受雇佣期间（该期间连续未中断）；

（3）雇员的不诚实行为发生在其从事雇佣工作的过程中，即与其职业或职责有关。

（4）但是，由于雇员的不诚实行为不易立即发现，所以本保险对雇员的不诚实行为规定了一个发现期，即在保险期限内从雇员退休、离职、死亡、脱离工作岗位日期起或保单终止之日起六个月，在此期间内发现的雇员的不诚实行为给雇主造成的损失也属保险责任范围。

忠诚保证保险的保险期限一般为1年，期满可以续保。忠诚保证保险通常规定有发现期。

（1）忠诚保证保险必须规定发现期，发现期不是从损失发生时开始，而是从合同终止时开始。

（2）任何不诚实行为必须是发生在雇员连续无中断的工作期间。

（3）任何不诚实行为引起的损失必须是在雇员被辞退或退休或死亡之后6个月内或忠诚保证保险合同期满3个月内发现。

根据上述规定，如果雇主与保险人签订了不间断总括忠诚保证保险合同，在雇主能够证明自己的损失时，对已离开他不满3个月的雇员，在10年前给他造成的损失，也可获得保险人的赔偿。

2.9 忠诚保证保险的赔偿处理

（1）雇主及其代理人在发现雇员有不，诚实行为，并造成钱财损失时，应及时通知保险人。自发现之日起，应在3个月内提交完整的索赔单证。

（2）雇主对雇员只能提出一次索赔请求，保险保证金额不累计计算。例如，某雇员连续工作5年，事后发现他每年非法占有雇主钱财约8，000元，如果该雇员的保证金额是20，000元，则仅以20，000元为最高赔偿金额。

（3）雇主向保险人索赔时，应协助保险人向有不诚实行为的雇员进行迫偿。

（4）自发现雇员有不诚实行为之日起，若雇主还有应付给雇员的薪金或佣金或其他钱财时，应当在保险赔偿金额中扣除。

（5）忠诚保证保险可规定免赔额。保险人在处理赔偿时，应当先扣除免赔额，然后对超出免赔额部分的损失负责赔

保险费率：信用保险的费率主要根据以下几方面确定的：

（1）每个买家的年销售额，要求的赊账额度；

（2）赊账的账期，O/A30、45、60；

（3）总的销售金额、国家区域；

（4）实际批复的额度。

（三）投资保险

投资保险又称政治风险保险，承保投资者的投资和已赚取的收益因承保的政

治风险而遭受的损失。投资保险的投保人和被保险人是海外投资者。开展投资保险的主要目的是为了鼓励资本输出。作为一种新型的保险业务，投资保险于20世纪60年代在欧美国家出现以来，现已成为海外投资者进行投资活动的前提条件。

九、作用

（一）有利于保证企业生产经营活动的稳定发展

银行向企业发放贷款必然要考虑贷款的安全性，即能否按期收回贷款的问题。企业投保了信用保险以后，就可以通过将保单作为一种保证手段抵押给贷款银行，通过向贷款银行转让保险赔款，要求保险人向贷款银行出具担保等方式，使银行得到收回贷款的可靠保证，解除银行发放贷款的后顾之忧。可见，信用保险的介入，使企业较容易得到银行贷款，这对于缓解企业资金短缺，促进生产经营的发展均有保障作用。

（二）有利于促进商品交易的健康发展

在商品交易中，当事人能否按时履行供货合同，销售货款能否按期收回，一般受到多种因素的影响。而商品的转移又与生产者、批发商、零售商及消费者有着连锁关系。一旦商品交易中的一道环节出现信用危机，不仅会造成债权人自身的损失，而且常常会引起连锁反应，使商品交易关系中断，最终阻碍商品经济的健康发展。有了信用保险，无论在何种交易中出现信用危机，均有保险人提供风险保障。因此，即使一道环节出了问题，也能及时得到弥补。

（三）有利于促进出口创汇

外贸出口面向的是国际市场。风险大，竞争激烈，一旦出现信用危机，出口企业就会陷入困境，进而影响市场开拓和国际竞争力。如果企业投保了出口信用保险，在当被保险人因商业风险或政治风险不能从买方收回货款或合同无法执行时，他就可以从保险人那里得到赔偿。因此，出口信用保险有利于出口企业的经济核算和开拓国际市场，最终促使其为国家创造更多的外汇收入。

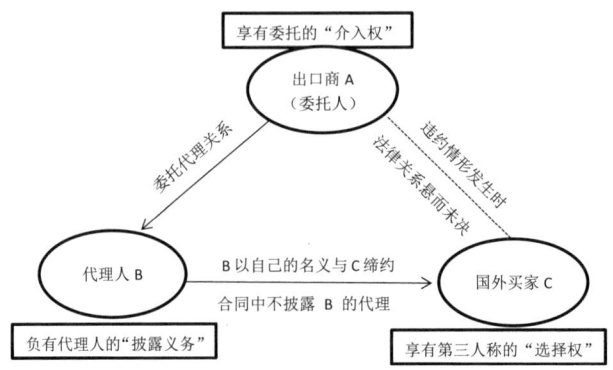

十、特征

（一）特征承保风险具有特殊性

信用保险一般承保商业风险，但政府支持开办的信用保险，比如中国出口信用保险公司除了承保商业风险外，还承保政治风险。还有一些特殊的出口信用保险会承保战争风险。

（二）特征强调损失共担

信用保险与其他保险不太相同的地方就是强调损失共担。一般来说，即使保险公司进行了赔付，但是投保人还是要承担一部分的损失，这个承担的部分在5%-15% 不等。

（三）特征风险调查困难

与一般保险产品不同，信用保险的保险标的是没有实际存在的一个人或者一个企业的信用，而无论企业还是人，它的信用水平都不是非常好调查。一般，保险公司只能通过过去的信用记录来判断将来其信用风险的大小，但其实这种方法误差还是比较大的。

十一、相关条款

（一）出口信用保险

根据 2004 年第十届全国人大常委会第八次会议修订通过的《中华人民共和国对外贸易法》第 53 条规定："国家通过进出口信贷、出口信用保险、出口退税及其他促进对外贸易的方式，发展对外贸易。"

1.1《出口信用保险 2000 年问题除外责任条款》

本条款"2000 年问题"系指因涉及 2000 年日期变更或此前、期间、其后任何其他日期变更（包括闰年的计算），直接或间接引起计算机硬件设备、程序、软件、芯片、媒介物、集成电路及其他电子设备的类似装置的故障，进而直接或间接引起和导致本保单所规定的损因的发生以致造成与之相关联的任何损失。

无论计算机设备是否属于被保险人、贷款银行、进口方或借款银行所有，本公司对由于下列原因，直接或间接导致、构成或引起的本保单所规定的损因的发生以致造成与之相关联的任何损失不负赔偿责任：

1. 不能正确识别日期；

2. 理任何数据和信息或执行命令和指令；

3. 在任何日期或该日期之后，由于编程输入任何计算机的操作命令引起的数据丢失，或不能读取、储存、保留、检索、正确处理该类数据；

4.因涉及2000年日期变更，或任何其他日期变更（包括闰年的计算）而不能正确进行计算、比较、识别、排序和数据处理；

5.因涉及2000年日期变更，或任何其他日期变更（包括闰年的计算）对包括计算机、硬件设备、程序、芯片、媒介物、集成电路及其他电子设备中的类似装置进行预防性、治理性、或其他性质的更换、改变、修改。

1.2《出口信用保险扶持发展资金管理办法》

第一条　为鼓励出口企业积极开拓国际市场，帮助出口企业防范收汇风险，发挥出口信用保险对出口的促进作用，加强和规范"出口信用保险扶持发展资金"（以下简称"扶持发展资金"）的管理，特制定本办法。

第二条　本办法所称的"出口企业"是指在中华人民共和国境内注册的、有进出口经营权的各类所有制企业。

第三条　本办法所称的"扶持发展资金"是指国家对出口企业投保出口信用保险给予的专项资助资金。

第四条　扶持发展资金来源：

（1）中央外贸发展基金；

（2）扶持发展资金专户存款的利息。

第五条　扶持发展资金的管理和使用遵循公开透明、定向使用、科学管理、加强监督的原则。

第六条　外经贸部和财政部为扶持发展资金的主管部门，共同负责扶持发展资金的使用和管理。

外经贸部负责扶持发展资金的业务管理，包括会同财政部确定扶持发展资金的支持方向、使用范围、资助标准和方式，组织对扶持发展资金使用方向的专题调研，提出年度资金计划等工作。

财政部负责扶持发展资金的预算和财务管理，包括会同外经贸部审定年度资金预算，拨付扶持发展资金，组织对扶持发展资金使用情况的追踪问效和监督检查等工作。

第七条　外经贸部和财政部委托的出口信用保险机构（以下简称"承办单位"）具体承办对出口企业投保出口信用保险给予的专项资助事项。

第八条　扶持发展资金的使用范围包括：

（1）中长期出口信用保险；

（2）短期出口信用保险；

（3）海外投资保险；

（4）其他经外经贸部、财政部批准的范围。

上述范围内的具体险种，须由承办单位报经外经贸部、财政部同意，方可列入扶持发展资金的支持范围。

第九条　获得扶持发展资金的出口企业应符合以下条件：

（1）在中华人民共和国境内注册，具有独立企业法人资格和进出口经营权；

（2）已向境内保险机构投保出口信用保险并缴纳保费；

（3）3 在外经贸业务、财务、出口退税、外汇管理、海关监管等方面无严重违规行为。

第十条　凡符合本办法第九条规定条件的出口企业，按实际缴纳保费（支付外汇的，按国家规定汇率折算人民币）的一定比例予以资助。其中：

（1）投保中长期出口信用保险和海外投资保险的按实际缴纳保费的 10% 予以资助；

（2）投保短期出口信用保险的按实际缴纳保费的 20% 予以资助。

对符合条件的西部地区出口企业，在上述规定比例的基础上，上浮五个百分点予以资助。

第十一条　扶持发展资金按季度拨付出口企业。承办单位按现行相应的保险费率向投保的出口企业计收保费，并根据本办法第十条规定的资助比率，在每季度后的一个月内将上季度出口企业应获得的资助资金退还出口企业。

第十二条　财政部按季度向承办单位预拨扶持发展资金。承办单位每季度的第一个月向财政部和外经贸部提出资金拨付申请，财政部商外经贸部后拨付资金。

第十三条　承办单位应建立扶持发展资金专用账户，专项用于扶持发展资金的核算和管理。

第十四条　承办单位于每季度后十日内，将汇总的上季度《全国出口信用保险扶持发展资金情况表》（附表 1）报送外经贸部和财政部备案。承办单位在报备案十个工作日后可将资金拨付投保企业。

第十五条　出口企业收到扶持发展资金后，应按照国家有关规定进行财务处理。

第十六条　承办单位于每个会计年度结束后一个月内，向财政部和外经贸部报送扶持发展资金的使用情况报告。报告应包括：扶持发展资金对促进出口企业积极开拓国际市场的作用，扶持发展资金的收入、支出和结余情况，以及《全国出口信用保险扶持发展资金分省市实际资助情况汇总表》（附表 2）。

第十七条　扶持发展资金是财政专项资金，严禁任何单位和个人截留、挪用。

第十八条　财政部和外经贸部或委托专业的中介机构，对承办单位和出口企业使用扶持发展资金情况进行定期的监督检查，主要内容包括：

（1）是否按规定审核出口企业的扶持发展资金资助额；

（2）是否按规定及时足额将资金拨付至出口企业；

（3）有无截留、挪用扶持发展资金或其他相关的违反财务会计制度的问题；

（4）扶持发展资金的使用效果。

第十九条　违反本办法规定，有下列行为之一的出口企业或承办单位，视情节轻重，外经贸部和财政部将收回扶持发展资金或取消承办权，并建议有关部门对相关负责人和直接责任人员给予行政处分；构成犯罪的，移交司法机关依法处理：

（1）采取各种不正当手段骗取扶持发展资金；

（2）截留或挪用扶持发展资金；

（3）拒绝有关部门监督、检查，或对有关部门监督、检查不予配合。

第二十条 出口信用保险业务承办单位须根据本办法的规定，制定具体的操作办法报外经贸部和财政部批准后实施。

第二十一条 本办法由外经贸部和财政部负责解释。

第二十二条 本办法自二〇〇三年一月一日起执行。

（二）商务部市场秩序司关于中小商贸企业内贸信用险补助政策若干问题的解

2.1 关于中小商贸企业的认定

（1）从业人数和销售额，其中一项指标达到标准，即属于中小商贸企业。从业人数和销售额以上一年度的信息为准。其中投保企业为中小商贸企业的，应至少提供自证材料（见附件2）、营业执照和组织机构代码证。风险方为中小商贸企业的，应提供风险方自证材料（同附件2）或保险公司依据从第三方机构获得的信息出具的证明（见附件3）。

（2）对中小商贸企业的判定以具有法人资格的单个企业为准。

①关于保险险种：补助项目仅针对国内贸易信用保险。

②关于内贸信用险发生日期：内贸信用险的发生日期以保险机构保费发票出具日期为准。

2.2 关于下乡保费补助

申请下乡保费补助的企业须在保险合同生效日期之前获得"家电下乡"资格，提供《"家电下乡"产品中标协议书》，同时须出示自证材料，标明保单中有多少金额为"家电下乡"产品（见附件4）。

2.3 关于补助上限

买卖双方均为中小商贸企业时，投保企业获得补助的上限仍为15万元。

2.4 关于保险机构的风险补偿

（1）单笔融资。

单笔融资是指一张银行利息单上所述的融资金额。

（2）同期贷款利率。

以一年期贷款基准利率 5.31% 计。

（3）保险机构应出具材料。

保险机构须提供合作银行盖章确认的《内贸信用险补助项目风险补偿申报表》，赔款转让协议复印件（共同被保险人之一为银行的可提供相应保单），相应的利息单、保单复印件。

（三）符合风险补偿条件的保险业务。

投保方或风险方为中小商贸企业的内贸险业务，即符合基本保费补助条件的保险业务。

（四）短期出口信用保险

《短期出口信用保险业务保单承保管理规定》

《短期出口信用保险买方信用限额审批实务处理细则》

《短期出口信用保险理赔追偿实务处理细则》

第六篇　其他保险

第一章　海上保险

一、何谓海上保险

（一）海上保险的定义

海上保险是以海上财产，如船舶、货物以及与之有关的利益，如租金、运费等作为保险标的的保险。对自然灾害或其他意外事故造成海上运输损失的一种补偿方法。保险方与被保险方订立保险契约，根据契约被保险方应付一定费用给承保方，发生损失后则可得到承保方的补偿。

海上保险是所有保险种类中起源最早的，历史最长的，最早的海上保险案例体现了保险的最原始目的和形式，因此对海上保险本身进行探讨将有助于我们加深对保险的理解。

海上保险自其最初的形式发展至今，已然成为重要的险种之一，也因其特殊性质而成为保险业中相对独立的制度，其约定的形式也由简单的保险单形式完善至现今的保险合同。对于海上保险的定义的界定，可以从相关法律条款中对海上保险合同的阐述中探究，而各国对此的界定却也不尽相同：

英国《海上保险法》（Marine Insurance Act 1906）第1条对海上保险合同的定义是："海上保险合同是保险人向被保险人承诺，于被保险人受到海上损失，即海事冒险所发生的损失时，应依约定的条款和数额，赔偿被保险人损失的合同。"

美国1920年《海商法》（Merchant Marine Act 1920）对海上保险所下的定义是："海上保险是被保险人按照约定向保险人支付保险费，保险人按照约定，当被保险人所有处在海上风险中的特定利益受到损失时承担赔偿的合同。"

日本《商法》第815条、第816条规定："海上保险合同是以对航海有关的事故而发生的损失予以补偿为目的。""除本章另有规定或合同另有订立外，保险人应就保险标的在保险期间，因航海有关的事故所发生的一切损失负赔偿之责。"

《中华人民共和国海商法》第216条规定："海上保险合同是指保险人按照约定，对被保险人遭受事故造成保险标的的损失和产生的责任负责赔偿，而由被保险人支付保险费的合同。"

归结上述法律界定，再按照通常认同的说法，海上保险是保险人和被保险人通过协商，对船舶、货物及其它海上标的所可能遭遇的风险进行约定，被保险人在交纳约定的保险费后，保险人承诺一旦上述风险在约定的时间内发生并对被保险人造成损失，保险人将按约定给予被保险人经济补偿的商务活动。

海上保险的内容和唯一目的是保险人按照保险合同的规定，对被保险人因海上事故所造成的损失承担赔偿责任，而被保险人为了获得损失补偿需按约定支付保险费，并且对保险标的需具有可保利益。

（二）海上保险的种类

海上保险主要有五种。①船舶保险。以船舶为保险标的。当船舶在航行或其他作业中受到损失时，予以补偿。包括船舶定期保险、航程保险、费用保险、修船保险、造船保险、停航保险等。②运费保险。以运费为保险标的。只按航程保险，通常以全损为投保条件。海损后船舶所有人无法收回的运费由保险人补偿。③保障赔偿责任保险。船舶所有人之间相互保障的一种保险形式。主要承保保险单不予承保的责任险，对船舶所有人在营运过程中因各种事故引起的损失、费用、罚款等均予保险。④海洋运输货物保险。以海运货物为保险标的。主要有平安险，负责赔偿因自然灾害发生意外事故造成保险货物的全部损失；水渍险，除负责平安险的全部责任外，还负责因自然灾害发生意外事故所造成的部分损失；一切险，负责保险条件中规定的除外责任以外的一切外来原因所造成的意外损失。⑤石油开发保险。以承保海上石油开发全过程风险为标的。属于专业性的综合保险。此种保险的保险期很长，因开发周期的原因，可达十余年。

（三）海上保险的起源

意大利是海上保险的发源地。早在 11 世纪末叶，意大利商人就控制了东方和西欧的中介贸易。在经济繁荣的意大利北部城市特别是热那亚、佛罗伦萨、比萨和威尼斯等地，由于其地理位置是海上交通的要冲，这些地方已经出现类似现代形式的海上保险。那里的商人和高利贷者将他们的贸易、汇兑票据与保险的习惯做法带到他们所到之处，足迹遍及欧洲。许多意大利伦巴第商人在英国伦敦同犹太人一样从事海上贸易、金融和保险业务，并且按照商业惯例仲裁保险纠纷，逐渐形成了公平合理的海商法条文，后来成为西方商法的基础。自从 1290 年犹太人被驱赶出英国后，伦敦的金融保险事业就操纵在伦巴第人手中。在伦敦至今仍是英国保险中心的伦巴街由此得名。英文中的"保险单"（Policy）一词也源于意大利语"Polizza"。大约在十四世纪，海上保险开始在西欧各地的商人中间流行，逐渐形成了保险的商业化和专业化。1310 年，在荷兰的布鲁日成立了保险商会，协调海上保险的承保条件和费率。1347 年 10 月 23 日，热那亚商人乔治·勒克维伦开出了迄今为止世界上发现最早的保险单，它承保"圣·克勒拉"号船舶从热那亚至马乔卡的航程保险。1397 年，在佛罗伦萨出现了具有现代特征的保险单形式。

海上保险在各类保险中起源最早。正是海上保险的发展，带动了整个保险业的繁荣与发展。人类在长期的航海实践中逐渐形成了由多数人分摊海上不测事故所致损失的方式共同海损分摊。在公元前 916 年罗地安海立法中规定："为了全体利益，减轻船只载重而抛弃船上货物，其损失由全体受益方来分摊。"

现代海上保险是由古代的巴比伦和腓尼基的船货抵押借款思想逐渐演化而来的。1384 年，在佛罗伦萨诞生了世界上第一份具有现代意义的保险单。这张保单承保一批货物从法国南部阿尔兹安全运抵意大利的比萨。在这张保单中有明确的保险标的、明确的保险责任，如"海难事故，其中包括船舶破损、搁浅、火灾或沉没造成的损失或伤害事故。"

16 世纪时，英国商人从外国商人手里夺回了海外贸易权，积极发展贸易及保险业务。1720 年经女王批准，英国的"皇家交易"和"伦敦"两家保险公司正式成为经营海上保险的专业公司。

1688 年，爱德华·劳埃德在伦敦塔街附近开设了一家以自己名字命名的咖啡馆。由于这里海事消息灵通，每天富商满座，保险经纪人利用这一时机，将承保便条递给每个饮咖啡的保险商。随海上保险不断发展，劳埃德承保人的队伍日益状大，影响不断扩大。1871 年英国议会正式通过一项法案，使它成为一个社团组织—劳合社。到目前为止，劳合社的承保人队伍达到 14，000 人。现今其承保范围已不仅是单纯的海上保险。

（四）海上保险的基本原则

海上保险活动作为一种独立的经济活动类型，基于自身的特点和适用范围，逐步在长期的发展过程中形成了一系列基本原则。根据国际惯例，这些基本原则可归纳为：损失补偿原则、可保利益原则、近因原则、最大诚信原则和代位求偿原则。

4.1 损失补偿原则

损失补偿原则是指被保险人在保险合同约定的保险事故发生之后，保险人对其遭受的实际损失应当进行充分的补偿。

4.2 可保利益原则

可保利益原则是指只有对保险标的具有可保利益的投保人与保险人签订的海上保险合同才有法律效力，保险人才承担保险责任。

4.3 近因原则

近因原则是为了明确事故与损失之间的因果关系，认定保险责任而专门设立的一项基本原则。它的含意是指保险人对于承保范围内的保险事故作为直接的、最接近的原因所引起的损失，承担保险责任，而对于承保范围以外的原因造成的损失，不负赔偿责任。

4.4 最大诚信原则

最大诚信原则是指签订保险合同的各方当事人必须最大限度地按照诚实与信用精神协商签约，海上保险合同当事人应当做到：

（1）告知，也称"披露"，通常指的是被保险人在签订保险合同时，应该将其知道的或推定应该知道的有关保险标的的重要情况如实向保险人进行说明。因为，如实告知是保险人判断是否承保和确定保险费率的重要依据。

（2）申报，也称"陈述"。申报不同于告知，具体是指在磋谈签约过程中，被保险人对于保险人提出的问题，进行的如实答复。由于申报内容也关系到保险人承保与否，涉及海上保险合同的真实有效，故成为最大诚信原则的另一基本内容。

（3）保证。保证是被保险人向保险人做出履行某种特定义务的承诺。在海上保险合同中，表现为明示保证和默证两类。明示保证主要有开航保证、船舶状态保证、船员人数保证、护航保证、国籍保证、中立性保证、部分不投保保证等。而默示保证则主要包括船舶适航保证、船舶不改变航程和不绕航的保证、船货合法性保证等。

4.5 代位求偿原则

有时保险标的所遭受的保险事故是由第三人的行为引起的，被保险人当然有权利向肇事者就其侵权行为所致损失进行索赔。由于海事诉讼往往牵涉到许多方面，诉讼过程旷日持久，保险人为便利被保险人，就按照保险合同的约定先行赔付，同时取得被保险人在标的物上的相关权利，代被保险人向第三人进行索赔，这就是在国际海上保险业中普遍盛行的代位求偿原则。

（五）海上保险的特点

从承保范围及对象来看，海上保险属于财产保险、运输保险的范畴，但是与一般的财产保险和运输保险相比，它又具有明显的特点：

1.海上保险的标的通常与海上航行有关，是参与海上运输这种特定条件下交通的船舶、船上的货物及海上运输交易所发生的费用等；

2.海上保险承保的风险除了一般财产保险所能承保的陆上风险（如雷电，恶劣气候，火灾，爆炸等）之外，还有其特有的大量海上环境中的风险（如触礁，搁浅，海水进舱等）

3.海上保险除具有运输保险所有的特点以外，由于海上运输活动涉及的地域范围广，海上保险的当事人可能属于不同的国家，保险合同签订地点与保险事故发生地点不同一等，海上保险牵涉到国际关系。海上保险属于国际商务活动，受其合同保障，享受保险利益的一方多是国际贸易、远洋运输和海上资源开发的经营者。海上保险合同在订立和履行过程中，除了受本国法律的制约，还要涉及到若干国际法规、条例和惯例的适用问题。

随着时代的发展，适应海上运输行业的发展，同时保险业的功能不断多样化，现代海上保险正呈现出对最初形式的大举完善：

（1）既承保财产和利益上的风险，又承保责任方面的风险：最初的海上保险对运输的货物、船舶。运费进行保险，而今其承保范围已经扩展至由海上运输所引引发的相关责任—无论是由于运输人员的职责疏忽、操作失当导致的货物或者运输工具损失，还是运输过程中发生碰撞等事故对第三者形成的责任。甚至于建造船舶、海上作业和海上资源开发以及与之相关的财产、责任、利益等，都可以纳入海上保险的可保风险之列。

（2）既承保海上风险，又承保陆上风险、航空风险：现代海上保险所承保的海上风险已经不仅仅局限于原先海上航运所固有的风险，它还包括发生在与海上航运、贸易相关联的内陆、内河、内湖甚至陆地、航空范围内直至在这些过程中运输工具的一些风险。

（3）既承保自然灾害、意外事故这类客观风险，又承保外来原因（如偷窃、战争、海盗）这类主观风险：海上灾难（又称海难，指海上偶然发生的事故或灾难，包括恶劣气候、搁浅、触礁、沉没、碰撞、倾覆、海啸等）是海上保险最主要的海上可保风险，此外，在航海过程中经常发生的火灾、爆炸、偷窃、海盗、抛弃、运输人员的恶意损害等非客观、但是容易导致被保险人损失巨大的风险、生锈、玷污、受潮受热、串味等意外风险，以及其他与军事政治、国家法令法规有关的特殊外来风险等，都出现在了现代海上保险的承保范围内。

（4）既承保航行或运输途中的动态风险，也承保船舶停泊或货物仓储期间的静态风险：基于海上运输多为大型运输，相对于陆上运输，其航行过程之外的装载等其他货物运送程序更为复杂，因此在海上动态航行过程之外的货物装卸、移动，锅炉破裂、尾轴断裂或机器船体等潜在缺陷也在海上保险承保风险之列。

（六）海上保险的保险标的

6.1 传统的海上保险标的：船舶、货物、运费。

6.2　19 世纪后，英国的规定

（1）船舶、货物或其他动产。

（2）运费、运价、佣金、期得利益等。

（3）有利害关系人对第三者所负的责任。

6.3 我国《海商法》的规定

（1）船舶；

（2）货物；

（3）船舶营运收入，包括运费、租金、旅客票款；

（4）货物预期利润；

（5）船员工资和其他报酬；

（6）对第三人的责任；

（7）其他财产和产生的责任、费用。

（七）海上保险与其他保险不同的特征

1、承保风险的综合性

2、承保标的流动性

3、保障对象的多变性

4、保险种类的多样性

5、致损原因的复杂性

6、保险关系的国际性

（八）海上保险的功能

一般功能：具有经济损失补偿，保证社会再生产过程的正常运转；促进企业搞好风险管理，分散危险，消化损失，提高企业经济效益等功能。

8.1 对保险人而言

（1）增加或平衡外汇收入与支出；

（2）扩大对外联系，引入先进保险技术。

8.2 对被保险人而言

（1）提高资金运用能力；

（2）保证企业正常经营；

（3）确保资金运用安全；

（4）保障贸易的正常利润。

（九）海上保险在中国的情况

我国的海上保险是伴随着帝国主义对中国的经济入侵而逐渐兴起的，经历了由以英国为主的保险资本垄断市场到建立我国自己的民族保险事业的过程，承受住了第一次世界大战期间外国资本力量的剥削，直至 1949 年新中国成立之后保险事业走上独立发展道路后，中国的保险业开始进入正常发展的时期，市场的开发、制度的完善使得保险业全面进入建设阶段。在经历了文化大革命前后时期的波折之后，改革开放以来，中国保险业随着经济的飞速发展也得到了机会，形成初具规模的局面。在现在我国加入 WTO 之后，我国的保险业更是面临着前所未有的与国际接轨的机遇与挑战。短短的一个多世纪中，海上保险在我国的发展始终与保险业总体发展环境保持着紧密的联系。在 1985 年，国务院颁发《保险企业管理暂行条例》，新的保险公司加入保险经营行列，海上保险业务也打破了由中国人民保险公司独家经营的局面，因此我们认为海上保险有必要在基于自身与我国特殊的地理、市场、贸易相契合的条件下，寻求突破发展，此外，外资保险的引入，以及我国保险法律的不断完善也为这个突破提供了良好的基础和依托。

二、海上保险合同

（一）海上保险合同的基本内容

海上保险合同，是指保险人按照约定的方式和范围，对与海上冒险有关的海上损失，向被保险人承担赔偿责任的合同。1992 年《中华人民共和国海商法》第二百一十六条规定："海上保险合同，是指保险人按照约定，对被保险人遭受保险事故造成保险标的物的损失和产生的责任负责赔偿，而由被保险人支付保险费的合同。

1.1 海上保险合同的内容

（1）保险人名称和住所；

（2）投保人、被保险人名称和住所；

（3）保险标的；

（4）保险价值和保险金额；

（5）保险责任和除外责任；

（6）保险期间；

（7）保险费以及支付办法；

（8）保险金赔偿或给付办法；

（9）违约责任和争议处理；

（10）合同订立的时间。投保人和保险人可以在上述内容的基础上，就与具体保险标的和保险风险的有关事项做出约定。

1.2 海上保险合同的主体

（1）保险人

也称承保人，是海上保险合同接受的一方当事人，是按照保险合同的规定享有收取保险费的权利并在发生保险事故时对保险标的所受的经济损失履行赔偿责任的一方，也就是经营海上保险业务的人。

（2）投保人

是订立海上保险合同的另一方当事人，即与保险人订立保险合同并负有缴付保险费义务的人。

（3）被保险人

是受海上保险合同保障的人，是当发生保险事故遭受损害时，可以享受赔偿请求权的人。

（4）受益人

受益人通常是在海上人身保险合同中出现。是指在被保险人遭受人死亡事故后，有权享有保险合同规定的利益的人。

1.3 海上保险合同的客体

文库和其他保险合同一样，保险标的所具有的保险利益是海上保险合同的客体。

1.4 海上保险的种类

（1）货物运输保险，保障由海上运输工具承运各种物资的意外损失。

（2）船舶保险，保障船只在航行、作业、停泊、修理期间遭遇意外灾害或事故造成的损失。

（3）运费保险，保障船舶所有人或租船人因为船舶发生意外事故引起预期运费收入的损失。

（4）船东责任保险，又称船东的保障与赔偿责任保险，简称保赔责任，由保险人承担船东的民事赔偿责任，例如，对船员与第三人的人身、财产损害赔偿责任，船舶泄油污染海域后的清除责任以及油污引起的其他损害赔偿责任。

1.5 海上保险合同的特点

海上保险合同和大多数的商务合同一样是双务有偿合同，根据保险合同的约定，投保人的义务是交纳保险费，保险人的义务是在约定的保险事故发生后，就约定的被保险人的损失、损害和责任给予经济补偿。从海上保险的实践看，海上保险合同至少还应有以下一些法律性质:（1）海上保险合同是补偿合同。这种补偿体现在两个方面：①如果标的物损坏或者灭失，保险人只会给予经济补偿，而不可能使标的复原；②如果被保险人的损失大于保险金额，保险人的补偿以保险金额为限，如果被保险人的损失小于保险金额，则保险人的补偿以被保险人的损失额为限。（2）海上保险合同是射幸合同。海上保险合同的一个重要内容就是保险费率，它是依照大数法则根据特定风险发生的概率厘定的。就具体的被保险人而言，他所交纳的保险费比起约定风险发生后所获得的补偿是微不足道的，就这一点而言，保险与赌博具有同样的数学基础。为了防止有人利用保险业务进行赌博，从而危害保险事业的发展，我国《保险法》第 11 条明确规定:"投保人对保险标的应当具有可保利益。投保人对保险标的不具有可保利益的，保险合同无效。"（3）海上保险合同是一种附意合同。海上保险合同一般是由保险人事先印制好的，被保险人只能被动接受保险合同及其条款。由于海上保险的复杂性，被保险人往往不可能像保险人那样对保险合同及其条款的所有内容和含义有清晰的概念，特别是如果条款中存在可能引起争议的内容时，保险人应首先对这种争议负责。所以我国《保险法》第30条规定："对于保险合同条款，保险人与投保人、被保险人或受益人有争议时，人民法院或者仲裁机关应当作有利于被保险人和受益人的解释。"

1.6 海上保险合同成立条件有哪些

海上保险合同的订立过程中，要约的构成须符合下列要件：提出者希望对方承诺，而非仅提出属于询价性质的要保；所声称的要约必须是完整的，即已明确地表明双方打算签订的合同；所声称的要约必须已发出给对方，而不只是告诉了本方的代理人或第三人；所声称的要约在对方接受时必须仍然有效，因在要约被接受前，发出者可将其收回，而一旦被收回或撤销，就不再是要约，除非再次发出，否则接受无效。

承诺必须是完全接受对方发出的要约，如果改变了要约的内容，或提出了新的条件，就是反要约，表明双方仍在协商过程中，海上保险合同并未达成，即使海上保险单已经签发。反之，如果承诺已经做出，表示协商已经结束，合同已经成立，即使后来保险人签发的保险单改变了承诺的内容，也不能改变双方达成的海上保险合同，保险人单方面改变的内容，对被保险人无约束力。如果要约是被保险人发出的，保险人承诺的方式有：正式承诺，如发出一封承诺信件或电信；签发保险单；接受被保险人支付的保险费等。

订立保险合同可以用书面形式，也可以用口头形式。实际上要证明口头合同的存在有时是困难的，口头确认保险合同成立的，主张合同成立的一方应当负举证责任，若不能举证或举证不足，则海上保险合同将被认定为尚未成立。

《中华人民共和国海商法》

第二百二十一条 被保险人提出保险要求，经保险人同意承保，并就海上保险合同的条款达成协议后，合同成立。保险人应当及时向被保险人签发保险单或者其他保险单证，并在保险单或者其他单证中载明当事人双方约定的合同内容。

1.7 海上保险合同订立程序是怎样的

在订立海上保险合同时，被保险人提出保险要求，经保险人同意承保，并就海上保险合同的条款达成协议后，合同成立。

1.合同订立前，被保险人应当将其知道的或者在通常业务中应当知道的有关影响保险人据以确定保险费率或者确定是否同意承保的重要情况如实告知保险人，保险人知道或者在通常业务中应当知道的情况，保险人没有询问的，被保险人无须告知。

2.订立合同时，被保险人已经知道或者应当知道保险标的已经因发生保险事故而遭受损失的，保险人不负赔偿责任，但是有权收取保险费；保险人已经知道或者应当知道保险标的已经不可能发生保险事故而遭受损失的，被保险人有权收回已经支付的保险费。

1.8 海上保险的性质

海上保险合同和大多数的商务合同一样是双务有偿合同，根据保险合同的约定，投保人的义务是交纳保险费，保险人的义务是在约定的保险事故发生后，就约定的被保险人的损失、损害和责任给予经济补偿。从海上保险的实践看，海上保险合同至少还应有以下一些法律性质：

（1）海上保险合同是补偿合同。这种补偿体现在两个方面：

①如果标的物损坏或者灭失，保险人只会给予经济补偿，而不可能使标的复原。②如果被保险人的损失大于保险金额，保险人的补偿以保险金额为限，如果被保险人的损失小于保险金额，则保险人的补偿以被保险人的损失额为限。这两条与普通财险的补偿性质并无太大区别。

（2）海上保险合同是射幸合同。海上保险合同的一个重要内容就是保险费率，它是依照大数法则根据特定风险发生的概率厘定的。就具体的被保险人而言，他所交纳的保险费比起约定风险发生后所获得的补偿是微不足道的，就这一点而言，保险与赌博具有同样的数学基础。为了防止有人利用保险业务进行赌博，从而危害保险事业的发展，我国《保险法》第12条明确规定："投保人对保险标的应当具有可保利益。投保人对保险标的不具有可保利益的，保险合同无效。"这条的存在相当重要，在许多保险纠纷上的焦点就是在投保人（被保险人）的保险利益上，在下面的案例与《海商法》的分析中也特别的强调这一点。

（3）海上保险合同是一种附意合同。海上保险合同一般是由保险人事先印制好的，被保险人只能被动接受保险合同及其条款。由于海上保险的复杂性，被保险人往往不可能像保险人那样对保险合同及其条款的所有内容和含义有清晰的概念，特别是如果条款中存在因文义理解不清而引起争议的内容时，保险人应首先对这种争议负责。所以我国《保险法》第31条规定："对于保险合同条款，保险人与投保人、被保险人或受益人有争议时，人民法院或者仲裁机关应当作有利于被保险人和受益人的解释。"在这条的整体概念理解上应当参考《合同法》第四十一条的内容。

1.9 海上保险的历史变化

15、16世纪，西欧各国不断在海上探寻和开辟新的航线，欧洲商人的贸易范围空间扩大，海上保险得到迅速发展，随之而来保险纠纷也相应增多，于是出现了国家或地方保险法规。1435年，西班牙的巴塞罗那颁布了世界上最早的海上保险法典，1468年在威尼斯订立了关于法院如何保证保单实施及防止欺诈的法令。1532年在佛罗伦萨总结了以往海上保险的做法，制订了一部比较完整的条例并规定了标准保单格式。在美洲新大陆发现后，贸易中心逐渐地从地中海区域移至大西洋彼岸，1556年西班牙国王腓力二世颁布法令对保险经纪人加以管理，确定了经纪人制度。1563年西班牙的安特卫普法令对航海以及海上保险办法和保单格式作了较明确的规定，这一法令以及安特卫普交易所的习惯后来为欧洲各国普遍采用保险制度趋于成熟和完善。17世纪中叶英国逐步发展成为世界贸易和航运业垄断优势的殖民帝国，这给英国商人开展世界上的海上保险业务提供了有利条件。1720年，经英国女王特许，按照公司组织、创立了伦敦保险公司和英国皇家交易保险公司，专营海上保险，规定其他公司或合伙组织不得经营海上保险业务。18世纪后期，英国成为世界海上保险的中心，占据了海上保险的统治地位，英国对海上保险的贡献主要有两方面：

（1）制订海上通用保单，提供全球航运资料并成为世界保险中心。

（2）在保险立法方面，开始编制了海上保险法典，在此基础上，英国国会于1906年通过了"海上保险法"，这部法典将多年来所遵循的海上保险的作法、惯例、案例和解释等用成文法形式固定下来，这个法的原则至今仍为许多国家采纳或仿效，在世界保险立法方面有相当大的影响。

在英国以及世界海上保险史上，劳合社占有重要地位。17世纪中后期，横跨泰晤士河的伦敦已成为一个规模很大的商埠。河畔开设有许多咖啡馆，1683年英国人爱德华·劳埃德开设的咖啡馆就是其中之一。在其附近有海关、海军部等与航海贸易有关的单位，这里成为商人、高利贷者、经纪人、船东和海员经常会晤的场所。他们经常对船舶出海的命运进行猜测、打赌，进而产生了对船只和货物的保险交易。当时的海上保险交易只是列明保险的船舶和货物以及保险金额，由咖啡馆里的承保人接受保险份额并署名。为了招揽顾客，1696年，劳埃德还把顾客感兴趣的船舶航行和海事消息编成一张小报——《劳埃德新闻》，定期发行，后来又改名为《劳合动态》发行，使劳埃德咖啡馆成为航运消息的传播中心。劳埃德死于1713年，随着咖啡馆的不断发展他后来成为海洋运输保险业中的名人。1769年劳埃德咖啡馆的顾客们组成了海上保险团体；1774年，劳合社诞生，成为当时英国海上保险的中心，1871年，劳合社向政府申请注册，经议会通过法案承认劳合社正式成为一个具有法人资格的社团组织。1911年的法令允许其成员经营一切保险业务。

历史上沿袭下来的劳合社是一个保险市场而并非一个保险公司。现在，劳合社已拥有三万多成员，并组成四百多个水险、非水险、航空险、汽车险和人身险组合，经营包括海上保险在内的各种保险业务，成为当今世界上最大的保险垄断组织之一，在国际保险市场上具有举足轻重的地位。

随着贸易和运输业的发展，特别是海上资源开发的发展，作为古老的海上保险，其内容和形式有了以下几种明显的变化：

（1）海上保险的种类以由传统的承保船舶、货物、运输三种逐步扩展到承保建造船舶、海上作业和海上资源开发以及与之有关的财产、责任、利益等；

（2）海上保险所承保的危险不仅限于原先的海上固有的危险，还包括与航海贸易有关的内河、陆上以及航空运输的危险和各种联运工具引起的责任；

（3）海上保险承保的标的已由物质的财产，逐步扩展到负责与之有关的非物质的利益、责任等。

1.10 海上保险特殊的法律依据

一个国家，无法而不立，尚且是对于保险这种容易发生利益的纠纷的特殊商品呢？因此，就如海上保险这样与整个航海贸易都息息相关，且国际分保关系错综复杂的国际性经济现象，便需要更为严格而严密的法律保障。有关海上保险法的历史前面已经有了比较多的描述，因此在这里便不再重复了。

如前所述，海上保险制度因为它的特殊性而发展成为了保险业中相对独立的制度，因此，在《保险法》《海商法》等一系列有关海上贸易或保险合同的法律中，都对其有相当的规定，关于财险的有关法律条款在课上老师已经给出了较为详尽的介绍，因此，下面的分析以《海商法》为主。

《海商法》就一般财险法的内容，包括一般规定，被保险人的义务，保险人的责任，保险标的的损失和委付，保险赔偿的支付等等都做出相应规定，（具体见《中华人民共和国海商法》一般规定）大部分内容与一般财险相近，且在上文也有一些条款的介绍分析，因此，在此就不加以赘述了，但就一些具体细节却不尽相同，且由于海上保险的特殊性，在一些具体的条款上也有直接或间接的规定，在这里就以下三条做出具体分析：

《海商法》第 224 条规定，订立合同时，被保险人已经知道或者应当知道保险标的已经因发生保险事故而遭受损失的，保险人不负赔偿责任，但是有权收取保险费。因为在国际贸易中，买卖双方身处异地，货主对货物在运输过程中发生的情况难以完全掌握，有时可能出现货物虽已遭受损失，但货主因不知情而仍向保险公司投保的情况。为解决这样的问题，保险单上通常在有"不论灭失与否"条款，即不论保险标的物在投保时是否已经灭失，保险人仍要按合同承担赔偿责任，但是如果发生上述条款所叙述的情况时，该保险合同无效。

《海商法》第 228 条规定，虽有本法第二百二十七条规定，货物运输和船舶的航次保险，保险责任开始后，被保险人不得要求解除合同。这是考虑在货物运输过程中，风险并不是平均分布而订立的规定，如若没有此条规定，且在航线第一阶段便经过了风险极大地段时，被保险人解除合同且按平均费率要求保险人退还后部分的保险费，则保险人利益受到极大损失，因此，有这条规定也是运输保险的特殊性使然。

《海商法》第 233 条规定，被保险人知道经预约保险合同保险的货物已经装运或者到达的情况时，应当立即通知保险人。通知的内容包括装运货物的船名、航线、货物价值和保险金额。根据各国保险法规定，被保险人在具有了对保险标的的某种合法利害关系，即保险利益时，才能签订有效的保险合同，因此，由于海上保险的特殊性，《海商法》第 231-233 条对有关"预约保险合同"进行了规定，在这里涉及的就是因为货物运输而造成的保险利益转移的问题，也是下文的案例中所引起纠纷的问题。

虽然只分析了这三条，但并不是说在其他条款上与一般财险完全一致，而是由于这三条规定更加涉及海上保险的特殊性才如此的。

（二）海上保险合同的变更与转让

海上保险合同的变更是指保险合同当事人就为适应具体情势的变化而改变保险合同的具体内容所做出的一致协议。这种变更大致包括这样的内容：风险变更

（航程变更、中途绕航、船舶变更、延误开航、延误续航等）、标的数量和质量以至保险价值变更、险别变更和保险期限变更等。保险合同变更必须经过以下程序：①投保人发出更改请求；②保险人就更改请求进行审核；③保险人通知投保人审核结果；④保险人在保险合同上签发批单或加贴附加条款；⑤投保人支付手续费，并在必要时加付保险费。

如果在保险合同有效期间，出现了一些特定的情况，需要解除保险合同。合同解除的原因可以分为以下几类：1.自然解除，即在规定的时间和范围内，保险标的没有遭遇任何保险事故而发生损失；或者保险标的虽然有损失，但造成损失的原因不是保险合同承保的风险。这是绝大多数保险合同解除的原因。2.履约，即在规定的时间和范围内，保险标的遭遇到保险事故而发生损失，保险人根据保险合同给予了赔偿。3.违约，即因为一方或双方当事人违反约定，使保险合同实际无法履行，造成合同解除。违约的情况又可以分为两种：（1）被保险人违约，主要表现为：①被保险人违反告知义务；②被保险人违反保证义务；③被保险人拖欠保险费；④投保人、被保险人未按照约定履行其对保险标的的安全应尽的责任；⑤被保险人未按照合同约定及时通知保险人保险标的的危险增加的情况。（2）保险人违约，主要表现为：①拒绝或拖延签发保险单或其它保险单证；②保险人违反告知义务。（3）欺诈，表现形式为：①被保险人违反告知义务；②被保险人或受益人谎称发生了保险事故或者故意制造保险事故。（4）重大变更。（5）双方约定。

在由于上述 1、2 两个条件引起的合同解除，由于当事人都完全履行了自己的义务，所以合同随着双方履行合同行为的结束而自然解除，不留下任何其它未尽的权利义务。但如果造成合同解除的原因是后而四项，则随着合同的解除还产生了一些未尽的权利义务。这些权利和义务是与解除合同的原因和方法联系在一起的，我国《海商法》对此作了如下的规定：

"第 224 条：订立合同时，被保险人已经知道或者应当知道保险标的已经因发生保险事故而遭受损失的，保险人不负赔偿责任，但是有权收取保险费；保险人已经知道或者应当知道保险标的已经不可能因发生保险事故而遭受损失的，被保险人有权收回已经支付的保险费。

"第 226 条：保险责任开始前，被保险人可以要求解除合同，但是应当向保险人支付手续费，保险人应当退还保险费。

"第 227 条第二款：根据合同约定在保险责任开始后可以解除合同的，被保险人要求解除合同，保险人有权收取自保险责任开始之日起至合同解除之日止的保险费，剩余部分予以退还；保险人要求解除合同，应当将自合同解除之日起至保险期间届满之日止的保险费退还被保险人。"

由于海上保险合同承保的风险通常发生在双方当事人都无法控制甚至无法迅速了解其真实损失情况的海上，为了公平起见，我国《海商法》第 227 条第一款规定："除合同另有约定外，保险责任开始后，被保险人和保险人均不得解除合同。"这就是说，只要法律规定或者合同约定的情况没有出现，那么在保险责任开始以后，法律不会支持任何一方解除合同的要求。即使合同约定的情况出现，但是在一些特殊的保险合同下，我国《海商法》根据海上保险的特殊性以及国际上通常的做法，其第 228 条规定："虽有本法第二百二十七条规定，货物运输和船舶的航次保险，保险责任开始后，被保险人不得要求解除合同。"这是对被保险人的特殊限制，目的是为了保护保险人的利益。

海上保险合同的转让是被保险人的变更，根据保险标的的不同有不同的规定。对于海上运输货物，我国《海商法》第 229 条规定："海上货物运输保险合同可以由被保险人背书或者以其他方式转让，合同的权利、义务随之转移。合同转让时尚未支付保险费的，被保险人和合同受让人负连带支付责任。"做出这样规定的主要原因是因为海上货物保险合同是国际货物贸易单证流转过程中非常重要的单证之一，通常要随提单的转让而转让，而且不论转让时货物是否已经灭失或受损，合同的转让都无须经过保险人的同意。这是海上货物保险与其他保险在合同转让方面最重要的特点。

对于船舶，我国《海商法》第 230 条规定："因船舶转让而转让船舶保险合同的，应当取得保险人同意。未经保险人同意，船舶保险合同从船舶转让时起解除；船舶转让发生在航次之中的，船舶保险合同至航次终了时解除。合同解除后，保险人应当将自合同解除之日起至保险期间届满之日止的保险费退还被保险人。"该项规定与一般的财产保险合同转让的规定一致。

海上保险合同中被保人的义务和其他保险合同没有具体的差别，但是保险人和责任和其他保险合同中有一定的特殊情况。一般来说船舶开航时不适航，以及船舶自然磨损或者生锈造成的船舶损失，保险人不负责赔偿。由于航行或者交货延迟或者行市变化，货物的自然损耗本身的缺陷和自然特性以及包装不当造成的货物损失，保险人不负责赔偿。事故发生后，保险人依据保险合同规定向投保人赔偿损失或者代替其向第三者责任方取得赔偿。

（三）海上保险合同纠纷

海上货物运输合同纠纷，具体可以从以下几个角度进行思考：

3.1 承运人的责任与免责条款

（1）承运人的适航责任

船舶适航是法律规定承运人必须执行的最低限度的义务。《海牙规则》第3条第1款规定："承运人须在开航前和开航当时，谨慎处理，使船舶处于适航状态；适当地配备船员、装备船舶和供应船舶；使货仓、冷藏仓、冷气仓和该船其他载货部位能适宜和安全地收受、运送和保管货物。"承运人提供的船舶同时具备上述三项要求，称之为船舶适航。

（2）承运人的管货责任

管货责任是要求承运人在海上运输中必须执行的最低限度的义务。《海牙规则》第3条第2款规定："承运人应适当和谨慎地装载、搬移、配载、运送、保管、照料和卸载所运送的货物。"

（3）承运人的免责条款

《海牙规则》第4条第2款规定了承运人的十七项免责条款，主要包括两种类型，一种为过失免责，一种是无过失免责。

①承运人的过失免责:《海牙规则》规定，船长、船员、引航员或承运人的受雇人员在驾驶船舶或者管理船舶时由于疏忽或者过失而引起的货物失火或损坏，承运人可以免除赔偿责任。

②承运人的无过失免责条款。首先是火灾，《海牙规则》规定，船舶发生火灾，致使货物灭失或损坏，承运人不负责任。但是由于承运人实际过失或私谋引起的火灾，应负责赔偿。其次是海上或其他通航水域的灾难、危险和意外事故。

3.2 国际货物运输保险中保险公司的代位求偿权

保险公司的代位求偿权是指保险人在将保险赔款偿付被保险人时，被保险人依法转移给保险人的某些权利。此种权利仅限于财产保险。我国《海商法》第252条规定:"保险标的发生保险责任范围内的损失是由第三人造成的，被保险人向第三人要求赔偿的权利，自保险人支付赔偿之日起，相应转移给保险人。"《保险法》第60条第1款规定"因第三者对保险标的的损害而造成保险事故的，保险人自向被保险人赔偿保险金之日起，在赔偿金额范围内代位行使被保险人对第三人请求赔偿的权利。"基于此，代位求偿权的成立应具备四个条件:

（1）保险标的的损失是由第三者造成的。

（2）保险标的的损失是全部损失或部分损失。

（3）被保险人遭受保险标的损失后未向加害人索赔。

（4）保险人已向被保险人支付赔偿。

（四）海上保险的保证制度

4.1 我国海上保险的保证制度存在的问题

我国《保险法》没有关于保证制度的规定。但是《海商法》第235条规定，"被保险人违反合同约定的保证条款时，应当立即书面通知保险人。保险人收到通知后，可以解除合同，也可以要求修改承保条件，增加保险费。"我国《海商法》关于保证规定存在的问题表现在以下几个方面:

（1）保证的概念不明确。我国《海商法》第235条只是使用了"保证"的概念，但何谓保证并不明确。

（2）对违反保证条款法律后果的表述欠妥当。我国海商法第235条规定："被保险人违反合同约定的保证条款时，应当立即书面通知保险人。保险人收到通知后，可以解除合同，也可以要求修改承保条件、增加保险费。"实践中，被保险人违反保证后，出于自身利益考虑，往往掩盖真相，极少有被保险人主动向保险人通知其违反保证条款的情况。如果严格按照上述规定的字面涵义行事，可能会引起不必要的错误认识，即由于未收到被保险人的通知，保险人既无法提出增加保险费或修改承保条件等要求，也无法解除合同。这显然会对充分发挥保证制度控制风险的作用产生不利影响。

（3）仅规定了明示保证。我国《海商法》第235条仅适用于"合同约定的保证条款"，即仅适用于明示保证；对默示保证，我国《海商法》未有任何规定。

4.2 完善我国海上保险保证制度的建议

（1）明确保证的概念

英国《1906年海上保险法》第33条规定，保证即被保险人保证作或者不作某事，或履行某种条件，或者肯定或否定存在某些事实的特定状态。我国《海商法》应当借鉴英国《1906年海上保险法》的上述规定，明确保证是指保险合同中以书面文字或者通过法律规定的形式使被保险人承诺或确认某一事实状态存在或不存在、持续存在或不存在，以及履行某种行为或不履行某种行为的条款。

"保证"作为海上保险中的一种概念已有二百多年的历史，作为一种制度也历经一百余年的实践。在海上保险活动中，该项制度对调整保险合同关系、保障和促进国际海上运输，曾经发挥了十分重要的作用。然而，随着时代的发展和科学技术的进步，该项制度存在的一些弊端也逐步显现出来。在当今的条件下，海上保险中的保证制度面临着何去何从的问题，对保证制度重新进行检讨实属必要。

（2）明确违反保证的法律后果

根据英国《1906 年海上保险法》的规定，被保险人违反保证，保险人的保险责任自动终止。虽然被保险人违反保证，保险责任自动终止，但如果被保险人希望继续得到保险保障，可以通知保险人后，通过增加保费、更改承保条件，维持保险合同继续有效，以缓解自动终止保险责任的法律后果对被保险人过于严厉的不足。

（3）允许当事人自行约定违反保证的法律后果

实践中，保险人和被保险人在保险合同中约定被保险人违反保证行为后果的现象比较普遍，从尊重当事人意思自治角度出发，应当在立法中明确允许当事人对违反保证的法律后果在合同中做出约定。

（4）规定免责和弃权的情形

我国《海商法》应该借鉴英国《1906 年海上保险法》第 34 条的规定，在立法条文中明确，由于情况发生变化，被保险人不可能履行保证时，或者有关法律规定发生变化后，履行保证被视为违法时，如果被保险人违反保证，不应再承担不利的法律后果。

4.3 保证制度的过去：维护公平功不可没

海上保险的保证作为保险中应该遵循的一种行为规则最初流行于欧洲大陆，而后逐步扩展，最终在英国被确定为一种制度。早在 14 世纪，在意大利的北部城邦，保险活动就已存在，以后逐步扩展到西班牙、法国、德国、英国等国家。在当时的条件下，海上贸易被视为一种冒险事业，从事航海事业的人为了化解风险，以向保险人支付一定金额的金钱为代价，换取保险人对海上风险的承担，但是，保险人承担风险的前提条件

（1）作为保险商业习惯的"保证"

在英国，涉及到保证的判例最初是从海上护航保证开始，以后才逐步扩展到其他事项。早在 17 世纪末，欧洲的海洋大国争夺海洋霸权的斗争异常激烈，当英法联军共同击败荷兰舰队之后，该两国之间又开始了新的争斗，为了规避船舶在海上被敌国捕获的风险，保险人在接受船舶保险时便提出条件，即在航程中应

有军舰护航，此即所谓的海上护航保证。在 1691 年发生的 "Jeffries v. Legandra" 案（91 Eng Rep 384）中，保险人所承保的风险是从伦敦到威尼斯的航程中船舶及其所载货物的海难、海盗和公敌等危险，针对这样的风险，保险人要求被保险人在保险单中保证，在船舶开航时有船舶护航。后来，由于载货船舶在航程中遭遇恶劣天气，护航船被迫与载货船舶脱离，该船最后被法国军舰捕获。对于该案，保险人认为，应该按照航海界的通行理解，将开航时护航解释成整个航程均有护航，而且，保险人主张，由于保证义务的存在，使该保险单在事实上成为一种附条件的合同，换言之，保险人对保险责任的承担以被保险人履行保证为前提条件，被保险人不能以自己已经尽力而事故的发生纯系不可抗力所致为由而主张免责。法庭虽然认为被保险人信守保证是合同存在的前提条件，但因不可抗力失去护航并不属于被保险人违反保证的范畴。1692 年和 1747 年，在英国又先后发生了两起因被保险人违反保证而引起的保险纠纷案件，该两起案件同样涉及到海上护航保证。在案件审理过程中，保险人坚持主张：实行海上护航是要求保险人承担赔偿责任的前提条件。法院虽然接受保险人的观点，但按照当时的通行做法，认为没有实行全程护航只属于与合同约定的"轻微不符合"，而不构成违反保证的行为。

由上述案例可见，在英国，直到 18 世纪中叶，海上保险中的保证还只是开展保险业务中实行的一种习惯做法，但尚未形成一种完整的法律制度。

（2）作为法律制度的"保证"

英国的曼斯菲尔德在担任该国王座法庭首席大法官期间（1756 年 -1788 年），系统、深刻、清晰地梳理和阐述了海上保险的基本理论与实践，归纳出海上保险法的基本原则，并且基于保险法中的诚信原则，将"保证"上升到制度的层面来对待。曼斯菲尔德大法官对前述的三个关于海上护航保证的法院判决持认同的态度，并且将海上保险中的保证与合同法中的"条件"（condition）等同对待，其态度明显地体现在对"Kenyon v. Berthon"案的判决中。该案中涉及的关键问题是：投保人在投保时于船舶保险单的边缘处注明："船舶于 1776 年 7 月 20 日停泊于港内"，但事实上，船舶在两天前即已离港。对此，该大法官认为：首先，列于保险单边缘处的条款也是保险单条款的组成部分；其次，船舶于 20 日那天停留在港内是保险合同得以成立的条件之一，由于此种条件没有得到遵守，保险人就无须承担保险责任，虽然两天之差对风险没有实质性的影响。

鉴于曼斯菲尔德大法官在"保证"问题上创建的理论和归纳出的原则，其被冠之以"海上保险保证制度之父"的称号，他的归纳和梳理为该项制度的法典化奠定了基础。在《1906 年英国海上保险法》中，保证制度得以形成一个完整的体系，在该部法典中为保证制度设置了 9 个条款，其中界定了保证的性质、保证的种类、违反保证的例外情形等。该项制度的确立在很大程度上影响了其他海运国家，并为各国的海上保险立法所借鉴。长期以来，在海上保险领域虽然没有一个统一的国际公约，但各国的保险业务和司法实践却能做到相对的协调，这与英国在海上保险立法（包括保证制度）方面树立的榜样以及对各国保险立法的影响不无关联。

众所周知，海上保险的保证制度产生并形成于航海技术相对落后的年代，在当时的条件下，由于通信技术不发达，代理制度亦不健全，保险人对航行于世界各地的船舶及其所载货物的实际情况无法全面了解，对于海上可能发生的事故也无法防控，故只能为投保人规定一项严格的义务，即在订立合同时，要求投保人对某种事实的存在与否或者为或不为某种行为做出确定或否定的回答，而一旦其做出了某种承诺，就必须严格遵守，即使其后来违反保证的行为与保险人承保的风险没有关联，也可免除保险人的赔偿责任。此种制度看似严酷，但这是在当时的信息不对称的条件下以表面上的不公平来追求事实上的公平。不可否认的是，这种制度在过去的年代里为促进保险业的发展，保障国际海上运输发挥了不可磨灭的作用。

4.3 保证制度的现在：面临双重挑战

保证作为一项制度产生于 18 世纪下半叶，成型于《1906 年英国海上保险法》，该项制度被确立以后在很短的时间里即被英美法系的许多国家所接受，一些大陆法系国家的立法也借鉴了该项制度的立法模式，之所以出现此种局面，乃是由于该项制度适应了当时的航海技术和通信条件，使保险人在对海上危险无法了解、无法掌控的情况下，得以凭借此项制度对承保的风险进行评估，从而为自己设置一个安全阀。但是，近年来，这一制度却不断遭到学界、业界乃至司法界的质疑和批评，这种质疑乃是由于航海技术的发展和法律制度的完善而使该项制度的不合理之处不断显现。

技术层面的原因：保证制度产生之初，造船和航海技术还比较落后，船体多使用木质材料，航行的动力依赖于风帆，船舶在海上定位则采用古老的天文技术，船舶抵御海上风险的能力十分有限。正是基于这一原因，海上贸易事业被人们视为极具风险的事业，当时在业界流行的船舶和货物冒险抵押的做法就是基于此种原因，也正是因为如此，在英美法系国家的学术著作里，至今还有人习惯于将海上事业称作冒险事业（adventure）。在这样的技术条件下，船舶和货物的保险人最关心的问题莫过于被保险人防控海上风险的能力之大小。为此，保险人在承保时常常要求被保险人对与保险标的物有关的情况作出种种承诺，并且将被保险人能够信守此种承诺作为合同成立的条件，一旦被保险人违反此种承诺，则不论此种违反是否与海上风险有关，不论违反的程度如何，亦不论被保险人违反承诺以后是否又及时纠正了错误，保险人一概有权解除合同责任。此种做法在当时的航海环境里是无可指责的，因为，被保险人对其所做保证的任何违反，都可能酿成重大的保险事故。

保证制度产生之初，通信技术也不发达，由于无线电通讯尚未实行，更谈不上卫星通讯，船舶一旦起航继而驶入茫茫大海，船舶所有人便与之失去联络，而保险人则更是束手无策，只能通过一些过往的船只获取一些零星的信息，当时位于伦敦伦巴街的爱德华·劳埃德咖啡馆之所以顾客盈门，乃是由于人们可以通过云集于此的船员们获取一些海上信息。这种情景从另一个侧面印证了当时通讯条件的落后，因此，对信守保证问题规定了近乎苛刻的条件，在法律上自有其合理的理由。然而，在科学技术高度发展的今天，造船、航海、通讯条件与二百年前不可同日而语，在造船材料方面，钢材取代了木材；在船舶动力方面，船帆已先后被蒸汽动力和内燃机所取代；在通讯技术方面，现代化的电子导航设备代替了古老的天文航海工具；就造船的规模和先进程度而言，已经实现了船舶的大型化、自动化和专业化。

（五）海上保险的理赔

5.1 海上保险的理赔应遵循一些基本原则：

（1）以海上保险合同为依据的原则。海上事故发生后，是否属保险责任范围、是否在保险期限内、保险赔偿金额多少、免赔额的确定、被保险人自负责任等等均依据保险合同确定的责任。

（2）合理原则。海上保险人在处理保险赔偿时，要以保险合同为依据并注意合理原则，因为海上保险合同条款不能概括所有情况。

（3）及时原则。海上保险的主要职能是提供经济补偿。保险事故发生后，保险人应迅速查勘、检验、定损，将保险赔偿及时送到被保险人手中。

5.2 理赔的主要手续包括：

（1）损失通知。当发生保险事故或保险责任范围内的损失时，被保险人应立即通知保险人。损失通知是保险理赔的第一项程序。在船舶保险中，如其事故在国外，还应通知距离最近的保险代理人。

（2）查勘检验。保险人或其代理人获悉损失通知后应立即开展保险标的损失的查勘检验工作。

（3）核实保险案情。保险人收到代理人或委托人的检验报告后，还应向有关各方收集资料，并加以核实、补充和修正赔案的材料。

（4）分析理赔案情，确定责任。保险人应判断原因是否属保险责任，是否发生在保险期限内，索赔人是否具有可保利益，审查的有关单证如保险单证、事故检验报告、保险事故证明、保险标的施救和修理等方面文件。

（5）计算赔偿金额，支付保险赔偿。保险赔偿的计算，保险人通常依据索赔清单（Statementofclaim）。保险赔偿的计算可以由保险人自身进行，也可由其代理人计算或委托海损理赔人理算。

海洋货物运输保险索赔时效，从被保险货物在最后卸载港全部卸离海轮后起算，最多不超过二年。

5.3 海上保险的承保险别：

（1）基本险别有平安险、水渍险和一切险三种。

①平安险的责任范围：<1> 被保货物在运输过程中，由于自然灾害造成整批货物的全部损失或推定全损。被保货物用驳船运往或远离海轮的，每一驳船所装货物可视为一整批。<2> 由于运输工具遭受意外事故造成货物全部或部分损失。<3> 在运输工具已经发性意外事故下，货物在此前后又在海上遭受自然灾害落海造成的全部分损失。<4> 在装卸或转运时，由于一件或数件货物落海造成的全部或部分损失。<5> 被保人对遭受承保范围内的货物采取抢救、防止或减少货损的措施而支付的合理费用，但以不超过该批被救货物的保险金额为限。<6> 运输工具遭难后，在避难港由于卸货所引起的损失以及在中途港、避难港由于卸货、存仓以及运送货物所产生的特别费用。<7> 共同海员的牺牲、分摊和救助费用。<8> 运输合同订有"船舶互撞责任条款"，根据该条款规定应由货方偿还船方的损失。②水渍险的责任范围：除平安险的各项责任外，还负责被保货物由于自然灾害造成的部分损失。③一切险的责任范围：除平安险和水渍险的各项责任的，还负责被保货物在运输途中由于一般外来原因所造成的全部或部分损失。

（2）附加险别是基本险别责任的扩大和补充，它不能单独投保，附加险别有一般附加险和特别加险。

一般附加险有 11 种，它包括：偷窃，提货不着险，淡水雨淋险短量险，渗漏险，混杂、玷污险，碰损、破碎险，串味险，受潮受热险，钩损险，包装破裂险，锈损险。特殊附加险包括：交货不到险，进口关税险，舱面险，拒收险，黄曲霉素险，卖方利益险，出口货物到港九或澳门存仓火险责任扩展条款，罢工险，海运战争险等。

5.4 海上保险的责任期限：

按照国际保险业的习惯，海运保险基本险采用的是"仓至仓条款"（Warehouse to Warehouse Clause-WWClause），即保险责任自被保险货物远保险单所载明的起运地发货人仓库或储存处所开始生效，包括正常运输过程中的海上、陆上、内河和驳船运输在内，直至该项货物到达保险单所载明目的地收货人的仓库为止，但最长不超过被保险货物卸离海轮后 60 天。一般附加险均已包括在一切险的责任范围内，凡已投保海运保险一切险的就无需加保任何一般附加险，但应当说明海运保险一切险并非一切风险造成的损失均予负责。特殊附加险的海运战争险的承保责任范围，包括由于战争、类似战争行为和敌对行为、武装冲突或海盗行为，以及由此引起的捕获、拘留、扣留、禁制、扣押所造成的损失；或者各种常规武器（包括水雷、鱼雷、炸弹）所造成的损失；以及由于上达原因引起的共同海损牺牲、分摊和救助费用。但对原子弹、氢弹等热核武器所造成的损失不负赔偿责任。战争险的保险责任期限以水面危险为限，即自货物在起运港装上海轮或驳船时开始，直到目的离海轮或驳船为止；如不卸离海轮或驳船，则从海轮到达到目的港的当天午夜起算满 15 天，保险责任自行终止。保险条款还规定，在投保战争险前提下，加保罢工险不另收费。

5.5 海上保险的除险责任：

除外责任指保险不予负责的损失或费用，一般都有属非意外的、非偶然性的或须特约承保的风险。为了明确保险人承保海运保险的责任范围，中国人民保险公司《海洋运输货物保险条款》中对海运基本险别的除外责任有下列五项：①被保险人的故意行为或过失所造成的损失；②恪地发货人责任所引起的损失；③在保险责任开始前，被保险货物已以存在的品质不良或数量短差所造成的损失；④被保险货物的自然损耗、本质缺陷、特性以及市场跌落、运输延迟所引起的损失和费用；⑤战争险和罢工险条款规定的责任及其险外责任。空运、陆运、邮运保险的除外责任与海运基本险别的险外责任基本相同。

海上保险从保险人的角度看，一般至少经过以下程序：

（1）了解被保险人的分类、特征及资信。

（2）了解保险市场的动态。

（3）策划保险险种。

（4）向投保人介绍险种。

（5）接受投保人投保。

（6）与投保人商定保险合同内容。

（7）签订保险合同。

（8）接受保费。

（9）出险则进入理赔程序。

（10）到期或其它合同规定或法律法规规定的事件出现，合同自然解除。

三、海上保险案例分析

（一）例一：

下面的案例摘自 PICC 电子商务平台中《国际货物运输保险中投保人的保险利益如何认定》一文，海上保险的案例如同普通保险的案例一样，都是在某些常见的利益上产生纠纷，但是其关键大多在于运输过程中的风险，因此，以下面这个例子来分析，虽然不怎么合适，但也相去不远。

"2000 年 9 月 27 日，某技术进出口公司代理某通信公司与阿尔卡特网络（亚洲）有限公司签订了一份数字数据网络设备国际货物买卖合同，约定的总价款为851，108 美元，以 FOB 加拿大渥太华离岸价为价格条件。合同签订后，技术进出口公司与某运输公司联系运输事宜，某运输公司委托海外运输商 Secure 公司负责海外运输。2000 年 11 月 15 日，技术进出口公司与某保险公司签署了一份《国际运输预约保险启运通知书》，载明：被保险人是技术进出口公司；保险货物项目是一套数字数据网络设备，包装及数量是纸箱 48 件；价格条件是 EX—Work；

货价（原币）851，108 美元：运输路线自 ottawa Canada 至中国湖北武汉：投保险种为一切险：保险金额为 978，774 美元：保险费为 3，915 美元：落款栏中盖有某保险公司业务专用章和技术进出口公司发票专用章：备注栏载明：（公路运输）

Kanata（阿尔卡特公司工厂所在地）- 渥太华机场：空运：渥太华机场 - 北京机场 - 天河机场（货物离开机场及武汉市内通知保险公司）。2000 年 11 月 15 日，技术进出口公司向保险公司支付了保险费人民币 32，417 元，并收到保险公司出具的收据。渥太华时间 2000 年 11 月 15 日 19 时即北京时间 2000 年 11 月 16 日 08 时，被保险货物在渥太华 Secure 公司仓库被盗。2000 年 12 月 7 日，技术进出口公司将出险情况告知了保险公司。同年 12 月 21 日，技术进出口公司向保险公司提出索赔，保险公司以技术进出口公司不具有保险利益而主张合同无效并拒赔，技术进出口公司遂向法院起诉。

法院经审理后认为，本案的焦点问题是保险利益的认定问题。本案中技术进出口公司是否具有保险利益取决于其对买卖合同项下货物承担的风险，而对货物承担的风险及其起始时间又取决于买卖合同约定的价格条件。本案买卖合同约定的价格条件是 FOB 加拿大渥太华，意为货物在渥太华越过船舷或装机后，货物的风险才发生转移。在此之前，货物的风险则仍由卖方承担。因此，本案技术进出口公司购买的货物在海外运输公司 Secure 公司仓库被盗时，技术进出口公司不具有保险利益。同时，法院还认定，保险合同载明的工厂交货对确定投保人对保险标的物是否具有保险利益没有法律意义。技术进出口公司以保险合同为据主张以工厂交货并移转风险的观点不能成立。法院最终判定保险公司与技术进出口公司的保险合同因投保人对保险标的物不具有保险利益而无效。技术进出口公司无权要求保险公司承担赔偿责任，而保险公司亦应退还保险费。

"在国际货物运输保险中，投保人（被保险人）对投保货物是否具有保险利益，取决于货物风险是否转移，而货物风险的转移又与买卖双方采取的价格条件密切相关。在价格条件下，货物风险自货物越过船舷之时由卖方转移给买方，因此，只有在货物越过船舷之后，买方（投保人、被保险人）才能对货物享有保险利益。"法院围绕《保险法》第 12 条关于"投保人对保险标的不具有保险利益的，保险合同无效"的规定展开，以保险利益的认定作为要点，以期保证保险人或投保人（被保险人）的合法利益，在整个案例中找到的这个焦点无疑是正确的。

在国际货物买卖中，有很多价格条件是由买方负责办理货物运输保险的，但买方在办理保险的时候，货物往往尚未开始运输，更谈不上风险的转移，如同上述的《海商法》231-233 条的在有关运输方面的保险利益方面的规定。这时，是否都可以以投保人不具有保险利益而认定保险合同无效就牵涉到保险利益的时间问题了，即投保人（被保险人）应在何时对投保货物具有保险利益。按照国外的通常做法，人身保险合同投保人在投保时必须具有保险利益，但在出险时并不要求该保险利益继续存在：财产保险合同并不要求投保人在投保时就具有保险利益，但要求出险时投保人或被保险人必须具有保险利益。

我国《保险法》第 12 条也只是要求"投保人对保险标的应当具有保险利益"，但并未明确规定投保人应在投保时就对保险标的具有保险利益。因此，如果在出险时，投保人或被保险人对投保货物具有保险利益，就应当认定合同有效。

本案中，作为投保人，同时也是被保险人的技术进出口公司无论是在投保时，还是在出险时，均不享有投保货物的保险利益，自然应当认定其保险合同无效。

总结：相对硬性的规定而言，这种相对硬性的规定指的是在保险法中对保险标的，对保险利益等的规定，人与人之间的纠纷更加需要法律的依据，但是，人和人之间的关系是无时不刻不在变化的，人与人利益的心理的纠纷更是人类研究的重要话题，这已经上升到了精神层而进入了哲学的领域。

在普通人理解的范围内，所谓法律，便是规范行为的依据，这些行为主要指的是行动上的，由此，在法庭上的纠纷往往是依据证据而盖棺论定，这些证据往往也是客观的是真实存在的，但是，一旦涉及到利益，法律的"动作"便显得捉襟见肘起来。因此，所谓的法律总是一改再改，对于相对稚嫩的《保险法》来说也是如此。

我们可以纠正定语的修饰范围以期不会发生在法律处理上的歧义，就如同在《保险法》有关短期健康保险业务和意外伤害保险义务的"短期"界定上，我们也可以在字面范围内借鉴其他法律的成熟规定，以期在法庭上相对公平，就像在处理文义不清的条款是寻求《合同法》的帮助，我们力求不偏不倚，在法律上一致相对，并对弱势群体有更多的保证，但是，两种利益集团一旦发生关系，其中的"能量流向"或者说是信息掌握度是法律所鞭长莫及的，因此，我们只能等到事情发生后才能解决，而不能杜绝纠纷的发生。

这种悲哀的情景的出现早已让人类焦头烂额，于是乎，才有了法律和惩罚的存在，这种治标不治本的方法将会一直延伸吧，延伸到无政府主义存在时，或是人类的本性被彻底改变时，再或是人类彻底灭亡时，大概只有最后一种才可能发生吧。

上述这些看来天马行空，但在此说这么多只是为了表达我的一种隐隐的感觉，所谓法律这种东西，像保险法这种尚处发展初期的法律尤甚，总不能让所有的人满意，而为大多数人所认同的，便构成了它的主要内容与框架，从这个意义上讲，法律可以说是"客观道德"的强制形式，但更悲哀的是，我们不得不依赖它，由它来保护自身，这始于人类趋利避害的本性。

产权的明晰才能让每个人关注自己的利益，关注自己的利益才能使经济的无效率情况尽量降低，风险的存在因于利益的存在，海上保险涉及的不仅仅是一个团体的利益，涉及的也常常不是一个国家的利益，再加上海上运输的风险问题，错综复杂，为了对国际贸易的形式加以维持，我们需要风险的转移，于是，保险公司是必要的存在。在加入 WTO 的现在，保险业面临着前所未有的机遇和挑战，因此，想必保险业会有一个相对乐观的前景，我们期待着。

（二）案例二：港口法将推动海上保险的发展

虽然我国在（海商法）中对港口领域保险相关事宜已有一系列的规定，但并不足够周全。在世界经济一体化进程加快的今天，港口与港口之间，特别是不同国家的港口之间的联系将越来越密切，在搞好外向型经济，促进我国及周边地区贸易发展的同时，我们不得不注意加快完善对海上保险于港口的损益之间联系的认识，这亦有利于促进我国港口经济的发展，并对整个国家经济产生重大影响。而《港口法》的出台，必将推动海上保险业务的发展。

一般来说，海上保险业务并不十分集中于港口领域，但我国在《海商法》中对海上保险的某些规定及对一些词汇的解释不同于国际惯例。确切的说，我国《海商法》在保险业务范围的划定较之普通的国际公约概念明确、限定清楚。如在发生空间上，我国的规定明确指定必须发生在海上或与海通航的河流内，并不包括港口、内陆湖泊。1910 年《船舶碰撞公约》则为：任何水域。我国《海商法》适用于海上货物运输和海上旅客运输，包括海江之间，江海之间的直达运输。但是，江、河等水域内的运输和我国港口之间的海上货物运输不适用该海商法。这一点同日本、北欧国家的海商法规定适用一切水域的运输不同。当然这不影响法律的执行和效果。我国在涉外海事管理方面有明确规定：中华人民共和国缔结或者参加的国际条约同本法有不同规定的，适用国际条约规定；但是，中华人民共和国声明保留的条款除外。若都设有，则适用国际惯例。

其实，港口领域中最为突出的保险业务应为轮船碰撞及到港时的货物灭失，尤其是货物灭失，我国法律与国外国际法规（包括约定俗成的一些规定）大同小异，基本一致，作者在这里不作深入讨论。而船舶碰撞不仅我国在规定以及处理规范上与国际条例有不小的差异，各国之间的（即使在英美法学和大陆法学国家之间）相关规定亦有区别。关于船舶碰撞的传统概念是两船必须发生接触，即两船或多船必须同时占据同一空间。而新概念则认为：船舶间发生的导致灭失或损害任何事故，即使船舶没有发生实际接触，且包括了非船舶与船舶，换句话说除军队和政府设施外，港口及周边事物及船舶碰撞，都被划定在内。

1997 年 8 月 23 日，舟山海运公司向中国人民保险公司舟山分公司投保的"减昌"轮在长江口南水道与载有煤炭进上海港的上海海运公司所属"林海 5 号"轮发生碰撞，造成"林海 5 号"轮沉设。保险公司拒赔清理航费费用，由此引起诉讼。在 2001 年 2 月 28 日，最高人民法院关于保险船舶发生保险事故后造成第三者船舶沉没而引起的清理航道费用是否属于直接损失的复函中，对于上海市高级人民法院审判委员会的倾向性意见，根据中国人民银行（沿海、内河船舶保险条款）和《沿海，内河船舶保险条款解释》的有关规定，保险船舶发生保险事故造成第三者船轴沉没而引起的清理船道费用不属于直接损失，亦不属保险责任。

以上所举的案例只是近几年多如牛毛的与港口相关的海上保险案中的沧海一粟。如照目前中国港口的发展速度来着，在这片领域上无论是相关政府机关企业单位还是本土的保险业还有相当的东西要学。确保港口利益，追求更高效的经营理念，必定离不开对保险的重视；面《港口法》的颁布，在推动海上保险业发展的同时会使港口密切注意和扩大加入保险业务。这也从自然条件的基础上保证了江苏港口的可持续发展。面真正做到岸线资源合理化利用还需要多方努力，关键在于政府的管理和引导。对江苏省而育，由于港口岸线资源涉及多个政府部门，因此在岸线资源利用和审批时一定要严格把关，同时要明确各政府部门的职责，统一领导，这样才不会造成以往多头管理、互相推卸责任或"扯皮"的现象。这也是从根本上解决江苏岸线资源合理利用的关键。

港口规划的严肃化

长期以来，不少人对规划的理解都存在一种"误区"，导致规划的随意性比较大，对于港口而言，也同样存在这种问题，造成港口的规划利和实际发展相脱节。《港口法》第一章等对港口规划做出了明确的规定，即港口规则应该分层次进行。而港口建设应当符合港口规划。这给江苏港口可持续发展提供法律保障，也从另外一个方面对规划的严肃性做出了要求，即规划必须认真对待。而且要有良好的可实施性。在江苏港口的发展史上，也有过很多港口布局规划和总体规划，如沿海港口布局规划，沿江港口布局规划等。但由于诸如规划的可实施性较差，或规划的行政主管部门不明确，或为了吸引外资等等原因规划落实的并不是很好。江苏港口目前面临着新的机遇，江苏有关部门应该抓住历史的机遇，制定全省港口发展战略，明确发展目标，在此基础上进行沿江沿海、内河等港口布局规划（调整），在布局规划指导的基础上，进行各港口总体规划（调整），最好落实到实际建设和发展上，做到统一布局、统一规划、统一部署，统一行动。这样，江苏港口可持续发展才能真正得到保障。

环境保护的正规化

环境保护是国家一个基本国策。环境保护是实现可持续发展的根源。《港口法》第二条，港口规划应依法进行环境影响评价；第十五条建设港口工程项目，应当依法进行环境影响评价。对港口环境保护有了一个明确的法律规定。过去江苏港口在发展过程中考虑到环境保护方面比较有限，认识的高度不够，环境保护的措施也比较零散。为了实现江苏港口的可持续发展，江苏港口在未来的规划、建设、营运和管理等各方面应该通过法律法规程序来落实环境保护有关事宜，这不但是为了港口的可持续，也是为了整个国家和社会的可持续发展。

总而言之，《港口法》的颁布和实施，对江苏港口而言，孕育着希望和生机。它给江苏港口发展带来了难得的机遇，将成为江苏港口在新一轮发展中的起点和里程碑。

（三）我国海上保险发展近况分析

国际货物运输保险俗称海上保险，又称"水险"，是财产保险的重要组成部分。1872年成立的上海轮船招商局带动了我国近代海上保险的起步。新中国成立之初，"水险"成为我国保险业的主要业务。因此，"水险"是中国民族保险业的源头.也是新中国保险业的源头。1958年，国内停办保险业务，仅保留了与国际贸易有关的海上保险。20世纪80年代恢复国内保险业务之初一片凋零之中只有海上保险一枝独秀，并且在世界保险市场上维护了我国保险业的国际地位。因此其对中国保险业的重要性不言而喻。然而近年来，"水险"却在不知不觉中慢慢淡出了我们的视野这种现象值得探讨。

3.1 我国海上保险现状

目前，我国经济总量已跃居世界第二位。其中，快速增长的进出口贸易贡献卓著。2012 年我国全年货物进出口总额为 38，667.6 亿美元，贸易顺差 2，311 亿美元。在世界航运低迷的大环境下，2012 年中国海港吞吐量达 100 余亿吨，居世界首位。经济实力的增强为承担船舶、货物、运费等风险的海上保险提供了巨大空间。

但是十多年来，我国海上保险业务却呈现萎缩趋势。从 1997 年开始，中国人保的水险保费开始出现负增长，1998 年该项保费年增长率达 -19.15%。"入世"以后，局面略有好转，但由于基数小、增长慢水险规模下降的态势始终得不到逆转。2004 年国内约 1/4 的财险公司的水险保费收入同比下降。目前全球海上保险保费规模约为 250—300 亿美元，而 2009 年我国全国海上保险（含外资）保费收入不到 15 亿美元，仅占全球总量约 5%。

3.2 我国海上保险萎缩的原因

海上保险是我国保险业赖以建立的基础，面临如此尴尬的局面，其原因是多方面的，主要有以下几点。

（1）国内保险业对海上保险不够重视，导致其发展滞后。

中国保监会公布的保险业运营情况表显示，2018 年 1—10 月全国财产险原保费收入为 530 亿元约占总原保费收入的 1/3，其中超过 70% 来自车险，而水险保费不到 3%。"水险"是财产保险中技术含量较高的大宗保险业务，为获得分散的小型业务而放弃水险是导致其萎缩的根本原因。

目前，国内水险保费收入主要来自外资保险公司。由于政策的限制，外资保险公司在我国的发展程度有限。2018 年 1—10 月，外资财险保费收入仅占全国总量的 1.2%。因此，单纯依靠外资企业是难以实现中国海上保险的实质性跨越的。

（2）对外贸易中的买方和卖方放弃国内投保，将目光转向国外。

在实践中，INCOTERMS 规定的贸易术语中最常被采用的是 CIF 和 FOB。两者的一大重要区别就是：CIF 条件下，保险由卖方办理；而 FOB 条件下，保险由买方办理。但无论采取哪种方式。发货装船后运输途中的风险都是由买方承担的，一旦发生保险事故由买方自行向保险公司索赔。

调查显示，作为对外贸易的出口方，我国国内商户更倾向于选择 FOB。采用这种方式交易，卖方不需承担为货物投保的责任只需按合同规定的时间定期发货装船。而国外买方为了索赔方便通常也更愿意选择在其本国投保。不仅如此，很多贸易合同的执行都采取分批付款的方式，且卖方一般会要求买方在制造前先行支付一定比例的款项作为定金。而 CIF 价高于 FOB 价，这就意味着，如果采用 FOB 方式，在合同执行的前期买方可以拥有更多的流动资金。

当开展进口贸易时，很多国内商户却选择以相对较高的 CIF 价换取卖方在国外为货物投保的服务。国内海上保险业务的发展滞后以及当今保险代理行业的不规范使得我国保险业呈现"投保易、索赔难"的尴尬局面，令很多商户对国内保险缺乏信心，转而投保国外保险。而国外卖方更是乐见其成这样的选择可使其获得更多的利益。在这种恶性循环中，国内水险规模持续萎缩。

（3）国际海上保险市场竞争激烈，中国水险发展艰难。

目前，全球约 60% 的海上保险市场被英日德美四国占据，仅英国伦敦占有的份额就超过 20%。中国保险业起步较晚。且多年来水险业务得不到应有的重视市场份额不断下滑，失去国际水险市场的话语权和竞争力。

另外，在中国企业加快"走出去"步伐在国外设立分支机构的同时，我国保险业仍然将目光集中在国内市场，缺乏对于我国经济"走出去"战略实施保驾护航的意识，没有努力抓住机遇将业务拓展到海外，将本属于自己的业务拱手让给国外保险商。

（4）与伦敦协会货物条款（1CC）相比，我国保险条款（CIC）描述得较为模糊，不同的解释可能造成纠纷增加。

CC 中承保风险采用"列明风险"和"一切风险减除外责任"的方式指明。

CIC 则仍采用如"一般外来原因所造成的全部或部分损失"的表述方式，而对"外来原因"的说明却不够具体。同时 ICC 规定一切险对于装货过程中跌落的整件货物承担保险责任，而 CIC 中却不保此项。由此可见，条款的差异及同时使用造成了一定的混乱，对吸引潜在客户产生了一些负面作用。

3.3 对发展我国海上保险的建议

伴随国际贸易的日益发展海上保险显现出巨大发展潜力。加快发展这一险种能够为对外贸易的顺利进行提供更好的保障同时，也能使"水险"在新时代重焕生机成为保险行业一个新的增长点。

（1）国家不能对于财产险的畸形比例坐视不理，应采取措施优化市场结构为行业发展提供良好引导应出台政策支持海上保险发展，鼓励行业关注"水险"同时，鼓励进出口商户国内投保，消解他们的担忧。

（2）行业应抓住和平发展的契机，把海上保险作为一个重要机遇点通过拓展"水险"业务，使中国保险"走出去"。为此，行业应改良现有险种，不断开发新的险种，以满足市场多样化的需求；应加强企业文化建设和员工职业教育，努力提高行业整体素质和服务水平，以吸引更多的客户；应学习国外成熟保险市场的优点了解海外客户的需求，努力开辟世界市场。

（3）进出口商应积极主动地去了解我国的海上保险业务，更多地考虑在国内为货物和船舶投保，并应热情地为这一业务的发展提出宝贵的意见和建议，从而促使我国海上保险快速成长起来。

在经济全球化的今天，为国际贸易提供风险保障的"水险"是一国保险实力和国际竞争力的重要载体。能否在国际水险市场占有一席之地，已成为衡量一国保险业综合竞争力的重要标准。因此，发展"水险"业务是中国保险业拥有国际话语权的基础条件。我们绝不能任其萎缩，而是必须重振"水险"雄风。

第二章　火灾保险

一、何谓火灾保险

火灾保险是指以存放在固定场所并处于相对静止状态的财产物资为保险标的，由保险人承担保险财产遭受保险事故损失的经济赔偿责任的一种财产保险。

火灾保险是一种传统的保险业务，与其他保险业务相比，有如下独立的特征，无法用其他保险险种替代。保险标的存在于陆地，相对静止。保险标的存放地址不得随意变动，变动则影响保险合同效力。可保风险非常广泛，包括各种自然灾害和多种意外事故。存在多种附加险，如附加利润损失保险和附加盗窃风险保险等，覆盖了大部分可保风险。

从保险业务来源角度看，火灾保险是适用范围最广泛的一种保险业务，各种企业、团体及机关单位均可以投保团体火灾保险；所有的城乡居民家庭和个人均可投保家庭财产保险。

就保险标的范围而言，火灾保险的可保财产包括：房屋及其他建筑物和附属装修设备；各种机器设备，工具、仪器及生产用具；管理用具及低值易耗品、原材料、半成品、在产品、产成品或库存商品和特种储备商品；以及各种生活消费资料等。对于某些市场价格变化大、保险金额难以确定、风险较特别的财产物资，如古物、艺术品等，则需要经过特别约定的程序才能承保。即特约可保财产。经过特别约定可以作为保险标的的财产。如市场价格变化大，保险金额难以确定的财产：金银、珠宝、玉器、首饰、古玩、邮票、艺术品等。如价值高，风险特别的财产：堤堰、水闸、铁路、道路、桥梁、码头等。如风险大，需提高费率的财产：矿井、矿坑内的设备、物资等。

不保财产的范围有：土地、矿藏、森林、水产资源；货币、有价证券、票证、文件、账册、技术资料、图表；违章建筑、非法占有的财产、正处于紧急状态的财产；未经收割的农作物、家禽、家畜、其他家养动物。

火灾保险承保的保险责任通常包括：1.火灾及相关危险；2.各种自然灾害；3.有关意外事故；4.施救费用。

火灾保险的保险金额，通常根据投保标的分项确定。团体火灾保险的保险金额划分为固定资产与流动资产两大类，其中固定资产还要进一步按照固定资产的分类进行分项，每项固定资产仅适用于该项固定资产的保险金额；流动资产则不再分项确定。

固定资产的保险金额可采取以下方式确定：按照账面原值投保；按重置价值投保；按投保时实际价值协议投保。

流动资产的保险金额可采取以下方式确定：按被保险人物化流动资产最近12个月的平均账面余额投保；按被保险人物化流动资产最近的账面余额投保。

确定团体火灾保险的固定资产保险金额时，既可以按照账面原值确定，也可以按照重置价值确定，还可以依据公估行或评估机构评估后的价值确定；对于流动资产的保险金额，既可以按照最近账面12个月的平均余额确定，也可以由被保险人自行确定。

保险金额一般用本年度毛利润金额确定，并考虑业务发展趋势和通货膨胀等因素综合得出。

保险费率一般采用基础费率结合企业经营性质及其他影响损失大小的因素进行增减。

在家庭财产保险中，保险金额则需要分为房屋及其附属设施、家用电器、其他家庭用品等项确定，分项越细越好。

保险费率的确定：中国大陆团体火灾保险的费率采用分类级差费率。

1.工业险费率：六级，分别为金属冶炼类、棉纺织轻工业类、麻丝油蜡加工类、一般危险品化合生产类、特别危险品化合生产类。

2.仓储险费率：五级，分别为一般物资、一般危险品、特别危险品、金属材料、石油。

3.普通险费率：五级。除上述范围外的其他可保财产。

保险赔偿：赔偿期限一般双方事先协商，估算发生保险事故后恢复经营所需时间商定。赔偿一般设定绝对免赔额，被保险人自己需承担一定损失。

赔偿计算方法：毛利润损失＝（标准营业额－实际赔偿期内营业额）×毛利润率×（1－免赔率）

主要险种：财产保险基本险承保火灾、雷击、爆炸、飞行物体及空中运行物体坠落、及上述保险责任3、4、5项。

财产保险综合险除承担财产保险基本险保险责任外，还承担暴雨、洪水、台风、暴风、龙卷风、雪灾、雹灾、冰凌、泥石流、崖崩、突发性滑坡、地面突然塌陷等自然灾害。

机器损坏保险承保可正常运转的机器设备因人为的、意外的或物理的原因导致的物质损失。

附加险包括利润损失保险和盗抢险。（附加利润损失保险：利润损失保险又称营业中断保险，它承保企业因意外遭受灾害事故导致正常生产或经营中断造成的可预期的利润损失或停工期间必须支付的费用支出。）

不可保风险：被保险人故意行为导致的风险；战争、军事行动、暴乱、武装叛乱、敌对行为、武装冲突、征用或没收；核反应、核辐射、核爆炸、核污染；原则上，除了某些例外，保险理赔是针对任何原因引起的火灾所造成的损失。因战争或其他剧变而不是特殊合同所造成的损害；由于保险目的的性质或缺陷，保险的自然耗尽或投保人或被保险人的恶意或重大过失造成的损害。

特定产品包括"房屋火灾保险"和"普通火灾保险"，它们将赔偿范围限制为火灾，雷击，爆炸以及风雪灾害造成的损害。赔偿范围包括因给排水设备事故造成的水弄湿，干扰，盗窃和水灾造成的损害；全面的住房保险，住房综合保险（包括公寓保险，无水灾赔偿）和一般商店保险。近年来，非寿险公司也出售了风险细分类型的火灾保险。这使消费者能够获得他们认为不必要的赔偿，从而可以比传统的火灾保险进行更合理的购买。就独家住房而言，保险的目的是建筑物和家庭用品（在出租房屋的情况下，仅指家庭用品），但此时，作为家庭用品附带的火灾保险合同特别被称为家庭用品保险。

由于未涵盖地震，海啸和火山爆发等大规模灾难，因此有必要增加地震保险作为承保此类损失的一种选择。

住宅火灾保险可以由政府控制的地震保险承保，非住宅办公室，商店和工厂可以由扩展地震抵押品单独承保。但是，与住宅用途不同，地震扩展抵押品由私人部门管理，并且很难对冲海外再保险市场中的风险。许多公司都被大公司占领，很难真正加入。除非条款和条件中另有规定，否则保险人（保险人）有责任承担因消防或疏散而造成的任何损失。

保险费是根据财产的目的，面积，结构等计算的。仅用于住宅目的的属性是"房屋属性"，全部或部分用于商店和办公室的属性是"一般属性"，还有其他"仓库属性"和"工厂属性"。关于结构，等级由圆柱（钢框架，木结构，混凝土等）和外墙（木板，砂浆涂料，混凝土等）等确定，保险费根据等级而变化。

二、火灾保险的起源

其实早在公元前 2500 年的古巴比伦王国，其国王曾命令官员、僧侣及村长向村名征收有关税资，作为应付火灾和旱灾的救济基金。

如果说保险的起源是在海上，那么保险在陆地上的起源就是火灾了。现代火灾的保险起源于德国。1676 年，汉堡的 46 家合作社联合成立了世界上第一个国家火灾保险组织。而火灾保险的推广和完善则是在英国完成的，其推动力就是 1666 年著名的伦敦大火。

1666 年 9 月 2 日，位于伦敦市普丁巷的国王面包房突然起火。起因是某面包师傅忘记关掉烤面包的炉子，结果发生火灾。面包房临近市区泰晤士河，周围的仓库和商店堆满了易燃易爆物。强劲的东风卷着火星点燃了堆积的煤炭、木料，火势一发不可收拾，瞬间蔓延至城区。有目击者在日记中写道"如果你当时素面朝天地站在风里，那么你几乎就会被火星组成的雨点烧焦。"

大火整整烧了 4 天，80% 的伦敦市区夷为灰烬，20 万人无家可归，灾后重建一直进行了长达 6 年。伦敦城计有 13,200 座房屋和 436 英亩土地被烧毁。著名的圣保罗教堂灾情最严重："铅熔物熔化后淹没了附近的街道。热浪使得石造物爆炸，连古墓也被炸开，露出了许多木乃伊状的尸首。"

据保守估计，大火造成了约 1,000 万英镑的损失，而伦敦城当时的年收入仅 1.2 万英镑。

受难者渴望获得保障，火灾保险显得愈发重要。这场大火的毁灭性影响将保险的发展从一种便利变成了一种紧迫感，一种改变意见反映在克里斯托弗·雷恩爵士在 1667 年的伦敦新计划中包括了一个"保险办公室"的地盘。许多尝试过的火灾保险计划都没有成功，但是在 1681 年，经济学家尼古拉斯·巴本（Nicholas Barbon）和 11 位同事在皇家交易所的后面建立了第一家火灾保险公司，即"房屋保险办公室"，为砖瓦和框架房屋。最初，有 5,000 套房屋由 Barbon 的保险办公室投保。1680 年他集资 4 万英镑，成立火灾保险营业所，1805 年更名为菲尼克斯即凤凰火灾保险公司。在巴蓬的客户中，大部分是伦敦大火后重建家园的人们，巴蓬也被誉为"现代火灾保险之父"。

第一次成功的创业之后，在随后的几十年中成立了许多类似的公司。最初，每家公司都雇用自己的消防部门，以防止并将火灾对他们所保险财产造成的损害降至最低。他们还开始向客户发布"火灾保险标志"；这些信息将显眼地显示在物业大门上方，以帮助进行正面识别。一个这样著名的公司是在手消防和人身保险协会手，在公司成立于 1696 年，在汤姆的咖啡馆圣马丁巷在伦敦。

仍然存在的第一家财产保险公司成立于 1710 年，现在是 RSA 保险集团（RSA Insurance Group）的多次并购，现在称为"Sun Fire Office"。（1710 年，波凡创立了伦敦保险人公司，后改称太阳保险公司，接受不动产以外的动产保险，营业范围遍及全国。）

在美国殖民地时期，本杰明·富兰克林（Benjamin Franklin）以永久保险的形式，帮助普及了保险，尤其是财产保险，以分散火灾损失的风险并使其成为标准。1752 年，他创立了费城房屋火灾保险费分摊制度。富兰克林（Franklin）的公司拒绝为某些建筑物（例如木屋）提供保险，以免发生火灾。

保险标的共有三种保险类型。重置成本承保以类似的种类和质量支付维修或更换财产的费用，而不管折旧或升值。这类保险的保费是基于重置成本值，而不是基于实际现金值。实际现金价值覆盖范围包括重置成本减去折旧。如果建筑成本增加，则延长的重置成本将超出承保范围，通常不会超过限制的 25%。当您获得保险单时，限额是保险公司针对给定情况或事件支付的最大保险金额。限额还包括保险公司不会发布新保单或继续保单三十年以下或者是五十年以上。

如果您附近社区的房屋更换成本上升，则该金额将需要波动；金额需要与房屋的实际重建价值保持一致。发生火灾时，将住所替换物品列表为房屋价值的百分比。如果是高价值物品，保险公司可能会要求将这些物品与其他家庭物品分开单独承保。最后一种承保选择是将其他生活安排纳入政策。如果由承保损失造成的财产损失使您无法在家中居住，保单可以在指定的时间内支付替代性生活安排的费用（例如，酒店和餐厅费用），以补偿您的"使用损失"，直到你可以返回。额外的生活费用限额可能会有所不同，但通常设置为住房覆盖限额的 20%。您需要与您的保险公司联系，以寻求有关适当承保范围的建议，并确定哪种类型的限额适合您。

18 世纪末到 19 世纪中期，英、法、德等国相继完成了工业革命，机器生产代替了原来的手工操作，物质财富大量集中，使人们对火灾保险的需求也更为迫切。

这一时期火灾保险发展异常迅速，火灾保险公司的形式以股份公司为主。

进入 19 世纪，在欧洲和美洲，火灾保险公司大量出现，承保能力有很大提高。

随着人们的需要，火灾保险所承保的风险也日益扩展，承保责任由单一的火灾扩展到地震、洪水、风暴等非火灾危险，保险标的也从房屋扩大到各种固定资产和流动资产。

19世纪后期，随着帝国主义的对外扩张，火灾保险传到了发展中国家和地区。

举例：以英国为例，从火灾保险在历史建筑保护方面所起的作用，以及各领域支持建筑保护的架构方面，进行了阐述。在英国，对历史建筑负有保护责任的人，原则上是建筑所有者。所有者为了保护自己的财产，与普通建筑一样，会利用火灾保险，而保险公司也会和普通建筑一样，根据历史建筑的各自特性，制定不同的应对方式。换言之，保险公司会运用自己积累的风险评估方面的研究经验，指导所有者降低火灾风险，保护历史建筑。

英国拥有总数极为庞大的历史建筑，是在历史建筑保护方面最为先进的国家，形成了大量非常具有参考价值的历史建筑保护制度与方法。英国的历史建筑主要由其所有者负责保护，政府对所有者给予支持，并制定相应的政策措施。其中最有特点的便是为历史建筑量身打造的火灾保险。

英国历史建筑的火灾保险起源于最初的"教会建筑火灾保险"，仅以教堂（几乎都是历史性建筑）作为保险对象，随后保险对象逐步扩展至教堂以外的历史建筑。如今教会保险公司的核心业务依然是与教堂维护管理相关的保险，并且是历史建筑火灾保险的最大公司，其销售的"不列颠历史保险（Heritage Britain Insurance）"主要用于注册历史建筑的保险。该保险适用于除教堂和皇家财产以外的所有历史建筑，无论是否注册均可作为保险对象。此外，教会保险公司为了对保护方法予以担保，秘密地与统一掌管历史建筑的政府机关英格兰历史（旧英国遗产）、威尔士历史、苏格兰历史等机构交换信息，不仅为他们提供火灾保险，还为建筑保护方面的研究做出了贡献。

而关于英国历史建筑的火灾保险计算也有其独特的地方。它的火灾保险的基本结构如下：首先算出建筑物的价值，然后再征收相应的保险金（赊款），一旦因遭遇意外事故而蒙受损失时，应依照合同向其支付保险金。通常的火灾保险与汽车保险一样，它是一种依照损害的种类，确定支付上限金额的商品。而有关历史建筑的火灾保险，通常都是个别予以审核评定。因此对于目标建筑价值的正确评估极为重要。如果是普通建筑，对于它的规模、结构、建设时的成本、建筑年限、地区特性这些方面均应加以考虑，并根据相关情况设定保险金。通常情况下，建筑年限多，建筑价值则呈下降趋势；而历史建筑却与此相反，建筑年限反而成为它的附加值，由于建筑的价值升高了，采用通常的方法来评估就显得捉襟见肘。

鉴于此，英国保险公司并不是用金额来确定具体建筑物的价值从而算出保险金额的，而是采用另外一种方式，那就是一旦蒙受损失，保险公司通过补偿的方式，使其恢复到受损前的状态。也就是说，原则上，支付费用时，并不是以保险金的形式向投保人支付的，而是将修复建筑时所需的相关费用，支付给施工部门，并不会把钱交给投保人，而是将保险费加到普通建筑的基本项目当中，并根据修复时的程度（等级），来确定所需金额。

具体做法是，针对每座历史建筑都预先设定好修复的程度，然后再根据这些条件确定相应的保费。将修复等级划分为初、中、高三个等级，并根据不同的等级制定不同的保险计划。如果是相当于国宝级和重要文物级"等级Ⅰ""等级Ⅱ"的注册建筑，就必须选择最高级，除此以外，如果属于"等级Ⅱ"的注册建筑及无指定建筑（现实中几乎没有），则由所有者自己设定修复程度后，再进行投保。在判定文物价值时，应征求具有专业知识的第三方机构的意见，并确定稳妥的修复方法。对于这些方面，虽然并没有制定严格的规则，但是可以根据惯例选择适当的修复方法。这一体系对于登记的建筑物来说也一样，只要所有者同意，也可以采用同样的办法。

为了运用上述制度，能够判断历史建筑价值的专家必不可少。保险公司肩负这一职责的是"勘测师（surveyor）"。所谓勘测师，也可翻译成测量技师、不动产鉴定师、检查员、审计员等。保险公司勘测师的业务内容是审核建筑不动产的价值以及其中隐藏的危险性。如果是修复文物建筑的话，就需要对所需费用进行审核。虽然审核方法属于保险公司的内部信息，但是对于勘测师来说，至少应具备历史建筑修复方面的相关知识以及辨识历史建筑价值的能力，这些专业能力必不可少。勘测师的工作内容并不仅限于审核保险金，还有防止历史性建筑遭受损害，并做到防患于未然。换言之，就是通过减少火灾的危险度（风险），控制保险金的支付。通常情况下，由勘测师定期对个人负责的文物设施进行检查。勘测师对各个项目进行核查后，再对危险度进行判定（风险评估），对于那些危险程度大的文物，向所有者发出警告，所有者对于警告不做出回应时，可以采取增加保险金额等措施。

根据经验可知，平时如何使用以及维护的好坏，均与火灾的发生有着极为密切的关系。在英国，人们期待通过维护管理软件应对火灾，这项措施已经付诸实践。要想通过减轻建筑物受损的风险，来减少保险金的支付，与其将重点放在保护文物价值，不如将重点放在削减火灾危险性方面，显得更为有效。

拥有保护和利用历史建筑补充体系的，不光是英国。比如：在法国，每座建筑都义务配备了安全管理员，这些人肩负着保护和利用历史建筑的责任。即便是德国，州政府的城市规划官员，在保护利用历史建筑方面，也扮演着极为重要的角色。

三、中国的火灾保险

我国最早的火灾保险公司是商怡和央行1886年设立于香港的"香港火烛保险公司"。早起火险业的营业范围不限于香港，在广州、上海、北京也有这家火险公司的客户。当时保险公司为防止被保险人放火搬物，都在保户门楣上悬钉一种铜质或铁质火标，既便于警察查检，又提醒救火人员奋勇抢救。当时，一般中国保户以悬挂保险商标为荣，因为非殷实商店住户，外商大多不敢贸然承保。

香港火烛保险公司的体制，沿袭的是英国保险公司体制。早年英国的消防队是隶属于保险公司的。后来，消防队从保险公司分离出来，而归并于警察系统，保险公司依然同消防队保持着密切的合作关系，经常出资捐助消防车或编印消防宣传材料，免费向民众散发，藉以提高民众防火意识，预防火灾。

从中国大陆来看，早期保险产品主要是"火险""水险"，而不像现在的精细分类。而且那时参加保险的保户，保险公司会在保户门上钉上一个火牌，发生火灾时，消防局会先救保户。

火灾保险是中国人民保险公司成立以后开班最早的一项业务。当时的火灾保险包括普通火灾保险和公民财产保险两种。普通火灾保险主要承保私营工商业的财产，公民财产保险承保个人的财产。在我国的外国使馆和不少华侨的财产大多都投保了火灾保险。在实行强制保险以前，国有企业财产也自愿投保了普通火灾保险。

到1952年10月，国家保险机构开办的普通火灾保险有了很大发展，据中南、华东、东北76个城市的统计，投保火灾保险的工商户占全部工商户的21.36%。1952年具有40余万户职工、居民参加了保险。从1949年10月到1952年底，中国人民保险公司火灾保险保费收入达4,300余亿元（旧币），付出赔款289亿元（旧币），而1953年一年火灾保险保费已达2,130亿元（旧币）。

在国际上，通常直接用火灾保险（fire insurance；火灾保险）这个概念，在中国，1996年财产保险和人寿保险分业经营以前，采用的是企业财产保险和家庭财产保险涵盖火灾保险中的团体火灾保险和家庭财产保险的概念。1996年以后，由于保险公司和保险产品的日益增多，"企业财产保险"这个由中国人民保险公司垄断经营的主流产品被其他丰富的保险产品取代，虽然现行国内大多书籍仍然采用这种分类方法，而"企业财产保险"险种已经成为历史。

在中国大陆，个体工商户并不能够作为团体火灾保险的被保险人，而只能投保家庭财产保险，可能由于团体火灾保险强调被保险人的法人资格。

四、现代的火灾保险和火灾公众责任险

火虽然推动了人类的发展进程，但同时也给人类自身造成了巨大的伤痛。近年来，全国各地火灾频发，尤其是特大火灾的发生率正在逐年上升。炽热的火焰不仅将大量财物付之一炬，而且卷走了许多无辜的生命，给很多家庭带来了难以估量的伤痛。面对火灾带来的伤痛，除了反思我国现在消防安全责任不落实、消防意识淡薄、消防措施不到位外，我们不得不承认火灾公众责任保险作为火灾灾害危机处理的重要方式之一却没有发挥其应有的作用。因此，我们必须深入研究火灾公众责任保险，挖掘其不能发挥应有作用的根本原因，探寻解决途径，以发挥其转嫁风险、经济补偿和社会管理的职能，切实维护公民合法权益，促进我国社会和谐稳定。

火灾保险经过三百多年的历史发展，有了较大的变化。

（一）保险标的扩展

现代火灾保险的标的不仅包括不动产和动产，还包括与不动产和动产相关的利益，如利润损失、营业中断期间支付的必要费用等。因此，火灾保险的保险标的已由房屋变为各种不动产、动产及与其有关的利益。

（二）承保风险扩展

最初的火灾保险只承保单一的火灾风险，并只承保火灾所致的直接损失，不承保间接损失。发展到今日，火灾保险的承保风险更扩大到包括各种列明的自然灾害、意外事故，可以直接承保或特约承保火灾、爆炸、雷击、暴风雨、雪灾、砭凌、泥石流、机器损坏，甚至盗窃、洪水、地震、战争等风险，既可承保直接损失，也可承保间接损失（如利润损失）。

（三）保单格式走向规范化

开始的火灾保险没有标准的保单格式，世界各国的各家火灾保险公司各行其是，保单格式各不相同。美国的马萨诸塞州推出了第一份标准的火灾保险单，此后，各国纷纷比照实行火险的标准保单，从而大大减少了理赔纠纷和法院解释的困难。

（四）承保能力大为增强

火灾保险发展的前期，保险公司的承保能力很低。随着国际保险市场上再保险的产生和发展，保险人的承保能力大为增强，保额再高的标的，都可以由一家保险公司承保后再以分保方式分散保险人自身的风险。

（五）保险费率厘定趋向科学

尽管 17 世纪末的火灾保险已开始按房屋的结构实行差别费率，但当时的火灾保险费率档次少，分类简单，总体费率水平较高。而现在的火灾保险在确定费率时考虑了更多的费率影响因素，采用更加科学的分类方法进行计算，从而使费率水平更加科学合理。

（六）赔偿范围扩大

火灾保险的赔偿范围，已由最初只负责赔偿保险标的的损失，扩大到保险事故发生时为减少保险损失而支付的合理的整理、保护、施救费用。

火灾公众责任保险是以被保险人因火灾造成的对第三者的伤害所依法应负的赔偿责任作为保险标的的保险，是以市场经济手段转移和化解火灾风险的有效方法。发展火灾公众责任保险有利于发挥保险业经济补偿的功能，妥善快速解决受灾对象的赔偿问题，是保险业服务经济社会发展作用的具体体现。

在实际投保过程中我们会发现，事实上在我国开办的财产保险业务中并没有

"火灾保险"这一保险种类，但是事实上，企业财产保险、家庭财产保险、机器损坏保险等都是建立在火灾保险的基础上发展起来的保险险种。目前市场上有火灾保险功能的险种主要有：

6.1 财产保险基本险

这一保险，主要是以企业单位、机关团体等的财务为保险标的，财产保险基本险是火灾保险的主要险种之一，是以企事业单位、机关团体等的财产物资为保险标的，由保险人承担被保险人财产所面临的基本风险责任的财产保险，除了火灾，财产保险基本险还包括了雷击、爆炸、飞行物体和空中运行物体的坠落造成的财务顺势，以及被保险人拥有财产所有权的自用的供电、供水、供气设备因保险事故遭受破坏，引起停电、停水、停气以及造成保险标的的直接损失。

财产保险综合险在使用范围、保险对象等多个方面都与财产保险基本险的保险内容差不多。保障范围包括：（1）火灾、爆炸、雷击；（2）暴雨；（3）洪水；（4）台风；（5）暴风；（6）龙卷风；（7）雪灾；（8）雹灾；（9）冰凌；（10）泥石流；（11）崖崩；（12）突发性滑坡；（13）地面突然塌陷；（14）飞行物体及其他空中运行物体坠落。

6.2 家庭财产保险

对普通老百姓来说，这个保险比上述两个保险要熟悉的多。家财险的保障范围包括：（1）火灾、爆炸；（2）雷击、冰雹、等自然灾害；（3）空中运行物体坠落、外界物体倒塌；（4）暴风或暴雨使房屋主要结构（外墙、屋顶、屋架）倒塌，有些还扩展至民众骚乱、暴动和他人恶意破坏。但是要注意，金银首饰、古玩字画等贵重物品不在家财险的保险范围内。

五、火灾公众责任保险概念及功能

（一）火灾公众责任保险的概念

火灾公众责任保险是公众责任保险中的一种。火灾公众责任保险是指投保人或被保险人投保的，以公共场所发生火灾事故为事由的，由保险公司在事故发生后给付保险金或直接向事故第三人赔付的一种保险。它主要承保机构、企业、各种组织（单位）、家庭、个人等在固定的场所生产和生活过程中，因为发生火灾而造成他人人身权和财产权被侵害，依法应由被保险人承担的经济赔偿责任。

（二）火灾公众责任保险的功能

2.1 转嫁风险功能

保险能够分散转嫁风险，这是其核心功能之一。火灾公众责任保险作为保险的一种，当然也具有转嫁风险的功能。火灾公众责任保险主要转嫁火灾公众责任风险。这种风险不同于火灾风险，它是由被保险人承担的，以公共权益为主体，以保障第三人的人身伤亡、财产损失为目的的，并不包含被保险人自身损失。这种风险广泛存在于商场、电影院、游乐场、工厂、学校等公共场所。

2.2 损失补偿功能

保险作为一种金融工具，在事故发生后给付保险金或代为赔付损失也是其核心功能之一。因此，保险具有损失补偿功能。火灾公众责任保险作为保险的一种，同样具有损失补偿功能。火灾一旦发生，造成的损失难以估量，作为公共场所经营者往往要承担巨大的损失赔偿责任。如朔州市例，"小南国"饭店经营者因违规操作，引发了严重的火灾事故，造成了严重的人身伤亡和重大的财产损失，这些损失对经营者来说无疑是巨大的负担。如果经营者投保了火灾公众责任保险，那么这些损失则由保险公司代为偿还，不仅经营者可以减轻负担，受害者也可以及时得到补偿。

2.3 社会管理功能

火灾公众责任保险的社会管理功能建立在其转嫁风险和损失补偿的功能之上。火灾公众责任保险转嫁了被保险人的经营风险，使得被保险人能够承担一定的赔偿责任，这直接或间接地减轻了政府灾害救助的负担，将政府从事故的"兜底赔偿者"这一角色中解脱出来，有利于社会管理的有序进行。火灾公众责任保险的损失补偿功能，能及时补偿受害者损失，可以避免损失扩大、矛盾激化，有利于解决社会纠纷，维护公众利益，保障社会和谐稳定。火灾公众责任保险通过保费费率的杠杆作用的调节还能有效降低火灾发生率，有利于消除火灾隐患，降低安全保障风险，有助于社会秩序的顺利运行。因此，火灾公众责任保险有助于解决民事纠纷，具有维护和谐有序的社会关系，推动经济稳定发展的社会管理功能。

六、火灾公众责任保险的现状

（一）我国火灾公众责任保险发展现状探析

目前，全国各地都在努力推广火灾公众责任保险，但实际上火灾公众责任保险投保率并不高，如下图所示：

表1 我国责任险保费收入与其在财产保险公司总保费中的占比

年份	2002	2004	2006	2008	2010	2012	2013
保费	36	33	56	82	63	213	183
占比	4.63	3.03	3.71.	3.35	3.01.	3.34	3.32

该图表是根据多年中国保险年鉴数据整理而得

（二）我国火灾公众责任保险发展滞后原因探析

火灾公众责任保险是一种公益性很强的金融工具，它是政府社会管理职能的有益补充，是预防火灾、弥补灾后损失的重要手段。虽然经过全国各地的政策推动，但是火灾公众责任保险发展仍旧缓慢，深入挖掘，不难发现，其原因主要有以下几个方面：

2.1 法律制度不够健全

关于火灾公众责任保险的法律法规有 2009 年新《消防法》，以及各地《消防条例》如《湖北省消防条例》等。但这些法律制度并不健全，起到促进其发展的作用有限。如 2009 年新《消防法》并未将火灾公众责任保险列为强制保险，部分地区虽然将火灾公众责任保险列为强制保险，但缺乏与之配套的赔偿惩罚细则，导致保险推广效果不理想。除此以外，各地立法不统一，难以形成统一的标准，这也阻碍了火灾公众责任保险的发展。

2.2 保险险种单一，设计不合理

保险公司自身缺乏相关人才，不能有效吸收社会中种类多样的需求，设计的火灾公众责任保险存在险种单一、产品数量少等缺点，不能满足投保人的需求。其次，保险的费率标准不合理，不能实现差异化费率和浮动费率，不符合现实要求。最后，火灾公众风险的评估机制不健全，保险公司难以得到准确的数据，所以影响了险种的设计。

2.3 公众责任保险意识淡薄，投保意愿低

首先，政府、保险公司以及新闻媒体对火灾公众责任宣传力度不够，这导致公众对该保险并不了解。其次，公共场所的经营者，总是抱有侥幸心理，认为其场所内不会发生火灾，或者一旦发生火灾，赔偿数额巨大，总会有政府"兜底"，这些心理阻碍了其投保火灾公众责任保险。最后，公众的维权意识不强，不知道如何运用法律手段维护自身合法权益，这变相地纵容了经营者的侥幸心理。

在火灾公众责任保险方面，目前国家还没有出台相关的规范性文件，但在安

全生产领域，三部门出台的《办法》是可以借鉴参考的。《办法》虽然在形式上只是三部委联合发布的规范性文件，但是其效力和操作性方面绝无任何可怀疑的，属于典型的部门联合发文，操作实践性极强。《办法》从保险赔偿和提供服务两个维度构建安全生产责任保险。尝试利用社会专业力量参与安全生产工作，强化社会主体的监督工作。运用保险手段解决安全产问题的经济政策，是商业保险与安全生产管理相结合的产物，对于强化安全事故风险管控、明确安全生产责任主体、及时消除事故隐患，预防和减少生产安全事故的发生、减少企业事故而带来的经济损失，预防和化解社会矛盾、减轻各级政府因事故而带来的社会保障性负担，促进安全生产形势持续稳定好转和安全生产工作持续健康发展具有重要的现实意义。从性质上看，消防监督工作与安全生产监督工作颇为相近，主要区别之一为监督范围的不同。安全生产监督的范围主要为生产经营性单位，而消防监督并不限于此。消防监督工作与安全生产监督工作同样是关乎公共安全领域，火灾事故也好，安全生产事故也罢，一旦发生都会造成较大人员伤亡和财产损失。从这一点来说，消防领域也同样需要一种责任保险，这就是火灾责任保险为何存在的主要原因。

（三）完善火灾公众责任保险的几点建议

3.1 构建强制火灾公众责任保险法律制度

许多国家，如日本、英国、美国、法国等国家火灾责任保险的发展依靠建立法定责任保险制度来强制推行，我国可以借鉴这些国家的先进经验，同样通过立法来强制推行火灾公众责任保险。只有通过立法，规范了火灾公众责任保险市场，强制推行该保险，才能有效缓解其发展严重滞后的现状，才能逐步实现火灾责任保险转嫁风险、损失补偿、社会管理的重要功能，使其真正成为我国消防措施的重要辅助方式之一。要通过立法强制推行火灾公众责任保险，首先需要为该立法定性。笔者认为，应制定《强制火灾公众责任保险条例》（以下简称《条例》），性质为国务院行政法规。其次，《条例》的内容应包括保险合同双方当事人及第三者的权利义务、保险公司承保范围及免责范围、保险期限及费率厘定、保险的承保和理赔程序、以及违反《条例》中强制性条款的法律责任等内容。最后，《条例》应与《消防法》《侵权法》等有关内容相互配合，共同发挥作用。这里有几点需要注意的是：

①《条例》中应明确规定保险合同第三人的权利。

火灾公众责任保险作为一种第三者责任保险，其目的是为了保护第三人合法利益，使其损失能及时得到补偿，那么明确规定合同第三者享有损害赔偿的直接请求权则是十分必要的。这有效减少了不必要的理赔程序，对保护第三者的合法权益具有重要意义。

②是否投保火灾公众责任保险可以作为消防检验的一项标准。

如易发生火灾的企业若未投保火灾公众责任保险，不仅需承担违反《条例》的法律责任，而且还会导致消防检验不合格。消防部门可以定期公布这些企业名单，提醒公众注意。

3.2 加强险种设计，推动产品创新

在政府、法律以及市场的推动下，保险公司应培养专门人才，搭建数据平台，积极收集准确数据，构建精算模型，对火灾公众责任保险的险种设计更加合理和明确。在费率厘定方面，保险公司应采用差异费率和浮动费率。目前，保险公司在承保火灾公众责任保险时，实行的是标准费率，而且各标准费率之间跨度较大，不能很好地区分各个投保人实际情况，这对于各种各样的投保人来说并不合理。因此，根据投保人消防安全状况及消防安全不良行为记录，实施差异化费率和浮动费率是很有必要的。此外，保险公司应针对社会中多样的投保需求，集思广益，推陈出新，创新多种火灾公众责任保险险种，如娱乐场所火灾公众责任保险、火灾高危企业公众责任保险等。同时保险公司也可以推出火灾公众责任保险试用计划、首次投保降低保费等优惠活动推广这一险种。

3.3 多方联动加大宣传，创造条件鼓励投保

保险公司、新闻媒体应加大力度通过多种途径宣传火灾公众责任保险，如开

展小区保险知识普及活动，在公共场所摆设标语，利用全国消防安全日进行宣传等。消防部门也可以配合保险公司，在进行消防知识宣传过程中增加火灾公众责任保险的相关知识宣传。这些方式应相互协调配合，为火灾公众责任保险的发展创造良好的认知基础。需要注意的是，不仅需要在城市里进行宣传推广，广大农村地区，由于消防水平落后，更需要推广和发展火灾公众责任保险。各级乡镇府应重视火灾公众责任保险知识的普及，创造条件，让乡镇企业也能穿上这件重要的"保护衣"。总结火灾公众责任保险着眼于公众合法权益的保护，有利于减轻经营者赔偿负担，有助于减少政府无谓的支出，将政府从沉重的"兜底者"角色中解脱出来，对维护社会和谐稳定、保障社会秩序顺利进行大有裨益。因此，我们应加快立法的步伐，在立法强制推动的基础上，完善产品、规范市场，配合强有力的宣传，使火灾公众责任保险真正发挥实效。

七、公众责任保险

我国的火灾公众责任保险是指在保险期间内，被保险人在保险合同载明的场所内依法从事生产、经营等活动时，因该场所内发生的火灾、爆炸造成第三者人身伤害，依照法律应由被保险人承担的人身损害经济赔偿责任，保险人按照保险合同约定负责赔偿。刚刚修正的《中华人民共和国消防法》第三十三条规定，"国家鼓励、引导公众聚集场所和生产、储存、运输、销售易燃易爆危险品的企业投保火灾公众责任保险；鼓励保险公司承保火灾公众责任保险。"《国务院关于加强和改进消防工作的意见》（国发〔2011〕46号）中规定了"火灾高危单位应当参加火灾公众责任保险"，国务院办公厅颁布的《消防安全责任制实施办法》第十七条规定，"容易造成群死群伤火灾的人员密集场所、易燃易爆单位和高层、地下公共建筑等火灾高危单位"，应当参加火灾公众责任保险。虽然各类法律、法规提出鼓励倡导企业投保，但目前大多数火灾高危单位和消防安全重点单位并没有投保火灾公众责任保险，一旦发生火灾，往往无力承担对火灾受害人的赔偿责任，多数是有当地政府"兜底包揽"对伤亡人员的救助和赔偿。特别是一些重特大火灾尤其是群死群伤火灾事故涉及群体利益，赔偿金额巨大，如果受害人得不到及时赔偿，极有可能引发群体性事件，地方政府为了维护社会稳定，不得不代单位履行赔偿责任，增加了地方政府的经济负担。据不完全统计（图1），2014年至2018年期间，黑龙江省企业和单位投保火灾险的数量整体呈上升趋势，整体投保数量仍处于较低水平。按照比例计算，平均每45家单位有1家投保了与火灾事故相关的保险（由于保险公司无法统计投保企业是否为火灾高危场所或者消防安全重点单位，所以计算方法为2014年至2018年期间投保火灾保险的保单数量的平均数/全省消防安全重点单位数量）。可以说，火灾保险的普及度和社会接受度较低，还面临着制度设计、专业技术力量及社会接受程度等因素制约。我们也可参考一些发达国家的经验和做法。德国的消防税是从火灾保险中扣除一定金额的税，根据《消防税法》征收。需征收的消防税险种主要包括：火灾险以及含火灾险的住宅险和含火灾险的家庭财产险。德国的消防经费主要来源于当地政府税收和消防机构的收费返还。保险公司缴纳的消防税可专门用于补充消防经费，或保险公司作为消防受益单位直接参与城市公共消防设施的投资与融资。在澳大利亚，火灾保险在消防工作中具有十分重要的地位。绝大多数企业和单位均参加火灾保险，保险公司将保费的一部分交给政府，经批准后返还给消防部门作为预算和经费使用，所以澳大利亚的消防队经费来源大部分是由保险公司支付，剩余的则由政府支付。还有一些国家是通过政府强制手段督促社会单位、个人对所经营的场所和所属房产进行火灾保险的投保。据2015年新加坡官方报道，新加坡80%的租屋屋主投保了建屋发展局（建屋发展局属于新加坡的政府职能机构，类似于国内的住建部门）指定的基本火灾保险。我们可以看出，在一些发达国家，各类火灾险或是火灾公众责任保险已经相对成熟，相关制度、体制比较完善，消防工作的社会化程度较高，保险机构与消防部门联系紧密，不仅为消防工作提供了一定的经费保障，还在一定程度上推动了企业自觉落实消防安全主体责任。

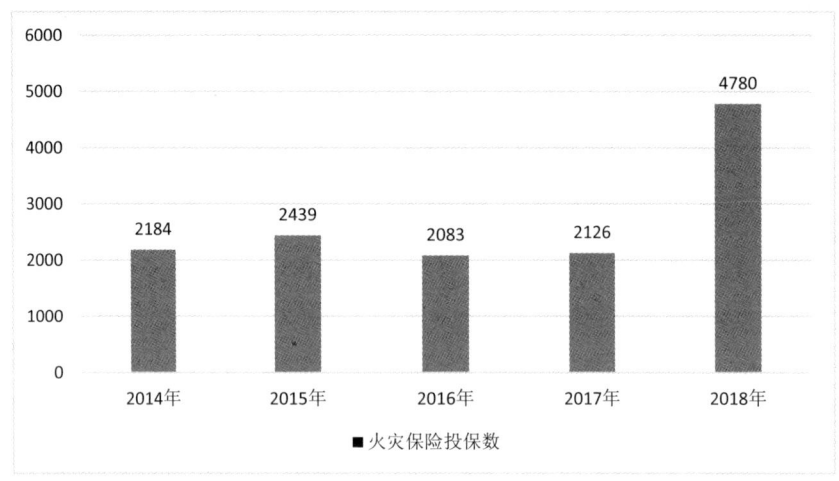

推动火灾公众责任保险的普及发展通过对比安全生产领域和国外的先进经验，可以看出，我国火灾公众责任保险还存在以下几点问题：

（一）火灾公众责任保险的相关制度还不够健全。相关部门可参照《办法》出台火灾公众责任保险的相关政策性文件，为火灾公众责任保险提供政策上的依据和保障。通过规范的规制和指引，促使保险公司与投保单位彼此间相互制约、监督，使得每个主体自我谨慎合理的履行义务，进一步推动火灾公众责任保险的发展。

（二）保险行业推动火灾公众责任保险的积极性和主动性还需提高。笔者曾询问几家规模较大的保险公司，可以看出，火灾公众责任保险或其他与火灾事故相关的保险种类非常少，有的公司五年内都没有一笔保单。同时，大多数业务员对此类保业务也是知之甚少，从的积极性不高，火灾公众责任保险目前还处于初级阶段。究其原因，

主要在于：一是保费与赔偿金额不成正比，一旦发生事故，赔付压力大。二是保险行业的从业人员不具备判定投保场所消防安全状况的能力。三是市场需求小，保险公司推动此项业务发展的动力不足。

（三）火灾防控的主管部门和保险行业没有建立完善相关工作机制。从笔者

的工作经历看，消防部门与保险行业的业务往来几乎为零，没有相关的合作机制。作为火灾防控的主管部门，消防部门应鼓励、倡导企业积极投保，提高企业投保火灾公众责任保险的意识。同时，应与保险公司、社会单位建立共同监管火灾隐患的工作机制。可以考虑从目前的"纵向"管理体系逐步拓展为"纵向"与"横向"监督体系相结合的管理监督体系模式。所谓"横向"监督体系，是指充分利用社会资源，例如保险公司等专业机构通过对被保险单位提供安全预防服务的方式监督被保险人履行消防安全义务，落实社会单位主体责任。同时，保险公司应将投保单位的消防安全状况与保费的厘定直接挂钩，并定期会同消防部门对投保单位的消防安全状况进行评估，促进社会单位加强火灾预防工作。通过合理的制度建设，积极的市场导向和严格的市场管理，火灾公众责任保险会离我们越来越近。推动火灾公众责任保险的发展就是要通过市场化的风险转移机制，用商业的手段解决责任赔偿等方面的法律纠纷，为政府减轻负担，帮助受灾企业和群众尽快恢复正常的生产生活，切实保护公民合法利益，对促进社会和谐稳定具有重要的现实意义。

八、火灾公众责任保险是防灾减灾的迫切需要

（一）传统火灾民事责任赔偿制度无法保障受害人的利益

无过错责任是传统火灾民事责任赔偿的基础，从以往的过错责任发展到过错推定，最终确立无过错责任，经历了一个十分漫长的过程，也说明民事责任制度的发展过程是逐步扩张的。我们强化对受害人利益的保护，那么，加害人将承担更多的民事责任。但是，火灾事故赔偿额极大，作为受灾的经营单位已经遭受巨大经济损失，很难再赔偿受害人，民事责任制度扩张后，也无法解决受害人的赔偿问题。同时，公众往往对政府部门存在强烈的依赖感，一旦火灾事故引起大量的人员伤亡，受害群众就会希望政府给予救助，这无疑会对政府的财政预算构成

更大的压力并造成国有财产的流失。这说明变革后的民事责任制度，还是无法保障受害人的利益，由此，责任保险制度应运而生。

（二）火灾公众责任保险制度从根本上保护了受害人的利益

公众责任险主要是承担被保险人在其经营的场所内，在从事生产或经营活动时，因发生意外事故而造成的他人（第三者）经济损失和伤亡，并依法应当由被保险人承担的经济赔偿责任。运动场所、娱乐场所在营业期间，建筑、安装工程在施工期间，各种企业在生产过程中等，都可能发生意外事故，造成他人（第三者）财产损失或人身伤亡，这就产生了投保的空间。在国外发达地区，公众责任险早已成为机关、团体、企业和各种公共场所、游乐场所的必需保障。在保险期间保险合同载明的场所内，被保险人依法从事生产或经营等活动时，如果该场所内发生火灾、爆炸等造成第三者人身损害，应由被保险人承担人身损害和财物损失的经济赔偿责任，赔偿应由保险公司按照保险合同约定履行。火灾公众责任保险，是指以被保险人因为发生火灾造成的对他人（第三者）的伤害所依法应付的赔偿责任为保险标的的保险。在发生灾害后，被保险人就能得到适当的经济补偿，使之能够快速恢复正常的生产生活。因此，火灾公众责任保险，在关键时刻如同人的免疫系统一样重要。基于责任保险制度的这种天然的分担责任和分散风险的功能，我国在很多领域都已经开始了相关责任保险制度的建立，如机动车责任保险制度、海商法中的保赔保险制度、环境责任保险制度等等。原本火灾赔偿责任集中于一个人或一个企业，而火灾公众责任保险实际上增强了被保险人赔偿损害的能力，当然，其最终目的是有效避免火灾事故受害第三人不能获得实际赔偿的民事制度上的尴尬，从根本上实现了对受害人利益的保护。

（三）严峻的火灾形势迫切需要火灾公众责任保险发挥防灾减灾作用

当前，中国特色社会主义进入新时代，经济社会的发展导致火灾数量也在不断增加。新时代对消防工作提出了新要求，而城市发展不平衡不充分，消防工作经费不足、人员缺乏，群众消防安全意识不强等问题日趋凸显，火灾形势日趋严峻，重特大火灾时有发生，造成了一定的国际影响和社会影响。据统计，近20年来（1997年至2016年），全国发生111起重特大火灾，共造成2，320人亡、1，422人伤，直接财产损失17.5亿元，亡人、伤人和损失分别占近20年总量的5.8%，3.1%，4.1%。2016年，全国共接报火灾31.2万起，死亡1，582人，受伤1，065人。客观上讲火灾等事故的发生是避免不了的，火灾一旦发生，受灾的单位自身遭受巨大的经济损失，很难再承担第三方的经济赔偿，如果未投保险，伤亡人员的灾后救助和经济赔偿就落在了政府身上。若涉及利益群体较大，赔偿金额就会很大，如果没有得到赔偿或者赔偿不及时，群体性事件很难避免，将进一步影响社会安全稳定，因此，迫切需要火灾公众责任保险发挥防灾减灾作用。

构建保险与消防良性互动机制，解决新时期火灾机制。火灾公众责任保险的供给侧难题企业火灾风险的管理方法主要有融资型和控制型，即保险和消防两种火灾风险管理的方法。火灾危险是消防和保险存在发展的前提。保险采取对危险的转移和分配手段获取利润，而消防部门为社会提供公共产品，采取控制和管理危险的措施，努力预防和减少火灾的发生及产生的损失。保险和消防在防灾减损目标上是一致的，因此，二者可以相互协作、优势互补，以最小的成本投入取得最优安全保障。

3.1 国务院有关部门共同推进法律和政策尽快出台

（1）火灾公众责任强制险应尽早立法，积极稳妥逐步推进责任险特别是关系消防事业创新发展和科学发展的火灾公众责任强制险工作的开展，与国家经济发展水平、社会法制环境以及社会文明程度息息相关。目前，我国社会经济和法制环境有了较大发展，中国特色社会主义进入新时代，我国社会主要矛盾已经转化为人民日益增长的美好生活需要和不平衡不充分的发之间的矛盾。人民美好生活需要日益广泛，不仅对物质文化生活提出了更高要求，而且在法治、安全等方面的要求日益增长。当前在部分场所实施火灾公众责任强制险，不仅必要，而且紧迫，应尽快立法，尽早实施。

（2）现阶段，机关、团体、企业、事业单位投保火灾公众责任保险应符合下列规定：火灾高危单位必须按规定投保，消防安全重点单位特别是宾馆、商场和公共娱乐场所应当投保，鼓励其他单位投保；保险公司应按规定承保。保险公司应当对保险标的定期检查，根据风险水平厘定保险费率，及时向被保险人告知消除火灾隐患和不安全因素的书面建议，指导和督促被保险人做好火灾预防工作。双方坚持最大诚信原则和损失补偿原则，规避信用和道德风险。等到将来效果明显、时机成熟，宜全面推广火灾公众责任险。

（3）火灾公众责任险纳入社保体系能充分发挥中国特色社会主义制度的优越性社会保险是一种由国家以立法的形式强制开办的保险业务，带有福利性质，目的是解决劳动者在丧失劳动能力后的生、老、病、死、残等风险问题，解决的是社会普遍问题。当今世界各国的社会保险在社会保障中起着支柱作用。社会保障是政府对所有国民履行确保最低限度生活水平的国家责任的一种制度，它是把社会保险、社会救济和社会福利、社会优抚等总括在一起的一种社会管理制度。当前，地方政府深入贯彻以人民为中心的发展思想，一大批惠民举措落地实施，人民获得感显著增强。覆盖城乡居民的社会保障体系基本建立，社会治理体系更加完善，社会大局保持稳定，国家安全全面加强。例如，重庆渝中区投入 440 万元为全区居民统一购买。

政府综合保险并将火灾事故救助赔偿纳入其中。每个家庭每年只需 26 元就可以把因火灾爆炸、自然灾害等十类原因导致的人身伤亡纳入保险救助范围，保险公司对因火灾、爆炸、暴雨等 13 种自然灾害，飞行物体坠落，建筑物和其他固定物体倒塌造成的直接损失和施救费用进行赔偿。如果没有政府的主动作为，这种惠民保险很难单独买到，这种创新险种保险公司也很难做到。当前火灾公众责任保险推广存在诸多瓶颈性的难题，只有通过政府主动作为，才能发挥大数法则的作用，如果将这一好的做法纳入全民社保体系，可提高险种设计的水平，进一步降低保险成本和费率，做到利国利民。坚持"政府领导、多方参与、齐抓共管、商业运作"的原则，对贫困地区采取政策和财政倾斜，积极、稳妥地建立覆盖全国的灾害管理和民生救助体系，并作为中央政府扶贫开发的惠民措施，将火灾事故救助赔偿纳入政府综合保险项目，以确保百姓灾后的最低生活保障。

3.2 地方人民政府应集中力量为当地弱势群体

统一购买区域性火灾公众责任保险地方政府应结合当地特色，抓住区域性消防安全问题这一主要矛盾，主动作为，推动落实区域性火灾公众责任保险，避免弱势群体因灾返贫；消防部门应加大力度支持革命老区、民族地区、边疆地区、贫困地区的区域性消防安全综合治理，逐步消除区域性火灾隐患这一老大难问题。例如，广西柳州市连续 4 年每年出资 400 余万元，为三个县的 12 万座少数民族村寨吊脚楼统一购买木楼火灾保险，并进行木楼防火改造，从根本上解决了少数民族群众因灾致贫和因灾返贫问题，当地群众坚守的传统生活方式以及彰显的文化传承有了牢靠的保障。同样，云南玉溪市 82 个乡镇 630 个行政村 1，193个自然村农村房屋财产火灾保险连续多年全覆盖。按照"农户自愿参保、政府补助推动、保险公司市场运作"的原则，把农村住房火灾保险的专项补助资金列入当地政府财政预算，让"政府有支持、灾后有保险、农民得实惠"的观念深入人心。

3.3 政府部门应深入细致、齐抓共管、共同推进

（1）强化体系建设，创新宣传机制。推广火灾公众责任保险，应当在当地政府统一领导下，各行业主管部门、保险监管部门、消防部门、保险公司和新闻媒体在各自的职权范围和工作领域内履行工作职责。要遵循市场经济的规律，开展火灾公众责任保险特别是农房火灾保险的宣传，增强社会单位和广大群众的保险意识以及对火灾保险的认知程度，提高参保投保的积极性。

（2）加强合作互动，提高风险管理水平消防部门和保监部门应加强协调配合，要按照各自职责，共同推进火灾风险防范，发挥好公共服务和社会管理的功能，要建立覆盖全国的信息资源交流共享平台，提高风险管理水平。

（3）建立监督机制，保证火灾保险在市场经济条件下健康运作中国特色社会主义进入新时代，政府的行政手段逐渐淡化，保险的市场调节功能逐渐增强，保

险和消防在发展过程中互相影响、互相联系，保险需要消防的保障，消防需要保险的参与。同时，要坚持正确义利观，树立共同、综合、合作、可持续的新安全观，谋求创新发展。通过保险与消防不懈努力，全力发挥各自的作用，发动全社会的力量，促进其良性互动发展，推进防灾减损工作。

九、构建强制性火灾公众责任保险制度应注意的问题

（一）关于损失赔付范围的界定

火灾公众责任保险的损失赔付通常包括以下三种：第一种是被保险人由于火灾而导致的财物损失；第二种是因火灾而产生的诉讼和调查支出，以及事故救助所支付的费用；第三种是因发生火灾而造成他人（第三者）的伤亡或者财物损坏、灭失而产生的损失

一般来说，对于第二种和第三种损失列入损失赔付范围是有法律依据的，其符合《中华人民共和国保险法》第42条第2款规定，根据责任保险的特征，原则上第一种损失应该属于除外责任。

（二）严格恪守理赔数额的限额制

由于火灾赔偿金额巨大，保险人要么不愿承保，要么陷入困境。这对火灾公众责任保险的开展十分不利，最终也不利于整个社会的经济发展。在设计火灾公众责任保险的保单时应约定一个责任限额代替保险金额作为保险公司承担的赔偿金额范围。以宁夏回族自治区为例，根据其经济发展情况，2008年宁夏的城镇和农村居民人均可支配收入分别是7,218元和2,284元，以20年计算，平均赔偿标准约为9.5万元，拟每人赔偿最低应为10万元。又如，江苏省扬州市规定，商市场、宾馆（饭店）、网吧、医院、歌（影）剧院、娱乐和休闲等企业应投保"公众责任险"，每次事故及累计赔偿的限额一般为100—1,000万元，涉及个人

死亡的事故赔偿限额，不低于 30 万元。

（三）科学厘定保险费率

在市场经济条件下，火灾公众责任保险费率及该保险的商品价格应该通过市场形成和调节，保监部门不应过多干预。考虑到我国的保险行业起步较晚，保险市场还有待进一步规范，保险法要求对于此类保费进行事前审批。由于火灾公众责任保险公益性很强，前期进行适当的管制是符合现状的。作为新险种应当根据市场拟定价格后，再经过保监会审批才能施行。例如，扬州市明确了公众责任保险费率上下浮动 30% 的标准。

十、哪些保险可以预防火灾

（一）意外险：综合意外险一般包括意外身故、意外残疾、意外医疗、意外津贴等。

1. 意外身故：如果意外火灾造成的身故，这个客户不管是购买了意外险还是重大疾病险都可以获得身故赔偿金。

2. 意外伤残：如果因为意外大火造成的人员伤残，那么，保险公司就会根据人员伤残的标准给与不同程度的保险金额的赔偿。不同等级赔偿额度不一样。

3. 意外医疗：如果是大火引起的意外擦伤，皮外伤这些，如果这个被保险人购买了意外医疗或者医疗保险，这些小伤都是可以给与报销的，有的保险公司有起赔额，有的公司 1 块钱都能报销。

4. 意外住院手术：如果伤势比较严重导致的住院或者手术，那么，只要购买了意外里面的住院医疗手术报销或者住院医疗保险都是可以给与报销的，住院前的检查以及出院后的一个月的费用都可以给与报销的。

（二）医疗险：医疗险为医疗费用支出提供保障，目前市场上流行的百万医疗险保额可以达到百万元以上。面对火灾或者爆炸，人们可能会造成严重的烧烫伤。并且，严重烧烫伤的治疗费用昂贵，社保承担的费用有限。下面介绍因火灾理赔的真实事件：

在 2017 年某天，王女士因为家中煤气爆炸导致严重烧伤，被紧急送往深圳市宝安区人民医院抢救。整个治疗国政历时 3 个月，总共花费 100 多万。其中社保承担费用 28.4 万，客户自付金额 2.6 万，保险公司承担费用 74 万。经过医院的细心治疗，目前已经顺利出院，最后的诊断结果是严重 III 度烧伤。但这不影响客户的继续续保，今年已经正常续保。

跟意外险相比较，医疗险仅对医疗费用提供保障，并无伤残或者身故的保障责任。但是，医疗险杠杆很高，很少的费用就可以将保额做到百万元以上，可以应对大额医疗费用支出风险，非常适合身体健康的人投保。

（三）重疾险：银保监会颁布的《重大疾病保险的疾病定义使用规范》，对常见的 25 种疾病的表述进行了统一和规范，其中第 20 种疾病严重 III 度烧伤的定义如下：

(20) 严重田度烧伤

指烧伤程度为用度，是以烧伤的面积达到全身体表面积的 20% 或 20% 以上。体表面积根据《中国新九分法》计算。

部分重疾险中，在轻症里保障了"较小面积 III 度烧伤"，理赔条件更为宽松。

(5) 较小面积用度烧伤

指烧伤程度为用度，是以烧伤的面积达到全身体表面积的 15% 或 15% 以上。体表面积根据《中国新九分法》计算。

（四）寿险：在火灾事故中，最不愿意看到的就是有人伤亡。人员伤亡会给家庭带来致命的打击，尤其是家庭经济支柱的伤亡，可能会让一个家庭瞬间陷入经济危机。

寿险分为了定期寿险、终身寿险和两全险，通常带有身故和全残的保障责任。如果被保险人在火灾事故中身故，那么，受益人可以得到保险金理赔。

（五）家财险：顾名思义，就是对家庭财产提供保障的产品，包括房屋主体、房屋附属物、房屋装修及部分室内财产，如服装、家具、家用电器、文化娱乐用品等。

家财险的保障责任类型有三类，分别是火灾爆炸损失责任、自然灾害损失责任和坠落倒塌损失责任。只要含有自然灾害损失责任的家财险，基本都会提供火灾保障。

所以，如果出现火灾，在上述保障范围内的财产都可以获得相应的赔偿。

由于不需要支付火灾保险费，所以会为每个月的现金流节省一笔开支。但是，考虑到万一投资物件发生火灾的话，可以想象得到需要花费多少时间、精力和金钱去修理建筑物内受损的各种设施。

在这种情况下，如果没有加入火灾保险，建筑物的修理费用基本全由房主来承担。交一年的火灾保险费都抵不上一次维修费，数十万甚至数千万的现金超支现象都有可能发生。

考虑到长期使用十年以上的房屋，不加入火灾保险这个选择除了风险以外什么都不是。一旦发生纠纷，有可能造成巨大损失，所以即使支付了成本，加入火灾保险也是必要的。

由于"火灾保险"这个名称，可能很多人会认为只有建筑物发生火灾时会才支付保险金。但其实除了火灾以外，火灾保险还会在其他情况下支付保险金。关于具体担保内容，不同的保险公司会有所差异，而且根据选择的计划不同也会有所不同，所以需要在加入之前投资人要确认担保事项。

例如，受台风和水灾影响，造成建筑物的部分损失也有被纳入担保范围的情况，会向业主支付一定保险金。

日本作为一个岛屿国家，房屋建筑或多或少会受到自然灾害影响，特别是台风。考虑到每年难以避免有台风登陆，"受台风影响建筑物受损时，将成为支付保险金的对象"，如果头脑中有这样的意识的话，可以降低意外情况发生的风险。

即使知道火灾保险是除了火灾以外也能支付保险金的，也要考虑加入什么内容的火灾保险最合适。

十一、基于模糊风险评价的高层建筑火灾保险模型研究

火灾保险作为现代社会火灾风险管理的重要手段，它具有的经济补偿功能在减轻政府救助压力，降低企业风险，维护社会稳定发挥着重要作用，未来在加强高层建筑消防安全管理的同时，火灾保险将是我国应对高层建筑火灾风险的另一个重要措施。

目前我国建筑火灾保险包含在财产保险中，没有独立的火灾险种，无论在保险深度还是保险密度上都处于相当低的水平，与发达国家相距甚远，费率的厘定没有考虑保险标的的风险状况，是粗线条的。简单化的，没有发挥出火灾保险防灾减损的功能，缺乏应有的科学性，建立基于风险评估的建筑火灾保险模式是我国火灾保险行业未来发展的必然趋势，也是我国目前亟需填补的一项空白。我们以高层民用建筑为研究对象，对保险标的火灾风险评价指标体系，风险评价方法以及费率浮动方式进行研究，并建立基于模糊风险评价的高层建筑火灾保险模型。

根据火灾发生的场合，火灾的类型主要包括建筑火灾、森林火灾、工矿火灾及交通工具火灾等。自 2010 年以来，我国建筑类火灾出现了较大幅度的上升，而且火灾带有高损失的特点，而高层建筑火灾的频发是导致出现这种情况的一个重要原因。近十年随着我国城市化建设进程的加快，土地资源紧缺，促使城市建筑日趋向高空延伸，城市构造随之高层化，高层和超高层，超大规模与复杂建筑日益增多，虽然有节约城市用地和丰富空间造型等优点，但是高层建筑其本身多功能、大面积、结构复杂、人员密集、设备繁多的特点决定了它比其他的民用建筑具有更大的火灾危险性。我国高层建筑火灾形势已经开始呈现出高频率、高损失的特点，它已经成为了威胁我国公共安全和社会稳定的新灾害。

火灾保险就为高层建筑的火灾发生提供了保障，体现了火灾保险的重要作

用：（1）预防火灾风险，即：消防。它是通过采取有针对性的消防措施来降低火灾发生的概率和可能造成的损失。例如对建筑进行建筑防火性能分析和设计，配备健全的消防措施，完善消防安全管理的各项制度，严格控制火灾危险源，灭火与逃生技能的培训等等都是预防火灾风险的措施。虽然风险预防可以有效降低火灾事故发生的概率防患于未然，但是不能完全消除火灾风险，杜绝火灾的发生。（2）转嫁火灾风险。即将火灾风险转移给他人负担，主要通过保险转嫁的方式转移风险。保险转嫁就是通常意义上的火灾保险，通过保险将火灾转移给保险公司，这种方式在保险行业发达的国家被广泛采用。

火灾风险客观存在于我们生活的各个角落，人们无法去消除火灾的风险，消防和火灾保险是人类在预防和控制火灾的实践中形成的，前者注重对火灾的预防和控制，而后者注重对损失的分摊和补偿，两者相互补充，成为了现代社会火灾风险管理的两大支柱。近些年来我国高层建筑火灾频发，造成了严重的人员伤亡和巨大的经济损失，而发生事故的企业由于无力独自承担，导致赔偿不到位，人民群众无法正常的生产生活，给社会带来了不安定的因素，同时也给政府造成了沉重的财政负担。火灾保险可以降低企业所承担的风险，在灾后进行经济损失的补偿，从而减轻企业的负担和政府的救助压力，减少公共财政的支出，未来在加强消防建设和消防安全的管理基础上，火灾保险将是我国应对高层建筑火灾风险的另一个重要措施。

我国建筑火灾保险的存在的问题：我国没有独立的火灾险种，它包含在财产基本险之中，它是财产险的主要险种。根据中国人民保险呢公司的统计结果来看，火灾是造成财险赔付的主要原因，我国保险行业每年用于支付火灾保险的赔偿款高达数亿元，这也从侧面反映出了当前我国火灾保险市场需求巨大，但是我国财产保险（含火灾保险）无论从保险深度还是保险密度上看都处于相当低的水平，与发达国家相距甚远，但还是处在一个粗放型增长的阶段，火灾保险的质量不高，险种数量稀少。以下是近十年我国财产保险公司的原保险保费的收入情况：

国内财产保险公司原保险保费收入

（一）国外火灾保险的发展现状

1667年，牙科医生尼古拉斯·巴蓬开始承包房屋火灾保险，开创了近代保险的先河，被称为"现代保险之父"。经过几个世纪的不断发展，火灾保险已经成为了目前世界各国应对火灾事故的利器，它已经成为了一个国家社会稳定与经济发展的后备保障。在保险业发达的西方国家，大的保险公司都会成立自己的火灾实验室、消防安全研究和咨询机构，用来从事火灾科学与火灾保险的研究，以便更好的提升火灾保险的水平，典型的代表有美国的 UL、FM。英国等国家对保险标的进行火灾风险评估，根据风险等级采用浮动费率机制，对整个社会消防设施投资的积极性和主动性起到了很好的促进作用。例如英国的 LPC 认证，德国的 VDS，韩国的 FILK 等，这些国家的保险行业一直引导和推动本国消防研究的发展。

在保险行业发达的西方国家，很多标准都体现了以火灾风险评估为基础的消防安全管理方法。企业在投保前，保险公司要对标的进行全面的火灾风险评估，根据标的火灾风险评价的结果采用浮动费率机制，简单的说就是保险标的的费率要与其火灾风险情况相挂钩，高风险对应高保费，反之，低风险对应低保费。对于火灾保险的风险评价，我们可以借鉴西方国家很多成熟的经验和方法。

（二）国内火灾保险发展现状

新中国成立后，我国保险行业的发展可以分为三个阶段。

2.1 创建时期（1949—1959）

新中国成立后，中国人民保险公司逐步整合了被外国公司瓜分的国内保险市场，成立了太平洋保险公司专门负责海外保险。1954、1955 年我国的火灾保险条款经历了两次修订，新的火灾保险条款的承包范围增加了雷电、失火等造成的火灾损失，并将火灾保险更名为财产保险。虽然这次更名推动了今后我国很多的财产保险，但其仍是以火灾保险为基础的，它使我国火灾保险的发展进入了另一个严重的误区，即费率的厘定没有考虑标的真实的火灾风险状况，对标的的火灾风险与保费的关系也没有进行更深入的研究。

2.2 发展停滞时期（1959—1979）

这个时期国家对保险的政策发生了较大的变化，我国保险行业的发展被迫进入了停滞时期。

2.3 恢复和快速发展时期（1979 年至今）

改革开放后，开始恢复了国内的保险业务，同时平安、太平洋等保险公司业相继成立，截至 2016 年底，在保监会登记注册并接收监管的财产保险公司有 79 家，其中中资 57 家、外资 22 家。

（三）火灾风险评价方法研究现状

目前火灾风险评估的方法有很多，大致可以分为定性、半定量、定量分析法三类。

1. 定性分析方法：该方法主要用来识别最危险的火灾事件，只能定性描述，不能量化火灾风险给出具体的火灾危险等级。针对建筑火灾风险常用定性方法——安全检查表法、初步危险分析法等。

2. 半定量分析方法：该方法主要用于确定主观不愿发生事件的相对危险性，

以系统打分的形式对危险进行分级，估算出对象的火灾风险等级，该方法简单快捷。缺点是对于不同类型的建筑，该方法在使用时都需要进行分级，不具有普适性，评价人的经验，研究水平和历史数据对评估结果的影响很大。应用广泛的有：火灾风险指数法、NFPA10M 火灾安全评估系统、SIA81 法（gretener 法）、古斯塔夫法。

3. 定量分析方法：该方法也称为概率评价法，它是以事故发生的概率为基础计算出火灾风险发生的概率，以此来判定评估对象的火灾风险，评价结果更加精确。常用的方法有：建筑火灾安全工程法（BFSEM，L 曲线）、FIRECAM 法、CRISP、模糊数学分析方法、事故树方法。只有当数据量非常充足的情况下，采用该方法得出的评价结果才准确。

（四）火灾保险费率厘定研究现状

4.1 国外费率厘定研究现状

国外的火灾保险公司在进行费率的里定时常用的方法有：分级厘定法（class rates）和表定厘定法（specific rates）。分级厘定法常用于家庭火灾保险费率的厘定，该方法将个不同类型的建筑进行分类，同一类的建筑具有相同的费率。表定法就是以单个建筑为计算依据，利用表格或者公式量化标的火灾风险，以基准费率为基础，参考保险标的存在的明显的危险因素来确定最终的费率。表定法的优点在于能够基于标的的火灾风险拉开费率档次，发挥费率经济杠杆作用，操作简单、实用性较强。

在美国，系统分析法（analytic system）和商业计算表（mercantile schedule）是基于表定法厘定费率中使用最广泛的两种方法。Dean Schedule 是系统分析法的代表，该方法厘定费是在基准值的基础上根据保险标的风险情况进行加减，计算总分来确定最终的费率。商业计算表法的代表是美国保险事务所的特殊商业财产评估表，建筑的保费由标的的占用性质和火灾风险等级决定，上述费率厘定方法均依赖火灾经验损失分布。此外，美国的 FM global 公司不雇佣精算师，而是由防损工程师依据风险状况核定费率，"严格受控风险（HPR）"的大型工商企业，可以获得低保费、高赔付的保险，并且和消防部门合作制定消防规范及技术标准。Gretenter Method 是欧洲国家使用较为广泛的一种费率厘定方法，该方法的核心思想就是基于建筑的风险情况来厘定费率，该方法用相对经验的数值给每个评估因子赋值，来对标的风险进行评估，不完全依赖火灾经验损失分布。

4.2 国内费率厘定研究现状

我国保险公司火灾保险费是在基准费率的基础上，通过调整系数来确定最终费率。保险公司根据建筑的占用性质分为了三大类 13 个小类，不同的类别对应不同的基准费率，调整系数只考虑了消防队到达火灾现场的时间，火灾损失记录，忽略了保险标的实际的火灾风险状况。基于火灾风险评估的结果来厘定费率，确保火灾保险标的的费率同其风险状况相一致，国内的学者开始了初步的研究。

李引擎提出了一种基于统计的建筑火灾保险的费率厘定方法，给出了工建和民建中四大类十二小类的保险费率。该方法很大程度上基于经验的估计，缺乏科学依据。

刘小勇建立了一种基于统计理论和风险评估相耦合的费率厘定模型，该方法需要大量的火灾基础数据，风险评估成本较高，可靠性需要提高。

杜红兵学者建立了基于火灾风险评价结果的保险费率浮动关系方程式，该方法可以为保险人确定保险标的的费率浮动提供了一定的依据。

田于敏对建筑火灾风险评价与费率厘定的理论方法进行了论述，并对火灾保险未来在我国预防和控制火灾方面的重要作用进行了展望。

由以上分析可知，目前国内对基于风险评价的火灾保险模式还处在探索阶段，主观影响因素比较多，都比较粗略，针对高层建筑的火灾保险模型的研究则更少。

十二、关于火灾保险的案例：

（一）艾卡丽亚号："永不沉没的经典"

近因原则"是英国保险法用以认定因果关系的基本原则，意思是保险人承担赔偿责任时，不能无限地追究风险的因果关系；只有被保情形是造成损害"最近"的原因，而非复杂因果关系的某一环，保险公司才有义务赔付。那么这个"最近"是时间最近，还是逻辑关系最近呢？人们曾经争议不休。直到 1918 年 1 月的雷兰德船运公司诉诺维奇联合火灾保险公司案判决出炉，才得出了定论。

这是一百年前的一天。雷兰德船运公司旗下的"艾卡丽亚号"商轮正从南美开往阿弗尔和伦敦。1915 年 1 月 30 日（星期六），它停在离阿弗尔港西北 25 英里的地方，以便于登载领航员上船。谁知这时，一艘德国潜艇发现了"艾卡丽亚号"，并发射鱼雷击中了它。1 号舱口留下了两个大洞，船舱开始进水。因为担心"艾卡丽亚号"会立即沉没，船员们登上了一艘拖轮。但过了一会儿，船只并没有沉没。于是船员们就陆续返回船上，继续航行。

毕竟船身上有两个大洞，船员们只好把它拖到了阿弗尔港的外港。如果一直漂浮在那里，"艾卡丽亚号"是有可能得到救援或修理的。然而，阿弗尔港却拒绝让其继续停靠。因为 31 日（星期日）这天狂风突起，"艾卡丽亚号"在大风驱动下，会频频撞击码头。港口当局担心，要么码头被撞毁，要么船在港口附近沉没，造成水域堵塞。无论是港口附近水域，还是用于停靠的码头，在战争中都是至关重要的资源，不容有失。

于是，阿弗尔港勒令"艾卡丽亚号"离港，停泊在附近的防波堤畔。然而那里风大浪急。由于船的头部受鱼雷爆炸造成的损害非常严重，在每一个大浪扑来时都会被抛到空中，浪过去时它都会搁浅，造成船体多处进水。有人描述说，整艘船像被扭断了一般。1 号和 2 号船舱之间的隔离壁已经因鱼雷爆炸而损坏，在大浪中完全破碎。大风过去之后，这艘船在 2 月 2 日（星期二）彻底损毁。

所幸，"艾卡丽亚号"购买了保险。根据雷兰德船务公司和诺维奇联合火灾保险公司之间的合同，保险人对因海上风险造成的损失应当进行赔偿。"艾卡丽亚号"沉没后，雷兰德船务公司向诺维奇保险公司提出索赔请求，不料被保险公司拒绝。保险公司提出，真正导致"艾卡丽亚号"沉没的并不是普通的风浪，而是德军鱼雷造成的船损。根据合同条款，战争和敌对状态都属于"除外责任"，因此拒绝赔付。

自然，船东即雷兰德船运公司并不接受这一解释，他们认为鱼雷并没有击沉"艾卡丽亚号"，真正导致其沉没的原国，是不得不停留在防波堤时所受到的风浪冲击。根据保险合同，被鱼雷击中是远因，停靠在防波堤并被风浪冲击则是近因，属于保险人的承保范围。在当时的保险法上，这个观点无可厚非；因为自 1906 年"近因原则"在海上保险法中得到确立以来，无论是理论上还是司法实践中，人们对于近因的判定都是依照时间标准进行，即以时间上最为接近损害事实发生的原因为近因。

然而，把"一切敌对行为或类似战争行为的后果"作为除外责任的保险公司并不这样看。他们认为，导致船舶沉没的根本原因，是鱼雷而非海浪。鱼雷击中"艾卡丽亚号"后，该船事实上已经毁损了，否则船员们不会一度弃船逃生。至于后来船舶在防波堤外反复被冲击，那并非一项"新的干预行为"。因此，袭击才是造成损失的近因。由于这一近因属于除外责任，保险人不应当负赔偿责任。双方争执不下，遂诉上法院。本案曲曲折折，一直打到上议院才见分晓。

1918 年 1 月 31 日，上议院做出了判决。"在我看来，罗拉特法官和上诉法院都认为造成该船损失的是战争，这是正确的，因此不在被诉的保险范围内。在它被鱼雷击中后唯一挽救的机会是带它到港口，阿弗尔显然是它应该去的港口。"上议院的芬雷法官（Finlay）在判决书中写道。罗拉特法官是此前判决的主笔法官。芬雷法官支持了他的观点，并支持了阿弗尔港拒绝"艾卡丽亚号"入港的决定："该港口当局最终决定该船不能留在码头。这一决定是基于可理解的重大原因，并没有理由认为港口当局做出的要求移泊决定犯了错误。而且，在其职权范围内，涉及的船舶必须服从命令，无论是对还是错。所以当时，对这艘船来说，进港停靠是不可能的。"基于这一点，芬雷法官认为，考虑这个案件时可以采取一种思路：就当作这艘船从未被带到码头来，而是在被鱼雷击中后的第一时间，直接到靠近防波堤的位置停泊。

"那么它在那里变成残骸的原因是什么？在我看来，从一开始它就被鱼雷击毁了。鱼雷造成的伤害使它不能保持在海上。因此，风暴到来，它在大浪时震荡、低潮时搁浅，这些因素并不是造成其损毁的根本原因。"芬雷法官表示，如果这是一艘健康的船，它是不会被排斥在港口之外的。而且，它也会具备一定的对抗风浪的能力。用判决书中的话说，"鱼雷的爆炸严重削弱1号舱，使它失去控制，船尾部折断，向前揉成一团，成了残骸。它并没有因任何新的危险受到损失，这都是鱼雷爆炸造成的自然后果"。

在雷兰德船运公司诉诺维奇联合火灾保险公司案中，肖法官表示，情况更为复杂：造成最终海损的几个原因中，既有承保风险又有除外责任。这样导致又存在两种情形：除外责任先于承保风险发生，且后者是前者的必然结果，则保险人无保险责任；若承保风险先于除外责任发生，且前者对于后者产生了足以决定其走向的根本性改变，那么保险人有可能就要承担保险责任。

判决书最后的结论是："本案应当允许保险公司将战争作为例外情况加以考虑——如果近因被限制为时间上最近的原因，保险合同上估计不会再出现任何例外情况。在本院看来，'近因'是对造成结果的影响力的表达，如果多种因素或原因同时发生，需要确定一个原因作为近因，这种选择取决于这一原因从多个方面造成后果的现实能力、支配地位和影响力。幸运的是，这些看起来与简单的商业交易中所适用的原则是一致的，对法律而言也并不陌生。"

从后来保险法的发展趋势来看，这一案例确立了近因判断的新标准：法官摒弃了以往的时间标准，确立了新的判断标准。大法官芬雷和肖的观点在后来也得到了广泛认同。

（二）911 事件

911 事件之后，租赁持有人拉里·西尔弗斯坦（Larry A. Silverstein）寻求超过 70 亿美元的保险金；他辩称在世贸中心发生了两次袭击。它的保险公司，包括 Chubb Corp. 和 Swiss Reinsurance Co.，都声称"协调"攻击被视为一次事件。2004 年 12 月，联邦陪审团做出了一项折中决定。联邦陪审团裁定，出于保险目的，对世贸中心双子塔的袭击实际上是两次事件。据报道，曼哈顿美国地方法院的裁决意味着租赁持有人拉里·西尔弗斯坦（Larry Silverstein）可能会收取高达 46 亿美元的罚款。哥谭房地产巨头说："我坚决认为，陪审团同意，两架飞机分别在两个不同的时间摧毁双子塔是两次不同的事件。"双子塔的业主依据法律的要求，必须由陪审团队中三个人以上组成的评估小组同意之后，才能收取保险赔偿金。而且有关的保险公司也应对此决定提出上诉。西尔弗斯坦（Silverstein）在一份声明中说，他对该判决感到兴奋，并将其描述为所有纽约人的胜利，因为该判决获得了更多资金来重建受灾的世贸中心区。他宣称："这些保险公司有义务支付其应得的份额，以帮助使曼哈顿下城重新恢复。"

斯皮策政府宣布在零地面上解决所有保险索赔要求，确保将有 45.5 亿美元可用于重建世贸中心基地。

该协议被保险人形容为该行业有史以来最大的单一保险结算，该协议结束了与保险公司就与恐怖袭击有关的支出进行的旷日持久的法律斗争。

纽约州和港口管理局官员昨天表示，该交易消除了可用于重建的资金的不确定性，并将使他们能够为这个耗资 90 亿美元的项目获得私人融资。

官员们担心，保险纠纷可能会持续数年，吞噬数百万美元的律师费，并有可能延迟重建。

（三）卡特里娜飓风过后的财产保险索赔

在卡特里娜飓风的事件里，数千名业主提起诉讼反对他们的保险公司，指控他们背信弃义，未能正确和及时调整他们的要求。

密西西比州戈尔夫波特市 - 这将是一项开创性的审判，涉及在卡特里娜飓风中失去房屋的保险保单持有人是否有权追回保险公司声称由洪水造成的损失。

原告律师理查德·迪基·斯克鲁格斯（Richard "Dickie" Scruggs）到达法庭时说："千里之行是第一步，而这是第一步。""这是一种情况。如果赢了，那将是巨大的胜利。如果输了，则会以最好的方式旋转它。"

该诉讼是代表警察保罗·伦纳德（Paul Leonard）提出的，保罗·伦纳德（Lonard）中尉在 8 月 29 日卡特里娜（Katrina）捣毁其帕斯卡古拉（Pascagoula）房屋之前就已向全国互助保险公司（Nationwide Mutual Insurance Co.）购买了房屋保险。

暴风雨过后，全国范围内将损失归咎于水而不是风。该保险公司表示，伦纳德的保单不包括洪水。

Nationwide 的发言人 Joe Case 轻描淡写了一宗案件可能对其他案件产生的影响，这些案件正在针对 Nationwide 和其他保险公司。

凯斯周一进入仍然被卡特里娜飓风摧毁的法院后，表示："目前，我们专注于这次审判的内容。""我们会逐案审查每项索赔。"

十多年前购买了保单的伦纳德夫妇还说，他们的保险代理人已经向他们保证，他们不需要为自己的房屋购买洪水保险，因为他们的保单可以覆盖所有飓风的破坏。

伦纳德说："这里的目标是让我的房子再整整一遍。"伦纳德的房子估计遭受了 10 万美元的损失。"如果能帮助别人，那就太好了。但是我正在为家人的未来而战。"

斯克鲁格斯对于高调的法庭斗争并不陌生。他在 20 世纪 90 年代后期与烟草公司达成了具有里程碑意义的数十亿美元的和解协议。

斯克鲁格斯谈到试验时说："每个人都将密切关注这一结果。试验预计将持续一两个星期。""它不会约束其他情况，但是它的先例效果将是巨大的，因为它是第一个。"

虽然全国范围内的房主保险政策涵盖了风灾，但总部位于俄亥俄州哥伦布的保险公司认为，洪水造成的损失（包括风驱动的风暴潮）不包括在内。

凯斯此前说："从本质上说，伦纳德夫妇要求法院在事发后更改合同。""令人遗憾的是，他们要求赔偿洪水损失，他们没有购买洪水保险。"

斯克鲁格斯代表密西西比州墨西哥湾沿岸的约3，000名保户，包括他的妹夫美国参议员特伦特·洛特（R-Miss），其Pascagoula的住所于8月29日被卡特里娜飓风摧毁。

斯克鲁格斯还向其他保险公司提起了诉讼，包括Allstate保险公司，Metropolitan人寿保险公司，State Farm保险公司和United Services Automobile Association。

密西西比州总检察长吉姆·胡德（Jim Hood）也在起诉保险公司，称他们应赔偿卡特里娜飓风造成的全部财产损失，无论是由风还是由风水造成的。

纽约保险信息研究所首席经济学家罗伯特·哈特维格（Robert Hartwig）博士警告说，伦纳德人的胜利将"在全国各地的保险市场上制造混乱"，因为这将传达一个信息，即在此之后，合同可以"追溯地改写"灾难。

他说："这创造了一个不可能的商业环境。"

斯克鲁格斯和其他原告希望赢得这一案件以及其他少数案件将迫使保险公司解决数千起与卡特里娜飓风有关的其他诉讼。斯克鲁格斯说："结果至少将为今后的案件定下基调。"

但是，哈特维格（Hartwig）对此情有独钟。他说："保险公司将根据案情审查每一个案例。"

（四）佛罗里达《消费者选择法》

2009年6月24日，佛罗里达州州长Charlie Crist否决了《消费者选择法》（HB 1171）。该法案将压倒州政府的监管，并允许佛罗里达最大的保险公司自行制定费率。

财产保险律师 Ted Corless 代表国家农场从佛罗里达州撤出时，曾代表 Nationwide 等大型保险公司代理财产，他指出"房主确实必须自己提防"。在克里斯蒂（Crist）否决了《消费者选择法》之后的五天，科勒斯为放宽财产保险辩护指出，"如果蓝筹保险公司希望将自己的产品定价从市场中剔除"，那么他们将倒闭。他指责克里斯蒂（Crist）代表消费者做出选择，而不是保护消费者的选择权。2006 年，佛罗里达州房主的平均年度保险费为 \$1，386，是全美最高的房主之一。

塔拉哈西—抵制来自具有政治影响力的大型行业团体的压力，州长查理·克里斯特（Charlie Crist）周三否决了旨在诱使大型财产保险公司在佛罗里达州撰写保单的立法。该决定几乎确保了佛罗里达州立农场将继续推进计划，停止在这里停止为业主制定保单—保险专家警告称，退出该州可能会对飓风频发的佛罗里达州造成毁灭性的破坏。

HB1171 的批评者称赞该否决权，此举使佛罗里达人可以负担得起财产保险。

克里斯蒂（Crist）在一封信中解释了他的决定，列举了他对佛罗里达人在充满挑战的经济时代面临更高保险费用的担忧。

HB1171 使 State Farm 之类的大型保险公司更容易提高客户的保费，而现在该保险已受到州政府的严格监管。州农场的高管说，州监管机构不允许他们收取可弥补其潜在风暴损失的现实市场价格，他们已经宣布了计划在两年内退出这里的保险市场的计划。该公司为佛罗里达州超过一百万的财产提供保险。

通过放宽利率管制，议员们希望将 State Farm 和其他大公司引导回佛罗里达。

Bill 赞助众议员 R. St. Bill Proctor 奥古斯丁（Augustine）和参议员迈克·本内特（Rike Bradenton）发表声明，明确表示他们对否决权表示"失望"，并暗示有否决权被否的可能性，这将需要议会两院三分之二的投票。

当法案通过本届会议时，百分之八十五的议员投了赞成票。

State Farm 的官员从未明确承诺如果 HB1171 成为法律，则将保留，但是在 6

月 16 日给 Crist 的信中，State Farm Florida 总裁 Jim Thompson 表示，该法案的通过将促使该公司重新考虑与该公司的"迅速恶化的财务状况"。

否决之后，佛罗里达州立农场发言人克里斯·尼尔（Chris Neal）说，该公司仍在与监管机构谈判退出计划，但"我们别无选择，只能继续。我们感到失望，像大多数立法机关和成千上万的消费者一样。"

克里斯特（Crist）的否决权不足为奇，因为他对大型保险公司的收费率直言不讳。作为州长，他一直致力于降低财产税和保险。

但是，尽管有强大的团体（例如佛罗里达商会，佛罗里达银行家协会和佛罗里达州联合工业集团）敦促克里斯特签署该法案，但仍进行了信访和电子邮件运动，否决权还是得以通过。

佛罗里达商会发言人丹·克拉斯纳说，否决权是可以预料的，商会主席马克·威尔逊将"与州长紧密合作"，为下一届会议制定法律。克拉斯纳说："我们必须解决保险问题。""我们只是希望今年夏天没有飓风。"

比尔的支持者，包括佛罗里达税务观察组织和代表房地产经纪人，房屋建筑商和抵押贷款经纪人的组织，认为消费者应该选择为一家像 State Farm 这样的成熟，财务上有偿付能力的公司支付更多的费用。

华盛顿智囊机构竞争企业研究所保险项目的负责人迅速抨击了克里斯特的决定。CEI 风险，监管和市场中心主任 Eli Lehrer 表示："查理·克里斯特（Charlie Crist）向佛罗里达州的房主宣战。他正在放弃选择，放弃市场和自由。""他正在为佛罗里达人的利益而努力。对国家来说，这是可悲的一天。"

佛罗里达商会最近发布了一项民意调查，发现 60% 的佛罗里达选民认为克里斯特应该签署 HB1171，而 24% 的人不同意。这项民意调查还发现，超过 60% 的跨党派人士表示，支付较低的税率并不像了解保险公司拥有支付赔款的资产那样重要。

目前，国有的公民保险公司拥有超过 100 万的客户。克里斯特（Crist）已将一项法案签署为法律，该法案允许公民逐步提高其利率，单个保户每年最多可提高 10%。目的是通过增加佛罗里达州飓风灾难基金的现金资产和减少金融负债来减少佛罗里达州的飓风风险和经济风险。这笔资金大约需要 130 亿美元，才能弥补毁灭性的财产损失。自 2007 年以来，公民的利率一直被冻结。根据该法律，加息要到明年才能生效。

同时，近年来有许多较小的公司进入佛罗里达。一些保险专家和立法者担心，他们没有资产或经验来弥补灾难性飓风造成的损失。

第七篇 保险科技

1946 年，世界上第一台电子计算机 ENIAC 在美国诞生，图灵式的电子计算机能够重新编程，解决各种计算问题。IT 科技逐渐在科学等领域得到应用，从事保险行业的人们意识到日新月异的信息技术正是提高整个保险体系运转效率的不二法门，使保险业与朝气蓬勃的 IT 信息技术有了接触。应用信息技术以前，保险体系的运转高度依赖人工，通常是由人的推销扩大保险的销售范围和提高保单的数量。但在有了大数据的帮助下，可以定点定范围的进行针对性的保险销售，使得保险业的形态不断升级和革新，不仅服务范围越来越大，而且服务效率越来越高，服务体验越来越好，也就因此诞生了保险科技。

传统保险业，通过人工推销保险，不但产生了高额的人工费用，同时也使保单的品质良莠不齐。而现在通过互联网的便利，采集到更多维的数据变量，通过分析数据的相关性来加强或者替代传统的强因果关系，运用大数据构建模型的方法来寻找更多的良性保单，不仅可以减少保险业庞大的人工费用，还可以更好的对保单进行分类，细化，从而募集更多优质的保单，降低风险，提高服务范围与效率。

具体从以下八项互联网科技出发：

（1）互联网

（2）大数据

（3）云计算

（4）区块链

（5）物联网

（6）车联网

（7）可穿戴式设备

（8）人工智能

每项独立一个小章节，先对每项互联网科技下定义（概念分析），然后从：

（1）经营理念

（2）商业模式

（3）技术手段

（4）销售渠道

（5）内部管理

等多个角度分析介绍如何改变保险行业，以及可能带来的问题和不足

从保险行业目前发展来看，互联网、大数据、云计算、区块链、物联网、车联网、可穿戴式设备等一系列新技术、新产品的开发和应用正在从经营理念、商业模式、技术手段、销售渠道、内部管理等多个维度改变着整个保险行业，金融科技已逐渐成为引领保险行业转型升级、行业发展环境优化的核心驱动力。

第一章　互联网技术给保险行业商业模式带来颠覆性的革命

一、互联网技术对我国保险行业发展产生的影响

A、互联网技术对保险市场的竞争格局产生了深远影响：传统大中型保险行业通过自建官网、建立电子商务公司等形式深耕互联网渠道。部分中小型保险企业借力新科技，大举进入互联网保险市场，意图"弯道超车"；对传统金融市场"窥伺"已久的大型互联网企业已经开始"跨界"布局保险市场；保险中介等第三方经营主体也已进军互联网保险市场，互联网保险市场的竞争愈演愈烈。

B、互联网保险保费呈现爆发式增长的态势：互联网渠道保费规模提升了69倍，占总保费收入的比例由 2013 年的 1.7% 增长至 2015 年的 9.3%，成为拉动保费增长的重要因素之一。

C、互联网保险经营主体不断扩容：腾讯、阿里巴巴等互联网巨头联合中国平安布局数联网保险市场；百度、高瓴资本和安联保险三方联合成立了百安保险；泰康在线、易安在线、安心财险等互联网保险公司陆续成立。

D、互联网保险的客户数及社会关注度也在显著提升：随着互联网保险的快速发展，互联网改变了消费者的生活，在推动保险产品创新、引导和创造客户需求、提升公众特别是年轻消费群体的保险意识方面蕴藏巨大潜力，因此社会资本也开始青睐互联网保险企业。

二、互联网技术在保险行业应用的发展趋势

2.1 互联网将不断扩大保险产品创新空间和保险市场范围

（1）互联网的快速普及使"上网"时代进入"在线"时代，社会公众的消费和支付情况产生了较大改变，赋予了保险公司较大的产品创新空间，增强了保险公司引领和创造客户需求的能力。

（2）互联网的发展使智能移动终端迅速取代传统 PC 端，成为社会公众连接互联网的主要渠道，使消费行为突破了时间和地域的限制，客户能够利用智能移动终端实时在线，随时随地进行购买和支付，网络消费、网络支付等行为中蕴含的风险能够派生出新的保险需求，为保险行业开辟出新市场。

（3）未来，类似"退货运费险""京准达""准时宝"（承诺多久送达，超时补偿的保险）等这类保障互联网消费、支付行为、时间效率的创新型保险产品将大量涌现。

2.2 互联网将助力保险场景化、更多碎片化的保险需求将得到满足

（1）在互联网时代下，高频化、碎片化的各类需求层出不穷，而场景化则是

挖掘、满足这些需求的有效途径。

（2）线下场景产生的保险需求催生了传统保险产品的发展，而互联网的普及使很多线下场景逐渐迁移到线上，线上场景的出现为互联网保险产品异军突起提供了契机。

（3）未来，保险公司可以开发嵌入互联网生态圈的创新型保险产品，将保险服务"无缝式"嵌入互联网消费的购买、支付、物流等各个环节，从而在不影响用户体验的前提下，以降低成本满足客户的高频化、碎片化、多样化的保险需求。

2.3 互联网丰富了保险产品销售渠道，保险服务费率空间将得到进一步释放

（1）互联网拓宽了保险销售渠道，保险公司可以突破地域限制，通过互联网随时随地向不同地域不同需求的客户提供产品和服务。

（2）随着保险行业市场化程度的持续加深和互联网保险的不断冲击，代理人在传统保险营销体系中的地位和话语权将不断被弱化。研究表明，互联网可以使整个保险价值链的成本降低60%以上。未来，保险通过互联网渠道销售保险产品，能够使保险行业进一步摆脱传统营销体系中代理人制度的束缚，减少销售成本。

2.4 互联网将从深层次更新保险行业的服务模式

（1）互联网技术的发展使保险服务突破了时间、地域限制，为保险服务模式创新提供了无限可能。

（2）通过穿戴式设备、手机健康监测软件等获得客户身体状况信息，可以让保险公司随时提供个性化的健康风险管理方案；通过物联网终端能够对承保财产实施实时的管理和控制，可以让保险公司以更加精细和动态的方式管理承保财产，提供更加精细化，个性化的防损减损管理方案；通过车联网获得驾驶行为信息和车辆、道路状态信息和事故信息，可以创新产品的定价模式，提供驾驶行为管理、主动救援、保养护理等服务。

2.5 互联网的深入应用将进一步凸显"以客户为中心"的理念

（1）互联网使客户不再被动接收保险公司推送的信息，客户需求成为新险种出现的原动力，其行为数据成为保险产品设计的基础，这也意味着客户能够化被动为主动，参与保险产品设计和服务的全过程。

（2）在这一过程中，通过客户行为数据、消费习惯、支付偏好等大数据，"以客户为中心的"服务理念，发展多样化险种，将逐渐成为保险公司展开竞争的核心资源。

（3）互联网不仅可以使客户更方便、更自主地选择适合自身需求的保险产品，也可以使客户通过互联网，更加便捷、便利地在不同保险公司、保险产品之间进行比较和选择。保险公司应主动顺应这一发展趋势，主动使使保费更加透明，保障权益更加清晰，不仅可以吸引更多客户，也可让保险销售的退保率大幅降低。

2.6 借助互联网技术，保险公司经营管理将不断优化改善

（1）互联网技术能够提升保险公司的市场反应速度和能力，能够及时掌握保险市场发展新动向、挖掘潜在客户群体、发现市场上出现的各种创新产品，并随时采取适当的经营策略。

（2）互联网技术将使保险公司核心运营流程和客户服务实现了网络化和自助化，提高保险公司处理保险业务的效率、减低成本，提高管理水平，提高客户满意度。

（3）互联网技术使保险公司能够越过代理公司和代理人直接面对客户，大幅减少销售费用与管理费用，同时更方便直接地提供服务。

2.7 在互联网技术的影响下，保险行业将更注重保护客户权益与信息披露

（1）保险已经不是传统意义上的只能保障生、老、病、死、残的产品和服务，而是发展到与客户日常生活、工作、消费行为等息息相关的各个领域，保险产品的形式、品种、保障范围、保障程度等都有巨大的创新空间。

（2）但我国金融消费者知识整体水平偏低，消费者知识水平滞后于互联网保

险创新水平可能会造成消费者权益受损、创新保险产品市场认可度低等一系列问题的发生，故而如何提高消费者认识，选择保险产品的能力、提升风险的辨识与防范的能力，对于保险行业未来的健康发展来说无疑是一个不可避免的重要问题。

（3）公开透明的信息传递是互联网的核心优势，也是互联网保险得以持续健康发展的重要保障。

（4）在保险行业市场化日益提高的同时，互联网技术能够帮助保险公司细化互联网保险产品的信息披露规则，在保险责任、告知义务、免责条款、退保的权利义务等方面明确披露要求，防止避重就轻销售误导。

第二章 大数据技术有助于推动保险行业全面升级改造

一、什么是大数据技术？

大数据技术，是指高增长率、多样化的信息资产，以及与之相适应的数据挖掘分析技术。大数据是指无法用传统数据软件捕捉、筛选、处理、存储、管理和分析的庞大数据集合，往往具有海量的数据规模、快速的数据流转、多样的数据类型和较低的价值密度四大特征。

大数据可以理解为传统信息革命所引发的数据信息爆炸或大繁荣，在成年累月量变的基础上所实现的一种对数据利用方式的质变。从大数据的处理流程来看，大数据技术涉及了数据采集、数据处理、数据存取、数据分析、数据解释五个过程，最为核心的技术，来自于数据的处理分析、存取和整理解释。

在大数据时代，完整数据、系统数据、非结构化数据成为了数据革命的核心和基础，海量数据中包含着事物发展的无穷规律和信息价值。

大数据具有大容量、多样化、速度快和真实四大特点。

大数据与传统数据最大的区别在于大数据能够随时调用并进行分析计算，这也是大数据最大的商用价值：帮助识别市场机遇，抢占先机。

互联网公司基于用户全面数据的搜集和分析，打造数据中心，掌握用户偏好和消费习惯，并加以利用，这是一笔巨大的商业财富。进一步的深度挖掘分析大数据，预测市场反应趋势。此时，大数据的核心价值是预测，大数据结合云计算可以为数据分析预测赋能，帮助我们从杂乱无章的数据序列中发现相关关系。重视数据的价值，可以创造新的需求和服务，甚至改变现有商业模式。

当下，我们正在经历这样的变革。大数据征信、大数据风控、大数据消费金融、大数据供应链金融等都是大数据在金融领域的应用。

大数据等技术的运用有可能从根本上改变金融业包括保险行业的游戏规则和经营模式。

保险行业天然具有大数据基因，其本质上就是通过数据采集、分析、预测来管理风险的行业。

当前，大数据战略业已上升到国家战略层面，标志着我国大数据时代的全面来临，大数据技术将从经营理念、商业模式、产品设计、管理流程、对保险行业进行全方位的升级改造。

未来，数据将成为保险行业的核心资源，数据挖掘、分析、应用能力将成为保险行业的核心竞争力。

二、大数据技术在保险行业应用中的特征

（一）对于保险行业有非常大的运用价值

1、未来保险行业的决策将全部基于数据，精算建模、风险控制、产品研发、产品定价、营销等环节都将依赖数据分析结果。

2、保险业务的不断增长、市场范围的不断扩张以及保险产品的日益多元化，

使保险行业数据急剧膨胀，客户基本信息（身份信息、保单信息、图像信息）征信信息、支付偏好、网页浏览记录、电商交易记录等非结构化数据均会影响客户风险程度，也催生了新的保险需求。

3、大数据技术在保险行业中应用呈现的主要特征：

A、数据复杂化程度提高，非结构化数据将成主流

（1）从我国互联网普及程度、使用率分析，未来非结构化数据将全面取代结构化数据，成为保险行业主要数据来源。

（2）保险行业应顺应技术发展潮流，加大大数据技术研发投入，提升保险公司数据采集、存储、分析和预测的能力，从非结构化数据中挖掘价值，在更好地服务于客户的基础上不断优化企业管理流程，形成"大数据驱动"的核心竞争力。

B、保险行业开始逐步重视大数据价值，保险公司具备了大数据分析基础

（1）国内主要保险公司都开始重视发展大数据技术，制定信息化、大数据建设发展战略，将大数据技术作为产品定价、营销的关键，主张通过社交软件、网络平台不断积累客户数据，通过大数据技术对用户数据进行分析，挖掘价值、预测，完善保险产品定价机制、设计个性化保险产品，同时准确把握客户保险需求，并进行精准推送。

（2）重视积累公司内部运营情况数据，将财务报表、人力资源变化情况、产品销售情况、承保理赔情况、市场反应情况等数据作为监控企业运营状况、判断市场走势、调整企业经营策略的依据，也为保险公司重塑商业经营模式、升级再造内部管理流程提供大数据基础。

（3）目前，国内大多数保险公司在精算模型结构、产品设定、保险理赔等方面不同程度地利用大数据技术，开发建立了业务分析系统、财务分析系统、呼叫中心、后援信息中心等数据信息化体系，为保险业务发展提供了有效的数据和技术支撑。

C、大数据技术应用的广度和深度明显不足，新兴技术有待进一步开发利用

（1）准确根据客户需求设计产品的案例依然偏少，保险产品同质化的难题依然存在。

（2）保险行业尚未建立客户征信数据库，未能将客户保险数据与其他金融数据进行联合分析。

（3）真正利用金融大数据，切实发挥保险保障风险、服务社会经济发展、解决民生问题作用的力度有待加强；一些基于大数据的新兴技术还没有在保险行业得到广泛应用。

D、大数据人才需求趋旺，但专业化大数据人才队伍建设稍显滞后

目前，保险行业在精算建模、风险管控、产品定价方面积累了相当数量的专业化数据分析人才，这部分人才构成了当前保险公司构建大数据平台的人才队伍基础，但同时兼具互联网思维、大数据思维，又熟悉保险行业业务流程、商业模式的人才较少，复合型人才的缺乏是当前保险行业公司发展大数据战略所面临的重要制约因素。

三、大数据技术在保险行业应用的发展趋势

（一）数据作为保险行业"核心资产"的地位将进一步加强

（1）在大数据时代，数据将成为构建行业核心竞争力的关键。对于保险公司而言，数据就是核心资产，数据分析能力，就是核心竞争力。

（2）从数据收集来看，不仅要借助互联网来获得客户的行为数据，也要获得潜在客户的行为数据，为将来拓展市场、开辟新的市场需求作准备；从数据应用来看，保险公司应利用大数据分析能力充分挖掘客户需求，通过数据采集了解每位客户的特征及需求，为其提供更具个性化、定制化的服务与产品。

（3）在互联网信息技术快速发展的影响下，分散化、多样化、小型化成为了移动终端的主流发展方向，客户可能采用不同的支付方式在任何时间、任何地点使用不同的移动终端进行消费，从而形成了大量不规则的、碎片化的消费信息，

这就是对保险公司收集、整合、处理、分析信息的能力提出了巨大挑战，也对保险公司复杂灵活的运营能力提出了极高要求。

（二）大数据技术能够助力保险行业实现精准营销

（1）随着大数据技术的深入运用，保险公司获取和深入挖掘数据的能力将得到极大的提升，客户行为数据将逐步实现可获取、可分析、可预测，客户关于保险产品的反映也能被保险公司及时获取，这对保险公司传统营销体系形成了强有力的冲击，使保险销售具备了越过代理人这一中间环节的可能性。

（2）如何利用大数据技术直击客户"痛点"，实现精准营销，如何利用合适的平台、在合适的时间，将合适的保险产品向合适的客户推送就成为大数据时代保险公司重塑营销体系的主攻方向。

（三）大数据技术将进一步拓宽保险市场，开辟新的"蓝海"市场

随着经济形势变化和市场化发展，保险市场将出现大量细分领域，由于传统营销体系的约束，传统保险公司无暇应对市场化过程中的每一个细分领域，或者由于规模不经济的原因对客户和市场的细分有限，或者并不能保证覆盖每一个细分领域，从而形成了市场空隙。

未来，保险公司能够借助大数据技术优势，在实现对原有客户资源进行深入挖掘的同时，也覆盖到不同地域、不同产业的客户，提供传统上规模不经济的产品和服务，占领广阔的"蓝海市场"，（"蓝海市场属于市场的一种类型，现存的市场由两种海洋所组成：即红海和蓝海。红海代表现今存在的所有产业，也就是我们已知的市场空间；蓝海则代表当今还不存在的产业，这就是未知的市场空间。）进而获得更多的客户资源和行为数据，形成发展良性循环。

根据大数据技术，瞄准客户的需求，为客户提供个性化、定制化、差异化的保险产品提供了数据基础；随着大数据技术的深入应用，保险公司能不能提升风险定价与风险管理能力，可以将以前无法或难以有效管理的风险纳入保险公司能力范围。

（四）大数据技术将创新保险行业风险管理技术

（1）在车联网方面，保险公司可以随时掌握投保人的健康信息、投保人的驾驶习惯、车辆的实时状况，车辆经常行驶路段的风险状况等信息进行监控，能够根据客户不同风险程度，提供个性化的风险管理服务，实现风险减量管理。

（2）在医疗保险方面，保险公司通过可穿戴式设备，实时获得、监测到客户健康状况，不仅能为客户量身定做个性化的保险解决方案，更可以在客户健康数据出现异常时进行报警、发出救援信息等，降低风险损失。此外，保险公司还可以通过大数据技术加强对业务风险的管理，提升反欺诈技术。

（五）大数据技术将助力优化保险公司组织管理

从行业性质上来看，保险是经营风险的行业，是否能够顺利经营管理取决于保险公司的风险管理技术的专业程度。未来，随着大数据技术的快速发展，不仅能够使促使保险公司转变营销和服务方式，也为保险公司重塑自身的组织结构和管理制度提供驱动力，让保险公司重新打造企业信息化管理系统成为了可能。

保险公司应将大数据技术渗透到保险公司经营的关键环节和流程，优化业务系统、管理系统、信息系统、客服系统和决策支持系统，充分发挥大数据技术在企业管理和运营、信息化建设和维护、客户服务和新产品开发等方面的积极作用。

大数据技术在保险行业的应用不仅能够在客户大数据分析领域中形成竞争优势；也对保险公司的长期稳定发展具有重大意义；同样也将持续推动保险公司的保险信息透明化，有利于保险公司树立诚信经营的形象。

第三章　云计算技术是推动保险行业创新发展的加速器

一、什么是云计算？

云计算是一种具有服务性质的计算模式，通过网络获取计算资源并提高使用性能的计算机技术。

利用云计算，人们可以获取网路、服务器、存储资源、应用和服务等 IT 基础服务。

云计算具有以下特征：

（1）使用者具有自主性，可以按需、自助获取服务；

（2）云计算的接入途径很多，包括手机、电脑、工作站等通道；

（3）云端有资源池汇集所需数据；

（4）云端的存储空间大，运算能力强；

（5）系统能够通过提供服务质量的反馈，自动优化资源配置，提高工作效率。

根据服务形式的不同，可将云计算分为基础即服务（IaaS）、平台即服务（PaaS）和软件即服务（SaaS），分别为需求企业提供基础设备、应用程序及其管理服务和基于网络的服务，一步步提升服务深度，降低所需程序的应用难度。

根据服务范围的不同，可将云计算分为私有云、公有云和混合云。由于能把资源汇集到云端，使得企业不需要购买配置资源的硬件，也降低了企业运营过程中的维护成本。在企业经营的不同阶段配备不同资源量的云服务，从而提高了业务的灵活性。相比于数据需求者自行保护数据安全，云计算服务商利用专业知识集中保护数据的安全是更有效率的做法。

目前，云计算广泛应用于数据存储、风险计算、金融云等方面。

云计算是一种全新的计算模式，打破了传统的主机架构模式，实现了系统分层和分布式架构，即通过网络便捷、低成本、随时、按量付费访问定制化、共享化的资源池。

二、云计算技术在保险行业应用的发展趋势

（一）云计算技术将助力保险公司业务创新

保险公司可以利用云计算技术，为企业量身打造"保险云"，在云端开发保险核心业务模块、财务模块、流程管理模块等，客户通过云端可以"一站式"完成投保、理赔等保险服务，提升客户服务体验。

在非高峰时期，可以将云端开发保险核心业务模块、财务模块、流程管理模块等租借给其他保险公司使用，打造新的利润增长点。

在云计算协助的模式下，信息部门将不再仅仅作为支持部门、后台部门出现，而有可能成为保险公司新的利润中心。

（二）云计算技术将为中小保险公司发展提供新机遇

（1）借助 IaaS 服务（IaaS（Infrastructure as a Service），即基础设施即服务。把 IT 基础设施作为一种服务通过网络对外提供，并根据用户对资源的实际使用量或占用量进行计费的一种服务模式。在这种服务模型中，普通用户不用自己构建一个数据中心等硬件设施，而是通过租用的方式，利用 Internet 从 IaaS 服务提供商获得计算机基础设施服务，包括服务器、存储和网络等服务。中小保险公司可以租用通信供应商、大型保险公司的设备，将能够节省大量的信息化建设成本，可以将基金更多地用于渠道建设、产品开发、提升客户服务体验方面。

（三）云计算技术将为保险公司提升大数据分析能力提供支持

（1）在信息化时代下，保险行业数据规模急剧扩大，保险公司时刻需要处理内外部各种非结构化数据和信息，电话销售记录、电话理赔记录、保险合同、理赔单据、互联网销售记录、网络客服记录等庞杂的影像，语音、文本将成为数据和信息主要来源，数据和信息多样化、复杂化、大量化的特点对保险公司数据处理能力提出较高要求。

（2）云计算的可扩展性可以为保险公司深入采集、存储、分析海量的数据和信息，并从中挖掘出有价值的信息提供充足的存储空间和计算能力，进一步提升保险公司大数据分析能力。

（四）云计算技术为打造"行业云"创造了可能，有利于促进整个保险行业加强信息共享

未来，基技术，将各省信息共享平台整合起来，实现数据跨行业、跨部门共享，有利于进一步提升保险服务水平，提高保险行业整体效率。

云计算按需部署算力的特点更加有利于优化保险行业资源配置和利用率。

云计算的共享和开放性使客户不在被动接收信息，客户的需求成为新金融产品出现的原动力，其行为数据成为保险产品和服务设计的基础，能够参与产品和服务设计的全过程。

云计算低成本、快速便捷、按需付费的特点，为企业部门和居民部门中的"弱势群体"更好地利用保险产品和服务开辟了一条新的渠道，使其能够从金融创新中获益，真正享受更加合理的金融服务，得到自身应有的金融权利。

第四章 区块链技术给保险行业发展带来了新的思路和机遇

一、区块链是什么？

区块链技术是比特币的核心技术，它的本质是一种分布式记账技术，依靠该技术，区块链上发生的所有交易都会被记录。

与目前的生活中广泛存在的中心式记账技术不同，它的本质是去中心化，提倡使用公共分布式安全账本记录信息。

区块链由单个区块链接组成，区块记录各节点的全部交易信息，是区块链的基本存储单元，可将其分为三个部分：本区块的地址、交易单和前一区块的地址。区块链的本质其实就是一种依网络而形成的共享信息式分布记账技术。在整个区块链中，包含若干个可以发布真实信息（信息的去伪性由私钥加密帮助完成）又相互可以共享信息资源的独立节点，并且每个节点的总资源都被区块链中的独立节点掌握并且承认，当一个节点与其他节点因发生交易动作而产生数据转移时，区块链中每个节点都会获知这一交易动作及其相关信息，并同步对产生交易动作的节点进行重新计算、掌握和记录。区块链就是每个交易动作相关结果记录总和的信息链条。

基于区块链的操作原理和实现过程，可以发现他的最主要的特征为去中心化、公正性和包容性。区块链的分布式网络技术实现了存储去中心化，共识机制实现记账行为的去中心化。

存储去中心化和记账去中心化，避免了以往中心式记账结算的安全性问题和数据篡改问题；区块链使用哈希算法实现信息的公正性，使得信息一旦录入便不可修改（如果需要修改需要天文级算力，这几乎是不可能的）；区块链是一种开放式的价值传递协议，任何人，跨越国家和地域的限制，都可以利用区块链技术建立信任体系，降低信任成本，同时，任何符合条件的个人和机构都能查阅历史记录，使得区块链技术具有很强的开放性和包容性。

目前，区块链技术在数字货币、跨境结算、智能合约、数字版权等金融领域有着广泛应用。

1、区块链技术是一串使用密码学方法相关联产生的数据块，每一个数据块中包含了一次网络交易的信息，可以验证交易信息的有效性并生成下一个区块。

2、区块链技术在记录交易信息的同时，可以有效保护交易参与者的身份信息，并将交易信息盖上时间戳后在全网公开，同时发送给网络内的每一个节点，由所有节点共同验证形成"共识"，从而形成无须第三方介入的创新型信任机制。

3、区块链技术的特点与互联网保险未来发展所关注的"互助保险、数据安全、信息公开透明、降低管理成本、提升客户体验"等要求存在很高契合度。

二、区块链技术在互联网保险行业的创新应用

（一）区块链分布式、去中心化的特点使"点对点"交易成为可能，为互联网微型互助保险提供了发展机遇

"中心"机构（或中介）具有专业化优势，由其为达成金融交易提供相关服务是较为经济的，但"中心"机构（或中介）在掌握交易各参与者信息的同时，隔断了参与者之间相互连接的渠道，阻碍了参与者之间信息、资源的流通，实际上增加了交易过程中的信息不对称性。

分布式记账的区块链使一种基于共享理念的技术，在既定交易规则约束下，所有交易都能自动进行，无须第三方进行管理或提供信任。

交易数据不是存储在某些特定的服务器或中心节点上，而是在各个节点之间共享。从这一角度分析，区块链技术使"点对点"交易成为可能，形成"去中心

化（或中介化）"的自治型保险组织，提供了一种点对点之间的风险融资解决方案，为互联微型互助保险创造了发展机遇。

这种自治型保险组织可以通过预先设定的规则，在不需要第三方干预的情况下，让具有共同需求和面临同样风险的客户自行完成保险交易，通过预交风险损失补偿分摊金，实现直接、主动管理风险。

（二）区块链技术有利于加强对客户信息的保护

（1）区块链技术能保障参与者信息不被他人窃取，虽然全网每个节点都保存着每笔交易信息数据，但通过公钥和私钥的设置，每个节点在进行信息查询时，只能查询到交易数据，而参与者个人信息则是隐匿的，保障了参与者个人信息免于泄漏，也能够使参与者在完成交易的同时不受其他信息干扰。

（2）在信息保护层面，购买保险需要提交客户真实有效的身份信息，以及健康状况信息或财产信息等，这对互联网网络平台信息保护能力提出了较高要求，信息安全保障水平低、信息泄露是互联网保险平台目前面临的一大风险。

（3）区块链技术利用分布式智能身份认证系统可以在确保客户身份信息真实可靠的基础上，防止信息泄露。

（4）客户将在区块链上注册的用户名与个人其他有效身份信息相互验证并形成"共识"，实现个人信息数字化管理，个人信息丢失、被人篡改的风险也被大大降低。

（5）借助加密技术，客户真实身份信息被隐匿，其他节点查询也仅限于交易信息，只有客户本人通过私钥才能获得身份信息，从而能够对个人信息形成有效保护。

（三）区块链使智能合约从虚拟转化为现实

（1）智能合约实际上就是按照既定合约条款，当某些条件触发时，能够自动执行的计算机程序。

（2）智能合约的出现，排除了个人主观因素判断因素，也不会存在信息伪造或篡改，一切都是在智能合约事先设定的程序下运行，既做到了自动和及时理赔，也避免了欺诈行为，还减少了理赔处理成本，增加了客户和保险平台双方的满意度。

（四）区块链技术构筑的信任机制能进一步提升消费体验

（1）区块链技术在互联网保险平台和客户之间打造了一种全新的交互方式，向客户提供了一种全新的购买体验。

（2）客户购买保险服务后，全网所有节点都保存有购买行为的副本，购买行为在全网范围将被共同验证并形成共识，确保购买行为真实有效。

（五）区块链技术能在一定程度上降低互联网保险平台信息不对称风险

（1）区块链是一种公开记账的技术，在记录交易的同时向全网内所有节点公布交易信息，保证各节点能同步交易信息。区块链技术可以实现互联网保险平台、客户、体检机构、医院等相关交易方共同验证的信任机制，形成一个完整的保险生态圈。

（2）区块链技术能将所有交易信息得到相关交易方的共同验证，确保信息真实有效，从而降低信息不对称风险。

（六）区块链技术能够进一步压缩互联网保险成本

（1）区块链技术可以保证所有交易按照既定的规则执行，这对于定制化风险评估、缩短承保周期大有裨益。同时，区块链上的规则是公开透明的，可以被用户查验。

（2）基于区块链的保险服务，投保、承保、理赔等环节基本可以不需要人为操作，能够有效避免欺诈等不诚信行为，压缩保险成本和互联网保险平台面临的风险，进一步释放保费空间。

（七）区块链技术能保证交易信息安全、真实可靠，提高了保单的可查询性

区块链上的每一个节点都可以验证账本的完整程度和真实可靠性，确保所有交易信息是没有篡改的、真实有效的；区块链上每一个节点都保存着所有交易信息的副本，当区块链上的数据和参与者数量非常庞大时，修改信息的成本将会非常高，至少需要掌握超过 51% 以上的运算能力才有可能修改信息，修改成本可能远超预期收益；当部分节点的信息被恶意篡改时，区块链上其他节点会在短时间内发现这些未形成"共识"的信息并进行维护和更新，故而理论上区块链上的交易信息是不可篡改的。

三、区块链技术在互联网保险行业推广应用需要解决的几个问题

（一）区块链技术算力有限

（1）从区块链技术本身来分析，区块链难以有足够的算力来保证系统的稳定性；在初期节点较少的情况下，掌握区块链 51% 以上的计算能力，区块链受到攻击且信息被篡改的风险不可忽视。

（2）从发展阶段来分析，区块链目前还是一项全新的技术，尚未达到大规模应用的要求，其运算能力还有待于进一步提升。

（二）从目前发展情况分析，互联网保险平台"中心"机构的作用是不可或缺的

区块链技术去中心化的特点解决了"中心"机构（或中介）带来的信息不对称和信息安全风险，提高了金融交易的效率，但不可否认的是，在互联网保险行业，由于互助保险发展尚不充分以及"大数法则"的影响，只有保险平台才有能

力集合大量面临同样风险或有同样保险需求的样本群体，只有保险平台才具有在大量出险时进行支付理赔的能力。

（三）技术风险不可能完全避免

（1）区块链的交易规则以及智能合约实际上都是由计算机程序和语言控制的，是自动化的。

（2）在去中心化的作用下，因缺乏强有力的指导和控制，出现技术性、操作性失误的风险是不可能完全避免的，当失误未被及时发现时，系统将按照错误程序继续执行，可能放大单次输入带来的影响，且修正这些错误带来的损失将付出较大成本。

（四）主观上道德风险依然存在

区块链上的节点与技术设计人员依然是委托代理关系，在缺乏有效激励手段的情况下，技术设计人员为设置交易规则漏洞的情况将难以有效避免。

（五）缺乏区块链技术的监管法律和制度

当监管大幅滞后于技术发展时，一旦发生区块链被攻击、客户个人信息泄露等事件，区块链技术的发展前景将受质疑，整个区块链技术生态环境将受较大负面影响。

第五章　物联网技术将颠覆保险行业传统的经营模式

1、物联网作为一项改变生活、生产、商业、经济发展模式的新兴科学技术，实现了由"人的互联"向"物的互联"的转变，具有跨时代的重要意义。

2、未来，物联网将成为世界创新变革的主要驱动力之一。随着智能设备在家庭、企业、城市、国家范围内的广泛应用，势必影响保险行业传统的经营模式。

3、感知用户场景是物联网时代的主要特征。互联网时代的商业模式主要特征是用户可以在线上任意选择需要的东西。物联网时代的商业模式主要特征是不需要用户选择，企业能够依据用户的情景而感知其有什么需求，将所需的东西送上门。因此，物联网时代是基于情景感知的个性化定制的体验时代。围绕用户体验的创新是物联网发展的灵魂。在物联网时代，企业竞争的是终身客户。

一、什么是物联网技术

（一）概念：

物联网技术就是实现"物物互联"的互联网技术即在互联网基础上，将用户端扩展到了物品和物品之间，使物品和物品之间能够实现通信兵进行信息交换，实现对"万物"的"高效、节能、安全、环保"的"管、控、营"一体化。

（二）多层面分析物联网：

技术层面：物联网通过射频识别，红外感线应器、全球定位系统、激光扫描器、气体感应器等信息传感设备，按约定的协议，把物品与物联网连接起来，进行信息交换和通信，从而实现智能化识别、定位、跟踪、监控和管理。

连接对象层面：物联网能够实现物品与物品之间的连接，人与物品之间的链接以及人与人之间的连接。

应用层面：物联网技术将新兴一系列互联网技术充分的运用到交通、环保、公共安全、消防、智能家居、供水供电等领域，将智能信息传感设备嵌入物品中，再借助互联网技术实现"物物互联"和"人物互联"。在物联网系统内，通过大数据技术对人和物的数据信息进行实时采集和分析，从而以更加精细、动态的方式对人和物进行"智能管理"，进一步提高资源利用效率。

（三）从物联网技术的概念和特点分析物联网技术对保险行业的颠覆性影响：

物联网技术能够降低保险公司和客户之间的信息不对称性，增加交换次数，使保险行业与客户之间的"弱连接"关系向"强连接"关系转变。

物联网技术能够降低客户风险，有利于实现风险减量管理。

物联网技术有助于优化保险行业业务流程，提高保险公司风险管理水平，持续改善客户体验，提升保险公司整体竞争能力。

（四）联网时代下保险应关注的风险：

4.1 技术风险

要警惕物联网技术可能给保险业带来的风险，例如掌握数据信息的科技企业可以获取大量的保险方案，从技术上绕开保险机构而径直对接保险需求者。再例如数据信息来源的高门槛和独自占有性，将使保险机构付出较高的数据信息代价。保险机构要对与物联网的融合采取有效地规避风险措施，并能够及时、准确地从物联网应用单位获得数据信息，实现数据信息的互联互通，从而在物联网应用上占据有利地位。

4.2 安全风险

由于物联网依靠互联网支撑，互联网的安全隐患也就成了物联网的风险所在，病毒、黑客的攻击可能使物联网保险系统瘫痪。再有就是物联网的关键技术RFID存在缺陷，有信息泄露的可能，威胁到个人隐私安全，这对保险机构保护被保险人隐私权是个较大的不利因素。

4.3 诈骗风险

物联网射频识别技术可以追踪和定位某个特定用户，获得其相关信息。这就存在非法追踪、盗取保险人或被保险人机密信息，进行保险诈骗的可能。要充分考虑物联网通用技术怎样满足保险机构的特性需求，避免蓄意诈骗行为造成损害。

4.4 传媒风险

传媒是物联网的重要支持，传媒代表了大众化和信息化的一种载体，而物联网又使得万事万物进入到信息互联当中。一些保险业务和环节被消费者诟病的影响长期没有消除，一旦某种保险弊病发生或被消费者误解，负面影响将借助物联网迅速广泛传播，会损害保险机构甚至保险业的形象。

4.5 尚无统一的标准体系

物联网需要形成统一的标准体系，才能实现顺畅互通。目前由于标准尚未统一，各领域之间的沟通和协调受到一定阻碍，使物联网的不同技术融合产生一定困难，这也对物联网保险的发展有一定的不利影响。

总之，物联网的发展给保险业带来了巨大的机遇与挑战，将改变保险业的思维方式，给保险业注入创新活力，推进保险机构传统经营模式加快转型，使保险机构更科学、更技术化地进行风险管理，更好地发挥出保险服务价值。

第六章　可穿戴式设备的应用颠覆了健康保险的经营模式

一、概念

指利用穿戴式技术对人们的日常穿戴进行智能化设计，能够收集人体生物信号的日常穿戴设备。利用物联网等新技术可以更精准了解被保险人身体健康状况，保险公司通过发放穿戴式设备（安装在人身上的传感器）收集被保险人身体数据，监控、跟踪被保险人身体状态，当被保险人身体指标出现某种异常就会收到医疗保健中心的提醒，督促其做出改善，降低健康风险。

二、可穿戴设备的形式

可穿戴设备多以具备部分计算功能、可连接手机及各类终端的便携式配件形式存在常见的形式有智能手环、手表、眼镜、手套、鞋以及服饰等。有的可穿戴式设备以独立形式存在，如手机、计步器等。

三、可穿戴式设备的出现和发展，将成为我国健康保险市场创新的重要驱动力：

（一）可穿戴式设备的发展将创新健康管理模式

实现"智能医疗"（便携式动态心电图、植入式血糖观测仪）

表现：随着可穿戴式设备的发展和普及，在互联网技术、物联网技术以及现代医学科技的基础上，通过整合可穿戴式设备、呼叫中心、急救中心、医疗机构，可以构建一套集预防、监测、诊断、救助、康复指导于一体的远程健康救助服务系统，可以帮助患者足不出户就能完成对自身健康状况的监测，减少去医院就医的次数；通过将健康数据上传到云端，形成电子健康档案，借助远程交互技术，可以在家直接与医生对话，实现在现就诊。同时保险公司利用物联网与医疗机构加大合作，可以将患病去医院就诊的被保险人以往病史、医院电子病历信息数据、日常体征监测数据、身体检查检验报告信息等传递给医生，使医生更准确诊断病情及给出最好的医疗方案，既可以减少误诊的可能性，又节省了不必要的开支。利用物联网的实时连接技术，还可以节约被保险人挂号预约的时间，降低成本。物联网保险链条将向远程医疗、药品查询、急救、卫生监督等领域延伸。

（二）可穿戴式设备的普及将成为保险行业获取数据的重要途径

（1）保险公司通过数据处理、分析、整合、挖掘等技术获得价值信息，挖掘客户的保险需求，为客户提供个性化和定制化的健康保险服务解决方案和大数据基础。

（2）在健康保险领域，可穿戴式设备将成为数据采集的重要"入口"，按照程序设定可穿戴式设备能够自动采集客户相应的健康数据，不仅形成能够用数字、符号表达的结构化数据，还能形成图形、图表，语音、影像等多样化的非机构化数据。

（三）可穿戴式设备的应用将实现健康保险的差异化定价

（1）可穿戴式设备能够实时采集客户的健康状况、饮食状况、运动状况等信息并上传至云端，实现客户健康状况的"数字化"，精准地评估客户的健康风险状况，并将风险状况作为保险产品定价的依据，有助于打破传统的健康保险产品定价模式。

（2）在基于可穿戴式设备的差异化定价模式下，高风险客户适用的保险费率要高于低风险客户，而两类客户享受的保险服务则是相同的，有利于吸引更多面临同样风险的客户，随着客户数量的增加，保险平均费率必然会持续下降、健康保险产品和服务创新将不断出现，客户群体必将集体获益，从而形成健康保险发展的良性循环。

（四）可穿戴式设备将助力保险行业实现精准营销

（1）随着大数据技术在保险行业的深入运用，可穿戴式设备采集的数据将成为保险公司制定精准营销策略的重要依据。

（2）保险公司通过可穿戴式设备采集到的健康状况、环境状况、运动状况等数据，结合客户注册可穿戴式设备时提供的个人信息，保险公司可以预测客户保险需求，挖掘客户"痛点"，在合适的时间向客户推荐合适的健康保险产品。

（五）可穿戴式设备将为风险减量管理手段提供依据

（1）可穿戴式设备在一定程度上培养了客户健康的生活方式，从根本上降低客户风险水平。

（2）包含定位功能的可穿戴式设备，会自动提醒客户所在区域可能存在的潜在风险，及时发布预警信息，实现危机前置管理，避免潜在风险转化为事故，有效做到风险减量管理。

（六）可穿戴式设备的应用将有助于提升客户体验

（1）整合可穿戴式设备、呼叫中心、急救中心、医疗机构的远健康管理平台，可以直接调阅客户个人电子健康档案，向客户提供一站式医疗与健康管理服务。

（2）通过实时更新的电子健康档案，一旦发现异常指标，则直接将相关信息转入在线专家库，专家将通过视频、音频等方式直接与客户连线，进行"一对一"的诊断及后续治疗，为客户节省就诊成本。

（3）保险公司可以根据可穿戴式设备采集的客户健康数据，及时向其推送个性化、定制化的健康保险产品，有效增强客户购买体验。

（4）可穿戴式设备风险减量管理的功能，能够激励客户培养健康习惯，达成健康目标，改善其健康状况，实现真正意义上的"健康管理"。

第七章 车联网在保险行业的发展与应用

一、概念：

车联网是物联网在汽车行业的应用。主要指车辆上的车载设备通过无线通信技术，对信息网络平台中的所有车辆动态信息进行有效利用，在车辆运行中提供不同的功能服务。车联网表现出以下几点特征：车联网能够为车与车之间的间距提供保障，降低车辆发生碰撞事故的几率；车联网可以帮助车主实时导航，并通过与其它车辆和网络系统的通信，提高交通运行的效率。车联网是由车辆位置、速度和路线等信息构成的巨大交互网络，能够实现车与车、车与路、车与人之间的无线通信和信息交换。

二、车联网应用的影响

车联网的应用不仅改变着传统的汽车行业，也将深刻影响保险行业，它将变革车险定价模式，促进风险管理与保险服务的提升，助力社会管理，全面推动保险行业的升级。

（一）车联网的应用将推动车险定价模式变革

（1）车险定价受机动车本身规格的影响，车辆的使用用途、大小会直接决定"机动车交通事故责任强制保险"。机动车保险费也会受到车主的影响。

（2）在传统定价模式下，车辆实际驾驶情况，诸如年度驾驶里程、百公里内急加速/急刹车次数、行驶速度、经常行驶的路段等信息并未成为决定车险定价的影响因素。对于相同车型和使用用途，但风险状况不同的机动车适用同样的费率显然有失公平，从某种程度上分析，低风险客户实质上替高风险客户承担了部分保费。

（3）车联网推动的定价模式变革包括数据基础的变革、定价依据的创新以及定价频率的提升等。基于车联网技术，车险产品将不再仅仅依靠少数几个数据来定价，而是在多维度、高精度的海量数据基础上，利用大数据分析技术进行精准定价；车险产品也将不再仅仅依靠历史数据定价，而是根据实时更新的数据定价；车险产品定价频率将改变过去以年为单位的计算模式，实现以日甚至是以单次行程为单位的微风化定价模式。

（4）前进保险公司对上述数据进行分析，对驾驶者的潜在驾驶风险进行综合评估，并结合车型、事故记载等传统因素，通过模型制定不同的保险费率，提升车险定价的科学性和公平性，为客户提供更多选择，使低风险客户可能获得更加低廉的费率，增强车险产品的竞争力。

（二）车联网的应用将有利于保险公司进行风险减量管理

（1）通过 OBD 设备可以实时采集车辆状况、行驶路段、驾驶里程、百公里内急加速 / 急刹车次数、行驶速度等数据，通过大数据分析技术可以使保险公司掌握驾驶者驾驶习惯，通过实时监控、报警提醒等功能，一旦客户发生危险驾驶行为，能够立即报警，从而对危险驾驶行为进行干预和纠正，并能够通过费率杠杆正向引导客户进行安全驾驶，从本质上减少客户风险水平。

（2）车联网还可通过检测车辆安全状况、发布灾害预警等手段，对风险进行预报，避免事故的发生，实现风险减量管理。

（三）车联网技术的应用将提升保险行业整体风险管理水平

（1）车联网技术将全面提升保险公司的风险管理水平。

（2）在承保、定价环节，借助车联网技术，能够更加有效地进行风险识别与风险评估，从而提升保险公司的风险选择能力。

（3）在防灾防损环节，借助车联网技术参与客户风险管理，进行有效的灾前预防，可减少风险事故发生。在救援、理赔环节，通过车联网的实时监控与定位，在车辆发生事故的第一时间能够获取车辆的位置信息，启动救援工作，能够最大限度地减少事故损失。

（四）车联网技术有助于降低减少保险欺诈风险

（1）保险欺诈发生的原因主要是保险公司对保险事故信息掌握不全面，从而导致了被保险人有机会夸大保险损失甚至故意制造保险事故。因此，全面、真实地获取数据是解决保险欺诈的关键。

（2）车联网技术的应用，能够从本质上改善保险公司与投保人之间的信息不对称，改善保险公司所处的信息劣势地位。通过事故发生前的轨迹回放、数据分析，可重构、还原保险事故出险现场信息，增强保险公司对保险欺诈的识别能力。

（五）车联网技术将助力保险公司创新服务内涵

车联网的应用将增加保险公司与客户的接触点，丰富保险服务内容。在传统的车险模式下，保险公司和客户之间是"弱连接"，只在购买车险产品、发生事故理赔时才发生"连接"，客户才有机会享受到保险公司提供的服务。一般而言，不发生事故或发生事故次数较少的优质客户反而比经常出险、频繁理赔的客户享受的服务少。通过提供车联网及后续服务，保险公司将增加与客户的接触点和接触频率，形成两者之间的"强连接"关系，深入了解客户需求，并有针对性地向客户提供个性化增值服务，提升客户体验，进而提升客户服务能力。

（2）通过车联网可以有效整合保险线下服务资源，扩展保险服务外延。保险公司掌握大量客户信息，车辆承保理赔、车辆损失等信息，以及汽车维修、救援服务等数据与服务资源。通过车辆网，保险公司可以构建以车险为核心、以车险生态环境为基础的车联网服务体系，充分利用拥有的第三方供应商体系，整合服务资源，向客户提供基于汽车使用生命周期和相关产业的增值服务，延伸保险的服务功能，进一步提升保险公司的竞争力。

5.1 车联网保险要关注的问题

（1）防范黑客侵入

车联网保险通过后装设备连接车载诊断系统，而车载诊断系统检修接口连接着车载电脑的串行数据总线（车载电脑上所有传感器、通信设备都是通过一根串行总线通信的，然后通过解码器来识别这些数据），这可能提供一条"危险通道"，一旦受到黑客强手的恶意软件侵入，将会引发突发性的交通事故或车辆其他安全问题。

（2）客户隐私安全

由于车联网保险的基础是车辆行驶数据的收集、处置等应用，特别在监控汽车行驶轨迹方面，而车辆位置、手机号、mail、微信等都涉及隐私，如果隐私保护有漏洞，可能会给车主的生活隐私、甚至人身安全带来隐患。

（3）车主驾驶行为可能改变

基于驾驶行为的车联网保险产品，如果发生车主驾驶行为改变的情况，将导致已有模型不再适用，需要重新评估风险，调整模型。

第八章　人工智能（AI）

一、概念

人工智能（AI），在全国"两会"被反复提及，"智能+"是继"互联网+"后又一出现在政府工作报告中的热点科技。

人工智能是用人工的方法运用计算机系统模拟人类智能来实现的相关功能。

人工智能的重点是智能，可以理解为获取知识的能力，包括识别能力、推理演绎能力、归纳能力、统计与分析能力等，当然也包括对已经入手知识的补充和应用。

近几年，得益于 GPU 的广泛应用，人工智能进入大爆发时代，并使计算变得更快、更便宜、更有效。

人工智能主要经历了运算、感知和认知三个逐步递进的智能阶段。根据人工智能算法的优化程度，将人工智能分为深度学习、强化学习和迁移学习。在深度学习阶段，人工智能获得解决问题的能力，使得计算机对图像、语音和语言识别和判断能力接近甚至超过人类水平；在强化学习阶段，人工智能获得更好解决问题的能力，计算机通过多次反复练习，调整算法，学习到产生最好结果的行为；在迁移学习阶段，人工智能获得举一反三的能力，计算机以已有模型为基础，将其原理迁移使用于另一相关领域，并发挥作用。

人工智能在保险科技内的运用，可更大范围，更有效率的处理从各个端口收集到的数据并进行分析，有利于保险业的升级，毕竟保险业本身就是一个依赖大量信息的行业。

第九章 全球范围内具有创意的保险公司企业

保险市场面临的问题是：人们认为保险太复杂；传统企业很难提出整体的解决方案。初创企业正试图改变保险业的现状，将保险与社交媒体相结合，让保险更简明易懂、更符合年轻人的口味。

以下 15 家具有创意的 Insurtech 企业：

一、Better View（美国）

Better View 是一家保险科技初创企业，该企业结合保险与创新工程，通过无人机捕捉航空图像，指明财产标的的潜在问题，并向客户提交报告。这意味着，客户可以清楚地知道哪些风险将对其财产造成不利影响，并据此投保相应的保险。Better View 的商业模式在于收集每位客户的个人数据并提供性化服务。

二、Bought by Many（英国）

Bought by Many 同样也是一家保险科技初创企业。Bought by Many 可以为宠物、家庭、小物件和个人健康承保。该公司承保不收取手续费，并且为若传统标的（例如法国斗牛犬）提供特定保单。Bought by Many 没有采用传的保险产品流水线，而是加入了一家以满足个人融资需求为目的的网站。目前，这家网站成员超过 24 万人，Bought by Many 的营销方式也许将见成效。

三、Brolly（英国）

Brolly 基于人工智能技术（AI），开发手机应用程序，为消费者提供免费的保险管理服务。该公司致力于让用户快速了解自身需求、选择适合自己的保险产品，为用户节省时间、金钱和精力（Brolly Advisor 可以分析用户是否保障不全以及需要哪些保险，Brolly Shop 提供保险产品以供消费者选择，Brolly Locker 保障用户的保单安全）。

四、Carpe Data（美国）

Carpe Data 为财险公司和寿险公司提供风险评估服务。该公司从社交媒体、网络和可穿戴设备中提取信息，预测保险公司某项新产品的市场表现。尽管近年来在数据保护上存在争议，但 Carpe Data 声明，85% 的网民同意共享自身信息以用于保险产品开发。

应用程序还没有保险中介资质，需要借助保险经纪人牵线搭桥。目前 Cover

已经获得保险中介资质，在全美范围内与 30 多家保险公司建立了合作关系。用户可以在苹果和谷歌应用商店免费下载该软件，通过该软件便能咨询保险产品的相关信息，并根据个人情况投保合适的产品。

五、CoviAnalytics（英国）

CoVi Analytics 试图利用数据洞察和自动化计划，简化保险公司合规序并减少合规成本。目前，英国保险市场已经耗资数十亿英销为其"偿二代做准备。通过 Covi Analytics，保险公司可以使用名为"cmile"的软件购其在分散监管下更好地经营。

六、Give Surance（美国）

作为一个融资平台，GiveSurance 与某些保险公司合作，鼓励那些热心慈善的人向这些保险公司投保。保险公司将投保人所缴纳保费的一部分退回投保人在 Give Surance 设立的个人信用账户，通过该账户捐赠给慈善机构。

七、Guevara（英国）

Guevara 网络平台将用户的车险保费收集在一起，达到节省保费的目的。用户可以在 Guevara 上与其他人组成小组，将小组成员的部分保费集合到起。如果小组某成员出险率低，则该小组所有成员最高可节省 50% 的保费。

八、nsure A Thing（英国）

Insurance A Thing 的宗旨是护你所爱—拒绝晦涩难懂，拒绝花言巧语。

保险产品的实际保险范围由一群想法一致、公认公正的人制定。该企业与传统保险公司的不同之处在于，保单通俗易懂并且不设除外条款，对被保险人的索赔进行快速处理、闪电赔付。

九、League（加拿大）

League 是一个面向雇主的数字化健康平台，能够帮助企业更好地完善职工福利。该平台将职工纳入健康福利网络体系，提供多样化的职工健康产品供雇主选择，即给雇主带来便利，还使企业节省了开支。League 意图取代康保险，成为新一代数字化健康保险，为职工提供最品，使其靠职有价值、最便利的健康产品，使其靠职工福利就能过上不错的生活。

十、Lemonade（美国）

Lemonade 是一家财险公司，用户每月支付该公司一小笔订购费，就能得公司为其量身定制的移动保险服务。公司利用人工智能机器人，只需 90 秒即可完成承保。该项服务在 0S、安卓系统以及台式电脑上均可使用。目前，该公司仅服务于纽约，但它计划将业务扩展到全英国。2015 年该公司获得 1,300 万美元的种子投资。

十一、Simply Business（英国）

Simply Business 是英国最大的网络保险公司。该公司最初为中小企业提供保险产品在线比价服务，其中包括 Ava、Hiscox、QBE 和 Zurich 四家公司的保单。为了跟上数字金融的步伐，该公司开始为客户量身定制可迅速应用的保险产品。

十二、So-sure（英国）

So-sure 是一家手机保险公司，用户及其朋友可以进行账户连接并每年获得现金返还。So-sure 意为"社会保险"，一种真正让人安心的保险新概念。只要用户的手机没有丢失或损坏（即没有索赔），就能和朋友进行账户连接，并且每年可获得高达 80% 的现金返还，即 So-sure 为每个用户设立奖励罐（Reward Pots）。在每年末，当用户和朋友都没有发生索赔时，就可以从奖励罐中提取现金。

十三、Spixii.ai（英国）

Spixii.ai 是利用人工智能和机器学习技术开展承保业务的。该初创企业利用智能保险代理人（又称为聊天机器人）与客户对话，为客户提供方便快捷的个性化服务。

十四、Trov（英国）（trov. com）

Trov 是一家保险科技公司，该公司意图改造移动时代的保险，为那些因保单复杂而不愿意投保的客户提供新的选择。通过 Trov 应用程序，用户可以接入保险平台，该平台会根据用户需求，为不同的可保标的提供实时定价。

总结：保险科技对保险行业的影响可以分为三个阶段：一是优化，科技助力保险业务流程优化、运营效率提升、风险管控能力增强；二是创新，科技催生保险新场景，推动"客户体验时代"的到来，倒逼保险产品和服务创新；三是重构，科技带来风险集中点及市场需求变化，从而重构保险产业链、塑造保险新业态。从目前发展来看，保险科技主要聚焦于保险流程优化和产品销售环节，更多是扮演"赋能者"的角色；随着技术的快速更迭，将加快向第三阶段迈进。

而中国在保险科技方面稍显落后，目前市场尚未有比较成熟的专业的保险科技公司。但例如人寿保险等也在向保险科技方面进行转型升级，而阿里巴巴和京东也逐步涉及到了保险科技领域。

例如京东金融推出了 5 款首创互联网保险创新产品——众筹跳票取消险、投资信用保障险、海淘保障险、家居无忧保障险及 30 天退换货险。

中国是世界上拥有最多人口数量的国家，保险市场也是无比的广大，而在保险科技方面相较于一些发达国家仍有巨大的进步空间，保险科技在未来必然是风险与机遇并存的。